SCRIPTORVM CLASSICORVM

BIBLIOTHECA OXONIENSIS

OXONII

E TYPOGRAPHEO CLARENDONIANO

M. TVLLI CICERONIS

ORATIONES

PRO SEX. ROSCIO   DE IMPERIO CN. POMPEI
PRO CLVENTIO   IN CATILINAM
PRO MVRENA   PRO CAELIO

RECOGNOVIT
BREVIQVE ADNOTATIONE CRITICA INSTRVXIT

ALBERTVS CVRTIS CLARK

OXONII
E TYPOGRAPHEO CLARENDONIANO

OXFORD
UNIVERSITY PRESS

Great Clarendon Street, Oxford OX2 6DP

Oxford University Press is a department of the University of Oxford.
It furthers the University's objective of excellence in research, scholarship,
and education by publishing worldwide in

Oxford New York

Auckland Cape Town Dar es Salaam Hong Kong Karachi
Kuala Lumpur Madrid Melbourne Mexico City Nairobi
New Delhi Shanghai Taipei Toronto

With offices in

Argentina Austria Brazil Chile Czech Republic France Greece
Guatemala Hungary Italy Japan Poland Portugal Singapore
South Korea Switzerland Thailand Turkey Ukraine Vietnam

Oxford is a registered trade mark of Oxford University Press
in the UK and in certain other countries

Published in the United States
by Oxford University Press Inc., New York

Copyright Oxford University Press

First published 1905

ISBN 978-0-19-814605-6

25 27 28 26 24

Printed in Great Britain on acid-free paper by
Antony Rowe Ltd, Chippenham, Wiltshire

PRAEFATIO

In vetere monasterii Cluniacensis catalogo qui saeculo XII confectus est hi codices descripti sunt[1] :—

496. Cicero pro Milone et pro Avito et pro Murena et pro quibusdam aliis.

498. Cicero in Catillinam et idem pro Q. Ligario et pro rege Deiotaro et de publicis litteris et de actione idemque in Verrinis.

Exstat hodie, quamvis iniuria temporis decurtatus, num. 498, codex saeculo IX pulcherrime scriptus, quem amicus meus et in orationibus Tullianis edendis collega, Gulielmus Peterson, in bibliotheca Holkhamica latentem detexit, contulit, descripsit[2]. Nescio quo casu factum est ut eodem fere tempore ego alterius codicis, num. 496, hodie deperditi, velut vestigiis insisterem.

Vt summatim ea ponam quae pedetemptim comperi[3], praeter orationes pro Milone, pro Cluentio, pro Murena habitas Roscianam etiam et Caelianam hic codex continebat. Orthographiae emendatae cuius Alcuinus auctor fuisse Carolo magno imperante dicitur fere expers erat, unde qua aetate exaratus sit divinare possumus. Illud certo scimus ineunte saeculo XV librum situ et vetustate adeo occaecatum fuisse ut legentibus difficultatem afferret maximam[4]. Hoc fere tempore Francogallus quidam, qui cod. Parisiensem

---

[1] Delisle, *Cabinet des MSS.*, ii. 478.
[2] *Anecdota Oxoniensia.* Classical Series. Part IX.
[3] *Anecdota Oxoniensia.* Classical Series. Part X.
[4] Cf. *ad Roscianam*, § 132.

14749, olim S. Victoris 91 (Σ), variis ex fontibus concinnabat, Roscianam quidem et Murenianam, quae in Cluniacensi solo servabantur, ex hoc transcripsit religione maxima. Quotiescumque enim vel exemplar legere non potuit vel corruptela aliqua mirabili offensus est, ipse vacuum spatium reliquit, quod postea explevit sodalis aliquis qui archetypi imaginem in lacuna vel in margine repraesentare conatus est. Milonianam, Caelianam, Cluentianam ex aliis libris lectu facilioribus, ut par erat, transcripsit: marginalia et supplementa Cluniacensia in ora libri vel in paginis insutis addidit[1]. E Cluniacensi sumpsit vetus illud Milonianae Argumentum quod in Harleiano 2682 (*H*) et in Erfurtensi (*E*) continetur.

Librum in monasterio Cluniacensi A. D. 1415 inventum ad Italos reportavit Poggius, cuius comes et collega, Bartolomaeus de Montepolitiano, aliqua ex codice excerpsit, nescio an statim. Excerpta Montepolitiana una cum Asconio, cuius auctoris A. D. 1416 in monasterio Sangallensi inventi apographum Bartolomaeus fecerat, ex schedis eius transcripsit codicis Laur. liv. 5 librarius, homo indoctissimus. Mox codice Florentiam misso usus est Ioannes Arretinus in libro concinnando (*A*) quem a. d. v Id. Febr. A. D. 1416[2] confecit, et anno insequenti anonymus cod. Perusini, E. 71 (π) scriptor. Non multos fuisse qui codicem legere possent veri simile est, e quo F. Barbarus, vir doctissimus, se ne verbum quidem transcribere potuisse deplorat. Aliquos autem rem navasse constat, cum in MSS. eius aetatis marginalium et supplementorum cum Parisiensi (Σ) artissime congruentium amplior in dies numerus appareat. Ipse etiam Poggius, ut in epistulis eius traditum est, 'volumine

---

[1] Ex Σ derivatos esse Parisinos 6369, 7777, codices satis bonos, et Guelferbytanum 205 (*w*), librum neglegentissime scriptum, in Anecdotis meis docui.

[2] In *A* est 'A. D. 1415' secundum morem Florentinorum qui xxv die mensis Martii annum inchoabant. Cf. R. Sabbadini, *Le scoperte dei codici latini e greci ne' secoli* xiv *e* xv, *p.* 84 (1905).

antiquo quod ex monasterio Cluniacensi detulerat' A.D. 1427 Romae usus est; cuius opera quanta fuerit nescio, magni momenti fuisse veri simile est. Ita Italis sensim textum vel corrigentibus vel corrumpentibus increvit satis magna variarum lectionum seges, quae in cod. Gadd. XC *sup.* 69 (ψ) vel in margine vel super lineam scriptae sunt, in cod. Monacensi 15734 (*s*) fere omnes in textum receptae.

In Rosciana igitur et Mureniana cod. Σ instar omnium est. Ex Italicis meliores sunt *A* et π, cuius simillimus est Laur. lii. 1 (φ). Singularia quaedam habet Laur. xlviii. 25 (χ), quae e Cluniacensi iterum excusso emanavisse constat. De codice ψ iam dixi. Roscianam tantum habet cod. Pistoriensis, Forteguerri A. 32 (σ), a Sozomeno, Poggii amico, scriptus, deteriorum, ut videtur, parens. Laur. xlviii. 26 (ω) in his orationibus levioris est momenti.

In Cluentiana, ut omittam Palimpsesti Taurinensis fragmenta, quae incendio infelici nuper periisse doleo, duos habemus fontes, Cluniacensem et Laurentianum li. 10 (*M*), codicem mutilum saeculo XI scriptum, ceterorum codicum isdem locis hiantium (μ), ut videtur, parentem. Orationis finem, quem ineunte hoc saeculo se frustra quaesivisse testatus est Antonius Luschus, statim arripuerunt codicum *A*π librarii: eum 'nuper repertum' esse in codd. πφ monitum est. Cetera supplementa vel in margine vel in textu habent codices recentiores, in quibus cod. S. Marci 255 (*b*) familiam ducit. In codd. *b*ψ marginalia sunt permulta, partim e Cluniacensi hausta, partim coniecturae vel errori debita. Hanc variam farraginem in textum suo more recepit *s*, quocum artissime coniunctus est Laur. xlviii. 12 (*t*).

Codicum *st* lectiones Laurentianae plerumque praestare docuit Classenius, quem secuti sunt omnes nisi pauci vulgatae lectionis propugnatores. Ipsius, opinor, Cluniacensis praestantia clarius elucebit perpurgata ista colluvie qua foedati sunt eius postremi nepotes, quos solos noverat

Classenius. Quorum lectiones rettuli quo melius a genuina recensione Italorum correctiones discernerem, neglegere fere poterunt, ni fallor, posteri. Ita tamen Classenio de re tota assentior ut Laurentianum multis in locis veritatem praebere non negem. Illud, opinor, neminem fallet in supplementis Cluniacensibus alterius familiae opem saepe desiderari.

In Caeliana nobilis ille cod. Paris. 7794 (P) saeculo IX scriptus usque in hunc diem regnavit. Ex hoc libro, quem post multos denuo contuli, derivati sunt, quamvis paucis in locis ex alio fonte correcti, Gemblacensis (g), Erfurtensis (e), Harleianus 4927 (h). His addenda sunt duorum Palimpsestorum (AT) fragmenta. Quod ad Cluniacensis affinitates attinet, manifestum est eum proxime accedere ad Palimpsestos (cf. §§ 38–42, 54–56, 66–69, 71–75): virtutem probant lectiones aliquot singulares a grammaticis vel a Quintiliano confirmatae (cf. §§ 8, 31, 32, 50, 67). Non nullis etiam in locis videtur exhibere cod. P lectionem pristinam, ab ipso scriptore vel a correctore erasam (cf. §§ 13, 19, 21, 36, 47, 54, 63, 70). Huius codicis ope ab inveterata suspicione liberantur loci aliquot a $P\pi$ omissi, in recentioribus sw ex Cluniacensi suppleti. Nunc apparet illa 'Italorum supplementa' non ingenio 'audacissimi interpolatoris' deberi sed ex antiquissimo codice, cum Palimpsestis fere consentiente, deducta esse. Illud vero longe gratissimum est, quod triginta fere virorum doctorum coniecturas firmat hic testis a tenebris excitatus. Quod si quis folium cod. Σ arte photographica in Anecdotis meis expressum inspicere voluerit, praeter duas Madvigii illustrissimas correctiones, unam Mureti, videbit Madvigium tria vocabula e coniectura inserentem a Cluniacensi confirmari. Habes, lector, unde artis criticae obtrectatores vanitatis convincas.

De Miloniana non nunc agitur, sed pauca dicenda sunt. Harleiani 2682 (H) simillimus erat Cluniacensis, eodem loco mutilus, et cum eo fere semper consentiens. Ex hoc igitur fonte Itali hauserunt vetus orationis Argumentum, quod praeter ψ habet Laur. xlviii. 8, tum marginalia et supplementa plurima, quae cum in multis MSS. tum in cod. ψ inveni, unde in Monacensis (s) textum recepta sunt. Annis abhinc decem in maiore mea Milonianae editione (pp. xxxii–xxxvi) codicem s hoc modo conflatum esse docui: illud numquam speraveram ut mihi aliquando concederetur huius rei primos medios postremos gradus manifesto deprehendere.

Ad alterum Cluniacensem transeo in quo Catilinariae continentur. In his orationibus tres codicum familias (α, β, γ) constituit Nohlius, cui omnes assentiuntur. Novi testes a me ipso adhibiti sunt codd. *Vhlo*—ut multos omittam inferioris notae—, codd. *Aaux* denuo contuli, codd. *bst* collatione Halmiana usus sum. De cod. *V* (*Voss.* Lat. O. 2) in Caesarianis ante dixi: cod. *l* (Harl. 2716, sive Graevii primus) cum β consentit usque ad iv. 1, ubi ex voc. *acerbitates* alia manu scriptus est et cum γ fere congruit: cod. *h* (Harl. 2682, sive Graevii secundus) optimae familiae satelles est, et cum α (Laur. xlv. 2) coniunctus sed paulo interpolatior: cod. *o* (Coll. Corporis Christi 57) in familiam γ cadit sed correctiones habet e prima et praesertim ex α petitas (cf. ii. 10). Perfecto fere opere meo, quod quinque abhinc annis inceperam, in lucem redditus est *C*, optimae familiae signifer. Collationem Petersonianam, quam cum ipso codice probavi, absolutissimam esse confirmo. De ratione quae intercedat inter hunc codicem primarium (*C*) et ceteros eiusdem familiae (*A Va*) ego et amicus meus leviter dissidemus[1]. Ille codd. *A Va* ex ipso *C* derivatos esse censet, quod mihi non liquet, praesertim in Ambrosiano, de qua re iudicet lector (cf. i §§ 1–3)

---

[1] *Classical Review*, xvi. 324.

Quod ad trium harum familiarum virtutem pertinet, manifesta, opinor, est codd. α praestantia fere perpetua: illud vero confitendum non numquam in codd. γ solis veritatem inveniri. Familiam β, quam in editione secunda amplexus est Halmius, non ita magni aestimo.

His Cluniacensibus, ut ita dicam, orationibus Pompeianam addidi, quae isdem fere quibus Miloniana codicibus continetur. Vt enim omittam Palimpsesti Taurinensis (P) folium unicum (§§ 41–43), melior familia constat ex codd. HET, de quibus saepe dixi, quibus addendus est W (Werdensis) nunc deperditus. Ceteri omnes—de Parcensi mox videbimus—deteriores sunt (δ), quos ex eodem archetypo fluxisse convincunt certae quaedam corruptelae et omissiones vocabulorum[1]. Cod. W, cuius non multae singulares lectiones traditae sunt, Tegernseensis similem fuisse sicut in Miloniana iudico. Postremam tantum orationis partem Tegernseensis nunc habet, sed in priore parte (§§ 1–47) cod. Hildesheimensis (t) ex T nondum mutilo descriptus personam eius, ut videtur, gerit. Codd. Tt cum δ saepius consentire et familiae vulgaris quasi fontem esse demonstravit Nohlius[2]. E deterioribus ego permultos inspexi, satis duxi trium tantum (bσψ) lectiones referre. Restat inter codd. HE eadem quae in Miloniana simultas. Cum enim quadraginta fere locis HE contra ceteros consentiant, singulares saepe lectiones exhibet H Erfurtensi cum ceteris consentiente. Hac in lite diiudicanda Palimpsesti insignis opera est quem in §§ 40–43 cum H fere semper conspirantem inveneris, ut vidit Nohlius[3]. Equidem reor cod. E ex eodem fonte quo T emanavisse sed ex H saepe correctum, sicut in Miloniana

---

[1] Dicit Laubmann (ed. Weidmann, 1896, p. 165) cod. H in classe deteriorum numerandum esse, quod non intellego. Mendis enim caret H quae codd. δ habent, lectiones quas habet H in codd. δ non sunt. Quaero igitur qui sint isti deteriores.

[2] *Hermes*, xxi. 195.

[3] *Bibl. Script. Graec. et Lat.* cur. C. Schenkl.

factum esse fusius demonstravi, de qua re altum silentium tenent Erfurtensis propugnatores [1]. In Pompeiana probatio difficilior est quia ipsius *T* particulam tantum habemus. Illud inculcare saepius non possum quod negari non potest, Erfurtensis scriptorem ipso Harleiano sive apographo eius aliquando usum esse. Huius rei lectoris oculis subiciam argumentum certissimum. Codd. *HE* eadem habent e Verrinis excerpta, in quibus haec verba

dies ille cum ego Hennam venissem praesto mihi sacerdotes Cereris cum infulis ac verbenis fuerunt. Contio (*Verr.* iv. 110)

quae uno Harleiani versiculo continentur, omittit Erfurtensis [2].

Ex antiquissimo exemplari in hac oratione descriptus est *H*, quod probant verba sexcenties perperam divisa, glossas quidem non nullas super textum habente (cf. § 36 *inex*), e quibus unam in codd. *Et* invenies in peius mutatam (§ 22 Aetam *H* : a tam *E* : meta *t*).

De Parcensi invitus me hercule dico. Codex est saeculo xv scriptus, ex eodem quo δ fonte ortus (cf. §§ 3, 6, 11, 22, 28, 32, 36, 48,) e meliore aliquo hic illic correctus, fortasse ex *T*(*t*), quocum non numquam singulariter consentit (cf. §§ 2, 7, 9, 19). Illud huius libri proprium est quod interpolationibus scatet stultissimis quas in notulis citare non possum [3].

[1] *Pro Milone*, Oxon. 1895, pp. xxxix–xlii.
[2] *Journal of Philology*, xviii. 35. Lectiones quas sup. lin. habet *E* in Caesarianis et in Catilinaria quarta ex *H* sumptas esse olim ostendi: item in Argumento ad Milonianam scriptorem cod. *E* correctiones ab *H²* factas semper sequi. (Cf. *pro Milone, l. c.*)
[3] Velut § 46 ubi voc. *semper* e contextu repetitum iterum inferciunt cett., om. *H*, in π est *semper mittendum iudicavit sed hii quorum munus erat ad eam rem potissimum esse missum*, quae mera deliratio est. (Miror quod hoc loco Laubmann cod. π *semper* omittere dicit, de *H* tacet.) Eiusdem monetae sunt § 2 *praetor pro me venit qui cis Rhenum natus sum*, § 39 *in Asiam pervenerunt ut ne vestigium quidem crudelitatis reliquisse dicantur*, et mox *huius a milite ad sumptum nemine ius adhibetur*. Quid faciamus cum codice ita insaniente? quem tamen quidam viri docti Harleiani quodam modo similem esse dixerunt, quocum solo bis tantum in oratione consentit (§ 45).

Quod si quis eius indolem cognoscere velit ei consulenda est plena collatio quam iuris publici fecit L. Preud'homme, quem honoris causa nomino, codicis diu deperditi his diebus sospitator.

Nova nuper exorta est de clausulis Tullianis doctrina, de qua silere hoc loco non queo [1]. Alii quidem rem in eum locum deduxerant, ut clausulam illam Ciceronis quae, ut Seneca monet (*Epist.* 114. 15), 'in exitu lenta...ad morem suum pedemque respondet' numero quodam trochaico ad finem cadere et fluere iam pateret. Inventus est Thaddaeus Zielinski, vir acutissimus et ferrea quadam patientia praeditus, qui, omnibus clausulis quotquot in orationibus inveniuntur numeratis et digestis, doceret huic trochaeo vel cretico vel ditrochaeo anteponendum esse vel creticum vel molossum. Res mira est, quam tamen mirifice confirmat illud Terentiani Mauri (circa A. D. 290) de cretico

> Optimus pes et melodis et pedestri gloriae.
> Plurimum orantes decebit, quando *paene in ultimo*
> *Obtinet sedem beatam, terminet si clausulam*
> *Dactylus, spondeus imam, nec trochaeum respuo.*
> Bacchicos utrosque fugito, nec repellas tribrachyn.
> Plenius tractatur istud arte prosa rhetorum.

Clausulae igitur numerosae—sic Zielinski docet—una ratio est, formae plurimae. Simplicissima eademque usitatissima ex cretico et trochaeo (vel spondeo, quoniam ultima syllaba, ut in poetis, anceps est) constat ($-\cup--\bar{\cup}$): huic succedit creticus (vel molossus) + trochaeus + syllaba anceps ($-\underset{\smile}{-}--\cup\underset{\smile}{-}$) : tum creticus (vel molossus) + ditrochaeus ($-\underset{\smile}{-}--\cup-\cup$). Possunt pro quavis syllaba longa duae breves poni, ut in clausula illa Ciceronis imitatoribus carissima, *esse videatur* ($-\cup\overline{\cup\cup}-\cup$) : potest etiam rhythmus hic trochaicus ita continuari ut vitiosus fere fiat. Aliquando post creticum spondei occurrunt gravitatis causa ($-\underset{\smile}{-}-----$) : rarius

---

[1] *Das Clauselgesetz in Cicero's Reden*, Th. Zielinski, Leipzig, 1904. Cf. *Classical Review*, xix. pp. 164-172.

dactylus, ut in clausula illa heroica (−∪∪−∪) a Quintiliano damnata (ix. 4. 102). Hos duriores numeros amat historia, reformidat oratio. De variis legibus quas docet clausulae imperare vir subtilissimus sileo : sentio lites impendere in quibus profecto νομοθέτης noster fortiter proeliaturus est. Nullam quidem partem orationis numero quodam carere ipse adseverat : posse etiam legibus suis aliquid derogari novis legibus inventis, quae totius periodi compositionem artificiosam gubernent, nonnullis in locis innuit. Quod quidem ad κῶλα sive membra pertinet, easdem fere leges valere sed duriores illos numeros in his frequentiores esse quam in clausula ex Quintiliano (ix. 4. 70) satis constat. Illud quidem meo iure affirmare possum mirabilem illam exemplorum et tabularum syllogen quam Zielinski tanta diligentia confecit mihi inter varias verborum collocationes vacillanti summo auxilio saepius fuisse : saepe etiam ulcus inveteratum quod scalpello egeret monstravisse. Orthographiam etiam aliquando hoc iubente variavi tacitus ne claudicaret clausula (velut *nil, nihil, reprendere, reprehendere*) : alia sunt (velut *relliquus*, quam formam Tullio vindicat) quae non recepi, non quia dissentio sed quia verebar ne legentium oculos inusitatiore scriptura offenderem.

Editionum veterum lectiones neglegentissime fere exscriptas esse diu suspicatus sum, inspiciendo nuper comperi. In Rosciana quidem Venetae, Ascensianae primae, Cratandrinae varietatem perpetuam editores Turicenses exhibent, in Pompeiana Ascensianae, in Mureniana Venetae, in Catilinariis et Caeliana nullius. In Cluentiana Classenii copiis usi sunt qui editionum viginti scripturas laudat[1], a quibus tamen absunt Romana et Aldina, quae sunt momenti maximi. Operam equidem dedi ut suum cuique pro mea parte redderem. De antiquis igitur pauca praefabor.

---

[1] Errat interdum ipse Classenius. Velut § 159 falso dicit *maximi* in Venetae repetitionibus (A. D. 1480 et 1483) inveniri.

PRAEFATIO

Editiones principes duae sunt A. D. 1471 typis impressae, altera Venetiis (ed. *V*), altera Romae (ed. *R*) : illam curavit Lodoicus Carbo, codicibus vulgaribus usus, hanc Io. Andreas Aleriensis, vir doctissimus. Nescio quam ob rem factum sit ut ed. *V* multi usi sint, ed. *R* omnes neglexerint Successit A. D. 1473 editio Bresciae a Ferando impressa, in qua orationes 'iam emendatae et correctae per Dominum Guarinum Veronensem' esse dicuntur. Non multum novi in hac invenitur, si Guarini famam et doctrinam consideraveris. Repetitiones Venetae quae nihili sunt omitto. Sequitur Minutiani editio A. D. 1498, Mediolani (ed. Mediol.), et A. D. 1499 Beroaldi, Bononiae. Mediolanensis repetita est cum correctionibus paucis A. D. 1511 ab Ascensio, Parisiis (Asc. 1) ; ed. Iuntinam primam A. D. 1515 prelo emissam curavit Nic. Angelius, plurium emendationum bonarum auctor. Anno denique 1519 prodiit Aldina prima quam curasse Andreas Naugerius dicitur, vir de Tullio optime meritus, cum Manutio, Lambino, Madvigio plane comparandus.

Aldina statim repetita est a Iunta (A. D. 1521), et ab Ascensio A. D. 1522 (Asc. 2), 1527 (Asc. 3), 1531 (Asc. 4). In Ascensianis repetitis insunt quaedam emendationes et correctiones Budaei qui codd. S. Victoris usus est : eosdem MSS. laudat F. Sylvius[1] qui A. D. 1530 Roscianam et Cluentianam, A. D. 1532 Murenianam seorsim edidit. Non multum novi in his orationibus habet Cratandrina (Basileae A. D. 1528) quae ex Ascensiana secunda, vel Hervagiana (Basileae 1534) quae ex Cratandrina fere pendet. Ecce iterum operi incumbit in Iuntina tertia A. D. 1534 edita Naugerius, qui se in Hispaniensi Gallicaque legatione permultas bibliothecas excussisse testatur. Quod si secunda messis Naugeriana priori adiungatur fateamur necesse est

---

[1] Cf. *pro Cluentio* § 161, ubi cod. S. Victoris (Σ) *vilicos* habere testatur Sylvius.

eum in Ciceronis textu corrigendo inter veteres longe primarias egisse partes. Postremis Naugerii curis succedunt Roberti et Caroli Stephanorum editiones (A. D. 1538 et 1555) et tot Aldinae a Paulo Manutio prelo emissae. Sed iam procedebat clarıssmum Lambini astrum quo fulgente minora lumina pallescerent.

Gratias ago plurimas Preli Clarendoniani Curatoribus qui mihi permiserunt ut inusitatum hoc σῶμα typothetis simul traderem. In orationibus enim Tullianis alia ratio temporum est, alia codicum, et hanc sequi editori expeditissimum est.

A. C. C.

Scribebam Oxonii
Mense Septembri MDCCCCV

Impressio secunda non nullis in locis correcta
Mense Novembri MCMVIII

Operae pretium esse duxi aliquot codicum scripturas ex collatione vel mea vel in meum usum facta confirmatas, ubi priores silebant vel dubitabant vel falsa tradebant, uno in conspectu ponere.

Rosc. 118 constant ω, 129 pertineat ω.

Pomp. 6 et rei p. causa consulendum *t*, 13 quod ceteros in provinciam eiusmodi *t*, 19 implicata *t*, 20 sapienti *t*, 28 miles in exercitu *t* 41 lucem afferre coepit *t*, 67 et quibus iacturis quibus *E*.

Clu. 6 animo requiratis *b*, 73 pronuntiare σ, 125 abortione *t*.

Cat. i. 4 uti L. *A*, *ib.* enim eius modi *A*, 5 interficiere *A*, 7 commoveri te *A*, 8 sensistin **a**, 9 et se illa *A***a**, 13 afuit *A*, 15 esse horum **a**, 16 tibi iam **a**, 17 ratione ulla *A*, 21 ac si hoc *A*, *ib.* senatus iure optimo **a**, 22 revocarit *A*, 28 multarunt **a**, 29 metus non est **a**, *ib.* mihi verendum *A*, 30 sese eiecerit *A*, 31 hic si ex *A*, 33 es constitutus *A*, *ib.* civium omnium **a**.

ii. 4 qui etiam illud *A*, 11 enim est **a**, 15 ab dis *A*, *ib.* revelandae **a**, 18 proferuntur **a**, 20 praesidiis lectis **a**, 21 defaetigati **a** 28 optandum videretur **a**.

iii. 2 debebitis qui **a**, 5 Quirites *om.* **a**, 5 bipertito **a**, *ib.* re p. praesidio *A***a** (*cod.* **a** *lectio in notulis meis omissa est*), 6 ducuntur **a**, 7 et clarissimis **a**, 10 Cethego. signum *A*, 14 et a rei **a**, *ib.* et Faesulas *u*, 15 ceteris supplicationibus **a**, *ib.* ceterae bene gesta *A*, 18 videretur *A*, 21 hic qui potest **a**, 22 ab Lentulo **a**, *ib.* neglegere **a**, 24 clarissumo et *A*, 25 principes conflagrare, sed se in hac urbe neque hanc urbem florere voluerunt **a**, 27 mihi cum his **a**, *ib.* in nobis praesidium **a**.

iv. 2 miserruma *A*, *ib.* proponeretur **a**, 3 uti salvi **a**, 4 idem initum *A*, 7 a dis **a**, *ib.* oppetiverunt *A*, 9 vindicat **a**, 10 quaesitori **a**, 12 huic Gabinium *A***a**, 13 electissimae **a**, 14 multo etiam **a**, 16 quia sua **a**, *ib.* quantum audeat **a**, 19 providendum est *A*, 22 conductionem vestram **a**, 24 decretis *om.* *A in lac.*

Mur. 11 aut cum φ, 15 et pater etenim mihi *etc.* φ, 21 in eadem ω, 55 parata φ.

Cael. 4 criminessloco *P*[1], 5 legisse *P*[1], 19 ‖ aiebant (-i- *m.* 2) *P*, 21 consulendi (-i *m.* 2) . . . *P*, 26 idem d . . . . *P*[1], 34 ‖ moverunt (mov-*m.* 2) *P*, 45 disputato *P*, 47 capitis. ipse *Ph*, 54 a M. Caelio *P*[2], 78 ipse e in *P*[1].

Addiderim Harleianum 2682 habere *Cat.* iv. 23 *solus*, non *solius*, *Pomp.* 3 omittere *mihi* post *in primis*, non post *insolita*, 30 habere *iter in Hispaniam*, non *iter Hispaniam*, Cluniacensem habuisse, *Clu.* 34 *non longe*, non *cum longe*, 117 *plerique* (ut *st*), non *et plerique* : de quibus lectionibus in Anecdotis erravi.

M. TVLLI CICERONIS

PRO SEX. ROSCIO AMERINO

ORATIO

SIGLA

$V =$ Palimpsestus Vaticanus (§§ 1–5 credo ego ... possim *continens*)

$\Sigma =$ cod. Paris 14749, olim S. Victoris 91

$B =$ Excerpta Bartolomaei de Montepolitiano, quae in cod. Laur. LIV. 5 inveniuntur

$A =$ cod. Laur. XLVIII. 10 A.D. 1415 (*i. e.* 1416, *cf. p.* iv *n.*) a Ioanne Arretino scriptus (Lag. 10)

$\pi =$ cod. Perusinus E. 71 A.D. 1416 (? 1417) scriptus

$\sigma =$ cod. Pistoriensis A. 32 a Sozomeno scriptus

$\phi =$ cod. Laur. LII. 1 (Lag. 65)

$\chi =$ cod. Laur. XLVIII. 25 (Lag. 25)

$\psi =$ cod. Laur. (Gadd.) XC sup. 69

$\omega =$ cod. Laur. XLVIII. 26 (Lag. 26)

$s =$ cod. Monacensis 15734

$w =$ cod. Guelferbytanus 205

Schol. = Scholiasta Gronovianus

M. TVLLI CICERONIS

PRO SEX. ROSCIO AMERINO

ORATIO

CREDO ego vos, iudices, mirari quid sit quod, cum tot 1
summi oratores hominesque nobilissimi sedeant, ego potissimum surrexerim, is qui neque aetate neque ingenio neque
auctoritate sim cum his qui sedeant comparandus. Omnes
5 hi quos videtis adesse in hac causa iniuriam novo scelere
conflatam putant oportere defendi, defendere ipsi propter
iniquitatem temporum non audent. Ita fit ut adsint propterea quod officium sequuntur, taceant autem idcirco quia
periculum vitant. Quid ergo? audacissimus ego ex omni- 2
10 bus? Minime. An tanto officiosior quam ceteri? Ne
istius quidem laudis ita sum cupidus ut aliis eam prae-
reptam velim. Quae me igitur res praeter ceteros impulit ut
causam Sex. Rosci reciperem? Quia, si qui istorum dixisset
quos videtis adesse, in quibus summa auctoritas est atque
15 amplitudo, si verbum de re publica fecisset, id quod in hac
causa fieri necesse est, multo plura dixisse quam dixisset
putaretur. Ego autem si omnia quae dicenda sunt libere 3
dixero, nequaquam tamen similiter oratio mea exire atque
in volgus emanare poterit. Deinde quod ceterorum neque
20 dictum obscurum potest esse propter nobilitatem et amplitudinem neque temere dicto concedi propter aetatem et

---

1 cum] quom $A\pi^2\psi^1\omega$ 3 surrexerim is Σ, *Naugerius* (2): sur-
rexerimus A : surrexerim *cett.*   6 ipsi autem V 9 vitant V,
Auct. Schem. Dianoeas (*Rhet. M. p.* 73) : metuunt *cett.*   10 An
Schol. : at (ac $V\omega$) *codd.*   11 sum] sim $V\omega$ 17 autem si V :
etiam si *cett.* : om. *Charisius* (*K.* 1. 203)   18 atque] " atque " ne
Σ : *fort.* neque   21 potest esse *post* amplitudinem *hab.* A

prudentiam. Ego si quid liberius dixero, vel occultum esse
propterea quod nondum ad rem publicam accessi, vel
ignosci adulescentiae meae poterit; tametsi non modo
ignoscendi ratio verum etiam cognoscendi consuetudo iam
4 de civitate sublata est. Accedit illa quoque causa quod 5
a ceteris forsitan ita petitum sit ut dicerent, ut utrumvis
salvo officio se facere posse arbitrarentur; a me autem ei
contenderunt qui apud me et amicitia et beneficiis et dignitate plurimum possunt, quorum ego nec benivolentiam erga
2 me ignorare nec auctoritatem aspernari nec voluntatem 10
5 neglegere debebam. His de causis ego huic causae patronus exstiti, non electus unus qui maximo ingenio sed relictus ex omnibus qui minimo periculo possem dicere, neque
uti satis firmo praesidio defensus Sex. Roscius verum uti
ne omnino desertus esset.   15

    Forsitan quaeratis qui iste terror sit et quae tanta for-
mido quae tot ac talis viros impediat quo minus pro capite
et fortunis alterius quem ad modum consuerunt causam
velint dicere. Quod adhuc vos ignorare non mirum est,
propterea quod consulto ab accusatoribus eius rei quae 20
6 conflavit hoc iudicium mentio facta non est. Quae res ea
est? Bona patris huiusce Sex. Rosci quae sunt sexagiens,
quae de viro fortissimo et clarissimo L. Sulla, quem honoris
causa nomino, duobus milibus nummum sese dicit emisse
adulescens vel potentissimus hoc tempore nostrae civitatis, 25
L. Cornelius Chrysogonus. Is a vobis, iudices, hoc postulat ut, quoniam in alienam pecuniam tam plenam atque
praeclaram nullo iure invaserit, quoniamque ei pecuniae
vita Sex. Rosci obstare atque officere videatur, deletis ex

---

3 meae *om. V*   7 se facere *mei*: fa....e *V* (*litt. med. abscisis*) :
facere se *ed. Ven.*   9 ego nec *V*: ego neque *cett.*   11 debebam *Ernesti*: debeam *codd.* (*cf. Zielinski p.* 191)   13 possim *l´*
18 consueverunt φω (*ita* § 8 ω, § 12 χψω)   23 quae de] de
Weiske   fortissimo et clarissimo] *om.* fortissimo et *A* : clarissimo
et fortissimo ψ, *Arusian.* (*K.* vii. 470)

animo suo suspicionem omnem metumque tollatis ; sese
hoc incolumi non arbitratur huius innocentis patrimonium
tam amplum et copiosum posse obtinere, damnato et eiecto
sperat se posse quod adeptus est per scelus, id per luxuriam
5 effundere atque consumere. Hunc sibi ex animo scrupulum
qui se dies noctesque stimulat ac pungit ut evellatis postulat,
ut ad hanc suam praedam tam nefariam adiutores vos pro-
fiteamini.

Si vobis aequa et honesta postulatio videtur, iudices, ego 7
10 contra brevem postulationem adfero et, quo modo mihi
persuadeo, aliquanto aequiorem. Primum a Chrysogono 3
peto ut pecunia fortunisque nostris contentus sit, sanguinem
et vitam ne petat ; deinde a vobis, iudices, ut audacium
sceleri resistatis, innocentium calamitatem levetis et in causa
15 Sex. Rosci periculum quod in omnis intenditur propulsetis.
Quod si aut causa criminis aut facti suspicio aut quaelibet 8
denique vel minima res reperietur quam ob rem videantur
illi non nihil tamen in deferendo nomine secuti, postremo
si praeter eam praedam quam dixi quicquam aliud causae
20 inveneritis, non recusamus quin illorum libidini Sex. Rosci
vita dedatur. Sin aliud agitur nihil nisi ut eis ne quid
desit quibus satis nihil est, si hoc solum hoc tempore pugna-
tur ut ad illam opimam praeclaramque praedam damnatio
Sex. Rosci velut cumulus accedat, nonne cum multa in-
25 digna tum vel hoc indignissimum est, vos idoneos habitos
per quorum sententias iusque iurandum id adsequantur quod
antea ipsi scelere et ferro adsequi consuerunt ? qui ex
civitate in senatum propter dignitatem, ex senatu in hoc
consilium delecti estis propter severitatem, ab his hoc postu-

1 omnemque metum ω   4 sperat σχ : speret *cett.*   luxoriam
ΣΑψ² (*ita* Σ *semper*)   6 stimulet ac punget *Ernesti*   9
si] nisi *w, Halm* (2)   postulatio] ista postulatio *Richter* (*fort.* ea
postulatio)   14 insistatis *A*   17 reperiretur *A*   20 il-
lorum] eorum *w, prob. Halm*   27 consuerant *Ernesti*   29 his]
iis *coni. Halm*

lare homines sicarios atque gladiatores, non modo ut supplicia vitent quae a vobis pro maleficiis suis metuere atque
horrere debent verum etiam ut spoliis ex hoc iudicio ornati
auctique discedant ?

4   His de rebus tantis tamque atrocibus neque satis me com- 5
9   mode dicere neque satis graviter conqueri neque satis libere
vociferari posse intellego.   Nam commoditati ingenium, gravitati aetas, libertati tempora sunt impedimento.   Huc
accedit summus timor quem mihi natura pudorque meus
attribuit et vestra dignitas et vis adversariorum et Sex. 10
Rosci pericula.   Quapropter vos oro atque obsecro, iudices,
10 ut attente bonaque cum venia verba mea audiatis.   Fide
sapientiaque vestra fretus plus oneris sustuli quam ferre me
posse intellego.   Hoc onus si vos aliqua ex parte adleva-
bitis, feram ut potero studio et industria, iudices ; sin a 15
vobis, id quod non spero, deserar, tamen animo non de-
ficiam et id quod suscepi quoad potero perferam.   Quod
si perferre non potero, opprimi me onere offici malo quam
id quod mihi cum fide semel impositum est aut propter
perfidiam abicere aut propter infirmitatem animi deponere. 20

11   Te quoque magno opere, M. Fanni, quaeso ut, qualem te
iam antea populo Romano praebuisti, cum huic eidem
quaestioni iudex praeesses, talem te et nobis et rei pu-
5 blicae hoc tempore impertias.   Quanta multitudo hominum
convenerit ad hoc iudicium vides ; quae sit omnium mor- 25
talium exspectatio, quae cupiditas ut acria ac severa iudicia
fiant intellegis.   Longo intervallo iudicium inter sicarios
hoc primum committitur, cum interea caedes indignissimae
maximaeque factae sunt ; omnes hanc quaestionem te prae-

---

3 spoliis ex *w*: spoliis sex Σπ : spoliis Sex. *Αφψω*: spoliis Sex
Roscii σχ   11 periculum *Bake* (*cf.* §§ 148, 152), *fort. recte* (*Fuitne
in archetypo* peric., *quod hab.* Σ *Mur.* 84 ?)   18 perferre non potero
perferri Σ   22 eidem ω, *Ant. Augustinus* : idem *cett.*   23
iudex *om.* ω, *del. Halm* (*contra Mart. Cap., Rhet. M. p.* 470)   rei p.
Arusian. (*K.* vii. 481): populo Rom. *codd. et Mart. Cap.*   26 acria
ψ² : acra *cett.*   29 sint φ², *ed. R*

tore manifestis maleficiis cotidianoque sanguine dignissimam
sperant futuram.

Qua vociferatione in ceteris iudiciis accusatores uti con- 12
suerunt, ea nos hoc tempore utimur qui causam dicimus.
5 Petimus abs te, M. Fanni, a vobisque, iudices, ut quam
acerrime maleficia vindicetis, ut quam fortissime hominibus
audacissimis resistatis, ut hoc cogitetis, nisi in hac causa
qui vester animus sit ostendetis, eo prorumpere hominum
cupiditatem et scelus et audaciam ut non modo clam
10 verum etiam hic in foro ante tribunal tuum, M. Fanni,
ante pedes vestros, iudices, inter ipsa subsellia caedes futurae sint.   Etenim quid aliud hoc iudicio temptatur nisi 13
ut id fieri liceat?   Accusant ei qui in fortunas huius inva-
serunt, causam dicit is cui praeter calamitatem nihil reli-
15 querunt; accusant ei quibus occidi patrem Sex. Rosci bono
fuit, causam dicit is cui non modo luctum mors patris attulit
verum etiam egestatem; accusant ei qui hunc ipsum iugulare summe cupierunt, causam dicit is qui etiam ad hoc
ipsum iudicium cum praesidio venit ne hic ibidem ante
20 oculos vestros trucidetur; denique accusant ei quos populus
poscit, causam dicit is qui unus relictus ex illorum nefaria
caede restat.   Atque ut facilius intellegere possitis, iudices, 14
ea quae facta sunt indigniora esse quam haec sunt quae
dicimus, ab initio res quem ad modum gesta sit vobis
25 exponemus, quo facilius et huius hominis innocentissimi
miserias et illorum audacias cognoscere possitis et rei
publicae calamitatem.   6
Sex. Roscius, pater huiusce, municeps Amerinus fuit, cum 15
genere et nobilitate et pecunia non modo sui municipi

---

1 dignissimam *Madvig* (*cf. May in Phil. Rundsch.* x. 223) : dimissui
Σ : dimissius (demissius ψ : dimissus ω) *cett.* : remedio (remedium)
esse *E. F. Eberhard, Landgraf*: (de manifestis maleficiis ante ad-
missis cotidianoque sanguine *Lambinus*)   8 ostendetis] osten-
deritis *Ernesti*: ostendatis *Matthiae*   17 ipsum] ipsi *coni. Halm*
24 vobis *om. A*   26 audacias Σ (*cf. Verr.* iii. 208, *Sull.* 76) : audaciam *cett.*

7

verum etiam eius vicinitatis facile primus, tum gratia atque
hospitiis florens hominum nobilissimorum. Nam cum Me-
tellis, Serviliis, Scipionibus erat ei non modo hospitium
verum etiam domesticus usus et consuetudo, quas, ut aequum est, familias honestatis amplitudinisque gratia nomino. 5
Itaque ex suis omnibus commodis hoc solum filio reliquit ;
nam patrimonium domestici praedones vi ereptum possident, fama et vita innocentis ab hospitibus amicisque pater-
16 nis defenditur. Hic cum omni tempore nobilitatis fautor
fuisset tum hoc tumultu proximo, cum omnium nobilium 10
dignitas et salus in discrimen veniret, praeter ceteros in ea
vicinitate eam partem causamque opera, studio, auctoritate
defendit. Etenim rectum putabat pro eorum honestate se
pugnare propter quos ipse honestissimus inter suos numera-
batur. Postea quam victoria constituta est ab armisque 15
recessimus, cum proscriberentur homines atque ex omni
regione caperentur ei qui adversarii fuisse putabantur, erat
ille Romae frequens atque in foro et in ore omnium cotidie
versabatur, magis ut exsultare victoria nobilitatis videretur
quam timere ne quid ex ea calamitatis sibi accideret.   20
17   Erant ei veteres inimicitiae cum duobus Rosciis Amerinis,
quorum alterum sedere in accusatorum subselliis video,
alterum tria huiusce praedia possidere audio ; quas inimicitias si tam cavere potuisset quam metuere solebat viveret.
Neque enim, iudices, iniuria metuebat. Nam duo isti sunt 25
T. Roscii, quorum alteri Capitoni cognomen est, iste qui
adest Magnus vocatur, homines eius modi : alter plurimarum palmarum vetus ac nobilis gladiator habetur, hic autem
nuper se ad eum lanistam contulit, qui*que* ante hanc pugnam
tiro esset quod sciam, facile ipsum magistrum scelere auda- 30

6 itaque] atque *Halm* (2)   ex omnibus suis *ω*   9 hic] is
Halm (2)   16 homines] omnes *A. Eberhard*   18 atque
om. pauci dett.   27 huius modi *Reisig*   29 quique *Halm* :
qui *codd.* : et qui *Madvig*   30 quod sciam] quod scientiam χω¹,
del. Garatoni

ciaque superavit. Nam cum hic Sex. Roscius esset Ameriae, **7**
T. autem iste Roscius Romae, cum hic filius adsiduus in [18]
praediis esset cumque se voluntate patris rei familiari vitaeque rusticae dedisset, ipse autem frequens Romae esset,
5 occiditur ad balneas Pallacinas rediens a cena Sex. Roscius.
Spero ex hoc ipso non esse obscurum ad quem suspicio
malefici pertineat; verum id quod adhuc est suspiciosum
nisi perspicuum res ipsa fecerit, hunc adfinem culpae iudicatote.

10 Occiso Sex. Roscio primus Ameriam nuntiat Mallius [19]
Glaucia quidam, homo tenuis, libertinus, cliens et familiaris
istius T. Rosci, et nuntiat domum non fili sed T. Capitonis
inimici; et cum post horam primam noctis occisus esset,
primo diluculo nuntius hic Ameriam venit; decem horis
15 nocturnis sex et quinquaginta milia passuum cisiis per-
volavit, non modo ut exoptatum inimico nuntium primus
adferret sed etiam cruorem inimici quam recentissimum
telumque paulo ante e corpore extractum ostenderet. Quad- [20]
riduo quo haec gesta sunt res ad Chrysogonum in castra
20 L. Sullae Volaterras defertur; magnitudo pecuniae demon-
stratur; bonitas praediorum—nam fundos decem et tris reliquit qui Tiberim fere omnes tangunt—huius inopia et soli-
tudo commemoratur; demonstrant, cum pater huiusce Sex.
Roscius, homo tam splendidus et gratiosus, nullo negotio
25 sit occisus, perfacile hunc hominem incautum et rusticum
et Romae ignotum de medio tolli posse; ad eam rem
operam suam pollicentur. Ne diutius teneam, iudices, **8**
societas coitur. Cum nulla iam proscriptionis mentio fieret, [21]
cum etiam qui antea metuerant redirent ac iam defunctos

2 filius *del. Halm*   4 ipse *A. Eberhard* : iste *codd.* (*cf.* § 17)
5 Pallacinas *ΣAπσψ* : Palatinas *φχ* : Paluatinas *ω*   7 est suspiciosum adhuc *A*   15 cisiis *Schol.* : cissis *codd.*   25 rusticum
ed. Guar. : rus (ruri *ψ²*) *codd.*   27 diutius vos teneam *ed. V*
28 cum nulla . . . fieret *Charisius* (*K.* i. 264) *Diomedes* (*K.* i. 390) :
cum . . . nulla fieret *codd.*   29 qui] omnes qui *Diomedes*

sese periculis arbitrarentur, nomen refertur in tabulas Sex.
Rosci, hominis studiosissimi nobilitatis; manceps fit Chrysogonus; tria praedia vel nobilissima Capitoni propria tra-
duntur, quae hodie possidet; in reliquas omnis fortunas
iste T. Roscius nomine Chrysogoni, quem ad modum ipse 5
dicit, impetum facit.   Haec omnia, iudices, imprudente
22 L. Sulla facta esse certo scio.   Neque enim mirum, cum
eodem tempore et ea quae praeterita sunt *reparet* et ea
quae videntur instare praeparet, cum et pacis constituendae
rationem et belli gerendi potestatem solus habeat, cum 10
omnes in unum spectent, unus omnia gubernet, cum tot
tantisque negotiis distentus sit ut respiraré libere non possit, si aliquid non animadvertat, cum praesertim tam multi
occupationem eius observent tempusque aucupentur ut,
simul atque ille despexerit, aliquid huiusce modi moliantur. 15
Huc accedit quod, quamvis ille felix sit, sicut est, tamen in
tanta felicitate nemo potest esse in magna familia qui neminem neque servum neque libertum improbum habeat.
23 Interea iste T. Roscius, vir optimus, procurator Chrysogoni,
Ameriam venit, in praedia huius invadit, hunc miserum, 20
luctu perditum, qui nondum etiam omnia paterno funeri
iusta solvisset, nudum eicit domo atque focis patriis disque
penatibus praecipitem, iudices, exturbat, ipse amplissimae
pecuniae fit dominus.   Qui in sua re fuisset egentissimus,
erat, ut fit, insolens in aliena; multa palam domum suam 25
auferebat, plura clam de medio removebat, non pauca suis
adiutoribus large effuseque donabat, reliqua constituta
auctione vendebat.

---

1 nomen . . . Rosci *Charisius et Diomedes, om. codd.*   6 facit]
haec bona emuntur sestertiorum duobus milibus nummum *add. codd.*
(*ex* § 6): *del. Kayser*   7 certo *s* : certe *mei*   8 reparet
cod. Lambini : *om. mei* : sanet *Rinkes*   16 in *del. Lambinus*
21 perditum *w* : praeditum (pro- *π*) *cett.*   22 eicit *ed. V, Sylvius* :
eiecit *codd.*   23 iudices exturbat *πφ¹ψω* : iudices sex (Sex. *A*)
turbat *ΣAχ* : Sex. Ro. (*om.* Ro. *ψ²*) iud. exturbat *σψ²*   25 aliena
Arusian. (*K.* vii. 486) : alienam *codd.*

Quod Amerinis usque eo visum est indignum ut urbe **9**
tota fletus gemitusque fieret.   Etenim multa simul ante ²⁴
oculos versabantur, mors hominis florentissimi, Sex. Rosci,
crudelissima, fili autem eius egestas indignissima, cui de
5 tanto patrimonio praedo iste nefarius ne iter quidem ad
sepulcrum patrium reliquisset, bonorum emptio flagitiosa,
possessio, furta, rapinae, donationes.   Nemo erat qui non
ardere omnia mallet quam videre in Sex. Rosci, viri optimi
atque honestissimi, bonis iactantem se ac dominantem
10 T. Roscium.   Itaque decurionum decretum statim fit ut 25
decem primi proficiscantur ad L. Sullam doceantque eum
qui vir Sex. Roscius fuerit, conquerantur de istorum scelere
et iniuriis, orent ut et illius mortui famam et fili innocentis
fortunas conservatas velit.   Atque ipsum decretum, quaeso,
15 cognoscite. DECRETVM DECVRIONVM.   Legati in castra
veniunt.   Intellegitur, iudices, id quod iam ante dixi, imprudente L. Sulla scelera haec et flagitia fieri.   Nam statim
Chrysogonus et ipse ad eos accedit et homines nobilis
adlegat qui peterent ne ad Sullam adirent, et omnia Chry-
20 sogonum quae vellent esse facturum pollicerentur.   Vsque 26
adeo autem ille pertimuerat ut mori mallet quam de his
rebus Sullam doceri.   Homines antiqui, qui ex sua natura
ceteros fingerent, cum ille confirmaret sese nomen Sex. Rosci
de tabulis exempturum, praedia vacua filio traditurum,
25 cumque id ita futurum T. Roscius Capito qui in decem
legatis erat appromitteret, crediderunt ; Ameriam re inorata reverterunt.   Ac primo rem differre cotidie ac pro-
crastinare isti coeperunt, deinde aliquanto lentius nihil
agere atque deludere, postremo, id quod facile intellectum

---

7 possessio] flagitiosa possessio *cod. Lambini* : falsa possessio
Landgraf   8 ardere] ardere illa *Rufinian.* (*Rhet. M. p.* 47)
16 id quod *Naugerius* : ut quod *codd.*   19 adlegat *Ernesti* : alle-
gatus Σ : allegat iis (hi φ) *cett.* : allegat ab iis *Lambinus*   21
autem] enim *coni. Müller*   26 re inorata *Bπψ* : re morata *cett.*
28 nihil *del. Halm*

est, insidias vitae huiusce Sex. Rosci parare neque sese
arbitrari posse diutius alienam pecuniam domino incolumi
obtinere. Quod hic simul atque sensit, de amicorum
cognatorumque sententia Romam confugit et sese ad
Caeciliam, Nepotis *sororem*, *Baliarici* filiam, quam honoris 5
causa nomino, contulit, qua pater usus erat plurimum ; in
qua muliere, iudices, etiam nunc, id quod omnes semper
existimaverunt, quasi exempli causa vestigia antiqui offici
remanent. Ea Sex. Roscium inopem, eiectum domo atque
expulsum ex suis bonis, fugientem latronum tela et minas 10
recepit domum hospitique oppresso iam desperatoque ab
omnibus opitulata est. Eius virtute, fide, diligentia factum
est ut hic potius vivus in reos quam occisus in proscriptos
referretur.

28   Nam postquam isti intellexerunt summa diligentia vitam 15
Sex. Rosci custodiri neque sibi ullam caedis faciendae
potestatem dari, consilium ceperunt plenum sceleris et
audaciae ut nomen huius de parricidio deferrent, ut ad
eam rem aliquem accusatorem veterem compararent qui
de ea re posset dicere aliquid, in qua re nulla subesset 20
suspicio, denique ut, quoniam crimine non poterant, tempore ipso pugnarent. Ita loqui homines : 'quod iudicia
tam diu facta non essent, condemnari eum oportere qui
primus in iudicium adductus esset ; huic autem patronos
propter Chrysogoni gratiam defuturos ; de bonorum ven- 25
ditione et de ista societate verbum esse facturum neminem ;
ipso nomine parricidi et atrocitate criminis fore ut hic nullo
29 negotio tolleretur, cum ab nullo defensus esset.' Hoc consilio atque adeo hac amentia impulsi quem ipsi, cum
cuperent, non potuerunt occidere, eum iugulandum vobis 30
tradiderunt.

5 Nepotis sororem, Baliarici filiam *Garatoni* : Nepotis filiam *codd.* :
del. Passeratius   6 qua χ¹ψ²ω : quam *cett.*   7 etiamnum Σ
16 faciundae σχ²   20 posset *ed. Mediol.* : possit *codd.*

12

Quid primum querar aut unde potissimum, iudices, II
ordiar aut quod aut a quibus auxilium petam? deorumne
immortalium, populine Romani, vestramne qui summam
potestatem habetis hoc tempore fidem implorem? Pater 30
5 occisus nefarie, domus obsessa ab inimicis, bona adempta,
possessa, direpta, fili vita infesta, saepe ferro atque insidiis
appetita. Quid ab his tot maleficiis sceleris abesse videtur?
Tamen haec aliis nefariis cumulant atque adaugent, crimen
incredibile confingunt, testis in hunc et accusatores huiusce
10 pecunia comparant; hanc condicionem misero ferunt ut
optet utrum malit cervices *T.* Roscio dare an insutus in
culleum per summum dedecus vitam amittere. Patronos
huic defuturos putaverunt; desunt; qui libere dicat, qui
cum fide defendat, id quod in hac causa satis *est*, non deest
15 profecto, iudices. Et forsitan in suscipienda causa temere 31
impulsus adulescentia fecerim; quoniam quidem semel
suscepi, licet hercules undique omnes minae terrores periculaque impendeant omnia, succurram ac subibo. Certum
est deliberatumque quae ad causam pertinere arbitror,
20 omnia non modo dicere verum etiam libenter audacter
liberaque dicere; nulla res tanta exsistet, iudices, ut possit
vim mihi maiorem adhibere metus quam fides. Etenim 32
quis tam dissoluto animo est qui haec cum videat tacere ac
neglegere possit? Patrem meum, cum proscriptus non esset,
25 iugulastis, occisum in proscriptorum numerum rettulistis, me
domo mea per vim expulistis, patrimonium meum possi
detis. Quid voltis amplius? etiamne ad subsellia cum ferro
atque telis venistis ut hic aut iuguletis aut condemnetis?

6 possessio *Passeratius*   11 optet *Beroaldus* : optetur *codd.*
T. *A. Eberhard* : om. *codd.*   12 culleum] supplicium (-io ψ) parricidarum *add. codd.* : *del. Hotoman*   14 satis est *ed. Mediol.* : satis
codd. : est satis *Naugerius*   *Post* satis *add.* quoniam quidem suscepi
(*ex* § 31) *codd.* : *del. Heusinger*   17 minae] in me σχψ : im-
mineant *Halm* (2) : mihi minae *Baiter*   18 impendeant *ed. R.* : im
pediant Σσχ : impendant *cett.*   ac] atque σχψ   20 audaciter
Lambinus (*cf.* § 104)   21 exsistet ω : exsistat (-it ψ) *cett.*
28 condemnetis] Sex. Roscium *add. codd.* : *del. Lambinus*

12
33   Hominem longe audacissimum nuper habuimus in civitate C. Fimbriam et, quod inter omnis constat, nisi inter
eos qui ipsi quoque insaniunt insanissimum. Is cum
curasset in funere C. Mari ut Q. Scaevola volneraretur, vir
sanctissimus atque ornatissimus nostrae civitatis, de cuius 5
laude neque hic locus est ut multa dicantur neque plura
tamen dici possunt quam populus Romanus memoria
retinet, diem Scaevolae dixit, postea quam comperit eum
posse vivere. Cum ab eo quaereretur quid tandem accusaturus esset eum quem pro dignitate ne laudare quidem 10
quisquam satis commode posset, aiunt hominem, ut erat
furiosus, respondisse : 'quod non totum telum corpore
recepisset.' Quo populus Romanus nihil vidit indignius
nisi eiusdem viri mortem, quae tantum potuit ut omnis
occisus perdiderit et adflixerit ; quos quia servare per com- 15
34 positionem volebat, ipse ab eis interemptus est. Estne hoc
illi dicto atque facto Fimbriano simillimum ? Accusatis
Sex. Roscium. Quid ita ? Quia de manibus vestris effugit,
quia se occidi passus non est. Illud, quia in Scaevola
factum est, magis indignum videtur, hoc, quia fit a Chryso- 20
gono, non est ferendum. Nam per deos immortalis ! quid
est in hac causa quod defensionis indigeat ? qui locus ingenium patroni requirit aut oratoris eloquentiam magno
opere desiderat ? Totam causam, iudices, explicemus atque
ante oculos expositam consideremus ; ita facillime quae res 25
totum iudicium contineat et quibus *de* rebus nos dicere
oporteat et quid vos sequi conveniat intellegetis.

13
35   Tres sunt res, quantum ego existimare possum, quae

15 occisus Σ : civis suos *Aπφ* : civis σχψ   servare per compositionem *ed. R* : servare per conservare posicionem Σχ : servare per
cos. repositionem *Aπφ* : conservare per positionem σχ² : conservare
per compositionem ψ   17 Fimbriano *Rufinian.* (*Rhet. M. p.* 44) :
Fimbria non Σ : Fimbriae non *cett.*   20 magis *transpos. ante*
ferendum *A. Eberhard*   21 non] num *Hotoman* : *del. Guarinus*
(*in Comment.*)   est ferendum] est feferendum Σ : esset ferendum
χ²   26 de ψ² : *om. cett.*

obstent hoc tempore Sex. Roscio, crimen adversariorum et
audacia et potentia. Criminis conficitionem accusator
Erucius suscepit, audaciae partis Roscii sibi poposcerunt,
Chrysogonus autem, is qui plurimum potest, potentia
5 pugnat. De hisce omnibus rebus me dicere oportere intellego. Quid igitur est? Non eodem modo de omnibus, 36
ideo quod prima illa res ad meum officium pertinet, duas
autem reliquas vobis populus Romanus imposuit ; ego
crimen oportet diluam, vos et audaciae resistere et homi-
10 num eius modi perniciosam atque intolerandam potentiam
primo quoque tempore exstinguere atque opprimere debetis.

Occidisse patrem Sex. Roscius arguitur. Scelestum, di 37
immortales! ac nefarium facinus atque eius modi quo uno
maleficio scelera omnia complexa esse videantur! Etenim
15 si, id quod praeclare a sapientibus dicitur, voltu saepe
laeditur pietas, quod supplicium satis acre reperietur
in eum qui mortem obtulerit parenti? pro quo mori
ipsum, si res postularet, iura divina atque humana coge-
bant. In hoc tanto, tam atroci, tam singulari maleficio, 38
20 quod ita raro exstitit ut, si quando auditum sit, portenti ac
prodigi simile numeretur, quibus tandem tu, C. Eruci, argumentis accusatorem censes uti oportere? nonne et audaciam
eius qui in crimen vocetur singularem ostendere et mores
feros immanemque naturam et vitam vitiis flagitiisque omni-
25 bus deditam, denique omnia ad perniciem profligata atque
perdita? Quorum tu nihil in Sex. Roscium ne obiciendi
quidem causa contulisti.

Patrem occidit Sex. Roscius. Qui homo? adulescentulus $\begin{smallmatrix}14\\39\end{smallmatrix}$
corruptus et ab hominibus nequam inductus? Annos natus
30 maior quadraginta. Vetus videlicet sicarius, homo audax

2 accusator Erucius] Erucius *del. Madvig* : accusator *del. A. Eberhard* (*contra Victorinum, Rhet. M. p.* 210)   3 depoposcerunt
Victorinus   20 sit] est *Halm*   21 tu C. *Klotz* : te C. (G. Σ :
GN. πχ¹) *codd.*   25 denique *Madvig* : et denique *codd.*   29
inductus] iudicatus ψ²   29, 30 natus maior] natu maior *Gulielmius* : natus magis *Naugerius* (*contra Arusian. K.* vii. 495)

et saepe in caede versatus. At hoc ab accusatore ne dici quidem audistis. Luxuries igitur hominem nimirum et aeris alieni magnitudo et indomitae animi cupiditates ad hoc scelus impulerunt. De luxuria purgavit Erucius, cum dixit hunc ne in convivio quidem ullo fere interfuisse. 5 Nihil autem umquam debuit. Cupiditates porro quae possunt esse in eo qui, ut ipse accusator obiecit, ruri semper habitarit et in agro colendo vixerit? quae vita maxime disiuncta *a* cupiditate et cum officio *coniuncta est.*

40 Quae res igitur tantum istum furorem Sex. Roscio obiecit? 10 ' Patri ' inquit ' non placebat.' Patri non placebat? quam ob causam? necesse est enim eam quoque iustam et magnam et perspicuam fuisse. Nam ut illud incredibile est, mortem oblatam esse patri a filio sine plurimis et maximis causis, sic hoc veri simile non est, odio fuisse 15 parenti filium sine causis multis et magnis et necessariis.

41 Rursus igitur eodem revertamur et quaeramus quae tanta vitia fuerint in unico filio qua re is patri displiceret. At perspicuum est nullum fuisse. Pater igitur amens, qui odisset eum sine causa quem procrearat? At is quidem 20 fuit omnium constantissimus. Ergo illud iam perspicuum profecto est, si neque amens pater neque perditus filius fuerit, neque odi causam patri neque sceleris filio fuisse.

15
42 ' Nescio ' inquit ' quae causa odi fuerit ; fuisse odium intellego quia antea, cum duos filios haberet, illum alterum 25 qui mortuus est secum omni tempore volebat esse, hunc in praedia rustica relegarat.' Quod Erucio accidebat in mala nugatoriaque accusatione, idem mihi usu venit in causa optima. Ille quo modo crimen commenticium confirmaret non inveniebat, ego res tam levis qua ratione infirmem ac 30

2 nimirum *om. A*   **4** luxoriae Σ : luxurie *w, Müller (cf.* § 75)   **6** umquam cuiquam *Bake*   **9** a *ed. Guar.* : *om. codd.*   con-iuncta est *s* : coniuncta σχ²ψ : *om.* ΣAπχ¹   **11** patri non placebat *hab.* Σ *in mg., om. w, del. Madvig*   **27** relegavit Σ   **28** usu mihi *Aπ¹φ*

diluam reperire non possum. Quid ais, Eruci? tot praedia, 43
tam pulchra, tam fructuosa Sex. Roscius filio suo relega-
tionis ac supplici gratia colenda ac tuenda tradiderat?
Quid? hoc patres familiae qui liberos habent, praesertim
5 homines illius ordinis ex municipiis rusticanis, nonne optatissimum sibi putant esse filios suos rei familiari maxime
servire et in praediis colendis operae plurimum studique
consumere? An amandarat hunc sic ut esset in agro ac 44
tantum modo aleretur ad villam, ut commodis omnibus
10 careret? Quid? si constat hunc non modo colendis praediis
praefuisse sed certis fundis patre vivo frui solitum esse,
tamenne haec a te vita eius rusticana relegatio atque aman-
datio appellabitur? Vides, Eruci, quantum distet argumentatio tua ab re ipsa atque a veritate. Quod consuetudine
15 patres faciunt, id quasi novum reprehendis; quod benivolentia fit, id odio factum criminaris; quod honoris causa
pater filio suo concessit, id eum supplici causa fecisse dicis.
Neque haec tu non intellegis, sed usque eo quid arguas non 45
habes, ut non modo tibi contra nos dicendum putes verum
20 etiam contra rerum naturam contraque consuetudinem
hominum contraque opiniones omnium.

At enim, cum duos filios haberet, alterum a se non dimit- 16
tebat, alterum ruri esse patiebatur. Quaeso, Eruci, ut hoc
in bonam partem accipias; non enim exprobrandi causa sed
25 commonendi gratia dicam. Si tibi fortuna non dedit ut 46
patre certo nascerere ex quo intellegere posses qui animus
patrius in liberos esset, at natura certe dedit ut humanitatis
non parum haberes; eo accessit studium doctrinae ut ne a
litteris quidem alienus esses. Ecquid tandem tibi videtur,
30 ut ad fabulas veniamus, senex ille Caecilianus minoris facere

---

4 familias χ, *ed. V*   8 amandarat Σ*Bπχ²ψ¹* : mandarat (emend.
ψ²) *cett.*   12 a te vita eius *Vahlen* : a te vita et *ψ²*: attente vita et
cett. : attenta vita et *Naugerius*   14 a *ψ* : *om. cett.*   16 factum
|| || Σ : *fort.* factum tu   18 quid] quod *Lambinus*   29 esses.
ecquid *ed. C. Stephani* : esset quid Σ : esses quid *cett.*

Eutychum, filium rusticum, quam illum alterum, Chaere-
stratum?—nam, ut opinor, hoc nomine est—alterum in urbe
secum honoris causa habere, alterum rus supplici causa
47 relegasse? 'Quid ad istas ineptias abis?' inquies. Quasi
vero mihi difficile sit quamvis multos nominatim proferre, 5
ne longius abeam, vel tribulis vel vicinos meos qui suos
liberos quos plurimi faciunt agricolas adsiduos esse cupiunt.
Verum homines notos sumere odiosum est, cum et illud incertum sit velintne ei sese nominari, et nemo vobis magis
notus futurus sit quam est hic Eutychus, et certe ad rem 10
nihil intersit utrum hunc ego comicum adulescentem an
aliquem ex agro Veienti nominem. Etenim haec conficta
arbitror esse a poetis ut effictos nostros mores in alienis
personis expressamque imaginem vitae cotidianae videremus.
48 Age nunc, refer animum sis ad veritatem et considera non 15
modo in Vmbria atque in ea vicinitate sed in his veteribus
municipiis quae studia a patribus familias maxime laudentur;
iam profecto te intelleges inopia criminum summam laudem
17 Sex. Roscio vitio et culpae dedisse. Ac non modo hoc
patrum voluntate liberi faciunt sed permultos et ego novi et, 20
nisi me fallit animus, unus quisque vestrum qui et ipsi
incensi sunt studio quod ad agrum colendum attinet, vitamque hanc rusticam, quam tu probro et crimini putas esse
oportere, et honestissimam et suavissimam esse arbitrantur.
49 Quid censes hunc ipsum Sex. Roscium quo studio et qua 25
intellegentia esse in rusticis rebus? Vt ex his propinquis
eius, hominibus honestissimis, audio, non tu in isto artificio
accusatorio callidior es quam hic in suo. Verum, ut opinor,

---

7 agricolas ψ^2: agriculos (agricos ψ^1) *cett.*   9 ii σχ, *Halm*: hi
cett.   11 hunc *om.* σφ   12 Veienti *Fleckeisen* (*cf. Zielinski p.*
191): Veiente ψ^2: veientem ΣA: venientem *cett.*   13 a poetis
esse *ed. R*   14 imaginem] nostram (nostrae *Hotoman*) *add. codd.*,
del. Madvig   videremus A, *ed. Guar.*: viderimus *cett.*   17 familias *ed. Guar.*: familiis *codd.*   19 ac] at φψ   22 quod ad
ω, *Angelius*: quod Σφ: quo ad *cett.*

quoniam ita Chrysogono videtur qui huic nullum praedium
reliquit, et artificium obliviscatur et studium deponat licebit.
Quod tametsi miserum et indignum est, feret tamen aequo
animo, iudices, si per vos vitam et famam potest obtinere ;
5 hoc vero est quod ferri non potest, si et in hanc calamitatem
venit propter praediorum bonitatem et multitudinem et
quod ea studiose coluit, id erit ei maxime fraudi, ut parum
miseriae sit quod aliis coluit non sibi, nisi etiam quod
omnino coluit crimini fuerit.

18

10 Ne tu, Eruci, accusator esses ridiculus, si illis temporibus 50
natus esses cum ab aratro arcessebantur qui consules fierent.
Etenim qui praeesse agro colendo flagitium putes, profecto
illum Atilium quem sua manu spargentem semen qui missi
erant convenerunt hominem turpissimum atque inhonestis-
15 simum iudicares. At hercule maiores nostri longe aliter
et de illo et de ceteris talibus viris existimabant itaque ex
minima tenuissimaque re publica maximam et florentissimam nobis reliquerunt. Suos enim agros studiose cole
bant, non alienos cupide appetebant ; quibus rebus et agris
20 et urbibus et nationibus rem publicam atque hoc imperium
et populi Romani nomen auxerunt. Neque ego haec eo 51
profero quo conferenda sint cum hisce de quibus nunc
quaerimus, sed ut illud intellegatur, cum apud maiores
nostros summi viri clarissimique homines qui omni tempore
25 ad gubernacula rei publicae sedere debebant tamen in agris
quoque colendis aliquantum operae temporisque consumpserint, ignosci oportere ei homini qui se fateatur esse
rusticum, cum ruri adsiduus semper vixerit, cum praesertim
nihil esset quod aut patri gratius aut sibi iucundius aut re
30 vera honestius facere posset.

3 feret χ¹ : ferret (-re σφ) *cett.*   5 ferre *Puteanus*   7 maximae Σ   11 natus ‖‖‖ esses Σ   17 rem publicam *Pluygers*
23 intellegatur] intellegant *A* : intellegas σχ²   26 consumpserint
Beroaldus : consumpserunt *codd.*   28 cum ruri] qui ruri *Vrsinus*
assiduos Σ*A* : assiduo *Gulielmius*

52   Odium igitur acerrimum patris in filium ex hoc, opinor,
ostenditur, Eruci, quod hunc ruri esse patiebatur. Numquid
est aliud ? ' Immo vero' inquit ' est ; nam istum exheredare in animo habebat.'   Audio ; nunc dicis aliquid quod
ad rem pertineat ; nam illa, opinor, tu quoque concedis 5
levia esse atque inepta : ' Convivia cum patre non inibat.'
Quippe, qui ne in oppidum quidem nisi perraro veniret.
' Domum suam istum non fere quisquam vocabat.'   Nec
mirum, qui neque in urbe viveret neque revocaturus esset.

19
53   Verum haec tu quoque intellegis esse nugatoria ; illud quod 10
coepimus videamus, quo certius argumentum odi reperiri
nullo modo potest.   ' Exheredare pater filium cogitabat.'
Mitto quaerere qua de causa ; quaero qui scias ; tametsi te
dicere atque enumerare causas omnis oportebat, et id erat
certi accusatoris officium qui tanti sceleris argueret explicare 15
omnia vitia ac peccata fili quibus incensus parens potuerit
animum inducere ut naturam ipsam vinceret, ut amorem
illum penitus insitum eiceret ex animo, ut denique patrem
esse sese oblivisceretur ; quae sine magnis huiusce peccatis
54 accidere potuisse non arbitror.   Verum concedo tibi ut ea 20
praetereas quae, cum taces, nulla esse concedis ; illud quidem, voluisse exheredare, certe tu planum facere debes.
Quid ergo adfers qua re id factum putemus ?   Vere nihil
potes dicere ; finge aliquid saltem commode ut ne plane
videaris id facere quod aperte facis, huius miseri fortunis et 25
horum virorum talium dignitati inludere.   Exheredare filium
voluit.   Quam ob causam ?   ' Nescio.'   Exheredavitne ?
' Non.'   Quis prohibuit ?   ' Cogitabat.'   Cogitabat ? cui dixit ?
' Nemini.'   Quid est aliud iudicio ac legibus ac maiestate
vestra abuti ad quaestum atque ad libidinem nisi hoc modo 30
accusare atque id obicere quod planum facere non modo

7 perraro] errario Σ : raro σχψ²   10 haec quoque tu *ed. R*
15 certe *Pluygers*   18 ex animo *del. May*   19 huiusce ||||
Σ   21 illud *Gulielmius* : illum *codd.*   24 potes se dicere
Σ : potes edicere *Gulielmius* : *fort.* potes elicere   28 *alterum*
cogitabat *om. w, del. Madvig*   30 atque ad] atque *Aχ¹*

20

non possis verum ne coneris quidem ? Nemo nostrum est, 55
Eruci, quin sciat tibi inimicitias cum Sex. Roscio nullas
esse ; vident omnes qua de causa huic inimicus venias ;
sciunt huiusce pecunia te adductum esse.   Quid ergo est ?
5 Ita tamen quaestus te cupidum esse oportebat ut horum
existimationem et legem Remmiam putares aliquid valere
oportere.

Accusatores multos esse in civitate utile est ut metu con- **20**
tineatur audacia ; verum tamen hoc ita est utile ut ne plane 56
10 inludamur ab accusatoribus. Innocens est quispiam, verum
tamen, quamquam abest a culpa, suspicione tamen non
caret ; tametsi miserum est, tamen ei qui hunc accuset
possim aliquo modo ignoscere.   Cum enim aliquid habeat
quod possit criminose ac suspiciose dicere, aperte ludificari
15 et calumniari sciens non videatur.   Qua re facile omnes
patimur esse quam plurimos accusatores, quod innocens, si
accusatus sit, absolvi potest, nocens, nisi accusatus fuerit,
condemnari non potest ; utilius est autem absolvi innocentem quam nocentem causam non dicere.   Anseribus cibaria
20 publice locantur et canes aluntur in Capitolio ut significent
si fures venerint. At fures internoscere non possunt, significant tamen si qui noctu in Capitolium venerint et, quia id
est suspiciosum, tametsi bestiae sunt, tamen in eam partem
potius peccant quae est cautior. Quod si luce quoque
25 canes latrent cum deos salutatum aliqui venerint, opinor, eis
crura suffringantur, quod acres sint etiam tum cum suspicio
nulla sit. Simillima est accusatorum ratio. Alii vestrum 57
anseres sunt qui tantum modo clamant, nocere non possunt,
alii canes qui et latrare et mordere possunt. Cibaria vobis
30 praeberi videmus ; vos autem maxime debetis in eos impe-

3 huic *Beroaldus* : huc *codd.*   6 Remmiam] rem miram *A* :
Eruci iam ψ *mg.*   11 *alterum* tamen *del. Novák*   13 possum *w*
14 possit *Angelius* : possim *codd.*   17 sit] est *Halm* (2)   22
venerunt *Madvig*   25 deos $\sigma\chi\psi^1$: deo (eo ψ^2) *cett.*

tum facere qui merentur. Hoc populo gratissimum est.
Deinde, si voletis, etiam tum cum veri simile erit aliquem
commisisse, in suspicione latratote ; id quoque concedi
potest. Sin autem sic agetis ut arguatis aliquem patrem
occidisse neque dicere possitis aut qua re aut quo modo, ac 5
tantum modo sine suspicione latrabitis, crura quidem vobis
nemo suffringet, sed, si ego hos bene novi, litteram illam
cui vos usque eo inimici estis ut etiam Kal. omnis oderitis
ita vehementer ad caput adfigent ut postea neminem alium
nisi fortunas vestras accusare possitis.   10

21
  Quid mihi ad defendendum dedisti, bone accusator ?
58
quid hisce autem ad suspicandum ? 'Ne exheredaretur
veritus est.' Audio, sed qua de causa vereri debuerit nemo
dicit. 'Habebat pater in animo.' Planum fac. Nihil est ;
non quicum deliberaverit, quem certiorem fecerit, unde istud 15
vobis suspicari in mentem venerit. Cum hoc modo accusas,
Eruci, nonne hoc palam dicis : 'Ego quid acceperim scio,
quid dicam nescio ; unum illud spectavi quod Chrysogonus
aiebat neminem isti patronum futurum ; de bonorum em-
ptione deque ea societate neminem esse qui verbum facere 20
auderet hoc tempore'? Haec te opinio falsa in istam fraudem impulit ; non me hercules verbum fecisses, si tibi
quemquam responsurum putasses.

59   Operae pretium erat, si animadvertistis, iudices, neglegen-
tiam eius in accusando considerare. Credo, cum vidisset 25
qui homines in hisce subselliis sederent, quaesisse num ille
aut ille defensurus esset ; de me ne suspicatum quidem esse,
quod antea causam publicam nullam dixerim. Postea quam
invenit neminem eorum qui possunt et solent ita neglegens
esse coepit ut, cum in mentem veniret ei, resideret, deinde 30

    2 aliquem aliquid *Hotoman*   8 Kal. omnis *Pighius* : calomnis
$\Sigma A\pi\phi\chi$: calonis σ : calomniis ψ : calumpniis ω 9 adfigent ψ^2,
ed. R : adfingent (-entur ω) *cett.*   12 ne] neque Σ 15 deliberaverit $\sigma\chi$: deliberavit *cett.* : deliberarit *ed. V*   18 illud $\sigma\chi\psi$:
illum *cett.*   21 hoc tempore auderet *ed. Mediol.*   26 quaesisse
cd. R : quaesisset *codd.*

spatiaretur, non numquam etiam puerum vocaret, credo, cui
cenam imperaret, prorsus ut vestro consessu et hoc conventu
pro summa solitudine abuteretur. Peroravit aliquando, ad-
sedit; surrexi ego. Respirare visus est quod non alius
5 potius diceret. Coepi dicere. Vsque eo animadverti, iudices, eum iocari atque alias res agere ante quam Chrysogonum nominavi; quem simul atque attigi, statim homo se
erexit, mirari visus est. Intellexi quid eum pepugisset.
Iterum ac tertio nominavi. Postea homines cursare ultro et
10 citro non destiterunt, credo, qui Chrysogono nuntiarent esse
aliquem in civitate qui contra voluntatem eius dicere auderet;
aliter causam agi atque ille existimaret, aperiri bonorum
emptionem, vexari pessime societatem, gratiam potentiamque eius neglegi, iudices diligenter attendere, populo rem
15 indignam videri. Quae quoniam te fefellerunt, Eruci, quoniamque vides versa esse omnia, causam pro Sex. Roscio, si
non commode, at libere dici, quem dedi putabas defendi
intellegis, quos tradituros sperabas vides iudicare, restitue
nobis aliquando veterem tuam illam calliditatem atque pru-
20 dentiam, confitere huc ea spe venisse quod putares hic
latrocinium, non iudicium futurum.

De parricidio causa dicitur; ratio ab accusatore reddita
non est quam ob causam patrem filius occiderit. Quod in
minimis noxiis et in his levioribus peccatis quae magis crebra
25 et iam prope cotidiana sunt vel maxime et primum quaeritur,
quae causa malefici fuerit, id Erucius in parricidio quaeri
non putat oportere. In quo scelere, iudices, etiam cum
multae causae convenisse unum in locum atque inter se
congruere videntur, tamen non temere creditur, neque levi
30 coniectura res penditur, neque testis incertus auditur, neque
accusatoris ingenio res iudicatur. Cum multa antea com-

The right margin numbers: **22** 60 61 62

8 pepugisset] pupugisset $\chi\psi^2$ (cf. *Gellium* vi. 9. 15)   10 esse *om.*
w : aliquem esse *ed. V*   11 civitatem $\Sigma\sigma\chi$ 15 fefellerunt
ed. V : fefellerint *codd.*   20 aut confitere te *Hotoman*   25 vel
Eberhard : id *codd.* : et *Klotz* : *del. Ascens.* (3)

missa maleficia, cum vita hominis perditissima, tum singularis audacia ostendatur necesse est, neque audacia solum
sed summus furor atque amentia. Haec cum sint omnia,
tamen exstent oportet expressa sceleris vestigia, ubi, qua
ratione, per quos, quo tempore maleficium sit admissum. 5
Quae nisi multa et manifesta sunt, profecto res tam scelesta,
63 tam atrox, tam nefaria credi non potest. Magna est enim
vis humanitatis ; multum valet communio sanguinis ; recla-
mitat istius modi suspicionibus ipsa natura ; portentum
atque monstrum certissimum est esse aliquem humana 10
specie et figura qui tantum immanitate bestias vicerit ut,
propter quos hanc suavissimam lucem aspexerit, eos indignissime luce privarit, cum etiam feras inter sese partus atque
educatio et natura ipsa conciliet.

23
64   Non ita multis ante annis aiunt T. Caelium quendam 15
Terracinensem, hominem non obscurum, cum cenatus cubi-
tum in idem conclave cum duobus adulescentibus filiis isset,
inventum esse mane iugulatum. Cum neque servus quisquam reperiretur neque liber ad quem ea suspicio pertineret,
id aetatis autem duo filii propter cubantes ne sensisse qui- 20
dem se dicerent, nomina filiorum de parricidio delata sunt.
Quid poterat tam esse suspiciosum ? neutrumne sensisse ?
ausum autem esse quemquam se in id conclave committere
eo potissimum tempore cum ibidem essent duo adulescentes
filii qui et sentire et defendere facile possent ? Erat porro 25
65 nemo in quem ea suspicio conveniret. Tamen, cum planum
iudicibus esset factum aperto ostio dormientis eos repertos
esse, iudicio absoluti adulescentes et suspicione omni liberati
sunt. Nemo enim putabat quemquam esse qui, cum omnia

15 Caelium *Valerius Max.* viii. 1. 13 : Cloelium (Clod- φψ) *codd.*
16 Terracinensem Σπω, *Schol.* : Tarracinensem *cett.*, *Valerius Max.* (*cf.*
Schuchardt iii. 103)   19 reperiretur *Angelius* : reperiebatur
codd.   22 tam esse *Gruter* : sa est Σ : sane Aπψω : satis est σχψ
suspiciosum *Madvig* : suspiciosum autem *codd.* : suspiciosum. Suspiciosum autem *coni. Halm*

divina atque humana iura scelere nefario polluisset, somnum
statim capere potuisset, propterea quod qui tantum facinus
commiserunt non modo sine cura quiescere sed ne spirare
quidem sine metu possunt.

5 Videtisne quos nobis poetae tradiderunt patris ulciscendi **24**
66
causa supplicium de matre sumpsisse, cum praesertim deorum immortalium iussis atque oraculis id fecisse dicantur,
tamen ut eos agitent Furiae neque consistere umquam
patiantur, quod ne pii quidem sine scelere esse potuerunt?

10 Sic se res habet, iudices : magnam vim, magnam necessitatem, magnam possidet religionem paternus maternusque
sanguis ; ex quo si qua macula concepta est, non modo elui
non potest verum usque eo permanat ad animum ut summus
furor atque amentia consequatur. Nolite enim putare, quem 67
15 ad modum in fabulis saepenumero videtis, eos qui aliquid
impie scelerateque commiserint agitari et perterreri Fu-
riarum taedis ardentibus. Sua quemque fraus et suus terror
maxime vexat, suum quemque scelus agitat amentiaque
adficit, suae malae cogitationes conscientiaeque animi terrent ;
20 hae sunt impiis adsiduae domesticaeque Furiae quae dies
noctesque parentium poenas a consceleratissimis filiis repe-
tant. Haec magnitudo malefici facit ut, nisi paene mani- 68
festum parricidium proferatur, credibile non sit, nisi turpis
adulescentia, nisi omnibus flagitiis vita inquinata, nisi sum-
25 ptus effusi cum probro atque dedecore, nisi prorupta audacia,
nisi tanta temeritas ut non procul abhorreat ab insania.
Accedat huc oportet odium parentis, animadversionis paternae metus, amici improbi, servi conscii, tempus idoneum,
locus opportune captus ad eam rem ; paene dicam, respersas

2 potuisset *edd.* *VR* : potuisse (-se ‖ Σ) *codd.* : posset *Ernesti*
5 quos] quod χ²ψ²   8 usquam *A*   12 elui *Victorius* : leui
Σ*Aπφ* : leni χψ : lui ω : *om. σ in lac.*   16 commiserint *ed. R* :
commiserunt *codd.*   20 hae] haec *w, Schol. Lucan.* vii. 784 (*cf.*
Deiot. 26)   21 parentium Σ*Aπ* : parentum *cett.* (*cf. Neue* i. 404)
25 praerupta ω   27 animumadversionis Σ

manus sanguine paterno iudices videant oportet, si tantum
69 facinus, tam immane, tam acerbum credituri sunt. Qua re
hoc quo minus est credibile, nisi ostenditur, eo magis est, si
convincitur, vindicandum.

25 Itaque cum multis ex rebus intellegi potest maiores no- 5
stros non modo armis plus quam ceteras nationes verum
etiam consilio sapientiaque potuisse, tum ex hac re vel
maxime quod in impios singulare supplicium invenerunt.
Qua in re quantum prudentia praestiterint eis qui apud
70 ceteros sapientissimi fuisse dicuntur considerate. Pruden- 10
tissima civitas Atheniensium, dum ea rerum potita est, fuisse
traditur; eius porro civitatis sapientissimum Solonem dicunt
fuisse, eum qui leges quibus hodie quoque utuntur scripserit.
Is cum interrogaretur cur nullum supplicium constituisset
in eum qui parentem necasset, respondit se id neminem 15
facturum putasse. Sapienter fecisse dicitur, cum de eo
nihil sanxerit quod antea commissum non erat, ne non tam
prohibere quam admonere videretur. Quanto nostri maiores
sapientius! qui cum intellegerent nihil esse tam sanctum
quod non aliquando violaret audacia, supplicium in parri- 20
cidas singulare excogitaverunt ut, quos natura ipsa retinere
in officio non potuisset, ei magnitudine poenae *a* maleficio
summoverentur. Insui voluerunt in culleum vivos atque
ita in flumen deici.

26
71   O singularem sapientiam, iudices! Nonne videntur hunc 25
hominem ex rerum natura sustulisse et eripuisse cui repente
caelum, solem, aquam terramque ademerint ut, qui eum
necasset unde ipse natus esset, careret eis rebus omnibus ex
quibus omnia nata esse dicuntur? Noluerunt feris corpus
obicere ne bestiis quoque quae tantum scelus attigissent 30

---

9 praestiterint (-it *σ*) *σχψ*: praestiterunt *cett.*   13 scripserit]
scripsit *Halm*   22 ii *Naugerius* (2): in *Σ*: *om. cett.*   a *s*,
Wesenberg: *om. mei*   24 ita *om. w, del. Kayser*   28 esset
Angelius: est (esset *σχψ*) et *codd.*

immanioribus uteremur; non sic nudos in flumen deicere
ne, cum delati essent in mare, ipsum polluerent quo cetera
quae violata sunt expiari putantur; denique nihil tam vile
neque tam volgare est cuius partem ullam reliquerint.
5 Etenim quid tam est commune quam spiritus vivis, terra 72
mortuis, mare fluctuantibus, litus eiectis? Ita vivunt, dum
possunt, ut ducere animam de caelo non queant, ita mori-
untur ut eorum ossa terra non tangat, ita iactantur fluctibus
ut numquam adluantur, ita postremo eiciuntur ut ne ad saxa
10 quidem mortui conquiescant. Tanti malefici crimen, cui
maleficio tam insigne supplicium est constitutum, probare
te, Eruci, censes posse talibus viris, si ne causam quidem
malefici protuleris? Si hunc apud bonorum emptores ipsos
accusares eique iudicio Chrysogonus praeesset, tamen dili-
15 gentius paratiusque venisses. Vtrum quid agatur non vides, 73
an apud quos agatur? Agitur de parricidio quod sine
multis causis suscipi non potest; apud homines autem pru-
dentissimos agitur qui intellegunt neminem ne minimum
quidem maleficium sine causa admittere.
20 Esto, causam proferre non potes. Tametsi statim vicisse **27**
debeo, tamen de meo iure decedam et tibi quod in alia
causa non concederem in hac concedam fretus huius innocentia. Non quaero abs te qua re patrem Sex. Roscius
occiderit, quaero quo modo occiderit. Ita quaero abs te,
25 C. Eruci: quo modo, et sic tecum agam ut meo loco vel
respondendi vel interpellandi tibi potestatem faciam vel
etiam, si quid voles, interrogandi. Quo modo occidit? 74
ipse percussit an aliis occidendum dedit? Si ipsum arguis,
Romae non fuit; si per alios fecisse dicis, quaero quos?

---

2 mare, mare ipsum *Richter*   5 tam est] est tam χ, *Lambinus*
(quid enim tam commune *cit. Cicero Orat.* 107; *Quintil.* xii. 6. 4)
7 animam Σχψ, *Cic. l. c.*: animum *cett.*   8 terram non tangant *Cic. l. c.*
9 adluantur *Cic. l. c., Sylvius*: abluantur *codd.*   25 meo *Mad-*
vig: in eo *codd.* (*cf. Clu.* 65)   29 quos Σ, *Richter*: om. *cett.*

Servosne an liberos ? *Si liberos*, quos homines ? indidemne
Ameria an hosce ex urbe sicarios ? Si Ameria, qui sunt ei ?
cur non nominantur ? si Roma, unde eos noverat Roscius
qui Romam multis annis non venit neque umquam plus
triduo fuit ? ubi eos convenit ? qui conlocutus est ? quo 5
modo persuasit ? ' Pretium dedit ' ; cui dedit ? per quem
dedit ? unde aut quantum dedit ? Nonne his vestigiis
ad caput malefici perveniri solet ? Et simul tibi in mentem
veniat facito quem ad modum vitam huiusce depinxeris ;
hunc hominem ferum atque agrestem fuisse, numquam cum 10
homine quoquam conlocutum esse, numquam in oppido
75 constitisse. Qua in re praetereo illud quod mihi maximo
argumento ad huius innocentiam poterat esse, in rusticis
moribus, in victu arido, in hac horrida incultaque vita istius
modi maleficia gigni non solere. Vt non omnem frugem 15
neque arborem in omni agro reperire possis, sic non omne
facinus in omni vita nascitur. In urbe luxuries creatur, ex
luxuria exsistat avaritia necesse est, ex avaritia erumpat
audacia, inde omnia scelera ac maleficia gignuntur ; vita
autem haec rustica quam tu agrestem vocas parsimoniae, 20
diligentiae, iustitiae magistra est.

28
   76   Verum haec missa facio ; illud quaero, is homo *qui*, ut
tute dicis, numquam inter homines fuerit, per quos
homines hoc tantum facinus, tam occultum, absens praesertim, conficere potuerit. Multa sunt falsa, iudices, quae 25
tamen argui suspiciose possunt ; in his rebus si suspicio
reperta erit, culpam inesse concedam. Romae Sex. Roscius
occiditur, cum in agro Amerino esset filius. Litteras, credo,
misit alicui sicario qui Romae noverat neminem. Arcessi-

1 si liberos *Madvig*: *om. codd.*   2 si Ameria σχψ : si Ameriae
cett.   ii ω *Halm* : hi *cett.*   3 cur] quur Σπψ¹ : quine χ : *om.*
σ *m lac.* (*cf.* § 108)   Roma *ed. R. Stephani* : Romae *codd.*   5 qui
conlocutus *G. Krüger* : quicum locutus *codd.*   18 luxuria] luxoriae
Σ : luxurie *w*   19 ac] atque σχ : et *A*   22 qui ψ² : *om.*
cett.   23 fuit *A*   24 occulte *Kayser*   29 arcessivit] arcessi
vita Σ : arcessunt *Aφ*

28

vit aliquem. Quem aut quando ? Nuntium misit. Quem aut ad quem? Pretio, gratia, spe, promissis induxit aliquem. Nihil horum ne confingi quidem potest ; et tamen causa de parricidio dicitur.

5 Reliquum est ut per servos id admiserit. O, di immor- 77 tales, rem miseram et calamitosam ! Quid ? In tali crimine quod innocenti saluti solet esse ut servos in quaestionem polliceatur, id Sex. Roscio facere non licet ? Vos qui hunc accusatis omnis eius servos habetis ; unus puer victus 10 cotidiani administer ex tanta familia Sex. Roscio relictus non est. Te nunc appello, P. Scipio, te, *M.* Metelle ; vobis advocatis, vobis agentibus aliquotiens duos servos paternos in quaestionem ab adversariis Sex. Roscius postulavit ; meministisne T. Roscium recusare ? Quid ? ei servi ubi 15 sunt ? Chrysogonum, iudices, sectantur ; apud eum sunt in honore et in pretio. Etiam nunc ut ex eis quaeratur ego postulo, hic orat atque obsecrat. Quid facitis ? cur recu- 78 satis ? Dubitate etiam nunc, iudices, si potestis, a quo sit Sex. Roscius occisus, ab eone qui propter illius mortem in 20 egestate et *in* insidiis versatur, cui ne quaerendi quidem de morte patris potestas permittitur, an ab eis qui quaestionem fugitant, bona possident, in caede atque ex caede vivunt. Omnia, iudices, in hac causa sunt misera atque indigna ; tamen hoc nihil neque acerbius neque iniquius proferri 25 potest : mortis paternae de servis paternis quaestionem habere filio non licet ! Ne tam diu quidem dominus erit in suos dum ex eis de patris morte quaeratur ? Veniam, neque ita multo postea, ad hunc locum ; nam hoc totum

1 aliquem. Quem *Priscian.* (*K.* iii 534) : aliquem *codd.* aut Σ : at (ac ω) *cett.* 6 quid *scripsi* : quod *codd.* 7 quod innocenti] quod innocentibus *Halm* (2) : innocenti *w* 8 polliceatur *mg. Sylvii* : polliceantur *codd.* 10 minister ω 11 M. *Krause* : Q. χ : om. *cett.* 14 meministisne T. Roscium *ed. R. Stephani* : meministine T. Rosci *codd.* 16 iis Σχ, *Madvig* : his *cett.* 20 et in χω, *Halm* : et *cett.* 28 postea *scripsi* : post . . Σ : post *cett.*

ad Roscios pertinet, de quorum audacia tum me dicturum
pollicitus sum, cum Eruci crimina diluissem.

29
79

Nunc, Eruci, ad te venio. Conveniat mihi tecum necesse est, si ad hunc maleficium istud pertinet, aut ipsum
sua manu fecisse, id quod negas, aut per aliquos liberos aut 5
servos. Liberosne? quos neque ut convenire potuerit neque qua ratione inducere neque ubi neque per quos neque
qua spe aut quo pretio potes ostendere. Ego contra ostendo
non modo nihil eorum fecisse Sex. Roscium sed ne potuisse
quidem facere, quod neque Romae multis annis fuerit neque 10
de praediis umquam temere discesserit. Restare tibi videbatur servorum nomen, quo quasi in portum reiectus a
ceteris suspicionibus confugere posses; ubi scopulum offen-
dis eius modi ut non modo ab hoc crimen resilire videas
verum omnem suspicionem in vosmet ipsos recidere intelle- 15

80 gas. Quid ergo est quo tamen accusator inopia argumen-
torum confugerit? 'Eius modi tempus erat' inquit 'ut
homines volgo impune occiderentur; qua re hoc tu propter
multitudinem sicariorum nullo negotio facere potuisti.' Interdum mihi videris, Eruci, una mercede duas res adsequi 20
velle, nos iudicio perfundere, accusare autem eos ipsos a
quibus mercedem accepisti. Quid ais? volgo occidebantur?
Per quos et a quibus? Nonne cogitas te a sectoribus huc
adductum esse? Quid postea? Nescimus per ista tempora

81 eosdem fere sectores fuisse collorum et bonorum? Ei deni- 25
que qui tum armati dies noctesque concursabant, qui Romae
erant adsidui, qui omni tempore in praeda et *in* sanguine
versabantur, Sex. Roscio temporis illius acerbitatem iniqui-
tatemque obicient et illam sicariorum multitudinem in qua

6 convenire *ed. Guar.* : conveniret (-em ω) *codd.*   14 crimine
σφω   16 quid est ergo ψ   tamen Σ : tandem *cett.*   17
confugit *Madvig*   19 interdum *cod.* (?) *Vrsini* : interim *mei*
21 perfundere] pessundare *Trojel* : pervertere *Halm* (*cf. Suet. Domit.*
8 perfusoriis assertionibus)   23 nonne] non *Ernesti*   26 con-
cursabant] concurabant Σ : circumcursabant (cucurs. ψ¹) ψ²   **27**
et in ω : et *cett.*

ipsi duces ac principes erant huic crimini putabunt fore?
qui non modo Romae non fuit sed omnino quid Romae
ageretur nescivit, propterea quod ruri adsiduus, quem ad
modum tute confiteris, fuit.

5 Vereor ne aut molestus sim vobis, iudices, aut ne ingeniis 82
vestris videar diffidere, si de tam perspicuis rebus diutius
disseram. Eruci criminatio tota, ut arbitror, dissoluta est;
nisi forte exspectatis ut illa diluam quae de peculatu ac de
eius modi rebus commenticiis inaudita nobis ante hoc
10 tempus ac nova obiecit; quae mihi iste visus est ex alia
oratione declamare quam in alium reum commentaretur;
ita neque ad crimen parricidi neque ad eum qui causam dicit
pertinebant; de quibus quoniam verbo arguit, verbo satis
est negare. Si quid est quod ad testis reservet, ibi quoque
15 nos, ut in ipsa causa, paratiores reperiet quam putabat.

Venio nunc eo quo me non cupiditas ducit sed fides. 30
Nam si mihi liberet accusare, accusarem alios potius ex qui- 83
bus possem crescere; quod certum est non facere, dum
utrumvis licebit. Is enim mihi videtur amplissimus qui sua
20 virtute in altiorem locum pervenit, non qui ascendit per
alterius incommodum et calamitatem. Desinamus aliquando
ea scrutari quae sunt inania; quaeramus ibi maleficium ubi
et est et inveniri potest; iam intelleges, Eruci, certum
crimen quam multis suspicionibus coarguatur, tametsi neque
25 omnia dicam et leviter unum quidque tangam. Neque
enim id facerem, nisi necesse esset, et id erit signi me invitum facere, quod non persequar longius quam salus huius et
mea fides postulabit.

3 nescivit *Madvig*: nesciret *codd.*   10 alia] aliena *Passeratius*:
aliqua *A. Eberhard*   13 pertinebant *Naugerius* (2): pertinebat
codd.   quoniam (quō Σ : q̄m Σ *mg*) Σσχ: cum *Aω*: quomodo πψ:
uno φ   14 ibi quoque nos Σσχ, *Madvig*: ibi nos quoque *cett.*
22 ibi σ², *Steinmetz*: ubi *cett.* (*cf. Clu.* 37)   24 arguatur *A*   25
quidque *Wesenberg*: quodque *codd.*   27 persequar *Lambinus*:
prosequar *codd.*

84   Causam tu nullam reperiebas in Sex. Roscio; at ego in
T. Roscio reperio. Tecum enim mihi res est, T. Rosci,
quoniam istic sedes ac te palam adversarium esse profiteris.
De Capitone post viderimus, si, quem ad modum paratum
esse audio, testis prodierit; tum alias quoque suas palmas 5
cognoscet de quibus me ne audisse quidem suspicatur.
L. Cassius ille quem populus Romanus verissimum et
sapientissimum iudicem putabat identidem in causis quaerere solebat 'cui bono' fuisset. Sic vita hominum est ut ad
maleficium nemo conetur sine spe atque emolumento acce- 10
85 dere. Hunc quaesitorem ac iudicem fugiebant atque horre-
bant ei quibus periculum creabatur ideo quod, tametsi
veritatis erat amicus, tamen natura non tam propensus ad
misericordiam quam applicatus ad severitatem videbatur.
Ego, quamquam praeest huic quaestioni vir et contra auda- 15
ciam fortissimus et ab innocentia clementissimus, tamen
facile me paterer vel illo ipso acerrimo iudice quaerente vel
apud Cassianos iudices, quorum etiam nunc ei quibus causa
dicenda est nomen ipsum reformidant, pro Sex. Roscio dicere.
31
86 In hac enim causa cum viderent illos amplissimam pecuniam 20
possidere, hunc in summa mendicitate esse, illud quidem non
quaererent, cui bono fuisset, sed eo perspicuo crimen et suspicionem potius ad praedam adiungerent quam ad egestatem.
Quid si accedit eodem ut tenuis antea fueris? quid si ut
avarus? quid si ut audax? quid si ut illius qui occisus est 25
inimicissimus? num quaerenda *causa* quae te ad tantum
facinus adduxerit? Quid ergo horum negari potest? Tenui-
tas hominis eius modi est ut dissimulari non queat atque eo
87 magis eluceat quo magis occultatur. Avaritiam praefers qui

---

3 esse ‖‖‖ Σ   profiteris *edd. VR* : profitearis *codd.*   7 seve-
rissimum *mg. Lambini*   11 abhorrebant *A*   14 applicatus *Novák*
(*cf. Fin.* iv. 34) : implicatus *codd.* : implacatus *Graevius* : inclinatus
Manutius   18 nunc ii *Naugerius* : nuncii Σπω : nuntii *cett.*   22
perspicuo *Puteanus* : perspicuum *codd.*   26 causa ωω : *om. cett.*
27 adduxerunt (edux. σ) σχψ   29 elucet *Heumann*

societatem coieris de municipis cognatique fortunis cum
alienissimo. Quam sis audax, ut alia obliviscar, hinc omnes
intellegere potuerunt quod ex tota societate, hoc est ex tot
sicariis, solus tu inventus es qui cum accusatoribus sederes
5 atque os tuum non modo ostenderes sed etiam offerres.
Inimicitias tibi fuisse cum Sex. Roscio et magnas rei familiaris controversias concedas necesse est.   Restat, iudices, 88
ut hoc dubitemus, uter potius Sex. Roscium occiderit, is ad
quem morte eius divitiae venerint, an is ad quem mendicitas,
10 is qui antea tenuis fuerit, an is qui postea factus sit egentissimus, is qui ardens avaritia feratur infestus in suos, an is
qui semper ita vixerit ut quaestum nosset nullum, fructum
autem eum solum quem labore peperisset, is qui omnium
sectorum audacissimus sit, an is qui propter fori iudiciorum-
15 que insolentiam non modo subsellia verum etiam urbem
ipsam reformidet, postremo, iudices, id quod ad rem mea
sententia maxime pertinet, utrum inimicus potius an filius.

Haec tu, Eruci, tot et tanta si nanctus esses in reo, quam 32
diu diceres ! quo te modo iactares ! tempus hercule te citius 89
20 quam oratio deficeret.   Etenim in singulis rebus eius modi
materies est ut dies singulos possis consumere.   Neque ego
non possum ; non enim tantum mihi derogo, tametsi nihil
adrogo, ut te copiosius quam me putem posse dicere. Verum
ego forsitan propter multitudinem patronorum in grege
25 adnumerer, te pugna Cannensis accusatorem sat bonum
fecit.   Multos caesos non ad Trasumennum lacum, sed ad
Servilium vidimus.

Quis ibi non est volneratus ferro Phrygio ?   90
Non necesse est omnis commemorare Curtios, Marios, deni-

---

9 mendicitas is ψ : mendicitatis $\Sigma\pi\phi\omega$: mendicitas $A\sigma\chi$ 16
reformidet *Lambinus* : reformidat *codd.*   18 nanctus $\Sigma\pi$, *Halm* :
nactus *cett.*   21 posses *Wesenberg*   24 patronorum] paterno-
rum $\Sigma A\phi\omega$ grege ψ : gregem *cett.*   25 accusatorum
Buttmann   26 Trasumennum *Fleckeisen* : Trahasymennum Σ :
Trasimennum π : Trasimenum $A\sigma\psi$

que Memmios quos iam aetas a proeliis avocabat, postremo
Priamum ipsum senem, Antistium quem non modo aetas
sed etiam leges pugnare prohibebant. Iam quos nemo
propter ignobilitatem nominat, sescenti sunt qui inter sicarios
et de veneficiis accusabant; qui omnes, quod ad me attinet, 5
vellem viverent. Nihil enim mali est canes ibi quam plurimos esse ubi permulti observandi multaque servanda sunt.
91 Verum, ut fit, multa saepe imprudentibus imperatoribus vis
belli ac turba molitur. Dum is in aliis rebus erat occupatus
qui summam rerum administrabat, erant interea qui suis 10
volneribus mederentur; qui, tamquam si offusa rei publicae
sempiterna nox esset, ita ruebant in tenebris omniaque mi-
scebant; a quibus miror ne quod iudiciorum esset vestigium
non subsellia quoque esse combusta; nam et accusatores et
iudices sustulerunt. Hoc commodi est quod ita vixerunt ut 15
testis omnis, si cuperent, interficere non possent; nam, dum
hominum genus erit, qui accuset eos non deerit; dum
civitas erit, iudicia fient. Verum, ut coepi dicere, et Erucius,
haec si haberet in causa quae commemoravi, posset ea
quamvis diu dicere, et ego, iudices, possum; sed in animo 20
est, quem ad modum ante dixi, leviter transire ac tantum
modo perstringere unam quamque rem, ut omnes intellegant
me non studio accusare sed officio defendere.

33
92   Video igitur causas esse permultas quae istum impel-
lerent; videamus nunc ecquae facultas suscipiendi malefici 25
fuerit. Vbi occisus est Sex. Roscius?—Romae. — Quid?
tu, T. Rosci, ubi tunc eras? — Romae. Verum quid ad
rem? et alii multi. — Quasi nunc id agatur quis ex tanta
multitudine occiderit, ac non hoc quaeratur, eum qui Romae
sit occisus utrum veri similius sit ab eo esse occisum qui 30
adsiduus eo tempore Romae fuerit, an ab eo qui multis

---

1 Memmios *Vrsinus* : Mammeos *codd.*   2 senem *del. Madvig*
11 rei p. *ed. R* : re p. *codd.*   25 ecquae *Naugerius* : et quae
codd.   27 tu T. *w* : ut Σ : tu *cett.*   28 nunc] non Σψ²

annis Romam omnino non accesserit.   Age nunc ceteras 93
quoque facultates consideremus.   Erat tum multitudo sicariorum, id quod commemoravit Erucius, et homines impune
occidebantur.   Quid? ea multitudo quae erat? Opinor, aut
5 eorum qui in bonis erant occupati, aut eorum qui ab eis
conducebantur ut aliquem occiderent.   Si eos putas qui
alienum appetebant, tu es in eo numero qui nostra pecunia
dives es; sin eos quos qui leviore nomine appellant percus-
sores vocant, quaere in cuius fide sint et clientela; mihi
10 crede, aliquem de societate tua reperies; et, quicquid tu
contra dixeris, id cum defensione nostra contendito; ita facillime causa Sex. Rosci cum tua conferetur.   Dices: 'Quid 94
postea, si Romae adsiduus fui?'   Respondebo: 'At ego
omnino non fui.' —Fateor me sectorem esse, verum et alii
15 multi. — At ego, ut tute arguis, agricola et rusticus. — Non
continuo, si me in gregem sicariorum contuli, sum sicarius.
— At ego profecto qui ne novi quidem quemquam sicarium
longe absum ab eius modi crimine.   Permulta sunt quae
dici possunt qua re intellegatur summam tibi facultatem
20 fuisse malefici suscipiendi; quae non modo idcirco praetereo
quod te ipsum non libenter accuso verum eo magis etiam
quod, si de illis caedibus velim commemorare quae tum
factae sunt ista eadem ratione qua Sex. Roscius occisus est,
vereor ne ad pluris oratio mea pertinere videatur.
25   Videamus nunc strictim, sicut cetera, quae post mortem **34**
Sex. Rosci abs te, T. Rosci, facta sunt; quae ita aperta et ⁹⁵
manifesta sunt ut medius fidius, iudices, invitus ea dicam.
Vereor enim, cuicuimodi es, T. Rosci, ne ita hunc videar
voluisse servare ut tibi omnino non pepercerim.   Cum hoc
30 vereor et cupio tibi aliqua ex parte quod salva fide possim

2 quoque facultates *edd. VR, Garatoni*: facultates quoque *codd.* (*cf.*
§ 83)   26 sunt] sint *Halm*   28 cuicuimodi *Priscian.* (*K.* iii.
7): quiquimodi (quin cuiusmodi π *mg.*) *codd.*   es T. *duo dett.*: est
mei, codd. Prisciani

35

parcere, rursus immuto voluntatem meam ; venit enim mihi
in mentem oris tui. Tene, cum ceteri socii tui fugerent ac
se occultarent, ut hoc iudicium non de illorum praeda sed
de huius maleficio fieri videretur, potissimum tibi partis istas
depoposcisse ut in iudicio versarere et sederes cum accusa- 5
tore ? Qua in re nihil aliud adsequeris nisi ut ab omnibus
96 mortalibus audacia tua cognoscatur et impudentia. Occiso
Sex. Roscio quis primus Ameriam nuntiat ? Mallius Glaucia,
quem iam antea nominavi, tuus cliens et familiaris. Quid
attinuit eum potissimum nuntiare quod, si nullum iam ante 10
consilium de morte ac de bonis eius inieras nullamque societatem neque sceleris neque praemi cum homine ullo coieras,
ad te minime omnium pertinebat ? — Sua sponte Mallius
nuntiat. — Quid, quaeso, eius intererat ? An, cum Ameriam
non huiusce rei causa venisset, casu accidit ut id quod 15
Romae audierat primus nuntiaret ? Cuius rei causa venerat
Ameriam ? ' Non possum ' inquit ' divinare.' Eo rem iam
adducam ut nihil divinatione opus sit. Qua ratione *T.*
Roscio Capitoni primo nuntiavit ? Cum Ameriae Sex. Rosci
domus uxor liberique essent, cum tot propinqui cognatique 20
optime convenientes, qua ratione factum est ut iste tuus
cliens, sceleris tui nuntius, T. Roscio Capitoni potissimum
97 nuntiaret ? Occisus est a cena rediens ; nondum lucebat
cum Ameriae scitum est. Quid hic incredibilis cursus, quid
haec tanta celeritas festinatioque significat ? Non quaero 25
quis percusserit ; nihil est, Glaucia, quod metuas ; non ex-
cutio te, si quid forte ferri habuisti, non scrutor ; nihil ad
me arbitror pertinere ; quoniam cuius consilio occisus sit
invenio, cuius manu sit percussus non laboro. Vnum hoc

2 tene (-es ψ^2) cum $A\psi^2$: tene quin Σ : tenes quin *cett.*   6 in]
tu *Ernesti*   7 impudentia $A\chi\psi$: imprudentia *cett.*   14 quaeso
Angelius : quasi *codd.*   18 T. Roscio *Richter* : . . Roscio Σ :
Roscio *cett.*   19 primo *Büchner* : primum *codd.* (*fort.* prim. *in archetypo erat. cf.* § 125, *Cael.* 67)

sumo quod mihi apertum tuum scelus resque manifesta
dat: Vbi aut unde audivit Glaucia? qui tam cito scivit?
Fac audisse statim; quae res eum nocte una tantum itineris
contendere coegit? quae necessitas eum tanta premebat ut,
5 si sua sponte iter Ameriam faceret, id temporis Roma proficisceretur, nullam partem noctis requiesceret?

Etiamne in tam perspicuis rebus argumentatio quaerenda **35**
aut coniectura capienda est? Nonne vobis haec quae ⁹⁸
audistis cernere oculis videmini, iudices? non illum
10 miserum, ignarum casus sui, redeuntem a cena videtis,
non positas insidias, non impetum repentinum? non versatur ante oculos vobis in caede Glaucia? non adest iste
T. Roscius? non suis manibus in curru conlocat Autome-
dontem illum, sui sceleris acerbissimi nefariaeque victoriae
15 nuntium? non orat ut eam noctem pervigilet, ut honoris
sui causa laboret, ut Capitoni quam primum nuntiet? Quid 99
erat quod Capitonem primum scire vellet? Nescio, nisi
hoc video, Capitonem in his bonis esse socium; de tribus
et decem fundis tris nobilissimos fundos eum video possi-
20 dere. Audio praeterea non hanc suspicionem nunc primum 100
in Capitonem conferri; multas esse infamis eius palmas,
hanc primam esse tamen lemniscatam quae Roma ei de-
feratur; nullum modum esse hominis occidendi quo ille
non aliquot occiderit, multos ferro, multos veneno. Habeo
25 etiam dicere quem contra morem maiorum minorem annis
LX de ponte in Tiberim deiecerit. Quae, si prodierit atque
adeo cum prodierit—scio enim proditurum esse—audiet.
Veniat modo, explicet suum volumen illud quod ei planum 101
facere possum Erucium conscripsisse; quod aiunt illum
30 Sex. Roscio intentasse et minitatum esse se omnia illa pro

3 audisse *A-ψω*: audisset *cett.*   8 est *Madvig*: sit *codd.*
17 vellet *Ernesti*: voluerit *codd.*: voluit *Müller* (*cf. Zielinski p.* 191)
21 infames eius *Gruter*: infamius (-is ψ) *codd.*   22 Roma ei
Ernesti: Romae *codd.*   26 quae *Naugerius*: qui *codd.*   30
minitatum *Hotoman*: mentatum Σ: meditatum *cett.*

testimonio esse dicturum. O praeclarum testem, iudices ! o
gravitatem dignam exspectatione ! o vitam honestam atque
eius modi ut libentibus animis ad eius testimonium vestrum
ius iurandum accommodetis ! Profecto non tam perspicue
nos istorum maleficia videremus, nisi ipsos caecos redderet 5
cupiditas et avaritia et audacia.

36
102   Alter ex ipsa caede volucrem nuntium Ameriam ad
socium atque adeo magistrum suum misit ut, si dissimulare omnes cuperent se scire ad quem maleficium pertineret,
tamen ipse apertum suum scelus ante omnium oculos 10
poneret. Alter, si dis immortalibus placet, testimonium
etiam in Sex. Roscium dicturus est ; quasi vero id nunc
agatur, utrům is quod dixerit credendum, ac non quod
fecerit vindicandum sit. Itaque more maiorum comparatum
est ut in minimis rebus homines amplissimi testimonium de 15
103 sua re non dicerent. Africanus qui suo cognomine declarat
tertiam partem orbis terrarum se subegisse tamen, si sua res
ageretur, testimonium non diceret ; nam illud in talem
virum non audeo dicere : Si diceret, non crederetur. Videte
nunc quam versa et mutata in peiorem partem sint omnia. 20
Cum de bonis et de caede agatur, testimonium dicturus est
is qui et sector est et sicarius, hoc est qui et illorum ipsorum
bonorum de quibus agitur emptor atque possessor est et
eum hominem occidendum curavit de cuius morte quae-
104 ritur. Quid ? tu, vir optime, ecquid habes quod dicas ? 25
mihi ausculta : vide ne tibi desis ; tua quoque res permagna
agitur. Multa scelerate, multa audaciter, multa improbe
fecisti, unum stultissime, profecto tua sponte non de Eruci

2 vitam Σσχ : iustam *cett.*   3 animis] ad eiusmodi ut libentius
animis *add.* Σ *mg.*   5 nos istorum ψ² : nonistorum Σ : istorum
cett.   8 adeo *A. Eberhard* : ad *codd.*   12 id nunc . . . ac non
Jeep (*cf.* § 92) : id nunc . . . an (aut ψ) *codd.* : non id nunc . . . an *Madvig*   14 ita *Schol.*   15 ut] ut vel *Halm*   25 quid tu vir
″omptume″ ecquid Σ : etquid tu vir optime *A*   27 audaciter *Priscian.* (*K.* iii. 28) : audacter *codd.* (*cf. Cael.* 13)

sententia: nihil opus fuit te istic sedere. Neque enim accusatore muto neque teste quisquam utitur eo qui de accusatoris subsellio surgit. Huc accedit quod paulo tamen occultior atque tectior vestra ista cupiditas esset. Nunc
5 quid est quod quisquam ex vobis audire desideret, cum quae facitis eius modi sint ut ea dedita opera a nobis contra vosmet ipsos facere videamini?

Age nunc illa videamus, iudices, quae statim consecuta 105 sunt. Ad Volaterras in castra L. Sullae mors Sex. Rosci
10 quadriduo quo is occisus est Chrysogono nuntiatur. Quae- 37 ritur etiam nunc quis eum nuntium miserit? nonne perspicuum est eundem qui Ameriam? Curat Chrysogonus ut eius bona veneant statim; qui non norat hominem aut rem. At qui ei venit in mentem praedia concupiscere hominis ignoti
15 quem omnino numquam viderat? Soletis, cum aliquid huiusce modi audistis, iudices, continuo dicere: 'Necesse est aliquem dixisse municipem aut vicinum; ei plerumque indicant, per eos plerique produntur.' Hic nihil est quod suspicione occupetis. Non enim ego ita disputabo: 'Veri 106
20 simile est Roscios istam rem ad Chrysogonum detulisse; erat enim eis cum Chrysogono iam antea amicitia; nam cum multos veteres a maioribus Roscii patronos hospitesque haberent, omnis eos colere atque observare destiterunt ac se in Chrysogoni fidem et clientelam contulerunt.' Haec pos- 107
25 sum omnia vere dicere, sed in hac causa coniectura nihil opus est; ipsos certo scio non negare ad haec bona Chrysogonum accessisse impulsu suo. Si eum qui indici causa partem acceperit oculis cernetis, poteritisne dubitare, iudices,

1 istic sedere *Hotoman* : isti credere *codd.*   4 numquid *Pascal*   6 nobis Σ*B, Lambinus* : vobis *cett.*   13 veneant χψ : veniant *cett.*   at qui] atque σχ   16 audistis Σ : auditis *cett.*   18 suspicione occupetis *Madvig* : suspicionem hoc putetis *codd.* : suspicionem hanc putetis *Sylvius*   20 Roscios Σ : Roscium *cett.*   23 ac . . . contulerunt *om. A*   27 indici causa *scripsi* : iudiciuae Σ : indiciue *A* : iudicine φ : iudici ut ω : indicii *cett.*   28 cernetis] cernentes Σ : cernitis *Aψ*

qui indicarit ?   Qui sunt igitur in istis bonis quibus partem
Chrysogonus dederit ?   Duo Roscii.   Num quisnam praeterea ?   Nemo est, iudices.   Num ergo dubium est quin ei
obtulerint hanc praedam Chrysogono qui ab eo partem
praedae tulerunt ?   5

108   Age nunc ex ipsius Chrysogoni iudicio Rosciorum factum
consideremus.   Si nihil in ista pugna Roscii quod operae
pretium esset fecerant, quam ob causam *a* Chrysogono tantis
praemiis donabantur ?   si nihil aliud fecerunt nisi rem detulerunt, nonne satis fuit eis gratias agi, denique, ut perlibera- 10
liter ageretur, honoris aliquid haberi ?   Cur tria praedia
tantae pecuniae statim Capitoni dantur ? cur quae reliqua
sunt iste *T.* Roscius omnia cum Chrysogono communiter
possidet ?   Nonne perspicuum est, iudices, has manubias
Rosciis Chrysogonum re cognita concessisse?   15

38
109   Venit in decem primis legatus in castra Capito.   *Vos*
totam vitam naturam moresque hominis ex ipsa legatione
cognoscite.   Nisi intellexeritis, iudices, nullum esse officium,
nullum ius tam sanctum atque integrum quod non eius
scelus atque perfidia violarit et imminuerit, virum optimum 20
110 esse eum iudicatote.   Impedimento est quo minus de his
rebus Sulla doceatur, ceterorum legatorum consilia et voluntatem Chrysogono enuntiat, monet ut provideat ne palam
res agatur, ostendit, si sublata sit venditio bonorum, illum
pecuniam grandem amissurum, sese capitis periculum adi- 25
turum ; illum acuere, hos qui simul erant missi fallere,
illum identidem monere ut caveret, hisce insidiose spem
falsam ostendere, cum illo contra hos inire consilia, horum
consilia illi enuntiare, cum illo partem suam depecisci, hisce

1 qui] quis *Halm* (*cf. Zielinski p.* 191)   8 a *Ascens.* (1) : *om.*
mei   10 iis (is ω) Σπσχω, *Madvig*: his *Aφψ*   11 cur Σψ :
quur *A* : qur (qui φ) *cett.* (*cf.* § 74)   13 T. *Richter*: *om. ₅odd.*
16 Capito.   Vos *scripsi* : Capito ‖ ‖ Σ : Capito *cett.*   19 eius
scelus *ed. R. Stephani* : eiusce vis *codd.*   21 est *om. Aψ*¹   26
acuere σχψ : ac vere *cett.*   29 depacisci χψ²ω

aliqua fretus mora semper omnis aditus ad Sullam interclu-
dere. Postremo isto hortatore, auctore, intercessore ad
Sullam legati non adierunt ; istius fide ac potius perfidia
decepti, id quod ex ipsis cognoscere poteritis, si accusator
5 voluerit testimonium eis denuntiare, pro re certa spem falsam
domum rettulerunt. In privatis rebus si qui rem mandatam 111
non modo malitiosius gessisset sui quaestus aut commodi
causa verum etiam neglegentius, eum maiores summum ad-
misisse dedecus existimabant. Itaque mandati constitutum
10 est iudicium non minus turpe quam furti, credo, propterea
quod quibus in rebus ipsi interesse non possumus, in eis
operae nostrae vicaria fides amicorum supponitur ; quam qui
laedit, oppugnat omnium commune praesidium et, quantum
in ipso est, disturbat vitae societatem. Non enim possumus
15 omnia per nos agere ; alius in alia est re magis utilis. Idcirco amicitiae comparantur ut commune commodum mutuis
officiis gubernetur. Quid recipis mandatum, si aut negle- 112
cturus aut ad tuum commodum conversurus es? cur mihi te
offers ac meis commodis officio simulato officis et obstas ?
20 Recede de medio ; per alium transigam. Suscipis onus
offici quod te putas sustinere posse ; quod maxime videtur
grave eis qui minime ipsi leves sunt. Ergo idcirco turpis **39**
haec culpa est, quod duas res sanctissimas violat, amicitiam
et fidem. Nam neque mandat quisquam fere nisi amico
25 neque credit nisi ei quem fidelem putat. Perditissimi est
igitur hominis simul et amicitiam dissolvere et fallere eum
qui laesus non esset, nisi credidisset. Itane est ? in minimis 113
rebus qui mandatum neglexerit, turpissimo iudicio condemnetur necesse est, in re tanta cum is cui fama mortui, for-
30 tunae vivi commendatae sunt atque concreditae, ignominia
mortuum, *inopia vivum* adfecerit, is inter honestos homines

1 fretus mora *w* : fretumora Σ : fretum ora (hora π²σχ) *cett.* : ficta
mora *Gronovius*   9 constitụtum Σ   11 in his *Αφψ*   21
maxime *Dobree* : minime *codd.*   31 inopia vivum *Halm* : egestate
vivum *cod. Iannoctii* : *om. mei* : *lac. indic. Sylvius*

atque adeo inter vivos numerabitur? In minimis privatisque
rebus etiam neglegentia in crimen mandati iudiciumque infamiae vocatur, propterea quod, si recte fiat, illum neglegere
oporteat qui mandarit non illum qui mandatum receperit;
in re tanta quae publice gesta atque commissa sit qui non 5
neglegentia privatum aliquod commodum laeserit sed perfidia legationis ipsius caerimoniam polluerit maculaque adfecerit, qua is tandem poena adficietur aut quo iudicio
114 damnabitur? Si hanc ei rem privatim Sex. Roscius man-
davisset ut cum Chrysogono transigeret atque decideret, 10
inque eam rem fidem suam, si quid opus esse putaret, inter-
poneret, ille qui sese facturum recepisset, nonne, si ex eo
negotio tantulum in rem suam convertisset, damnatus per
arbitrum et rem restitueret et honestatem omnem amitteret?
115 Nunc non hanc ei rem Sex. Roscius mandavit sed, id quod 15
multo gravius est, ipse Sex. Roscius cum fama vita bonisque omnibus a decurionibus publice *T.* Roscio mandatus
est; et ex eo T. Roscius non paululum nescio quid in rem
suam convertit sed hunc funditus evertit bonis, ipse tria
praedia sibi depectus est, voluntatem decurionum ac muni- 20
cipum omnium tantidem quanti fidem suam fecit.

40
116 Videte iam porro cetera, iudices, ut intellegatis fingi maleficium nullum posse quo iste sese non contaminarit. In
rebus minoribus socium fallere turpissimum est aequeque
turpe atque illud de quo ante dixi; neque iniuria, propterea 25
quod auxilium sibi se putat adiunxisse qui cum altero rem
communicavit. Ad cuius igitur fidem confugiet, cum per
eius fidem laeditur cui se commiserit? Atque ea sunt anim-

2 in crimen mandati *mei* : mandati in crimen *s, Puteanus*   infamiae *Puteanus* : infamia (in fama Σσ) *codd.* : infame *Lambinus*
3 vocatur *Lambinus* : revocatur *codd.*   recte] ratione 2 *dett.*   7
adfecerit] asperserit *Lambinus*   12 ille qui] illeque *Madvig*
17 T. Roscio *Schütz* : Roscio *codd.* : *del. Hotoman*   18 paululum
Σ*Aπφω* : paulum *σχψ*   19 depactus *ψ²* (*cf.* § 110)   22 maleficium nullum fingi *s, Halm*   28 atqui *σχψ*

advertenda peccata maxime quae difficillime praecaventur.
Tecti esse ad alienos possumus, intimi multa apertiora
videant necesse est ; socium cavere qui possumus ? quem
etiam si metuimus, ius offici laedimus.   Recte igitur maiores
5 eum qui socium fefellisset in virorum bonorum numero non
putarunt haberi oportere.   At vero T. Roscius non unum 117
rei pecuniariae socium fefellit, quod, tametsi grave est, tamen
aliquo modo posse ferri videtur, verum novem homines
honestissimos, eiusdem muneris, legationis, offici manda-
10 torumque socios, induxit, decepit, destituit, adversariis tradidit, omni fraude et perfidia fefellit ; qui de scelere suspicari
eius nihil potuerunt, socium offici metuere non debuerunt,
eius. malitiam non viderunt, orationi vanae crediderunt.
Itaque nunc illi homines honestissimi propter istius insidias
15 parum putantur cauti providique fuisse ; iste qui initio pro-
ditor fuit, deinde perfuga, qui primo sociorum consilia adversariis enuntiavit, deinde societatem cum ipsis adversariis coiit,
terret etiam nos ac minatur tribus praediis, hoc est praemiis
sceleris, ornatus.   In eius modi vita, iudices, in his tot tan-
20 tisque flagitiis hoc quoque maleficium de quo iudicium est
reperietis.   Etenim quaerere ita debetis : ubi multa avare, 118
multa audacter, multa improbe, multa perfidiose facta videbitis, ibi scelus quoque latere inter illa tot flagitia putatote.
Tametsi hoc quidem minime latet quod ita promptum et
25 propositum est ut non ex illis maleficiis quae in illo constat
esse hoc intellegatur verum ex hoc etiam, si quo de illorum
forte dubitabitur, convincatur.   Quid tandem, quaeso,

---

2 intumi (-temi *A*) *mei*   9 honestissimos] fortissimos *ed. V*
                                                              eius
11 de scelere suspicari eius *scripsi* : de eius scelere suspicari Σ : de
eius scelere suspicari π : de eius scelere suspicari *cett.*   17 coiit
σχω : coit *cett.* (*cf. Mur.* 20)   18 ac || minatur Σ : *fort.* ac domi-
natur (*cf.* § 24)   22 audaciter *Sylvius*   25 constat *ed. V* :
constant *codd.*   26 quo de *Gulielmius* : quod de *codd.* : quod
Ascens. (2)   27 dubitatur *Aσχψ*[1]

iudices ? num aut ille lanista omnino iam a gladio recessisse
videtur aut hic discipulus magistro tantulum de arte conce-
dere ? Par est avaritia, similis improbitas, eadem impudentia, gemina audacia.

41

119   Etenim, quoniam fidem magistri cognostis, cognoscite 5
nunc discipuli aequitatem. Dixi iam antea saepe numero
postulatos esse ab istis duos servos in quaestionem. Tu
semper, T. Rosci, recusasti. Quaero abs te : ' Eine qui
postulabant indigni erant qui impetrarent, an is te non commovebat pro quo postulabant, an res ipsa tibi iniqua 10
videbatur ? ' Postulabant homines nobilissimi atque integerrimi nostrae civitatis quos iam antea nominavi ; qui
ita vixerunt talesque a populo Romano putantur ut quicquid
dicerent nemo esset qui non aequum putaret. Postulabant
autem pro homine miserrimo atque infelicissimo qui vel 15
ipse sese in cruciatum dari cuperet, dum de patris morte
120 quaereretur. Res porro abs te eius modi postulabatur ut nihil
interesset, utrum eam rem recusares an de maleficio confi-
terere. Quae cum ita sint, quaero abs te quam ob causam
recusaris. Cum occiditur Sex. Roscius ibidem fuerunt. 20
Servos ipsos, quod ad me attinet, neque arguo neque purgo ;
quod a vobis oppugnari video ne in quaestionem dentur,
suspiciosum est ; quod vero apud vos ipsos in honore tanto
sunt, profecto necesse est sciant aliquid, quod si dixerint
perniciosum vobis futurum sit.—In dominos quaeri de servis 25
iniquum est.—At non quaeritur ; Sex. enim Roscius reus
est ; neque enim, cum de hoc quaeritur, *in dominos quaeritur* ;
vos enim dominos esse dicitis.—Cum Chrysogono sunt.—

    1 gladio recessisse *Madvig* : gladiatore cessisse *codd.* : gladiatura
cessisse *Manutius*   2 hic *Schol.* : is (his *Aφ*) *codd.* : iste *ed.*
Lambin. A.D. 1584   discipulis ΣAπ²φ   5 cognoscitis *Aπσφ*
9 is te *Heusinger* : iste *codd.*   18 rem *del. Halm* (2)   19 cum
om. Σ *in lac.*   22 repugnari *Sylvius*   26 iniquom Σσχ¹
at non quaeritur *Büchner* : at ne quaeritur *codd.* : anne quaeritur
Ascens. (2) : at neque in vos quaeritur *Madvig*   27 neque enim]
neque in dominum *Müller*   28 in dominos quaeritur *Halm* : *om. codd.*

Ita credo ; litteris eorum et urbanitate Chrysogonus ducitur
ut inter suos omnium deliciarum atque omnium artium
puerulos ex tot elegantissimis familiis lectos velit hos versari,
homines paene operarios, ex Amerina disciplina patris
5 familiae rusticani. Non ita est profecto, iudices; non est 121
veri simile ut Chrysogonus horum litteras adamarit aut
humanitatem, non ut rei familiaris negotio diligentiam co-
gnorit eorum et fidem. Est quiddam quod occultatur ; quod
quo studiosius ab istis opprimitur et absconditur, eo magis
10 eminet et apparet. Quid igitur ? Chrysogonus suine male- **42**
fici occultandi causa quaestionem de eis haberi non volt ? 122
Minime, iudices ; non in omnis arbitror omnia convenire.
Ego in Chrysogono, quod ad me attinet, nihil eius modi
suspicor ; neque hoc mihi nunc primum in mentem venit
15 dicere. Meministis me ita distribuisse initio causam : in
crimen cuius tota argumentatio permissa Erucio est, et in
audaciam cuius partes Rosciis impositae sunt. Quicquid
malefici, sceleris, caedis erit, proprium id Rosciorum esse
debebit. Nimiam gratiam potentiamque Chrysogoni dicimus
20 et nobis obstare et perferri nullo modo posse et a vobis,
quoniam potestas data est, non modo infirmari verum etiam
vindicari oportere. Ego sic existimo, qui quaeri velit ex eis 123
quos constat, cum caedes facta sit, adfuisse, eum cupere
verum inveniri ; qui id recuset, eum profecto, tametsi verbo
25 non audeat, tamen re ipsa de maleficio suo confiteri. Dixi
initio, iudices, nolle me plura de istorum scelere dicere quam
causa postularet ac necessitas ipsa cogeret. Nam et multae
res adferri possunt, et una quaeque earum multis cum argumentis dici potest. Verum ego quod invitus ac necessario
30 facio neque diu neque diligenter facere possum. Quae

9 istis *Halm* : ipsis *codd.*   10 suine *cod. Paris.* 6369 : tuine
Σψ² : tui *cett.*   14 mihi nunc mihi Σ   15 in causam Σ   17
impostae *Zielinski p.* 186   23 sit] est *Halm*   24 inveniri
Pluygers : invenire *codd.*   qui id *scripsi* : quid Σ : qui *cett.*   28
de una quaque *Lambinus*

praeteriri nullo modo poterant, ea leviter, iudices, attigi, quae
posita sunt in suspicionibus de quibus, si coepero dicere,
pluribus verbis sit disserendum, ea vestris ingeniis coniectu-
raeque committo.

43
124   Venio nunc ad illud nomen aureum Chrysogoni sub quo 5
nomine tota societas latuit ; de quo, iudices, neque quo
modo dicam neque quo modo taceam reperire possum. Si
enim taceo, vel maximam partem relinquo ; sin autem dico,
vereor ne non ille solus, id quod ad me nihil attinet, sed alii
quoque plures laesos se putent. Tametsi ita se res habet ut 10
mihi in communem causam sectorum dicendum nihil magno
opere videatur ; haec enim causa nova profecto et singularis
125 est. Bonorum Sex. Rosci emptor est Chrysogonus. Primum
hoc videamus : eius hominis bona qua ratione venierunt aut
quo modo venire potuerunt ? Atque hoc non ita quaeram, 15
iudices, ut id dicam esse indignum, hominis innocentis bona
venisse—si enim haec audientur ac libere dicentur, non fuit
tantus homo Sex. Roscius in civitate ut de eo potissimum
conqueramur—verum ego hoc quaero : Qui potuerunt ista
ipsa lege quae de proscriptione èst, sive Valeria est sive 20
Cornelia—non enim novi nec scio—verum ista ipsa lege bona
126 Sex. Rosci venire qui potuerunt ? Scriptum enim ita dicunt
esse : VT AVT EORVM BONA VENEANT QVI PROSCRIPTI SVNT;
quo in numero Sex. Roscius non est : AVT EORVM QVI IN
ADVERSARIORVM PRAESIDIIS OCCISI SVNT. Dum praesidia 25
ulla fuerunt, in Sullae praesidiis fuit ; postea quam ab armis
omnes recesserunt, in summo otio rediens a cena Romae

---

6 latuit *Madvig* : statuit *codd.*   8 partem causae *Kraffert*
10 laesos se *scripsi* : laesos se esse *codd.* (*cf. Zielinski p.* 192)   13
emptor est Chrysogonus *w* : emptorē Chrysogonus **Σ** : emptorem
Chrysogonum *cett.*   primǔm **Σ**   17 audientur] audaciter *Richter*
ac] ac ‖ **Σ** : aut *σχψ* : *fort.* atque   19 ego hoc] *om.* hoc *A* : *om.* ego
w, Halm   potuerint **Σ**   23 ut aut *scripsi* : ut ut **Σ** : ut *cett.*
veneant *σ* : veniant *cett.*   27 omnes recesserunt *scripsi* : recesserunt (disceps. *σχ*. disces. *ψ*) *codd.* : recessum est *C. Stephanus* :
recessimus *Richter*

occisus est.   *Si* lege, bona quoque lege venisse fateor.   Sin
autem constat contra omnis non modo veteres leges verum
etiam novas occisum esse, bona quo iure aut quo modo aut
qua lege venierint quaero.

44
127

5   In quem hoc dicam quaeris, Eruci?   Non in eum quem
vis et putas ; nam Sullam et oratio mea ab initio et ipsius
eximia virtus omni tempore purgavit.   Ego haec omnia
Chrysogonum fecisse dico, ut ementiretur, ut malum civem
Sex. Roscium fuisse fingeret, ut eum apud adversarios occi-
10 sum esse diceret, ut his de rebus a legatis Amerinorum
doceri L. Sullam passus non sit.   Denique etiam illud
suspicor, omnino haec bona non venisse ; id quod postea,
si per vos, iudices, licitum erit, aperietur.   Opinor enim 128
esse in lege quam ad diem proscriptiones venditionesque
15 fiant, nimirum Kalendas Iunias.   Aliquot post mensis et
homo occisus est et bona venisse dicuntur.   Profecto aut
haec bona in tabulas publicas nulla redierunt nosque ab isto
nebulone facetius eludimur quam putamus, aut, si redierunt,
tabulae publicae corruptae aliqua ratione sunt ; nam lege
20 quidem bona venire non potuisse constat.   Intellego me
ante tempus, iudices, haec scrutari et prope modum errare
qui, cum capiti Sex. Rosci mederi debeam, reduviam curem.
Non enim laborat de pecunia, non ullius rationem sui commodi ducit ; facile egestatem suam se laturum putat, si hac
25 indigna suspicione et ficto crimine liberatus sit.   Verum 129
quaeso a vobis, iudices, ut haec pauca quae restant ita audiatis ut partim me dicere pro me ipso putetis, partim *pro*
Sex. Roscio.   Quae enim mihi ipsi indigna et intolerabilia
videntur quaeque ad omnis, nisi providemus, arbitror per-
30 tinere, ea pro me ipso ex animi mei sensu ac dolore pronun-

1 si ψ^2 : *om. cett.*   3 modo] more *Ernesti*   9 Sex. *Ernesti* :
om. codd.   10 his de *ed. R. Stephani* : hisce *codd.* : hisce de
Ascens. (2)   17 nulla ratione ψ^2 22 redii viam Σ   curem
s, *ed. R* : cure (-ae *A*) *mei*   27 pro Sex. *edd. VR* : Sex. *codd.*
28 ipsi *om.* ω   30 ex *Naugerius* (2) : et *codd.*

tio ; quae ad huius vitae casum causamque pertinent et quid
hic pro se dici velit et qua condicione contentus sit iam in
extrema oratione nostra, iudices, audietis.

45
130
  Ego haec a Chrysogono mea sponte remoto Sex. Roscio
quaero, primum qua re civis optimi bona venierint, deinde 5
qua re hominis eius qui *neque proscriptus* neque apud adversarios occisus est bona venierint, cum in eos solos lex scripta
sit, deinde qua re aliquanto post eam diem venierint quae
dies in lege praefinita est, deinde cur tantulo venierint. Quae
omnia si, quem ad modum solent liberti nequam et improbi 10
facere, in patronum suum voluerit conferre, nihil egerit ;
nemo est enim qui nesciat propter magnitudinem rerum
multa multos *partim improbante*, partim imprudente L.
131 Sulla commisisse.   Placet igitur in his rebus aliquid imprudentia praeteriri ? Non placet, iudices, sed necesse est. 15
Etenim si Iuppiter Optimus Maximus cuius nutu et arbitrio
caelum terra mariaque reguntur saepe ventis vehementio-
ribus aut immoderatis tempestatibus aut nimio calore aut
intolerabili frigore hominibus nocuit, urbis delevit, fruges
perdidit, quorum nihil pernicii causa divino consilio sed vi 20
ipsa et magnitudine rerum factum putamus, at contra commoda quibus utimur lucemque qua fruimur spiritumque
quem ducimus ab eo nobis dari atque impertiri videmus,
quid miramur, iudices, L. Sullam, cum solus rem publicam
regeret orbemque terrarum gubernaret imperique maiestatem 25
quam armis receperat iam legibus confirmaret, aliqua animadvertere non potuisse ? nisi hoc mirum est quod vis divina

---

1 vitae casum causamque] vitae discrimen casumque *w* : vitae
causamque *ω* : vitae causam *Ruhnken* : vitam causamque *Richter*
pertinent *Eberhard* : pertineant (-eat σφω) *codd*.   6 neque proscriptus *Hotoman* : *om. codd*.   7 venierunt ΣΑω   cum] quin
πχ¹ψ   9 deinde] denique *Halm*   13 partim improbante
scripsi : *om. codd*. : partim invito *Madvig* : partim conivente *Ascens*.
(1)   20 pernicii *Gellius* ix. 14. 19, *Nonius p*. 486 : pernicie *codd*.
21 commoda *s, ed. R* : commodis a Σ : commodis *cett*.   24 iudices
Schol. : *om. codd*.   26 iam *scripsi* : tum Σ : ut Απφω : cum σχψ :
fort. suis

adsequi non possit, si id mens humana adepta non sit.
Verum ut haec missa faciam quae iam facta sunt, ex eis quae 132
nunc cum maxime fiunt nonne quivis potest intellegere
omnium architectum et machinatorem unum esse Chryso-
5 gonum? qui Sex. Rosci nomen deferendum curavit, cuius
honoris causa accusare se dixit Erucius . . .

[*Desunt non pauca.*]

    *   *   *   *   *   *

In vico Pallacinae] *Locus ubi cenaverat Roscius.*—
Maxime metuit] *Sullam scilicet.*—Derivat tamen et ait se]
10 *id est suspicionem suam in alium deducit. Hoc enim dicebat
Chrysogonus: 'Non quia timui ne mihi tollerentur bona
Rosci, ideo eius praedia dissipavi, sed, quia aedificabam, in
Veientanam ideo de his transtuli.'*—Manu praedia praediis]
Praediis, occasione, quem ad modum dicimus: 'fac ad manum
15 *illum codicem'.*—Hic ego audire istos cupio] *In hoc capite de
potentia Chrysogoni invidiam facit, ut enumeret singula deliciarum genera, quod habeat pluris possessiones, mancipia,
quae omnia dicit de rapinis ipsum habere. (Schol. Gron.
p.* 436. 14.)

    *   *   *   *   *   *

20 . . . aptam et ratione dispositam se habere existimant, qui **46**
in Sallentinis aut in Bruttiis habent unde vix ter in anno
audire nuntium possunt.

Alter tibi descendit de Palatio et aedibus suis; habet 133
animi causa rus amoenum et suburbanum, plura praeterea
25 praedia neque tamen ullum nisi praeclarum et propinquum.

3 cum Σ : *om. cett.*   5 curavit] hoc iudicium *add. codd., del.
Madvig (fort. ex* h. d., *i. e.* hic deest, *ortum*)   6 Erucius] *lac.* 9
vers. et 2 *pag. hab. A*, 1 *pag.* π, *lac. non notat* Σ ('*Iterum non parva
textus pars deest. Quod factum est situ et exemplaris vetustate decrepita,
quod vir doctissimus Poggius ex Gallis ad nos reportaverat, qui et
huius orationis et alterius pro Murena repertor hac aetate fuit. Vt autem
Fr. Barbarus dicere ac deplorare solet, occaecatum adeo exemplaris
codicem unde haec exarata est oratio Florentiae viderat ut nullo pacto
inde transcribi verbum potuerit.*' Guarinus *in Comment.*)   **24**
animi relaxandi causa ψ

Domus referta vasis Corinthiis et Deliacis, in quibus est
authepsa illa quam tanto pretio nuper mercatus est ut qui
praetereuntes quid praeco enumeraret audiebant fundum
venire arbitrarentur.　Quid praeterea caelati argenti, quid
stragulae vestis, quid pictarum tabularum, quid signorum, 5.
quid marmoris apud illum putatis esse? Tantum scilicet
quantum e multis splendidisque familiis in turba et rapinis
coacervari una in domo potuit.　Familiam vero quantam et
134 quam variis cum artificiis habeat quid ego dicam?　Mitto
hasce artis volgaris, coquos, pistores, lecticarios; animi et 10
aurium causa tot homines habet ut cotidiano cantu vocum
et nervorum et tibiarum nocturnisque conviviis tota vicinitas
personet.　In hac vita, iudices, quos sumptus cotidianos,
quas effusiones fieri putatis, quae vero convivia? honesta,
credo, in eius modi domo, si domus haec habenda est potius 15
quam officina nequitiae ac deversorium flagitiorum omnium.
135 Ipse vero quem ad modum composito et dilibuto capillo
passim per forum volitet cum magna caterva togatorum videtis, iudices; videtis ut omnis despiciat, ut hominem prae
se neminem putet, ut se solum beatum, solum potentem 20
putet.　Quae vero efficiat et quae conetur si velim commemorare, vereor, iudices, ne quis imperitior existimet me
causam nobilitatis victoriamque voluisse laedere.　Tametsi
meo iure possum, si quid in hac parte mihi non placeat,
vituperare; non enim vereor ne quis alienum me animum 25
habuisse a causa nobilitatis existimet.

47
136　　Sciunt ei qui me norunt me pro mea tenui infirmaque

　　1 referta] *fort.* referta est　　3 quid praeco enumeraret (-re *σ*) *σ*,
　　　　　　　　　　a
Steinmetz : quid preconum numerare *Σ* : quid praeco enuntiare *χ* :
quid precium nuntiare *π* : quid praetium numerare (enum⁻*ψ*²) *Aφψ*¹*ω* :
pecuniam numerare *B*　8 una in domo *σχψ* : una in (vi *ABφ*) nemo
ΣABπφ : una in venio *ω*　10 coquos *Aπψ* : cocos *cett.*　pistores
Naugerius : pictores *codd.*　　12 conviciis *Paul* (*cf. Mur.* 13)
16 quam *Bσχψ* : om. *cett.*　　ac] et *φχψ*¹*ω*　　17 compto *Bücheler*
delibuto *Aχ*¹*ω*　　19 videtis *Reid* : et invidetis iudices et unum
(inium *Σ mg.*) videtis *Σ* : etiam videtis iudices *cett.* : om. *B* : del.
Manutius : et unum videtis *Steinmetz*　　27 mea *Madvig* : illa *codd.*

50

parte, postea quam id quod maxime volui fieri non potuit, ut
componeretur, id maxime defendisse ut ei vincerent qui
vicerunt.   Quis enim erat qui non videret humilitatem cum
dignitate de amplitudine contendere? quo in certamine
5 perditi civis erat non se ad eos iungere quibus incolumibus
et domi dignitas et foris auctoritas retineretur.   Quae perfecta esse et suum cuique honorem et gradum redditum
gaudeo, iudices, vehementerque laetor eaque omnia deorum
voluntate, studio populi Romani, consilio et imperio et
10 felicitate L. Sullae gesta esse intellego.   Quod animadversum 137
est in eos qui contra omni ratione pugnarunt, non debeo
reprehendere ; quod viris fortibus quorum opera eximia in
rebus gerendis exstitit honos habitus est, laudo.   Quae ut
fierent idcirco pugnatum esse arbitror meque in eo studio
15 partium fuisse confiteor.   Sin autem id actum est et idcirco
arma sumpta sunt ut homines postremi pecuniis alienis
locupletarentur et in fortunas unius cuiusque impetum
facerent, et id non modo re prohibere non licet sed ne
verbis quidem vituperare, tum vero in isto bello non re-
20 creatus neque restitutus sed subactus oppressusque populus
Romanus est.   Verum longe aliter est ; nil horum est, 138
iudices.   Non modo non laedetur causa nobilitatis, si istis
hominibus resistetis, verum etiam ornabitur.   Etenim qui 48
haec vituperare volunt Chrysogonum tantum posse querun-
25 tur ; qui laudare volunt concessum ei non esse commemorant.   Ac iam nihil est quod quisquam aut tam stultus aut
tam improbus sit qui dicat : ' Vellem quidem liceret ;
hoc dixissem.' Dicas licet. ' Hoc fecissem.' Facias licet ;
nemo prohibet.   ' Hoc decrevissem.'   Decerne, modo
30 recte ; omnes approbabunt. ' Hoc iudicassem.' Laudabunt
omnes, si recte et ordine iudicaris.   Dum necesse erat 139
resque ipsa cogebat, unus omnia poterat ; qui postea quam

4 dignitate de *del. Madvig*   19 in isto] isto *w*, *Garatoni*   22 laedetur *Angelius* : laeditur *codd.*   24 volent Σπϕω   27 quid dicat Σ
equidem *Siesbeye*   29 decerne ‖ Σ : decernere *A*   32 potuerat *A*

magistratus creavit legesque constituit, sua cuique procura-
tio auctoritasque est restituta. Quam si retinere volunt ei
qui reciperarunt in perpetuum poterunt obtinere; sin has
caedis et rapinas et hos tantos tamque profusos sumptus aut
facient aut approbabunt—nolo in eos gravius quicquam ne   5
ominis quidem causa dicere, unum hoc dico : nostri isti
nobiles nisi vigilantes et boni et fortes et misericordes erunt,
eis hominibus in quibus haec erunt ornamenta sua conce-
140 dant necesse est.   Quapropter desinant aliquando dicere
male aliquem locutum esse, si qui vere ac libere locutus sit,   10
desinant suam causam cum Chrysogono communicare, desinant, si ille laesus sit, de se aliquid detractum arbitrari,
videant ne turpe miserumque sit eos qui equestrem splen-
dorem pati non potuerunt servi nequissimi dominationem
ferre posse. Quae quidem dominatio, iudices, in aliis rebus   15
antea versabatur, nunc vero quam viam munitet et quod iter
adfectet videtis, ad fidem, ad ius iurandum, ad iudicia vestra,
ad id quod solum prope in civitate sincerum sanctumque
141 restat. Hicne etiam sese putat aliquid posse Chrysogonus ?
hic*ne* etiam potens esse volt? O rem miseram atque acerbam !   20
Neque me hercules hoc indigne fero, quod verear ne quid
possit, verum quod ausus est, quod speravit sese apud talis
viros aliquid ad perniciem *posse* innocentis, id ipsum queror.
49 Idcircone exspectata nobilitas armis atque ferro rem publicam reciperavit ut ad libidinem suam liberti servolique   25
142 nobilium bona fortunas arasque nostras vexare possent ? Si
id actum est, fateor me errasse qui hoc maluerim, fateor
insanisse qui cum illis senserim ; tametsi inermis, iudices,
sensi. Sin autem victoria nobilium ornamento atque emolu-

2 volent *Richter*   6 ominis *Manutius* : hominis *codd.*   16
quam ... adfectet *e poeta sumptum esse putavit Gruter*   et quod]
quod ψ^2 : quo *Boemoraeus*   19 hicine *Halm*   20 hicne
scripsi : hic ... Σ : hic *cett.*   23 posse χψ : *om. cett. mei* (*ante* ad
hab. s) : valiturum *Halm* (2)   24 experrecta *Angelius*   25 recipe-
rarit *A*ψ^1 26 fortunas arasque nostras *scripsi* (*cf.* § 23, *dom.* 109,
Sest. 145) : fortunas vestrasque nostras Σ : fortunas vestras atque
nostras (vestras nostrasque σχ) *cett.* : fortunasque nostras *Garatoni*

mento rei publicae populoque Romano debet esse, tum vero
optimo et nobilissimo cuique meam orationem gratissimam
esse oportet. Quod si quis est qui et se et causam laedi
putet, cum Chrysogonus vituperetur, is causam ignorat, se
5 ipsum probe novit ; causa enim splendidior fiet, si nequis-
simo cuique resistetur, ille improbissimus Chrysogoni fautor
qui sibi cum illo rationem communicatam putat laeditur,
cum ab hoc splendore causae separatur.

Verum haec omnis oratio, ut iam ante dixi, mea est, qua 143
10 me uti res publica et dolor meus et istorum iniuria coegit.
Sex. Roscius horum nihil indignum putat, neminem accusat,
nihil de suo patrimonio queritur. Putat homo imperitus
morum, agricola et rusticus, ista omnia quae vos per Sullam
gesta esse dicitis more, lege, iure gentium facta ; culpa
15 liberatus et crimine nefario solutus cupit a vobis discedere ;
si hac indigna suspicione careat, animo aequo se carere suis 144
omnibus commodis dicit. Rogat oratque te, Chrysogone,
si nihil de patris fortunis amplissimis in suam rem convertit,
si nulla in re te fraudavit, si tibi optima fide sua omnia con-
20 cessit, adnumeravit, appendit, si vestitum quo ipse tectus
erat anulumque de digito suum tibi tradidit, si ex omnibus
rebus se ipsum nudum neque praeterea quicquam excepit, ut
sibi per te liceat innocenti amicorum opibus vitam in egestate degere. Praedia mea tu possides, ego aliena miseri- 50
25 cordia vivo ; concedo, et quod animus aequus est et quia 145
necesse est. Mea domus tibi patet, mihi clausa est ; fero.
Familia mea maxima tu uteris, ego servum habeo nullum ;
patior et ferendum puto. Quid vis amplius ? quid inse-
queris, quid oppugnas ? qua in re tuam voluntatem laedi a
30 me putas ? ubi tuis commodis officio ? quid tibi obsto ? Si
spoliorum causa vis hominem occidere, spoliasti ; quid

5 probe *Madvig* : prope non *codd.*   8 splendor *Richter*
11 Sex. *Madvig* : sed *codd.*   21 de digito *Boemoraeus* : dedit
os *codd.*   25 est et *Angelius* : esset *codd.*   27 maxima tu
uteris *w* : maximat uteris Σ : maxima uteris *cett.*   31 spoliasti *om.* χ

quaeris amplius? si inimicitiarum, quae sunt tibi inimicitiae
cum eo cuius ante praedia possedisti quam ipsum cognosti?
si metus, ab eone aliquid metuis quem vides ipsum ab se
tam atrocem iniuriam propulsare non posse? sin, *quod* bona
quae Rosci fuerunt tua facta sunt, idcirco hunc illius filium 5
studes perdere, nonne ostendis id te vereri quod praeter
ceteros tu metuere non debeas ne quando liberis proscriptorum bona patria reddantur?

146   Facis iniuriam, Chrysogone, si maiorem spem emptionis
tuae in huius exitio ponis quam in eis rebus quas L. Sulla 10
gessit. Quod si tibi causa nulla est cur hunc miserum tanta
calamitate adfici velis, si tibi omnia sua praeter animam
tradidit nec sibi quicquam paternum ne monumenti quidem
causa reservavit, per deos immortalis! quae ista tanta crudelitas est, quae tam fera immanisque natura? Quis umquam 15
praedo fuit tam nefarius, quis pirata tam barbarus ut, cum
integram praedam sine sanguine habere posset, cruenta
147 spolia detrahere mallet?   Scis hunc nihil habere, nihil
audere, nihil posse, nihil umquam contra rem tuam cogitasse,
et tamen oppugnas eum quem neque metuere potes neque 20
odisse debes nec quicquam iam habere reliqui vides quod ei
detrahere possis. Nisi hoc indignum putas, quod vestitum
sedere in iudicio vides quem tu e patrimonio tamquam e
naufragio nudum expulisti. Quasi vero nescias hunc et ali
et vestiri a Caecilia Baliarici filia, Nepotis sorore, specta- 25
tissima femina, quae cum patrem clarissimum, amplissimos
patruos, ornatissimum fratrem haberet, tamen, cum esset
mulier, virtute perfecit ut, quanto honore ipsa ex illorum

---

2 cognovisti *w, Halm*   3 si metus *Madvig*: sin metuis *codd.*
4 quod *Naugerius*: *om. codd.*   5 Sex. Rosci *Richter*   7 debes
Σ: debebas *Heusinger*   10 iis *π*: his *cett.*   12 praeter *σχψ*:
propter *cett.*   14 causa reservavit *ψ²*: causa clare servavit *cett.*:
causa clam reservavit *pauci dett.*   18 nihil audere *del. Eussner*
25 Baliarici *Manutius*: Baliaris *codd.*: Baliarici . . . sorore *del.*
Garatoni   26 clarissimum patrem *w, Halm*

54

dignitate adficeretur, non minora illis ornamenta ex sua
laude redderet.

An, quod diligenter defenditur, id tibi indignum facinus **51**
videtur? Mihi crede, si pro patris huius hospitiis et ^148
5 gratia vellent omnes huic hospites adesse et auderent libere
defendere, satis copiose defenderetur ; sin autem pro magnitudine iniuriae proque eo quod summa res publica in huius
periculo temptatur haec omnes vindicarent, consistere me
hercule vobis isto in loco non liceret.   Nunc ita defenditur,
10 non sane ut moleste ferre adversarii debeant neque ut se
potentia superari putent.   Quae domi gerenda sunt, ea per 149
Caeciliam transiguntur, fori iudicique rationem *M.* Messala,
ut videtis, iudices, suscepit; qui, si iam satis aetatis ac roboris haberet, ipse pro Sex. Roscio diceret.   Quoniam ad
15 dicendum impedimento est aetas et pudor qui ornat aetatem
causam mihi tradidit quem sua causa cupere ac debere
intellegebat, ipse adsiduitate, consilio, auctoritate, diligentia
perfecit ut Sex. Rosci vita erepta de manibus sectorum sententiis iudicum permitteretur.   Nimirum, iudices, pro hac
20 nobilitate pars maxima civitatis in armis fuit ; haec acta res
est ut ei nobiles restituerentur in civitatem qui hoc facerent
quod facere Messalam videtis, qui caput innocentis defenderent, qui iniuriae resisterent, qui quantum possent in
salute alterius quam in exitio mallent ostendere ; quod si
25 omnes qui eodem loco nati sunt facerent, et res publica ex
illis et ipsi ex invidia minus laborarent.

Verum si a Chrysogono, iudices, non impetramus ut pecunia **52**
nostra contentus sit, vitam ne petat, si ille adduci non potest ^150
ut, cum ademerit nobis omnia quae nostra erant propria, ne
30 lucem quoque hanc quae communis est eripere cupiat, si

4 huius] eius *Naugerius*   hospitiis *ed. V* : hospitis *codd.*   5
huic *Eberhard* : huius *codd.*   12 **M.** *Garatoni* : om. *codd.*   **M**es-
sala *codd.* : Messalla *Lambinus*   13 ac] atque *ed. R*   21
ut ii *Madvig* : uti *codd.*   25 sunt σχψ : sint *cett.*

non satis habet avaritiam suam pecunia explere, nisi etiam
crudelitati sanguis praebitus sit, unum perfugium, iudices,
una spes reliqua est Sex. Roscio eadem quae rei publicae,
vestra pristina bonitas et misericordia. Quae si manet,
salvi etiam nunc esse possumus ; sin ea crudelitas quae hoc 5
tempore in re publica versata est vestros quoque animos—id
quod fieri profecto non potest—duriores acerbioresque reddit,
actum est, iudices; inter feras satius est aetatem degere quam
151 in hac tanta immanitate versari. Ad eamne rem vos reser-
vati estis, ad eamne rem delecti ut eos condemnaretis quos 10
sectores ac sicarii iugulare non potuissent ? Solent hoc boni
imperatores facere cum proelium committunt, ut in eo loco
quo fugam hostium fore arbitrentur milites conlocent, in quos
si qui ex acie fugerint de improviso incidant. Nimirum
similiter arbitrantur isti bonorum emptores vos hic, talis 15
viros, sedere qui excipiatis eos qui de suis manibus effuge-
rint. Di prohibeant, iudices, ne hoc quod maiores consilium
publicum vocari voluerunt praesidium sectorum existimetur !
152 An vero, iudices, vos non intellegitis nihil aliud agi nisi ut
proscriptorum liberi quavis ratione tollantur, et eius rei 20
initium in vestro iure iurando atque in Sex. Rosci periculo quaeri ? Dubium est ad quem maleficium pertineat,
cum videatis ex altera parte sectorem, inimicum, sicarium
eundemque accusatorem hoc tempore, ex altera parte egen-
tem, probatum suis filium, in quo non modo culpa nulla 25
sed ne suspicio quidem potuit consistere ? Numquid hic
aliud videtis obstare Roscio nisi quod patris bona venierunt ?

53
153.   Quod si id vos suscipitis et eam ad rem operam vestram

2 crudelitati sanguis praebitus *Madvig* : crudelitate (·i *A*) sanguinis
praeditus *codd.* : *fort.* crudelitati sanguine perlitatum   3 eadem
quae *Naugerius* (2) :· eademque *codd.*   6 in re p. *ed. Mediol.* : in
rem p. *codd.*   7 reddidit *ψ*   17 ne *Whitte* : ut *codd.*
19 intellegetis *ΣA*   22 dubiumne *w*   26 hic] huic *Madvig*
27 Roscio] Sex. Roscio *Halm* : *del. Madvig*   29 eam ad rem *Gulielmius* : eadem (eandem *φχ*) rem (esse *A*) *codd.* : ea de re *Reid*

profitemini, si idcirco sedetis ut ad vos adducantur eorum
liberi quorum bona venierunt, cavete, per deos immortalis!
iudices, ne nova et multo crudelior per vos proscriptio in-
staurata esse videatur. Illam priorem quae facta est in eos
5 qui arma capere potuerunt tamen senatus suscipere noluit,
ne quid acrius quam more maiorum comparatum *est* publico
consilio factum videretur, hanc vero quae ad eorum liberos
atque ad infantium puerorum incunabula pertinet nisi hoc
iudicio a vobis reicitis et aspernamini, videte, per deos im-
10 mortalis! quem in locum rem publicam perventuram putetis!

Homines sapientes et ista auctoritate et potestate praeditos 154
qua vos estis ex quibus rebus maxime res publica laborat,
eis maxime mederi convenit. Vestrum nemo est quin intel-
legat populum Romanum qui quondam in hostis lenissimus
15 existimabatur hoc tempore domestica crudelitate laborare.
Hanc tollite ex civitate, iudices, hanc pati nolite diutius in
hac re publica versari ; quae non modo id habet in se mali
quod tot civis atrocissime sustulit verum etiam hominibus
lenissimis ademit misericordiam consuetudine incommo-
20 dorum.   Nam cum omnibus horis aliquid atrociter fieri
videmus aut audimus, etiam qui natura mitissimi sumus
adsiduitate molestiarum sensum omnem humanitatis ex
animis amittimus.

6 est *ed. R* : *om. codd.* : esset *Rinkes*

M. TVLLI CICERONIS

DE IMPERIO CN. POMPEI AD QVIRITES

ORATIO

SIGLA

P = Palimpsestus Taurinensis (*continebat* §§ 40–43 tollenda
    ... quo homine)

H = cod. Harleianus 2682. olim Coloniensis
    Basilicanus   saecl. xi

T = cod. Tegernseensis (*incipit* § 46 *in voc.*
    vestris)   saecl. xi

W = cod. Werdensis quo usus est Gulielmius

E = cod. Erfurtensis, nunc Berolinensis 252 saecl. xii/xiii

t = cod. Hildesheimensis ex T nondum
    mutilato exscriptus   saecl. xv

b = cod. S. Marci 255

σ = cod. Paris. 14749

ψ = cod. Laur. (Gadd.) xc sup. 69

π = cod. Parcensis, nunc Bruxellensis 14492
    (*desinit* § 51 *in vocc.* summa esse omnia) saecl. xv

δ = codd. $b\sigma\psi$

Schol. = Scholiasta Gronovianus

M. TVLLI CICERONIS

DE IMPERIO CN. POMPEI AD

QVIRITES

ORATIO

QVAMQVAM mihi semper frequens conspectus vester [I]
multo iucundissimus, hic autem locus ad agendum amplissimus, ad dicendum ornatissimus est visus, Quirites, tamen
hoc aditu laudis qui semper optimo cuique maxime patuit
5 non mea me voluntas adhuc sed vitae meae rationes ab
ineunte aetate susceptae prohibuerunt. Nam cum antea
nondum huius auctoritatem loci attingere auderem statue-
remque nihil huc nisi perfectum ingenio, elaboratum industria adferri oportere, omne meum tempus amicorum
10 temporibus transmittendum putavi. Ita neque hic locus [2]
vacuus fuit umquam ab eis qui vestram causam defenderent
et meus labor in privatorum periculis caste integreque
versatus ex vestro iudicio fructum est amplissimum consecutus. Nam cum propter dilationem comitiorum ter
15 praetor primus centuriis cunctis renuntiatus sum, facile
intellexi, Quirites, et quid de me iudicaretis et quid aliis
praescriberetis. Nunc cum et auctoritatis in me tantum
sit quantum vos honoribus mandandis esse voluistis, et ad
agendum facultatis tantum quantum homini vigilanti ex
20 forensi usu prope cotidiana dicendi exercitatio potuit adferre,

---

1 frequens *om. t*   4 patet *H*   6 antea *H* : antea per aetatem *cett.*   11 fuit umquam *H* : umquam fuit *E* : umquam *cett.*
13 ex *tδπ* : et *E* : *om. H*   16 iudicaritis *E*   quid de aliis *H*

61

certe et, si quid auctoritatis in me est, apud eos utar qui
eam mihi dederunt et, si quid in dicendo consequi possum,
eis ostendam potissimum qui ei quoque rei fructum suo
3 iudicio tribuendum esse duxerunt. Atque illud in primis
mihi laetandum iure esse video quod in hac insolita mihi 5
ex hoc loco ratione dicendi causa talis oblata est in qua
oratio deesse nemini possit. Dicendum est enim de Cn.
Pompei singulari eximiaque virtute ; huius autem orationis
difficilius est exitum quam principium invenire. Ita mihi
non tam copia quam modus in dicendo quaerendus est.   10
2
4 Atque ut inde oratio mea proficiscatur unde haec omnis
causa ducitur, bellum grave et periculosum vestris vectigalibus atque sociis a duobus potentissimis adfertur regibus,
Mithridate et Tigrane, quorum alter relictus, alter lacessitus
occasionem sibi ad occupandam Asiam oblatam esse arbi- 15
tratur. Equitibus Romanis, honestissimis viris, adferuntur
ex Asia cotidie litterae, quorum magnae res aguntur in
vestris vectigalibus exercendis occupatae ; qui ad me pro
necessitudine quae mihi est cum illo ordine causam rei
5 publicae periculaque rerum suarum detulerunt, Bithyniae 20
quae nunc vestra provincia est vicos exustos esse compluris,
regnum Ariobarzanis quod finitimum est vestris vectigalibus
totum esse in hostium potestate ; L. Lucullum magnis rebus
gestis ab eo bello discedere ; huic qui successerit, non satis
esse paratum ad tantum bellum administrandum ; unum ab 25
omnibus sociis et civibus ad id bellum imperatorem deposci
atque expeti, eundem hunc unum ab hostibus metui, praeterea neminem.

6   Causa quae sit videtis ; nunc quid agendum sit ipsi

1–2 et si . . . dederunt *om.* δ   2 in *Et*π : *om. H* : etiam δ   4
duxerunt (dix. *E¹t*) *HEt* : censuerunt δπ   5 mihi *om. H*   6
in hoc *H*   7 possit *HE* : potest *cett.*   9 invenire quam
principium *H*   13 atque] ac *E*π   adfertur regibus *H* :
regibus infertur *cett.*   15 arbitrantur *E*ψ   23 L. πσ² *Baiter* :
om. cett.   29 ipsi *scripsi* : illi *H* : *om. cett.*

considerate. Primum mihi videtur de genere belli, deinde
de magnitudine, tum de imperatore deligendo esse dicendum. Genus est eius belli quod maxime vestros animos
excitare atque inflammare ad persequendi studium debeat.
5 In quo agitur populi Romani gloria quae vobis a maioribus
cum magna in omnibus rebus tum summa in re militari
tradita est ; agitur salus sociorum atque amicorum pro qua
multa maiores vestri magna et gravia bella gesserunt ; aguntur certissima populi Romani vectigalia et maxima quibus
10 amissis et pacis ornamenta et subsidia belli requiretis ;
aguntur bona multorum civium quibus est a vobis et ipsorum
causa et rei publicae consulendum. Et quoniam semper $\frac{3}{7}$
appetentes gloriae praeter ceteras gentis atque avidi laudis
fuistis, delenda vobis est illa macula· Mithridatico bello
15 superiore concepta quae penitus iam insedit ac nimis inve-
teravit in populi Romani nomine, quod is qui uno die tota
in Asia tot in civitatibus uno nuntio atque una significatione
omnis civis Romanos necandos trucidandosque curavit, non
modo adhuc poenam nullam suo dignam scelere suscepit
20 sed ab illo tempore annum iam tertium et vicesimum regnat,
et ita regnat ut se non Ponti neque Cappadociae latebris oc-
cultare velit sed emergere ex patrio regno· atque in vestris
vectigalibus, hoc est in Asiae luce, versari. Etenim adhuc 8
ita nostri cum illo rege contenderunt imperatores ut ab illo
25 insignia victoriae, non victoriam reportarent. Triumphavit
L. Sulla, triumphavit L. Murena de Mithridate, duo for-

---

3 est eius belli *H* : est enim belli huius (eius *E*) modi *EWt* : est
enim eius (huius σ) modi πδ   4 ad . . . studium *om.* δ   6
omnibus rebus *HE* : rebus omnibus *cett.*   8 magna et *ante* multa
hab. t   bella et gravia *H*   11 a vobis] nobis *H*   et ipsorum
causa et rei p. *H* : ipsorum et rei p. causa *Et* : ab ipsa re p. π : imperatoribus rei p. δ   14 est vobis *Eb*[1]   15 concepta *HE* :
suscepta *cett.*   iam *om. H*   17 significatione *H* : significatione litterarum *cett.*   18 omnis *scripsi* : *om. codd.* (*post* -one)
curavit *HE* : denotavit *cett.*   19 scelere dignam *H*   20 et ita
regnat *om. tπ*   21 Ponti *Eπ* : Ponto *cett.*   22 ex *Ht* : et *E* :
e δπ

tissimi viri et summi imperatores, sed ita triumpharunt ut
ille pulsus superatusque regnaret. Verum tamen illis imperatoribus laus est tribuenda quod egerunt, venia danda
quod reliquerunt, propterea quod ab eo bello Sullam in
Italiam res publica, Murenam Sulla revocavit.   5

4
9 Mithridates autem omne reliquum tempus non ad ob-
livionem veteris belli sed ad comparationem novi contulit.
Qui postea, cum maximas aedificasset ornassetque classis
exercitusque permagnos quibuscumque ex gentibus potuisset
comparasset et se Bosphoranis, finitimis suis, bellum inferre 10
simularet, usque in Hispaniam legatos ac litteras misit ad
eos duces quibuscum tum bellum gerebamus, ut, cum
duobus in locis disiunctissimis maximeque diversis uno
consilio a binis hostium copiis bellum terra marique gereretur, vos ancipiti contentione districti de imperio dimi- 15
10 caretis. Sed tamen alterius partis periculum, Sertorianae
atque Hispaniensis, quae multo plus firmamenti ac roboris
habebat, Cn. Pompei divino consilio ac singulari virtute
depulsum est; in altera parte ita res ab L. Lucullo, summo
viro, est administrata ut initia illa rerum gestarum magna 20
atque praeclara non felicitati eius sed virtuti, haec autem
extrema quae nuper acciderunt non culpae sed fortunae
tribuenda esse videantur. Sed de Lucullo dicam alio loco,
et ita dicam, Quirites, ut neque vera laus ei detracta
11 oratione mea neque falsa adficta esse videatur; de vestri 25
imperi dignitate atque gloria, quoniam is est exorsus orationis meae, videte quem vobis animum suscipiendum
putetis.

---

3 egerunt triumphum *H*: egerunt tanta *olim conieci*: regem fre-
gerunt *coni. Müller*   8 postea cum *Benecke*: postea quam (postquam ψ^2) *codd.*   10 comparavisset *H*   et se *HE*: *om. cett.*
11 ac litteras] electanis $\sigma\psi^1$: electos viros $b\psi^2$: Ecbatanis *Naugerius*
(2)   14 a binis $E^2t\pi$: binis *H*: ab unis *cett.*   15 districti
li $\delta\pi$: destricti *Et*: distincti *H*   19 ab *H*: a *cett.*   20 rerum
gestarum *HEπ*: gestarum rerum *cett.*ı   25 adficta π, *Naugerius*: ac
ficta *cett.*

Maiores nostri saepe pro mercatoribus aut naviculariis 5
nostris iniuriosius tractatis bella gesserunt ; vos tot milibus
civium Romanorum uno nuntio atque uno tempore necatis
quo tandem animo esse debetis ?   Legati quod erant appel-
5 lati superbius, Corinthum patres vestri totius Graeciae
lumen exstinctum esse voluerunt ; vos eum regem inultum
esse patiemini qui legatum populi Romani consularem
vinculis ac verberibus atque omni supplicio excruciatum
necavit ?   Illi libertatem imminutam civium Romanorum
10 non tulerunt ; vos ereptam vitam neglegetis ?   Ius legationis
verbo violatum illi persecuti sunt ; vos legatum omni supplicio interfectum relinquetis ?   Videte ne, ut illis pulcher- 12
rimum fuit tantam vobis imperi gloriam tradere, sic vobis
turpissimum sit id quod accepistis tueri et conservare non
15 posse.

Quid ? quod salus sociorum summum in periculum ac
discrimen vocatur, quo id tandem animo ferre debetis ?
Regno est expulsus Ariobarzanes rex, socius populi Romani
atque amicus ; imminent duo reges toti Asiae non solum
20 vobis inimicissimi sed etiam vestris sociis atque amicis ;
civitates autem omnes cuncta Asia atque Graecia vestrum
auxilium exspectare propter periculi magnitudinem co-
guntur ; imperatorem a vobis certum deposcere, cum
praesertim vos alium miseritis, neque audent neque id se
25 facere sine summo periculo posse arbitrantur.   Vident enim 13
et sentiunt hoc idem quod vos, unum virum esse in quo
summa sint omnia, et eum propter esse, quo etiam carent

---

1 pro *H* : *om. cett.* (*cf.* § 6)   naviculatoribus δπ   2 nostris *HE* :
vestris *t* ; *om.* δπ   millibus civ. Rom. *HE* : civ. Rom. millibus
cett.   9 imminutam civium Rom. *HE* : civium Rom. imminutam *cett.*
10 ereptam vitam *HE* : vitam ereptam *cett.*   negligitis *HEb*[1]
12 relinquetis] inultum relinquetis *b*[2]ψ   17 quo id *scripsi* : quod id
H : quo *Etn* (quo . . . debetis *om.* δ)   18 est expulsus *HE* : expulsus est *cett.*   21 cunctae Asiae et Graeciae *H, fort. recte*   23
certum a vobis *H*   24 id se *Ht* : se id *cett.*   25 enim *H* : *om.*
cett.   27 summa *om. H*   prope esse *Hb*ψ

aegrius; cuius adventu ipso atque nomine, tametsi ille ad
maritimum bellum venerit, tamen impetus hostium repressos
esse intellegunt ac retardatos. Hi vos, quoniam libere loqui
non licet, taciti rogant ut se quoque dignos existimetis
quorum salutem tali viro commendetis, atque hoc etiam 5
magis quod ceteras in provincias eius modi homines cum
imperio mittimus ut, etiam si ab hoste defendant, tamen
ipsorum adventus in urbis sociorum non multum ab hostili
expugnatione differant, hunc audiebant antea, nunc praesentem vident tanta temperantia, tanta mansuetudine, tanta 10
humanitate ut ei beatissimi esse videantur apud quos ille
diutissime commoretur.

6

14   Qua re si propter socios nulla ipsi iniuria lacessiti maiores
nostri cum Antiocho, cum Philippo, cum Aetolis, cum
Poenis bella gesserunt, quanto vos studiosius convenit 15
iniuriis provocatos sociorum salutem una cum imperi vestri
dignitate defendere, praesertim cum de maximis vestris
vectigalibus agatur? Nam ceterarum provinciarum vectigalia, Quirites, tanta sunt ut eis ad ipsas provincias tuendas
vix contenti esse possimus, Asia vero tam opima est ac 20
fertilis ut et ubertate agrorum et varietate fructuum et
magnitudine pastionis et multitudine earum rerum quae
exportentur facile omnibus terris antecellat. Itaque haec
vobis provincia, Quirites, si et belli utilitatem et pacis
dignitatem retinere voltis, non modo a calamitate sed etiam 25
15 a metu calamitatis est defendenda. Nam in ceteris rebus
cum venit calamitas, tum detrimentum accipitur; at in

---

4 taciti *H* : tácite *cett.*   quoque] sicut ceterarum provinciarum
socios *add. codd.* : *ego deleui* : quod ceteras in provincias eiusmodi
H (*cf.* § 65) : quod ceteros in provinciam (hanc provinciam *coni. Lambinus*) eiusmodi *Et* : quod ceteros eiusmodi in provinciam *Wπσ* :
quam ceteros quod eiusmodi in provinciam $b^2\psi^2$ 8 aditus in *H*
urbe *Etσ*   12 commoretur *H* (*corr. m.* 1), *Lambinus* : commoratur
cett.   15 studiosius *H*: studio *cett.*   19 tuendas *H* : tutandas *cett.*
20 tam] ita *H*   23 exportantur *bπ*   25 retinere *HEWt* :
sustinere *cett.*   26 calamitatis *om. t*

vectigalibus non solum adventus mali sed etiam metus ipse
adfert calamitatem. Nam cum hostium copiae non longe
absunt, etiam si inruptio nulla facta est, tamen pecua relinquuntur, agri cultura deseritur, mercatorum navigatio con-
5 quiescit. Ita neque ex portu neque ex decumis neque ex
scriptura vectigal conservari potest ; qua re saepe totius anni
fructus uno rumore periculi atque uno belli terrore amittitur.
Quo tandem igitur animo esse existimatis aut eos qui vecti- 16
galia nobis pensitant, aut eos qui exercent atque exigunt,
10 cum duo reges cum maximis copiis propter adsint, cum una
excursio equitatus perbrevi tempore totius anni vectigal
auferre possit, cum publicani familias maximas quas in
salinis habent, quas in agris, quas in portibus atque in custodiis magno periculo se habere arbitrentur? Putatisne vos
15 illis rebus frui posse, nisi eos qui vobis fructui sunt con-
servaveritis non solum, ut ante dixi, calamitate sed etiam
calamitatis formidine liberatos?

    Ac ne illud quidem vobis neglegendum est quod mihi **7**
ego extremum proposueram, cum essem de belli genere 17
20 dicturus, quod ad multorum bona civium Romanorum
pertinet ; quorum vobis pro vestra sapientia, Quirites, habenda est ratio diligenter. Nam et publicani, homines
honestissimi atque ornatissimi, suas rationes et copias in
illam provinciam contulerunt, quorum ipsorum per se res
25 et fortunae vobis curae esse debent. Etenim, si vectigalia
nervos esse rei publicae semper duximus, eum certe ordinem
qui exercet illa firmamentum ceterorum ordinum recte esse

    3 pecua *Servius ad Georg.* iii. 64 : pecora *codd.*   relinquentur *Et*
8 igitur *H* : *om. cett.*   10 propter *Et* : prope *Hδ* : *om.* π   adsint
HEσ : adsunt *btπψ* : absint *codd. Vrsini*   13 salinis] saltibus
Hotoman (*de Cappadociae salinis cf. Plin. N. H.* xxxi. 7, §§ 73, 77,
82)   portubus *Ebπ*   atque in *H* : atque *cett.*   15 fructuosi sunt δ
(*contra Arusian. K.* vii. 474)   conservaritis *E* : conservetis *H*
(*contra Arusian.*)   19 genere belli *H*   23 atque *HE* : et *cett.*
27 recte esse] necesse *H*

18 dicemus. Deinde ex ceteris ordinibus homines gnavi atque
industrii partim ipsi in Asia negotiantur, quibus vos absenti-
bus consulere debetis, partim eorum in ea provincia pecunias magnas conlocatas habent. Est igitur humanitatis
vestrae magnum numerum civium calamitate prohibere, 5
sapientiae videre multorum civium calamitatem a re publica
seiunctam esse non posse. Etenim illud primum parvi
refert, vos publicanis amissa vectigalia postea victoria reciperare ; neque enim isdem redimendi facultas erit propter
19 calamitatem neque aliis voluntas propter timorem. Deinde 10
quod nos eadem Asia atque idem iste Mithridates initio
belli Asiatici docuit, id quidem certe calamitate docti memoria retinere debemus. Nam tum, cum in Asia magnas
permulti res amiserunt, scimus Romae solutione impedita
fidem concidisse. Non enim possunt una in civitate multi 15
rem ac fortunas amittere ut non pluris secum in eandem
trahant calamitatem : a quo periculo prohibete rem publicam. Etenim—mihi credite id quod ipsi videtis—haec fides
atque haec ratio pecuniarum quae Romae, quae in foro
versatur, implicata est cum illis pecuniis Asiaticis et co- 20
haeret ; ruere illa non possunt ut haec non eodem labefacta
motu concidant. Qua re videte num dubitandum vobis sit
omni studio ad id bellum incumbere in quo gloria nominis
vestri, salus sociorum, vectigalia maxima, fortunae pluri-
morum civium coniunctae cum re publica defendantur.   25

8
20
    Quoniam de genere belli dixi, nunc de magnitudine

---

1 ex ceteris *HE* : ceteris ex *cett.*   navi *Ht*   3 partim eorum
qui *H* : *fort.* Quirites, partim eorum   5 civium *H, A. Eberhard* :
eorum civium *cett.*   6 ab re p. *H*   7 primum illud *E*   non
parvi *H*   8 vos *Hδ* : nos *Eπ*   amissa *ed. Hervag.* : amissis
codd. : omissis *Müller*   postea] parta *b²ψ²*   11 nos *om. H* : vos *πψ²*
12 id quidem (quod *bψ*) certe *Wδ* : certe id quidem *cett.*   13 eum]
qua *H*   magnas permulti res amiserunt *H* : res magnas permulti
amiserant (-unt *π*) *cett.*   18 etenim *scripsi* : et *codd.*   20 implicata *HEt* : implicita *cett.*   22 num] non *t* : unde *σ* : ne non
Müller   25 coniunctae *om. tδπ*

pauca dicam. Potest enim hoc dici, belli genus esse ita
necessarium ut sit gerendum, non esse ita magnum ut sit
pertimescendum.   In quo maxime laborandum est ne forte
ea vobis quae diligentissime providenda sunt contemnenda
5 esse videantur.   Atque ut omnes intellegant me L. Lucullo
tantum impertire laudis quantum forti viro et sapienti homini
et magno imperatori debeatur, dico eius adventu maximas
Mithridati copias omnibus rebus ornatas atque instructas
fuisse, urbemque Asiae clarissimam nobisque amicissimam
10 Cyzicenorum oppressam esse ab ipso rege maxima multitudine et oppugnatam vehementissime ; quam L. Lucullus
virtute, adsiduitate, consilio summis obsidionis periculis
liberavit.   Ab eodem imperatore classem magnam et orna- 21
tam quae ducibus Sertorianis ad Italiam studio atque odio
15 inflammata raperetur superatam esse atque depressam ;
magnas hostium praeterea copias multis proeliis esse deletas
patefactumque nostris legionibus esse Pontum qui antea
populo Romano ex omni aditu clausus fuisset ; Sinopen
atque Amisum, quibus in oppidis erant domicilia regis omni-
20 bus rebus ornata ac referta, ceterasque urbis Ponti et Cappadociae permultas uno aditu adventuque esse captas ;
regem spoliatum regno patrio atque avito ad alios se reges
atque ad alias gentis supplicem contulisse ; atque haec
omnia salvis populi Romani sociis atque integris vectigali-
25 bus esse gesta.   Satis opinor hoc esse laudis atque ita,
Quirites, ut hoc vos intellegatis, a nullo istorum qui huic
obtrectant legi atque causae L. Lucullum similiter ex hoc
loco esse laudatum.

1 enim hoc] hoc enim *E* : autem hoc *t*   4 ea *H, Buttmann* : a
cett.   6 sapienti *HEt* : sapientissimo *cett.*   8 Mithridati
Wt : Mithridatis *cett.* (*cf.* § 23)   10 oppressam *H* : obsessam *cett.*
14 atque odio *H* : *om. cett.*   15 inflammato δ   17 antea *Et* : ante
cett.   20 ornata ac (atque *b*) referta *Hb* : ornatas ac (atque
σψ) refertas *cett.*   21 captas *Hπψ*[2] : clausas *cett.*   25 haec
esse *E*   ita] ita reputo *b*[2]ψ   26 ut . . . intellegatis] *fort. ex* § 20
repetitum

9
22   Requiretur fortasse nunc quem ad modum, cum haec ita
sint, reliquum possit magnum esse bellum. Cognoscite,
Quirites ; non enim hoc sine causa quaeri videtur. Primum
ex suo regno sic Mithridates profugit ut ex eodem Ponto
Medea illa quondam fugisse dicitur, quam praedicant in 5
fuga fratris sui membra in eis locis qua se parens persequeretur dissipavisse, ut eorum conlectio dispersa maerorque
patrius celeritatem consequendi retardaret. Sic Mithridates
fugiens maximam vim auri atque argenti pulcherrimarumque
rerum omnium quas et a maioribus acceperat et ipse bello 10
superiore ex tota Asia direptas in suum regnum congesserat
in Ponto omnem reliquit. Haec dum nostri conligunt
omnia diligentius, rex ipse e manibus effugit. Ita illum in
23 persequendi studio maeror, hos laetitia tardavit. Hunc in
illo timore et fuga Tigranes, rex Armenius, excepit diffi- 15
dentemque rebus suis confirmavit et adflictum erexit perdi-
tumque recreavit. Cuius in regnum postea quam L. Lucullus cum exercitu venit, plures etiam gentes contra imperatorem nostrum concitatae sunt. Erat enim metus iniectus
eis nationibus quas numquam populus Romanus neque 20
lacessendas bello neque temptandas putavit ; erat etiam
alia gravis atque vehemens opinio quae per animos gentium
barbararum pervaserat, fani locupletissimi et religiosissimi
diripiendi causa in eas oras nostrum esse exercitum adductum. Ita nationes multae atque magnae novo quodam 25
terrore ac metu concitabantur. Noster autem exercitus,
tametsi urbem ex Tigrani regno ceperat et proeliis usus erat
secundis, tamen nimia longinquitate locorum ac desiderio
24 suorum commovebatur. Hic iam plura non dicam ; fuit

2 magnum esse *HE* : esse magnum *cett.*   4 sic *om. E*   5
fugisse *H* : profugisse *cett.*   7 dispersa maerorque *om. H in lac.*
8 consequendi *H* : persequendi *cett.*   10 et a] a *Hψ*   13 illum
δπ : illum Aetam (a tam *E* : meta *t*) *HEt*   14 tardavit *E* : retardavit *cett.* (*cf. Zielinski p.* 199)   17 L. *om. HE*   22 per *om.*
Eπ   24 esse exercitum *HE* : exercitum esse *cett.*   27 tametsi
HE : etsi *cett.*   Tigrani *H* : Tigranis *cett.* (*cf.* § 20)

enim illud extremum ut ex eis locis a militibus nostris
reditus magis maturus quam progressio longior quaereretur.
Mithridates autem se et suam manum iam confirmarat eorum opera qui ad eum ex ipsius regno concesserant et magnis
5 adventiciis auxiliis multorum regum et nationum iuvabatur.
Iam hoc fere sic fieri solere accepimus ut regum adflictae
fortunae facile multorum opes adliciant ad misericordiam,
maximeque eorum qui aut reges sunt aut vivunt in regno,
ut eis nomen regale magnum et sanctum esse videatur.
10 Itaque tantum victus efficere potuit quantum incolumis 25
numquam est ausus optare. Nam cum se in regnum
suum recepisset, non fuit eo contentus quod ei praeter
spem acciderat, ut illam postea quam pulsus erat terram
umquam attingeret, sed in exercitum nostrum clarum atque
15 victorem impetum fecit. Sinite hoc loco, Quirites, sicut
poetae solent qui res Romanas scribunt, praeterire me nostram calamitatem, quae tanta fuit ut eam ad auris imperatoris non ex proelio nuntius sed ex sermone rumor adferret.
Hic in illo ipso malo gravissimaque belli offensione L. 26
20 Lucullus, qui tamen aliqua ex parte eis incommodis mederi
fortasse potuisset, vestro iussu coactus qui imperi diuturni-
tati modum statuendum vetere exemplo putavistis, partim
militum qui iam stipendiis confectis erant dimisit, partim
_M'_. Glabrioni tradidit. Multa praetereo consulto; sed ea
25 vos coniectura perspicite quantum illud bellum factum

1 eis] illis _H_   2 progressio _H_: processio _cett._ (_voc. monacho
quam Tullio notius_)   3 se et suam iam manum _H_: et suam
manum iam _cett._   eorum opera qui (qui sẹ) ad eum ex (ex _sup.
lin._) ipsius regno concesserant _H_: et eorum qui se ex ipsius (eius δ)
regno collegerant _cett._, _del. Benecke_ (_cf. Appian. Mithrid._ 87 Ποντικοῖς
ἀνδράσι γυμνάζειν παρεδίδου)   6 iam] nam π   solere fieri _H_   8
regnis _H_   9 ut] quod _Naugerius_ (2)   17 imperatoris _Madvig_: Luculli
(L. Luculli _tπ_) imperatoris _HEtπ_: L. Luculli δ   19 L. _om. HE_
21 qui _H_: quod _cett._   22, 23 partim . . . partim _Gulielmius_:
partem . . . partem _H_: partem . . . partem _cett._   23 confectis _H_,
Naugerius: confecti _cett._   24 M'. _Krause_: _om. codd._   25 illud
_om. H_

putetis quod coniungant reges potentissimi, renovent agitatae
nationes, suscipiant integrae gentes, novus imperator noster
10 accipiat vetere exercitu pulso.

27   Satis multa mihi verba fecisse videor qua re esset hoc
bellum genere ipso necessarium, magnitudine periculosum. 5
Restat ut de imperatore ad id bellum deligendo ac tantis
rebus praeficiendo dicendum esse videatur. Vtinam, Quirites, virorum fortium atque innocentium copiam tantam
haberetis ut haec vobis deliberatio difficilis esset quemnam
potissimum tantis rebus ac tanto bello praeficiendum putare- 10
tis! Nunc vero cum sit unus Cn. Pompeius qui non modo
eorum hominum qui nunc sunt gloriam sed etiam antiqui-
tatis memoriam virtute superarit, quae res est quae cuius-
28 quam animum in hac causa dubium facere possit? Ego
enim sic existimo, in summo imperatore quattuor has res 15
inesse oportere, scientiam rei militaris, virtutem, auctoritatem, felicitatem. Quis igitur hoc homine scientior umquam
aut fuit aut esse debuit? qui e ludo atque e pueritiae
disciplinis bello maximo atque acerrimis hostibus ad patris
exercitum atque in militiae disciplinam profectus est, qui 20
extrema pueritia miles in exercitu summi fuit imperatoris,
ineunte adulescentia maximi ipse exercitus imperator, qui
saepius cum hoste conflixit quam quisquam cum inimico
concertavit, plura bella gessit quam ceteri legerunt, pluris
provincias confecit quam alii concupiverunt, cuius adule- 25
scentia ad scientiam rei militaris non alienis praeceptis sed
suis imperiis, non offensionibus belli sed victoriis, non
stipendiis sed triumphis est erudita. Quod denique genus
esse belli potest in quo illum non exercuerit fortuna rei
publicae? Civile, Africanum, Transalpinum, Hispaniense 30

---

4 multa mihi *H* : mihi multa *cett.*   qua re] quale *H*   13 superavit *Ht*   17 facilitatem *t*   18 atque e *HW*: atque *cett.*
21 in exercitu *om. δπ*   fuit summi *Eb*   29 esse belli *HE* : belli
esse *cett.*

mixtum ex civibus atque ex bellicosissimis nationibus,
servile, navale bellum, varia et diversa genera et bellorum
et hostium non solum gesta ab hoc uno sed etiam confecta
nullam rem esse declarant in usu positam militari quae
5 huius viri scientiam fugere possit.

II
29
Iam vero virtuti Cn. Pompei quae potest oratio par
inveniri? Quid est quod quisquam aut illo dignum aut
vobis novum aut cuiquam inauditum possit adferre? Neque
enim solae sunt virtutes imperatoriae quae volgo existi-
10 mantur, labor in negotiis, fortitudo in periculis, industria in
agendo, celeritas in conficiendo, consilium in providendo,
quae tanta sunt in hoc uno quanta in omnibus reliquis
imperatoribus quos aut vidimus aut audivimus non fuerunt.

Testis est Italia quam ille ipse victor L. Sulla huius virtute 30
15 et subsidio confessus est liberatam; testis Sicilia quam
multis undique cinctam periculis non terrore belli sed
consili celeritate explicavit; testis Africa quae magnis oppressa hostium copiis eorum ipsorum sanguine redundavit;
testis Gallia per quam legionibus nostris iter in Hispaniam
20 Gallorum internicione patefactum est; testis Hispania quae
saepissime plurimos hostis ab hoc superatos prostratosque
conspexit; testis iterum et saepius Italia quae, cum servili
bello taetro periculosoque premeretur, ab hoc auxilium
absente expetivit, quod bellum exspectatione eius attenuatum
25 atque imminutum est, adventu sublatum ac sepultum. Testes 31
nunc vero iam omnes orae atque omnes terrae gentes
nationes, maria denique omnia cum universa tum in singulis
oris omnes sinus atque portus. Quis enim toto mari locus

---

1 mixtum ... nationibus *del. Bloch* ·   civibus *Gulielmius* : civili-
bus *H* : civitatibus *cett.*   atque ex] et *H* : atque *b*   5 huius *om.*
                                                                       i
H   viri *om. b*[1]   7 quisquam *om. H*   8 adferre H   9 solae
sunt *H* : illae sunt solae *cett.*   14 ipse *om. H*   virtute et] virtutis *H*   15 testis *H* : testis est *cett., ita quater*   19 iter in
Hispaniam *H, Madvig* : inter Hispaniam *E* : in Hispaniam iter (*om.*
iter *t* ' *cett.*   26 nunc *HE* : *om. cett.*   terrae gentes *H* : exterae
gentes ac *cett.*   27 maria denique *H* : denique maria *cett.*

per hos annos aut tam firmum habuit praesidium ut tutus
esse, aut tam fuit abditus ut lateret? Quis navigavit qui
non se aut mortis aut servitutis periculo committeret, cum
aut hieme aut referto praedonum mari navigaret? Hoc
tantum bellum, tam turpe, tam vetus, tam late divisum 5
atque dispersum quis umquam arbitraretur aut ab omnibus
imperatoribus uno anno aut omnibus annis ab uno impera-
32 tore confici posse? Quam provinciam tenuistis a praedonibus liberam per hosce annos? quod vectigal vobis tutum
fuit? quem socium defendistis? cui praesidio classibus 10
vestris fuistis? quam multas existimatis insulas esse desertas,
quam multas aut metu relictas aut a praedonibus captas
12 urbis esse sociorum? Sed quid ego longinqua commemoro?
Fuit hoc quondam, fuit proprium populi Romani longe
a domo bellare et propugnaculis imperi sociorum fortunas, 15
non sua tecta defendere. Sociis ego vestris mare per hosce
annos clausum fuisse dicam, cum exercitus vestri numquam
Brundisio nisi hieme summa transmiserint? Qui ad vos ab
exteris nationibus venirent, captos querar, cum legati populi
Romani redempti sint? Mercatoribus mare tutum non 20
fuisse dicam, cum duodecim secures in praedonum potesta-
33 tem pervenerint? Cnidum aut Colophonem aut Samum,
nobilissimas urbis, innumerabilisque alias captas esse commemorem, cum vestros portus atque eos portus quibus
vitam ac spiritum ducitis in praedonum fuisse potestate 25
sciatis? An vero ignoratis portum Caietae celeberrimum
et plenissimum navium inspectante praetore a praedonibus
esse direptum, ex Miseno autem eius ipsius liberos qui cum

9 liberam *om.* H   12 multas audistis aut π   14 fuit pro-
prium] proprium H   16 ego vestris H: ego nostris *Et*: vestris
ego δπ   hosce Hbψ: hos *Et*   18 Brundisio H: a Brundisio
cett. (*cf.* § 35)   hieme summa HE: summa hieme *cett.*   20
mare tutum H: tutum mare *cett.*   22 Cnidum aut] quid aut δ
25 ac HEt, *Gellius* 1. 7. 16: et πδ   potestatem *Gellius*   27
et H: ac *E*: atque *cett.*

praedonibus antea bellum gesserat a praedonibus esse sublatos? Nam quid ego Ostiense incommodum atque illam labem atque ignominiam rei publicae querar, cum prope inspectantibus vobis classis ea cui consul populi Romani
5 praepositus esset a praedonibus capta atque depressa est? Pro di immortales! tantamne unius hominis incredibilis ac divina virtus tam brevi tempore lucem adferre rei publicae potuit ut vos, qui modo ante ostium Tiberinum classem hostium videbatis, ei nunc nullam intra Oceani ostium
10 praedonum navem esse audiatis? Atque haec qua celeri- 34 tate gesta sint, quamquam videtis, tamen a me in dicendo praetereunda non sunt. Quis enim umquam aut obeundi negoti aut consequendi quaestus studio tam brevi tempore tot loca adire, tantos cursus conficere potuit, quam celeriter
15 Cn. Pompeio duce tanti belli impetus navigavit? qui nondum tempestivo ad navigandum mari Siciliam adiit, Africam exploravit, inde Sardiniam cum classe venit atque haec tria frumentaria subsidia rei publicae firmissimis praesidiis classibusque munivit. Inde cum se in Italiam recepisset, 35
20 duabus Hispaniis et Gallia Transalpina praesidiis ac navibus confirmata, missis item in oram Illyrici maris et in Achaiam omnemque Graeciam navibus Italiae duo maria maximis classibus firmissimisque praesidiis adornavit, ipse autem ut Brundisio profectus est, undequinquagesimo die totam ad
25 imperium populi Romani Ciliciam adiunxit; omnes qui ubique praedones fuerunt partim capti interfectique sunt, partim unius huius se imperio ac potestati dediderunt.

---

1 antea *H* : antea ibi *cett.* (*cf. Mil.* § 50)   gesserat *Hπψ* : gesserant *Ebt* : gesserunt *σ*   5 depressa *Modius* : deprehensa *H* : oppressa *cett.*   6 tantamne *W* (?), *Hotoman* : tantane *cett.*   9 ei] hi *Htψ*, *om. Eπ*   10 esse *om. H*   15 nondum ... mari *hoc loco hab. HEW, post* venit *tπδ*   17 inde] in *b¹, Hotoman*   19 cum se *HE* : se cum *cett.*   20 Transalpina *HE* : Cisalpina *πδ* (Transalpina ... Achaiam *om. t*)   21 confirmatis *H*   23 firmisque *H*   24 Brundisio *HEW* : a Brundisio *cett.* (*cf.* § 32)   27 huius se ... dediderunt *HE* : huius ... se dediderunt *bπ* : huius ... se dederunt (did- *t*) *tσψ*

Idem Cretensibus, cum ad eum usque in Pamphyliam
legatos deprecatoresque misissent, spem deditionis non
ademit obsidesque imperavit. Ita tantum bellum, tam
diuturnum, tam longe lateque dispersum, quo bello omnes
gentes ac nationes premebantur, Cn. Pompeius extrema 5
hieme apparavit, ineunte vere suscepit, media aestate confecit.

13
36   Est haec divina atque incredibilis virtus imperatoris.
Quid? ceterae quas paulo ante commemorare coeperam
quantae atque quam multae sunt! Non enim bellandi 10
virtus solum in summo ac perfecto imperatore quaerenda
est sed multae sunt artes eximiae huius administrae comi-
tesque virtutis. Ac primum quanta innocentia debent esse
imperatores, quanta deinde in omnibus rebus temperantia,
quanta fide, quanta facilitate, quanto ingenio, quanta 15
humanitate! quae breviter qualia sint in Cn. Pompeio consideremus. Summa enim sunt omnia, Quirites, sed ea
magis ex aliorum contentione quam ipsa per sese cognosci
37 atque intellegi possunt. Quem enim possumus imperatorem
ullo in numero putare cuius in exercitu centuriatus veneant 20
atque venierint? Quid hunc hominem magnum aut amplum
de re publica cogitare qui pecuniam ex aerario depromptam
ad bellum administrandum aut propter cupiditatem provinciae magistratibus diviserit aut propter avaritiam Romae
in quaestu reliquerit? Vestra admurmuratio facit, Quirites, 25
ut agnoscere videamini qui haec fecerint; ego autem nomino
neminem; qua re irasci mihi nemo poterit nisi qui ante
de se voluerit confiteri. Itaque propter hanc avaritiam
imperatorum quantas calamitates, quocumque ventum sit,

1 usque in] usque *Hb*[1]   14 in omnibus *HE*: omnibus *cett.*
15 facilitate πδ: felicitate *HEt*   17 sunt omnia *H*: omnia sunt
cett. (*cf.* §§ 13, 51)   Quirites *om. H*   18 ex] inex *H*   19
imperatorem possumus *E, et Schol.*   20 centuriatus veneant *HE*:
veneant cent. *cett.*   25 dereliquerit *t*   Quirites facit *H*
28 voluerit de se *t*   29 sit] est *Halm*

nostri exercitus adferant quis ignorat? Itinera quae per 38
hosce annos in Italia per agros atque oppida civium Romanorum nostri imperatores fecerint recordamini; tum
facilius statuetis quid apud exteras nationes fieri existimetis.
5 Vtrum pluris arbitramini per hosce annos militum vestrorum
armis hostium urbis an hibernis sociorum civitates esse
deletas? Neque enim potest exercitum is continere imperator qui se ipse non continet, neque severus esse in
iudicando qui alios in se severos esse iudices non volt.
10 Hic miramur hunc hominem tantum excellere ceteris, cuius 39
legiones sic in Asiam pervenerint ut non modo manus tanti
exercitus sed ne vestigium quidem cuiquam pacato nocuisse
dicatur? Iam vero quem ad modum milites hibernent
cotidie sermones ac litterae perferuntur; non modo ut
15 sumptum faciat in militem nemini vis adfertur sed ne
cupienti quidem quicquam permittitur. Hiemis enim non
avaritiae perfugium maiores nostri in sociorum atque amicorum tectis esse voluerunt. Age vero, ceteris in rebus **14**
quae sit temperantia considerate. Vnde illam tantam 40
20 celeritatem et tam incredibilem cursum inventum putatis?
Non enim illum eximia vis remigum aut ars inaudita
quaedam gubernandi aut venti aliqui novi tam celeriter in
ultimas terras pertulerunt, sed eae res quae ceteros remorari
solent non retardarunt. Non avaritia ab instituto cursu ad
25 praedam aliquam devocavit, non libido ad voluptatem, non
amoenitas ad delectationem, non nobilitas urbis ad cogni-
tionem, non denique labor ipse ad quietem; postremo
signa et tabulas ceteraque ornamenta Graecorum oppidorum
quae ceteri tollenda esse arbitrantur, ea sibi ille ne visenda
30 quidem existimavit. Itaque omnes nunc in eis locis Cn. 41

1 adferant *H*: ferant *cett.*   2 hosce] hos *H*   8 ipsum δ
16 quicquam *H*: cuiquam *Etb¹σψ¹*: cuiquam quicquam *b²ψ²*: *om. π*
enim *om. H*   19 quae *H*: qua π: quali ψ: qualis *cett.*   23
eae] hae *Ebσ*   26 urbis nobilitas *H*   30 omnes *PHE*: omnes
quidem *cett.*

Pompeium sicut aliquem non ex hac urbe missum sed de
caelo delapsum intuentur ; nunc denique incipiunt credere
fuisse homines Romanos hac quondam continentia, quod
iam nationibus exteris incredibile ac falso memoriae pro-
ditum videbatur ; nunc imperi vestri splendor illis gentibus 5
lucem adferre coepit ; nunc intellegunt non sine causa
maiores suos tum cum ea temperantia magistratus habebamus servire populo Romano quam imperare aliis maluisse.
Iam vero ita faciles aditus ad eum privatorum, ita liberae
querimoniae de aliorum iniuriis esse dicuntur, ut is qui 10
dignitate principibus excellit facilitate infimis par esse
42 videatur. Iam quantum consilio, quantum dicendi gravitate
et copia valeat, in quo ipso inest quaedam dignitas impera-
toria, vos, Quirites, hoc ipso ex loco saepe cognostis. Fidem
vero eius quantam inter socios existimari putatis quam 15
hostes omnes omnium generum sanctissimam iudicarint ?
Humanitate iam tanta est ut difficile dictu sit utrum hostes
magis virtutem eius pugnantes timuerint an mansuetudinem
victi dilexerint. Et quisquam dubitabit quin huic hoc
tantum bellum permittendum sit qui ad omnia nostrae 20
memoriae bella conficienda divino quodam consilio natus
esse videatur ?

15
43   Et quoniam auctoritas quoque in bellis administrandis
multum atque in imperio militari valet, certe nemini dubium
est quin ea re idem ille imperator plurimum possit. Vehe- 25
menter autem pertinere ad bella administranda quid hostes,
quid socii de imperatoribus nostris existiment quis ignorat,
cum sciamus homines in tantis rebus ut aut metuant aut

3 quondam] quandam *P* : quadam *H*   6 lucem adferre coepit]
lucet *S*   7 ea *PH* : hac *cett.*   habebamus *PH*δ : habeamus *Et*π   14
Quirites] quoque *H*   cognostis *PH* : cognovistis *E* : cognoscitis
cett. (*cf. Zielinski p.* 199)   19 hoc tantum bellum *PHE* : tantum
bellum hoc *cett.*   20 permittendum *H* : transmittendum *cett.*
24 in *PE* : om. *cett.*   25 re *PHE* : in re *cett.*   28 metuant
aut contemnant aut oderint aut ament *H* : metuant aut oderint tem-
nant aut con aut ament *P* : contemnant aut metuant aut oderint
aut ament *cett.*

contemnant aut oderint aut ament opinione non minus
et fama quam aliqua ratione certa commoveri? Quod
igitur nomen umquam in orbe terrarum clarius fuit, cuius
res gestae pares? de quo homine vos, id quod maxime facit
5 auctoritatem, tanta et tam praeclara iudicia fecistis? An 44
vero ullam usquam esse oram tam desertam putatis quo
non illius diei fama pervaserit, cum universus populus Romanus referto foro completisque omnibus templis ex quibus
hic locus conspici potest unum sibi ad commune omnium
10 gentium bellum Cn. Pompeium imperatorem depoposcit?
Itaque ut plura non dicam neque aliorum exemplis con-
firmem quantum auctoritas valeat in bello, ab eodem Cn.
Pompeio omnium rerum egregiarum exempla sumantur.
Qui quo die a vobis maritimo bello praepositus est impe-
15 rator, tanta repente vilitas ex summa inopia et caritate rei
frumentariae consecuta est unius hominis spe ac nomine
quantam vix in summa ubertate agrorum diuturna pax
efficere potuisset. Iam accepta in Ponto calamitate ex eo 45
proelio de quo vos paulo ante invitus admonui, cum socii
20 pertimuissent, hostium opes animique crevissent, satis firmum
praesidium provincia non haberet, amisissetis Asiam, Quirites, nisi ad ipsum discrimen eius temporis divinitus Cn.
Pompeium ad eas regiones Fortuna populi Romani attulisset. Huius adventus et Mithridatem insolita inflatum
25 victoria continuit et Tigranen magnis copiis minitantem
Asiae retardavit. Et quisquam dubitabit quid virtute per-
fecturus sit qui tantum auctoritate perfecerit, aut quam
facile imperio atque exercitu socios et vectigalia conserva-

2 et fama *PH*: famae *cett.*   7 illius dici (*sic*) nomen ac fama
illius *H*   12 auctoritas *H*, *Angelius*: huius auctoritas *cett.*   15
repentina *H*: *fort.* tamque repentina   vilitas *H*: vilitas annonae *cett.*
17 in *H*: ex *cett.*   20 opes hostium *Hπ*   22 ad] id *b²ψ*
discrimen *om.* δ   23 fortuna *vulg.*   24 solita *H*   inflatum
Hπ: inflammatum *cett.*   25 Tigranen *H*: Tigranem *cett.*   26 .
profecturus *b¹σ*   27 perfecerit] perfecit *H*: profecerit *b¹σ*

16
46 turus sit qui ipso nomine ac rumore defenderit ? Age vero
illa res quantam declarat eiusdem hominis apud hostis
populi Romani auctoritatem, quod ex locis tam longinquis
tamque diversis tam brevi tempore omnes huic se uni
dediderunt ! quod *a* communi Cretensium legati, cum in 5
eorum insula noster imperator exercitusque esset, ad Cn.
Pompeium in ultimas prope terras venerunt eique se omnis
Cretensium civitates dedere velle dixerunt ! Quid ? idem
iste Mithridates nonne ad eundem Cn. Pompeium legatum
usque in Hispaniam misit ? eum quem Pompeius legatum 10
semper iudicavit, ei quibus erat molestum ad eum potissimum
esse missum speculatorem quam legatum iudicari maluerunt.
Potestis igitur iam constituere, Quirites, hanc auctoritatem
multis postea rebus gestis magnisque vestris iudiciis ampli-
ficatam quantum apud illos reges, quantum apud exteras 15
nationes valituram esse existimetis.

47   Reliquum est ut de felicitate quam praestare de se ipso
nemo potest, meminisse et commemorare de altero possumus,
sicut aequum est homines de potestate deorum, timide et
pauca dicamus.   Ego enim sic existimo, Maximo, Marcello, 20
Scipioni, Mario ceterisque magnis imperatoribus non solum
propter virtutem sed etiam propter fortunam saepius imperia mandata atque exercitus esse commissos.   Fuit enim
profecto quibusdam summis viris quaedam ad amplitudinem
et ad gloriam et ad res magnas bene gerendas divinitus 25
adiuncta fortuna.   De huius autem hominis felicitate quo
de nunc agimus hac utar moderatione dicendi, non ut in
illius potestate fortunam positam esse dicam sed ut praete-

4 huic uni dederunt *H*   5 a communi *Gulielmius* : communi *H* :
om. cett. (*de* communi Cretensium *cf. Bull. de Corr. Hell.* xiii. *pp.* 58, 59,
74)   7 ultimas terras pervenerunt *H*   10 in] ad *Et*   11
erat molestum *H* : semper erat (erat semper *E*) molestum *Etδ* : erat
permolestum *Klotz*   12 iudicare *Manutius*   13 Quirites
om. H   17 ipse *H*   18 possimus *Eπ*   21 ceterisque *H* : et
ceteris *cett.*   26 quo de] de quo *E*

rita meminisse, reliqua sperare videamur, ne aut invisa dis
immortalibus oratio nostra aut ingrata esse videatur. Itaque 48
non sum praedicaturus quantas ille res domi militiae, terra
marique quantaque felicitate gesserit, ut eius semper volun-
5 tatibus non modo cives adsenserint, socii obtemperarint,
hostes oboedierint, sed etiam venti tempestatesque obse-
cundarint; hoc brevissime dicam, neminem umquam tam
impudentem fuisse qui ab dis immortalibus tot et tantas res
tacitus auderet optare quot et quantas di immortales ad
10 Cn. Pompeium detulerunt. Quod ut illi proprium ac perpetuum sit, Quirites, cum communis salutis atque imperi
tum ipsius hominis causa, sicuti facitis, et velle et optare
debetis.

Qua re cum et bellum sit ita necessarium ut neglegi non 49
15 possit, ita magnum ut accuratissime sit administrandum, et
cum ei imperatorem praeficere possitis in quo sit eximia
belli scientia, singularis virtus, clarissima auctoritas, egregia
fortuna, dubitatis, Quirites, quin hoc tantum boni quod
vobis ab dis immortalibus oblatum et datum est in rem
20 publicam conservandam atque amplificandam conferatis?
Quod si Romae Cn. Pompeius privatus esset hoc tempore, ¹⁷
tamen ad tantum bellum is erat deligendus atque mittendus; ⁵⁰
nunc cum ad ceteras summas utilitates haec quoque oppor-
tunitas adiungatur ut in eis ipsis locis adsit, ut habeat
25 exercitum, ut ab eis qui habent accipere statim possit, quid
exspectamus? aut cur non ducibus dis immortalibus eidem
cui cetera summa cum salute rei publicae commissa sunt
hoc quoque bellum regium commendamus?

3 non sum] non solum *T*: *om. E*   militiae *HE* : militiaeque *cett.*
9 quot] quotque *ET*   10 contulerunt δπ   12 et velle *H* :
velle *cett.*   14 sit ita *HE* : ita sit *cett.*   15 et cum ei . . . in
quo sit] ut . . . in eum quo sit *H* : *fort.* et eum . . . in quo sit   18
dubitabitis *E²b*   19 vobis *om.* δπ   ab *ETπσ* : a *Hbψ*   22
deligendus] adigendus *T*   24 eis *om. H*   26 cur] quid *H*
28 commendamus *H*: committamus (-imus ψ¹) *cett.*

51   At enim vir clarissimus, amantissimus rei publicae, vestris
beneficiis amplissimis adfectus, Q. Catulus, itemque summis
ornamentis honoris, fortunae, virtutis, ingeni praeditus,
Q. Hortensius, ab hac ratione dissentiunt. Quorum ego
auctoritatem apud vos multis locis plurimum valuisse et 5
valere oportere confiteor ; sed in hac causa, tametsi cognostis auctoritates contrarias virorum fortissimorum et clarissimorum, tamen omissis auctoritatibus ipsa re ac ratione
exquirere possumus veritatem, atque hoc facilius quod ea
omnia quae a me adhuc dicta sunt idem isti vera esse 10
concedunt, et necessarium bellum esse et magnum et in uno
52 Cn. Pompeio summa esse omnia. Quid igitur ait Hortensius ? Si uni omnia tribuenda sint, dignissimum esse
Pompeium, sed ad unum tamen omnia deferri non oportere.
Obsolevit iam ista oratio re multo magis quam verbis 15
refutata. Nam tu idem, Q. Hortensi, multa pro tua summa
copia ac singulari facultate dicendi et in senatu contra
virum fortem, A. Gabinium, graviter ornateque dixisti, cum
is de uno imperatore contra praedones constituendo legem
promulgasset, et ex hoc ipso loco permulta item contra eam 20
53 legem verba fecisti. Quid ? tum, per deos immortalis ! si
plus apud populum Romanum auctoritas tua quam ipsius
populi Romani salus et vera causa valuisset, hodie hanc
gloriam atque hoc orbis terrae imperium teneremus ? An
tibi tum imperium hoc esse videbatur cum populi Romani 25
legati quaestores praetoresque capiebantur, cum ex omnibus
provinciis commeatu et privato et publico prohibebamur,
cum ita clausa nobis erant maria omnia ut neque privatam
rem transmarinam neque publicam iam obire possemus ?

1 amantissimus *om.* δπ   2 amplissimis *om.* H   6 cognostis
Halm : cognoscitis *mei*: cognoscetis *unus det.*   7 virorum fort. et
clar. *HET* : fort. virorum et clar. (clarissimorumque π) *cett.*   10 idem]
eadem *H*   11 concedunt] contendunt *Hψ¹*   13 unum dignissimum
bσ   15 ratio ψ¹   18 A. *om. H*   20 item *HW*: idem *cett.*   24
terrarum *H*   25 hoc esse *HT*: esse hoc *Eδ*   26 quaestores
praetoresque *HET* : praetores quaestoresque δ

Quae civitas umquam fuit antea, non dico Atheniensium quae satis late quondam mare tenuisse dicitur, non Carthaginiensium qui permultum classe ac maritimis rebus valuerunt, non Rhodiorum quorum usque ad nostram memoriam
5 disciplina navalis et gloria permansit, quae civitas, inquam, antea tam tenuis aut tam parvola fuit quae non portus suos et agros et aliquam partem regionis atque orae maritimae per se ipsa defenderet? At hercules aliquot annos continuos ante legem Gabiniam ille populus Romanus, cuius
10 usque ad nostram memoriam nomen invictum in navalibus pugnis permanserit, magna ac multo maxima parte non modo utilitatis sed etiam dignitatis atque imperi caruit. Nos quorum maiores Antiochum regem classe Persenque 55 superarunt omnibusque navalibus pugnis Carthaginiensis,
15 homines in maritimis rebus exercitatissimos paratissimosque, vicerunt, ei nullo in loco iam praedonibus pares esse poteramus. Nos qui antea non modo Italiam tutam habebamus sed omnis socios in ultimis oris auctoritate nostri imperi salvos praestare poteramus, tum cum insula Delus tam
20 procul a nobis in Aegaeo mari posita, quo omnes undique cum mercibus atque oneribus commeabant, referta divitiis, parva, sine muro nihil timebat, idem non modo provinciis atque oris Italiae maritimis ac portibus nostris sed etiam Appia iam via carebamus. Et eis temporibus nonne pudebat
25 magistratus populi Romani in hunc ipsum locum escendere,

---

1 umquam fuit antea H : antea umquam fuit *cett.*   2 satis longe
H 3 maritimisque δ   5 permansit *Lambinus* : remansit *codd.*
inquam σ *mg.*, *Halm* : umquam *cett.*   6 aut tam parvola *scripsi* :
aut tam parvula insula H : tam parva insula *cett.* : quae tam parva
insula *Manutius*   8 hercules H : hercule *cett.*   9 Romanus]
hrodius H 12 etiam H : *om. cett.*   13 Persenque $H\psi$: Persemque *cett.*   14 omnibusque *om.* H 15 simul in maritimis
rebus homines exercitatissimosque vicerunt H 16 iam *om.* H
17 nos qui HE : nos quoque qui *cett.*   19 Delus HT : Delos $E\delta$
22-24 provinciis . . . carebamus] de provinciis . . . caperebamur (*i. e.*
capiebamur, *cf.* §§ 33, 53) H 23 portubus Eb 24 nonne H :
non *cett.*   25 escendere H : ascendere *cett.*

cum eum nobis maiores nostri exuviis nauticis et classium
19 spoliis ornatum reliquissent !   Bono te animo tum, Q. Hor-
56 tensi, populus Romanus et ceteros qui erant in eadem
sententia dicere existimavit et ea quae sentiebatis ; sed
tamen in salute communi idem populus Romanus dolori 5
suo maluit quam auctoritati vestrae obtemperare.   Itaque
una lex, unus vir, unus annus non modo vos illa miseria ac
turpitudine liberavit sed etiam effecit ut aliquando vere
videremini omnibus gentibus ac nationibus terra marique
57 imperare.   Quo mihi etiam indignius videtur obtrectatum 10
esse adhuc, Gabinio dicam anne Pompeio an utrique, id
quod est verius, ne legaretur A. Gabinius Cn. Pompeio
expetenti ac postulanti.   Vtrum ille qui postulat ad tantum
bellum legatum quem velit idoneus non est qui impetret,
cum ceteri ad expilandos socios diripiendasque provincias 15
quos voluerunt legatos eduxerint, an ipse cuius lege salus
ac dignitas populo Romano atque omnibus gentibus constituta est expers esse debet eius imperatoris atque eius
exercitus qui consilio ac periculo illius est constitutus ?
58 An C. Falcidius, Q. Metellus, Q. Caelius Latiniensis, Cn. 20
Lentulus, quos omnis honoris causa nomino, cum tribuni
plebi fuissent, anno proximo legati esse potuerunt ; in uno
Gabinio sunt tam diligentes qui in hoc bello quod lege
Gabinia geritur, in hoc imperatore atque exercitu quem per
vos ipse constituit, etiam praecipuo iure esse debebat ?   De 25
quo legando consules spero ad senatum relaturos.   Qui si
dubitabunt aut gravabuntur, ego me profiteor relaturum ;
neque me impediet cuiusquam iniquitas quo minus vobis

4 et ea *H* : ea *cett.*   7 vos *scripsi* : nos *codd.*   9 videremini
(videmini) *H* : videremur *cett.*   13 ad tantum bellum leg. *HE* :
leg. ad tantum bellum *Tδ*   16 voluerint *H*   18 eius imperatoris *scripsi*   victoriae atque eius imper. *H* : eius gloriae atque
imper. *ET* : gloriae eius imper. *δ*   19 ac periculo illius *H* : ipsius
ac periculo *cett.*   24 gereretur *H*   25 debebat *H* : deberet *cett.*
28 iniquitas *H* : initia *Schol.* : inimicum edictum *cett.*   vobis fretus
HE : fretus vobis *cett.*

fretus vestrum ius beneficiumque defendam, neque praeter
intercessionem quicquam audiam, de qua, ut ego arbitror,
isti ipsi qui minitantur etiam atque etiam quid liceat con-
siderabunt. Mea quidem sententia, Quirites, unus A. Ga-
5 binius belli maritimi rerumque gestarum Cn. Pompeio
socius ascribitur, propterea quod alter uni illud bellum
suscipiendum vestris suffragiis detulit, alter delatum sus-
ceptumque confecit.

Reliquum est ut de Q. Catuli auctoritate et sententia **20**
10 dicendum esse videatur.   Qui cum ex vobis quaereret, si **59**
in uno Cn. Pompeio omnia poneretis, si quid eo factum
esset, in quo spem essetis habituri, cepit magnum suae
virtutis fructum ac dignitatis, cum omnes una prope voce
in eo ipso vos spem habituros esse dixistis.   Etenim talis
15 est vir ut nulla res tanta sit ac tam difficilis quam ille non
et consilio regere et integritate tueri et virtute conficere
possit.   Sed in hoc ipso ab eo vehementissime dissentio,
quod quo minus certa est hominum ac minus diuturna vita,
hoc magis res publica, dum per deos immortalis licet, frui
20 debet summi viri vita atque virtute.   At enim ne quid novi 60
fiat contra exempla atque instituta maiorum.   Non dicam
hoc loco maiores nostros semper in pace consuetudini, in
bello utilitati paruisse, semper ad novos casus temporum
novorum consiliorum rationes accommodasse, non dicam
25 duo bella maxima, Punicum atque Hispaniense, ab uno
imperatore esse confecta duasque urbis potentissimas quae
huic imperio maxime minitabantur, Carthaginem atque
Numantiam, ab eodem Scipione esse deletas, non com-
memorabo nuper ita vobis patribusque vestris esse visum

---

2 audiam *H* : audeam *cett.*   ego *H* : *om. cett.*   3 minitantur
(muni-) *H* : minantur *cett.*   6 socius vel paene par *b²ψ²*   illud]
id *b¹*   11 eo] de eo *δ*   14 eo ipso] eo *b¹* : ipso *Lambinus*
15 ac tam difficilis *om. H*   20 at enim inquit (*om.* inquit *b¹*) novi
nihil *δ*   21 dico *δ*   26 duasque] duas *Hσ*   27 atque]
et *H*

ut in uno C. Mario spes imperi poneretur, ut idem cum
Iugurtha, idem cum Cimbris, idem cum Teutonis bellum
administraret ; in ipso Cn. Pompeio in quo novi constitui
nihil volt Q. Catulus quam multa sint nova summa Q. Catuli voluntate constituta recordamini.   5

21
61   Quid tam novum quam adulescentulum privatum exercitum difficili rei publicae tempore conficere ? Confecit.
Huic praeesse ? Praefuit. Rem optime ductu suo gerere ?
Gessit. Quid tam praeter consuetudinem quam homini
peradulescenti cuius aetas a senatorio gradu longe abesset 10
imperium atque exercitum dari, Siciliam permitti atque
Africam bellumque in ea provincia administrandum ? Fuit
in his provinciis singulari innocentia, gravitate, virtute,
bellum in Africa maximum confecit, victorem exercitum
deportavit. Quid vero tam inauditum quam equitem Ro- 15
manum triumphare ? At eam quoque rem populus Romanus
non modo vidit sed omnium etiam studio visendam et
62 concelebrandam putavit. Quid tam inusitatum quam ut,
cum duo consules clarissimi fortissimique essent, eques
Romanus ad bellum maximum formidolosissimumque pro 20
consule mitteretur ? Missus est. Quo quidem tempore
cum esset non nemo in senatu qui diceret ' non oportere
mitti hominem privatum pro consule,' L. Philippus dixisse
dicitur ' non se illum sua sententia pro consule sed pro
consulibus mittere.' Tanta in eo rei publicae bene gerendae 25
spes constituebatur ut duorum consulum munus unius
adulescentis virtuti committeretur. Quid tam singulare
quam ut ex senatus consulto legibus solutus consul ante
fieret quam ullum alium magistratum per leges capere
licuisset ? quid tam incredibile quam ut iterum eques 30

---

4 summa Q. *E* : summaque *Tδ* : quae *H*   6 adulescentem *H*
10 a senatorio gradu aetas *δ*   12 provincia *om. Hδ*   17 omnium
etiam *ETW* : etiam omnium *Hδ*   et concelebrandam *HE* : *om. cett.*
18 ut *Hψ, ed. R* : *om. cett.*   29 alium *om. H*   30 iterum *om. H*

Romanus ex senatus consulto triumpharet? Quae in
omnibus hominibus nova post hominum memoriam constituta sunt, ea tam multa non sunt quam haec quae in hoc
uno homine vidimus. Atque haec tot exempla tanta ac 63
5 tam nova profecta sunt in eodem homine a Q. Catuli
atque a ceterorum eiusdem dignitatis amplissimorum hominum auctoritate.

Qua re videant ne sit periniquum et non ferendum illorum **22**
auctoritatem de Cn. Pompei dignitate a vobis comprobatam
10 semper esse, vestrum ab illis de eodem homine iudicium
populique Romani auctoritatem improbari, praesertim cum
iam suo iure populus Romanus in hoc homine suam auctoritatem vel contra omnis qui dissentiunt possit defendere,
propterea quod isdem istis reclamantibus vos unum illum
15 ex omnibus delegistis quem bello praedonum praeponeretis.
Hoc si vos temere fecistis et rei publicae parum consu- 64
luistis, recte isti studia vestra suis consiliis regere conantur.
Sin autem vos plus tum in re publica vidistis, vos eis
repugnantibus per vosmet ipsos dignitatem huic imperio,
20 salutem orbi terrarum attulistis, aliquando isti principes et
sibi et ceteris populi Romani universi auctoritati parendum
esse fateantur. Atque in hoc bello Asiatico et regio,
Quirites, non solum militaris illa virtus quae est in Cn. Pompeio singularis sed aliae quoque animi virtutes magnae et
25 multae requiruntur. Difficile est in Asia, Cilicia, Syria
regnisque interiorum nationum ita versari nostrum imperatorem ut nihil aliud nisi de hoste ac de laude cogitet.
Deinde, etiam si qui sunt pudore ac temperantia modera-
tiores, tamen eos esse talis propter multitudinem cupidorum

4 vidimus *H*: videmus *cett.*   5 in eodem homine *H*: in eundem
hominem *cett.*   a Q. Catuli *ET*: atque Catuli *H*: a Q. Catulo δ
6 atque a] atque *H*   10 semper *om. H*   14 isdem *om.* δ
17 conarentur *H*   18 tum plus *H*   iis *T*: his *E*δ: istis *H*   **22**
atque in . . . gauderent (§ 68) *Ciceroni abiudicavit Naugerius* (2)   **23**
Quirites *H*: *om. cett.*   24 animi virtutes *H*: virtutes animi *cett.*

65 hominum nemo arbitratur. Difficile est dictu, Quirites,
quanto in odio simus apud exteras nationes propter eorum
quos ad eas per hos annos cum imperio misimus libidines
et iniurias. Quod enim fanum putatis in illis terris nostris
magistratibus religiosum, quam civitatem sanctam, quam 5
domum satis clausam ac munitam fuisse? Vrbes iam
locupletes et copiosae requiruntur quibus causa belli propter
66 diripiendi facultatem inferatur. Libenter haec coram cum
Q. Catulo et Q. Hortensio, summis et clarissimis viris,
disputarem ; norunt enim sociorum volnera, vident eorum 10
calamitates, querimonias audiunt. Pro sociis vos contra
hostis exercitus mittere putatis an hostium simulatione
contra socios atque amicos? Quae civitas est in Asia quae
non modo imperatoris aut legati sed unius tribuni militum
23 animos ac spiritus capere possit? Qua re, etiam si quem 15
habetis qui conlatis signis exercitus regios superare posse
videatur, tamen, nisi erit idem qui a pecuniis sociorum, qui
ab eorum coniugibus ac liberis, qui ab ornamentis fanorum
atque oppidorum, qui ab auro gazaque regia manus, oculos,
animum cohibere possit, non erit idoneus qui ad bellum 20
67 Asiaticum regiumque mittatur. Ecquam putatis civitatem
pacatam fuisse quae locuples sit, ecquam esse locupletem
quae istis pacata esse videatur? Ora maritima, Quirites,
Cn. Pompeium non solum propter rei militaris gloriam sed
etiam propter animi continentiam requisivit. Videbat e iim 25
praetores locupletari quotannis pecunia publica praeter
paucos, neque nos quicquam aliud adsequi classium nomine

3 libidines et iniurias *HET* : iniurias et libidines δ   4 fanum
fuisse *H*   5 quam tutam domum *H* (*olim conieci* quam tutam
domum, quam satis clausam et munitam urbem)   8 facultatem *H* :
cupiditatem *cett.*   coram que Catulo *H*   10 norunt *H* : nove-
runt *cett.*   12 exercitus *H* : exercitum *cett.*   17 qui a *H*,
Heumann : qui se a *cett.*   18–19 qui ab ... oppidorum *H* : *om. cett.*
21 ecquam (hec-) *H* : et quam *cett.*   23 Quirites *om. Hb*[1]   24
non solum Cn. Pompeium *H*   26 praetores] po. Ro. δ : imperatores *Gertz*   27 nos *HW, Lambinus* : eos *cett.*   consequi *H*

nisi ut detrimentis accipiendis maiore adfici turpitudine
videremur. Nunc qua cupiditate homines in provincias,
quibus iacturis quibusque condicionibus proficiscantur
ignorant videlicet isti qui ad unum deferenda omnia esse
5 non arbitrantur. Quasi vero Cn. Pompeium non cum suis
virtutibus tum etiam alienis vitiis magnum esse videamus.
Qua re nolite dubitare quin huic uni credatis omnia qui inter 68
tot annos unus inventus est quem socii in urbis suas cum
exercitu venisse gauderent.

10 Quod si auctoritatibus hanc causam, Quirites, confir-
mandam putatis, est vobis auctor vir bellorum omnium
maximarumque rerum peritissimus, P. Servilius, cuius tantae
res gestae terra marique exstiterunt ut, cum de bello
deliberetis, auctor vobis gravior esse nemo debeat; est C.
15 Curio, summis vestris beneficiis maximisque rebus gestis,
summo ingenio et prudentia praeditus, est Cn. Lentulus in
quo omnes pro amplissimis vestris honoribus summum
consilium, summam gravitatem esse cognostis, est C. Cassius,
integritate, veritate, constantia singulari. Qua re videte ut
20 horum auctoritatibus illorum orationi qui dissentiunt respondere posse videamur.

Quae cum ita sint, C. Manili, primum istam tuam et $\overset{24}{_{69}}$
legem et voluntatem et sententiam laudo vehementissimeque
comprobo; deinde te hortor ut auctore populo Romano
25 maneas in sententia neve cuiusquam vim aut minas pertimescas. Primum in te satis esse animi perseverantiaeque

2 nunc *om.* H   3 quibus δ : et quibus *HET*   iacturis] iniuriis
H : *fort.* versuris   quibusque H : quibus *cett.*   7 Quirites, quin
Lambinus   inter] intra b^2 8 tot annos *HE* : annos tot *Tδ*
est H : sit *cett.*   9 gauderent (-et) H : gaudeant *cett.*   14
esse nemo *Tδ* : nemo esse *HE* (*cf.* Zielinski p. 199)   15 beneficiis]
usus *add.* Lambinus (*malim* adfectus, *cf.* §§ 51, 71)   18 cognostis
HT : cognovistis *E* : cognoscitis δ   19 veritate H : virtute *cett.*
(*cf. Verr.* i. 4)   ut horum] num horum $b^2\psi$, *ed.* R : unde horum σ
mg. : horumne *Madvig* : *fort.* utrum horum   20 illorum] eorum H
26 perseverantiaeque] constantiaeque δ

arbitror; deinde, cum tantam multitudinem tanto cum
studio adesse videamus quantam iterum nunc in eodem
homine praeficiendo videmus, quid est quod aut de re aut
de perficiendi facultate dubitemus? Ego autem, quicquid
est in me studi, consili, laboris, ingeni, quicquid hoc 5
beneficio populi Romani atque hac potestate praetoria,
quicquid auctoritate, fide, constantia possum, id omne ad
hanc rem conficiendam tibi et populo Romano polliceor ac
70 defero testorque omnis deos, et eos maxime qui huic loco
temploque praesident, qui omnium mentis eorum qui ad 10
rem publicam adeunt maxime perspiciunt, me hoc neque
rogatu facere cuiusquam, neque quo Cn. Pompei gratiam
mihi per hanc causam conciliari putem, neque quo mihi ex
cuiusquam amplitudine aut praesidia periculis aut adiumenta
honoribus quaeram, propterea quod pericula facile, ut homi- 15
nem praestare oportet, innocentia tecti repellemus, honorem
autem neque ab uno neque ex hoc loco sed eadem illa
nostra laboriosissima ratione vitae, si vestra voluntas feret,
71 consequemur. Quam ob rem, si quid in hac causa mihi
susceptum est, Quirites, id ego omne me rei publicae causa 20
suscepisse confirmo, tantumque abest ut aliquam mihi
bonam gratiam quaesisse videar, ut multas me etiam simultates partim obscuras, partim apertas intellegam mihi non
necessarias, vobis non inutilis suscepisse. Sed ego me hoc
honore praeditum, tantis vestris beneficiis adfectum statui, 25
Quirites, vestram voluntatem et rei publicae dignitatem et
salutem provinciarum atque sociorum meis omnibus commodis et rationibus praeferre oportere.

1 tanto cum *H* : cum tanto *cett.*　　2 videamus *H*δ : videmus *ET*
iterum nunc *HE* : non iterum δ (quantam . . . videmus *om. T*)　　4
reficiendi *H*　　5 est in me *HE* : in me est *cett.*　　17 ex *om. H*
19 si quid *H* : quicquid *cett.*　　20 ego omne *HE* : omne ego *T*δ
22 me *HE* : *om. T*δ　　25 vestris *om. H*

M. TVLLI CICERONIS

PRO A. CLVENTIO

ORATIO

SIGLA

P = Palimpsestus Taurinensis (*continebat* §§ 1-7 Animadverti
    ... iudicium, §§ 18-24 huius opprimendi ... minis,
    §§ 32-38 quanto ... constituunt, §§ 74-78 -tiebatur facile
    ... nonnullis sus-, §§ 92-94 -entio iudicabatur ...
    Fausto tamen, §§ 101-103 suscepta ... iudicio mul-,
    §§ 129-131 ignominia ... probavisse (*sic*), §§ 145-147
    -ne lege ... praescripto)
Σ = m. 2 in cod. Paris. 14749 [1]
B = Excerpta Bartolomaei de Montepolitiano
M = cod. Laur. li. 10, saecl. xi
b = cod. S. Marci 255, saecl. xv
σ = m. 1 in cod. Paris. 14749
ψ = cod. Laur. (Gadd.) xc sup. 69
s = cod. Monacensis, 15734
t = cod. Laur. xlv ii. 12
$a = \Sigma b^2 \psi^2$
$a = st$
$\mu = b^1 \sigma \psi^1$

A = cod. Laur. xlviii. 10, 'A.D. 1415' (*i. e.* 1416) scriptus
π = cod. Perusinus E. 71, 'A.D. 1416' (? 1417) scriptus
ϕ = cod. Laur. lii. 1
χ = cod. Laur. xlviii. 2ç

[1] Vbi lectionem aliquam nunc erasam cum $b^2\psi^2a$ congruisse veri
simile est, siglo Σ (?) usus sum

M. TVLLI CICERONIS

PRO A. CLVENTIO

ORATIO

I
I

ANIMVM adverti, iudices, omnem accusatoris orationem
in duas divisam esse partis, quarum altera mihi niti et
magno opere confidere videbatur invidia iam inveterata
iudici Iuniani, altera tantum modo consuetudinis causa
5 timide et diffidenter attingere rationem venefici criminum,
qua de re lege est haec quaestio constituta.   Itaque mihi
certum est hanc eandem distributionem invidiae et criminum sic in defensione servare ut omnes intellegant nihil me
nec subterfugere voluisse reticendo nec obscurare dicendo.
10 Sed cum considero quo modo mihi in utraque re sit elabo- 2
randum, altera pars et ea quae propria est iudici vestri et
legitimae venefici quaestionis per mihi brevis et non magnae
in dicendo contentionis fore videtur, altera autem quae
procul ab iudicio remota est, quae contionibus seditiose
15 concitatis accommodatior est quam tranquillis moderatisque
iudiciis, perspicio quantum in agendo difficultatis et quantum laboris sit habitura.   Sed in hac difficultate illa me res 3
tamen, iudices, consolatur quod vos de criminibus sic audire
consuestis ut eorum omnium dissolutionem ab oratore quae-
20 ratis, ut non existimetis plus vos ad salutem reo largiri
oportere quam quantum defensor purgandis criminibus con-

1 animum adverti Σs : animadverti *cett.* (*cf. Cael.* 7)   2 partis
Bψ²a : partes Mμ   3 videatur P   4 alteram PΣ   11
pars et ea P: pars est (*om.* est σ) ea ΣMμa   14 ab PΣbt : a
Mσψs   17 in hac PΣa : in hac tanta Mμ   19 omnium P :
omnem Mμa

sequi et dicendo probare potuerit. De invidia autem sic
inter nos disceptare debetis ut non quid dicatur a nobis
sed quid oporteat dici consideretis. Agitur enim in criminibus A. Cluenti proprium periculum, in invidia causa
communis. Quam ob rem alteram partem causae sic age- 5
mus ut vos doceamus, alteram sic ut oremus; in altera
diligentia vestra nobis adiungenda est, in altera fides implo-
randa. Nemo est enim qui invidiae sine vestro ac sine
4 talium virorum subsidio possit resistere. Equidem quod
ad me attinet, quo me vertam nescio. Negem fuisse illam 10
infamiam iudici corrupti? negem esse illam rem agitatam
in contionibus, iactatam in iudiciis, commemoratam in senatu? evellam ex animis hominum tantam opinionem, tam
penitus insitam, tam vetustam? Non est nostri ingeni,
vestri auxili est, iudices, huius innocentiae sic in hac cala- 15
mitosa fama quasi in aliqua perniciosissima flamma atque
2
5 in communi incendio subvenire. Etenim sicut aliis in locis
parum firmamenti et parum virium veritas habet, sic in hoc
loco falsa invidia imbecilla esse debet. Dominetur in contionibus, iaceat in iudiciis; valeat in opinionibus ac ser- 20
monibus imperitorum, ab ingeniis prudentium repudietur;
vehementis habeat repentinos impetus, spatio interposito et
causa cognita consenescat; denique illa definitio iudiciorum aequorum quae nobis a maioribus tradita est retineatur,
ut in iudiciis et sine invidia culpa plectatur et sine culpa 25
6 invidia ponatur. Quam ob rem a vobis, iudices, ante quam
de ipsa causa dicere incipio, haec postulo, primum id quod
aequissimum est ut ne quid huc praeiudicati adferatis—
etenim non modo auctoritatem sed etiam nomen iudicum
amittemus, nisi hic ex ipsis causis iudicabimus, si ad causas 30

2 nos *PBM* : vos μα   10 nescio] iudices nescio *Mart. Cap.*
(*Rhet. M. p.* 478), *Aquila Rom.* (*Rhet. M. p.* 25), *contra Quintil.* ix. 2.
19   illam *om. Quintil.*   14 non est] non *Quintil.* ix. 3. 81
25 in iudiciis *om. Quintil.* ix. 3. 85   26 ponatur *Mμ* : puniatur
$b^2\psi^2a$ 28 huc *Mσψ* : huic Σ$b\psi^2a$ praeiudicii *B*   30 si
$b^2\psi^2a$: ac si *Mμ*   94

iudicia iam facta domo deferemus ;—deinde si quam opinionem iam vestris mentibus comprehendistis, si eam ratio
convellet, si oratio labefactabit, si denique veritas extor-
quebit, ne repugnetis eamque animis vestris aut libentibus
5 aut aequis remittatis ; tum autem cum ego una quaque de
re dicam et diluam, ne ipsi quae contraria sint taciti cogita-
tioni vestrae subiciatis sed ad extremum exspectetis meque
meum dicendi ordinem servare patiamini ; cum peroraro,
tum si quid erit praeteritum animo requiratis. Ego me, $\frac{3}{7}$
10 iudices, ad eam causam accedere quae iam per annos octo
continuos ex contraria parte audiatur atque ipsa opinione
hominum tacita prope convicta atque damnata sit facile
intellego ; sed si qui mihi deus vestram ad me audiendum
benivolentiam conciliarit, efficiam profecto ut intellegatis
15 nihil esse homini tam timendum quam invidiam, nihil innocenti suscepta invidia tam optandum quam aequum iudicium, quod in hoc uno denique falsae infamiae finis aliqui
atque exitus reperiatur. Quam ob rem magna me spes tenet,
si quae sunt in causa explicare atque omnia dicendo consequi
20 potuero, hunc locum consessumque vestrum, quem illi horribilem A. Cluentio ac formidolosum fore putaverunt, eum
tandem eius fortunae miserae multumque iactatae portum
ac perfugium futurum. Tametsi permulta sunt quae mihi, 8
ante quam de causa dico, de communibus invidiae periculis
25 dicenda esse videantur, tamen ne diutius oratione mea sus-
pensa exspectatio vestra teneatur adgrediar ad crimen cum
illa deprecatione, iudices, qua mihi saepius utendum esse
intellego, sic ut me audiatis, quasi hoc tempore haec causa

1 referemus Σ*a*   3 oratio *aa* : ratio *M*μ   6 sint *P*Σ*s* :
sunt (*om. t*) *cett.*   7 sed ad] sed Σ*a*   meque *P, Grillius*
(*Rhet. M. p.* 599) : me Σ*a* : et me *M*μ   8 peroraro tum *Pb*²ψ²*s* :
perorabo tum Σ : per . . . tum *t* : peroraro *M* : peroratum fuerit
(erit ψ) *b*¹ψ¹ : peroratum σ   9 animo] a me *mg. Ascens.* (3)
11 opinionibus Σ*t*   13 si qui *P*Σ*a* : si quis *M*μ   17 aliqui
Σ*Mt* : aliquis μ*s*   19 quae Σ*a* : ea quae *M*μ   22 tandem]
tantundem Σ*B*

primum dicatur, sicuti dicitur, non quasi saepe iam dicta et
numquam probata sit. Hodierno enim die primum veteris
istius criminis diluendi potestas est data, ante hoc tempus
error in hac causa atque invidia versata est. Quam ob
rem, dum multorum annorum accusationi breviter diluci- 5
deque respondeo, quaeso ut me, iudices, sicut facere instituistis, benigne attenteque audiatis.

4
9   Corrupisse dicitur A. Cluentius iudicium pecunia, quo
inimicum innocentem, Statium Albium, condemnaret.
Ostendam, iudices, primum, quoniam caput illius atrocitatis 10
atque invidiae fuit innocentem pecunia circumventum, neminem umquam maioribus criminibus gravioribus testibus
esse in iudicium vocatum ; deinde ea de eo praeiudicia
esse facta ab ipsis iudicibus a quibus condemnatus est ut
non modo ab isdem sed ne ab aliis quidem ullis absolvi 15
ullo modo posset. Cum haec docuero, tum illud ostendam
quod maxime requiri intellego iudicium illud pecunia esse
temptatum non a Cluentio sed contra Cluentium, faciam-
que ut intellegatis in tota illa causa quid res ipsa tulerit,
quid error adfinxerit, quid invidia conflarit.   20

10   Primum igitur illud est ex quo intellegi possit debuisse
Cluentium magno opere causae confidere, quod certissimis
criminibus et testibus fretus ad accusandum descenderit.
Hoc loco faciendum mihi, iudices, est ut vobis breviter illa
quibus Albius est condemnatus crimina exponam. Abs te 25
peto, Oppianice, ut me invitum de patris tui causa dicere
existimes adductum fide atque officio defensionis. Etenim
tibi si in praesentia non potuero, tamen multae mihi ad
satis faciendum reliquo tempore facultates dabuntur ; Cluentio nisi nunc satis fecero, postea mihi satis faciendi pote- 30

1 sicuti dicatur Σ*a*   3 ipsius Σ*a*   6 sicut Σ*a* : sicuti
*M*μ   9 inimicum Σ*a* : inimicum suum *M*μ   Abbium Σ   10
illius caput Σ*a*   23 descendit *coni. Müller*   25 Albius *M*σψ :
Abbius Σ : Albinus *bs*   28 praesentia Σ*a* : praesentia satis facere
*M*μ   30 nisi] ni *a*

stas non erit. Simul et illud quis est qui dubitare debeat
contra damnatum et mortuum pro incolumi et pro vivo
dicere? cum illi in quem dicitur damnatio omne ignominiae periculum iam abstulerit, mors vero etiam doloris ;
5 hic autem pro quo dicimus nihil possit offensionis accipere
sine acerbissimo animi sensu ac molestia et sine summo
dedecore vitae et turpitudine. Atque ut intellegatis Cluen- **11**
tium non accusatorio animo, non ostentatione aliqua aut
gloria adductum, sed nefariis iniuriis, cotidianis insidiis,
10 proposito ante oculos vitae periculo nomen Oppianici detulisse, paulo longius exordium rei demonstrandae petam ;
quod quaeso, iudices, ne moleste patiamini ; principiis enim
cognitis multo facilius extrema intellegetis.

A. Cluentius Habitus fuit, pater huiusce, iudices, homo **5**
15 non solum municipi Larinatis ex quo erat sed etiam
regionis illius et vicinitatis virtute, existimatione, nobilitate
princeps. Is cum esset mortuus Sulla et Pompeio consulibus, reliquit hunc annos xv natum, grandem autem et
nubilem filiam quae brevi tempore post patris mortem
20 nupsit A. Aurio Melino, consobrino suo, adulescenti in
primis, ut tum habebatur, inter suos et honesto et nobili.
Cum essent eae nuptiae plenae dignitatis, plenae con- **12**
cordiae, repente est exorta mulieris importunae nefaria
libido non solum dedecore verum etiam scelere coniuncta.
25 Nam Sassia, mater huius Habiti—mater enim a me in
omni causa, tametsi in hunc hostili odio et crudelitate est,
mater, inquam, appellabitur, neque umquam illa ita de suo
scelere et immanitate audiet ut naturae nomen amittat ;
quo enim est ipsum nomen amantius indulgentiusque ma-

---

2 et pro *Mb²ψa* : et *b¹σ*   5 hic *aa* : huic *Mμ*   dicimus
Σa : dicitur *Mμ*   accipere *aa* : accedere *Mμ*   6 molestia *aa* :
dolore *Mμ*   7 et turp. *Σa* : ac turp. *Mμ*   11 repetam *Quintil.*
iv. 1. 79   17 princeps *Ba, Quintil.* iv. 2. 130 : facile princeps *Mμ*
22 eae *s* : hae (hec *b*) *Mμ*   25 in omni causa *Σa* : nominis causa
Mμ : om. *Quintil. Declam.* 388

ternum, hoc illius matris quae multos iam annos et nunc
cum maxime filium interfectum cupit singulare scelus maiore
odio dignum esse ducetis. Ea igitur mater Habiti, Melini
illius adulescentis, generi sui, contra quam fas erat amore
capta primo, neque id ipsum diu, quoquo modo poterat in 5
illa cupiditate continebatur; deinde ita flagrare coepit
amentia, sic inflammata ferri libidine ut eam non pudor,
non pietas, non macula familiae, non hominum fama, non
13 fili dolor, non filiae maeror a cupiditate revocaret. Animum
adulescentis nondum consilio ac ratione firmatum pellexit 10
eis omnibus rebus quibus illa aetas capi ac deleniri potest.
Filia, quae non solum illo communi dolore muliebri in eius
modi viri iniuriis angeretur sed nefarium matris paelicatum
ferre non posset de quo ne queri quidem se sine scelere
posse arbitraretur, ceteros sui tanti mali ignaros esse cupie- 15
bat; in huius amantissimi sui fratris manibus et gremio
14 maerore et lacrimis consenescebat. Ecce autem subitum
divortium quod solacium malorum omnium fore videbatur!
Discedit a Melino Cluentia ut in tantis iniuriis non invita,
ut a viro non libenter. Tum vero illa egregia ac praeclara 20
mater palam exsultare laetitia, triumphare gaudio coepit,
victrix filiae non libidinis; diutius suspicionibus obscuris
laedi famam suam noluit; lectum illum genialem quem
biennio ante filiae suae nubenti straverat, in eadem domo
sibi ornari et sterni expulsa atque exturbata filia iubet. 25
Nubit genero socrus nullis auspicibus, nullis auctoribus,
6 funestis ominibus omnium. O mulieris scelus incredibile
15 et praeter hanc unam in omni vita inauditum! o libidinem
effrenatam et indomitam! o audaciam singularem! nonne

3 ducetis *Mμ* : iudicabitis ψ²s (? Σ)   6 continebat a : se continebat *Baiter*   7 non pudor ΣB*a* : non pudor, non pudicitia *Mμ*
14 se sine scelere Σ*a*, *Arusian.* (*K.* vii. 504): sine scelere se *Mμ*   20
ut *μa* : aut Σ : at *M*   ac *Mσψ* : et *ba*   ⸍ 21 triumphare B*a* : ac
triumphare *Mμ*   22 diutius Σ*a* : itaque diutius *Mμ*   28 hanc]
causam (*post* unam *b*²) *add.* a*u*

timuisse, si minus vim deorum hominumque famam, at
illam ipsam noctem facesque illas nuptialis, non limen
cubiculi, non cubile filiae, non parietes denique ipsos superiorum testis nuptiarum? Perfregit ac prostravit omnia
5 cupiditate ac furore ; vicit pudorem libido, timorem audacia,
rationem amentia. Tulit hoc commune dedecus familiae, 16
cognationis, nominis graviter filius ; augebatur autem eius
molestia cotidianis querimoniis et adsiduo fletu sororis ;
statuit tamen nihil sibi in tantis iniuriis ac tanto scelere
10 matris gravius esse faciendum quam ut illa ne uteretur,
ne quae videre sine summo animi dolore non poterat,
ea, si matre uteretur, non solum videre verum etiam
probare suo iudicio putaretur.

Initium quod huic cum matre fuerit simultatis audistis. 17
15 Pertinuisse hoc ad causam tum cum reliqua cognoveritis
intellegetis. Nam illud me non praeterit, cuiuscumque
modi sit mater, tamen in iudicio fili de turpitudine parentis
dici vix oportere. Non essem ad ullam causam idoneus,
iudices, si hoc quod in communibus hominum sensibus
20 atque in ipsa natura positum atque infixum est, id ego, qui
ad hominum pericula defendenda adiungerer, non viderem ;
facile intellego non modo reticere homines parentum iniurias sed etiam animo aequo ferre oportere. Sed ego
ea quae ferri possunt ferenda, quae taceri tacenda esse
25 arbitror. Nihil in vita vidit calamitatis A. Cluentius, nullum 18
periculum mortis adiit, nihil mali timuit quod non totum
a matre esset conflatum et profectum. Quae hoc tempore
sileret omnia atque ea, si oblivione non posset, tamen

---

1 timuisse $M\mu$, *Quintil.* iv. 2. 105 : timuisti *ca*   6 dedecus Σa :
dedecus iam $M\mu$ 10 esse *aa* : *om.* $M\mu$ illa Σa : illa matre $M\mu$
11 ne quae *Garatoni* : nam quae Σa : ne quam $M\mu$ 12 verum
$\Sigma\psi^2a$: sed $M\mu$ 15 tum Σb^2a : tunc $M\mu$ 16 cuiuscumque
modi *aa* : cuiusmodicumque $M\mu$ 17 sit mater Σa : mater sit $M\mu$
20 in ipsa $M\mu$: ipsa Σa 21 hominum *σa* : omnium $b^2\psi^2$: amici
b^1 : animum $M\psi^1$ defendenda a (? Σ) : depellenda $M\mu$ adiungerer $b^2\psi^2a$: adhiberer $M\mu$

taciturnitate sua tecta esse pateretur; sed vero sic agitur
ut prorsus reticere nullo modo possit. Hoc enim ipsum
iudicium, hoc periculum, illa accusatio, *illa* omnis testium
copia quae futura est a matre initio est adornata, a matre
hoc tempore instruitur atque omnibus eius opibus et copiis 5
comparatur. Ipsa denique nuper Larino huius opprimendi
causa Romam advolavit; praesto est mulier audax, pecu-
niosa, crudelis, instituit accusatores, instruit testis, squalore
huius et sordibus laetatur, exitium exoptat, sanguinem
suum profundere omnem cupit, dum modo profusum huius 10
ante videat. Haec nisi omnia perspexeritis in causa, temere
a nobis illam appellari putatote; sin erunt et aperta et
nefaria, Cluentio ignoscere debebitis, quod haec a me dici
patiatur; mihi ignoscere non deberetis, si tacerem.

7
19
　　Nunc iam summatim exponam quibus criminibus Op- 15
pianicus damnatus sit ut et constantiam A. Cluenti et
rationem accusationis perspicere possitis. Ac primum causa
accusandi quae fuerit ostendam ut id ipsum A. Cluentium
20 vi ac necessitate coactum fecisse videatis. Cum manifesto
venenum deprehendisset quod vir matris Oppianicus ei 20
paravisset, et res non coniectura sed oculis et manibus
teneretur, neque in causa ulla dubitatio posset esse, accusavit
Oppianicum; quam constanter et quam diligenter postea
dicam; nunc hoc scire vos volui, nullam huic aliam accusandi causam fuisse nisi uti propositum vitae periculum et 25
cotidianas capitis insidias hac una ratione vitaret. Atque
ut intellegatis eis accusatum esse criminibus Oppianicum ut
neque accusator timere neque reus sperare debuerit, pauca

1 sed vero Σψ*a* : sed vere *b*² : sed ea vero *Mb*¹σ　　agitur Σψ¹*s* :
agit *M*σ*t* : angitur *b*²ψ²　　2 reticeri *a* (? Σ)　　3 illa accusatio, illa
scripsi : illa accusatio *M*σ*a* : haec accusatio *Lambinus* : *del. Gulielmius*　　12 sin *P*Σ*a* : sin autem *M*μ　　13 debebitis *P* : debetis
*M*μ*a*　　21 et man. Σψ*a* : ac man. *Mb*σ　　22 teneretur *M*μ : retineretur *b*²ψ²*a*　　possit Σ　　24 volui vos Σ*a*　　25 uti *M*σψ : ut
Σ*ba*　　26 vitaret *M*μ : evitaret Σ*a* : devitaret *B*　　27 iis *Manutius* :
his *M*μ*a*　　28 timeret *a*　　debuerit *M*μ : potuerit Σ*a*

vobis illius iudici crimina exponam; quibus cognitis nemo
vestrum mirabitur illum diffidentem rebus suis ad Staienum
atque ad pecuniam confugisse.

Larinas quaedam fuit Dinaea, socrus Oppianici, quae 21
5 filios habuit M. et N. Aurios et Cn. Magium et filiam
Magiam nuptam Oppianico. M. Aurius adulescentulus
bello Italico captus apud Asculum in Q. Sergi senatoris,
eius qui inter sicarios damnatus est, manus incidit et apud
eum fuit in ergastulo. N. autem Aurius, frater eius, mor-
10 tuus est heredemque Cn. Magium fratrem reliquit. Postea
Magia, uxor Oppianici, mortua est. Postremo unus qui
reliquus erat Dinaeae filius Cn. Magius est mortuus. Is
heredem fecit illum adulescentulum Oppianicum, sororis
suae filium, eumque partiri cum Dinaea matre iussit. In-
15 terim venit index ad Dinaeam neque obscurus neque incertus qui nuntiaret ei filium eius, M. Aurium, vivere et in
agro Gallico esse in servitute. Mulier amissis liberis, cum 22
unius reciperandi fili spes esset ostentata, omnis suos propinquos filique sui necessarios convocavit et ab eis flens
20 petivit ut negotium susciperent, adulescentem investigarent,
sibi restituerent eum filium quem tamen unum ex multis
fortuna reliquum esse voluisset. Haec cum agere insti-
tuisset, oppressa morbo est. Itaque testamentum fecit eius
modi ut illi filio HS cccc milia legaret, heredem institueret
25 eundem illum Oppianicum, nepotem suum; atque eis diebus
paucis est mortua. Propinqui tamen illi, quem ad modum
viva Dinaea instituerant, ita mortua illa ad investigandum

2 Staienum $P\Sigma b^2\psi^2$: Stalenum $M\mu$: Scaienum $\mathfrak{a}$ 5 M. et N.
Aurios P: M. Aurium et Numerium Aurium $\mathfrak{a}a$: M. et Num. Aurios
$M\mu$ Cn.] Numerium $\mathfrak{a}a$, *ita mox*   9 in ergastulo fuit P 10
fratrem $P\mathfrak{a}$: fratrem suum $M\mu$ 12 mortuus est Σba 13
heredem fecit $P\Sigma a$: fecit heredem $M\mu$ adulescentulum Σb^2s:
adolescentem *cett.*   14 interim venit] intervenit Σa 18
reciperandi filii $P\Sigma a$: filii reciperandi $M\mu$ 24 HS P: om. $M\mu a$
cccc P: cccliii $M\mu$: quadraginta $\mathfrak{a}a$ 25 iis *Garatoni*: his $M\mu a$
26 mortua est Σa

8
23
M. Aurium cum eodem illo indice in agrum Gallicum profecti sunt. Interim Oppianicus ut erat, sicuti multis ex
rebus reperietis, singulari scelere et audacia, per quendam
Gallicanum, familiarem suum, primum illum indicem pecunia
corrupit, deinde ipsum *M.* Aurium non magna iactura facta 5
tollendum interficiendumque curavit. Illi autem qui erant
ad propinquum investigandum et reciperandum profecti
litteras Larinum ad Aurios, illius adulescentis suosque necessarios, mittunt sibi difficilem esse investigandi rationem,
quod intellegerent indicem ab Oppianico esse corruptum. 10
Quas litteras A. Aurius, vir fortis et experiens et domi
nobilis et M. illius Auri perpropinquus, in foro palam multis
audientibus, cum adesset Oppianicus, recitat et clarissima
voce se nomen Oppianici, si interfectum M. Aurium esse

24 comperisset, delaturum esse testatur. Interim brevi tem- 15
pore illi qui erant in agrum Gallicum profecti Larinum
revertuntur; interfectum esse M. Aurium nuntiant. Animi
non solum propinquorum sed etiam omnium Larinatium
odio Oppianici et illius adulescentis misericordia commoventur. Itaque cum A. Aurius is qui antea denuntiarat 20
clamore hominem ac minis insequi coepisset, Larino profugit et se in castra clarissimi viri, Q. Metelli, contulit.

25 Post illam autem fugam sceleris et conscientiae testem
numquam se iudiciis, numquam legibus, numquam inermem
inimicis committere ausus est sed per illam L. Sullae vim 25
atque victoriam Larinum in summo timore omnium cum

1 M. Σ*a* : *om. M*μ   2 sicut Σ*a*   ex multis *P*   5 M.
Baiter : *om. M*μ*ϑ*   8 adolescentis *P*Σ*a* : adolescentis propinquos
*M*μ   10 quod] cum Σ*b*²*a*   11 A. *M*σψ : M. *b* : *om. P*Σ*a*
12 perpropinquus *P*Σψ²*t* : propinquus *M*μ*s*   multis *P*Σψ²*a* : *om. M*μ
14 esse *P*Σ*a* : *om. M*μ   16 in Galliam *a*   17 et interfectum
Σψ²*a*   nuntiant Σ*a* : renuntiant *M*μ   20 cum A. Aurius is Σ : cum
Maurius is *P* : cum Aurius is *s* : cum is *t* : cum A. Aurius *M*μ   23
autem fugam Σ*a* : fugam autem *M*u   24 numquam se . . . legibus
om. a, del. Baiter   inermem Σ*b*ψ*a* : inermum *M*σ   25 se inimicis Σ*a*

armatis advolavit; quattuorviros quos municipes fecerant
sustulit; se a Sulla et alios praeterea tris factos esse dixit
et ab eodem sibi esse imperatum ut *A*. Aurium illum qui
sibi delationem nominis et capitis periculum ostentarat, et
5 alterum *A*. Aurium et eius L. filium et Sex. Vibium quo
sequestre in illo indice corrumpendo dicebatur esse usus,
proscribendos interficiendosque curaret.   Itaque illis crudelissime interfectis non mediocri ab eo ceteri proscriptionis
et mortis metu terrebantur.   His rebus in causa iudicioque
10 patefactis quis est qui illum absolvi potuisse arbitretur?
Atque haec parva sunt; cognoscite reliqua ut non aliquando **9**
condemnatum esse Oppianicum sed aliquam diu incolumem
fuisse miremini.

Primum videte hominis audaciam.   Sassiam in matri- 26
15 monium ducere, Habiti matrem—illam cuius virum A.
Aurium occiderat—concupivit.   Vtrum impudentior hic qui
postulet, an crudelior illa, si nubat, difficile dictu est; sed
tamen utriusque humanitatem constantiamque cognoscite.
Petit Oppianicus ut sibi Sassia nubat et id magno opere 27
20 contendit.   Illa autem non admiratur audaciam, non impudentiam aspernatur, non denique illam Oppianici domum
viri sui sanguine redundantem reformidat, sed quod haberet
ille tris filios, idcirco se ab eis nuptiis abhorrere respondit.
Oppianicus, qui pecuniam Sassiae concupivisset, domo sibi
25 quaerendum remedium existimavit ad eam moram quae
nuptiis adferebatur.   Nam cum haberet ex Novia infantem
filium, alter autem eius filius Papia natus Teani, quod abest
ab Larino XVIII milia passuum, apud matrem educaretur,

2 alios praeterea tres (*om.* praeterea *b*¹) *Mμ*: tres praeterea *a*
3 A. *Halm* : *om. Mμa*   5 A. *Mommsen* : *om. Mμa*   9 tenebantur *a*   10 arbitretur *Weiske* : arbitraretur *Mμa*   15 A. *om. Σa*
21 domum Σψ : dextram σ : *om. Mb*   23 ille tres Σa : tres ille
Mμ   24 domo] quoquo modo *Orelli*   27 Pappia Σa   Teani]
Teano *Bb*²ψ²*a*, *Arusianus* (*K.* vii. 455) : Teani Apuli *Mb*¹   ab *M.*
Arusianus : a *μa*

arcessit subito sine causa puerum Teano, quod facere nisi
ludis publicis aut festis diebus antea non solebat. Mater
misera nihil mali suspicans mittit. Ille se Tarentum proficisci cum simulasset, eo ipso die puer, cum hora undecima
in publico valens visus esset, ante noctem mortuus et postri- 5
28 die ante quam luceret combustus est. Atque hunc tantum
maerorem matri prius hominum rumor quam quisquam ex
Oppianici familia nuntiavit. Illa cum uno tempore audisset
sibi non solum filium sed etiam exsequiarum munus ereptum, Larinum confestim exanimata venit et ibi de integro 10
funus iam sepulto filio fecit. Dies nondum decem interces-
serant cum ille alter filius infans necatur. Itaque nubit
Oppianico continuo Sassia laetanti iam animo et spe optime
confirmato, nec mirum quae se non nuptialibus donis sed
filiorum funeribus esse delenitam videret. Ita, quod ceteri 15
propter liberos pecuniae cupidiores solent esse, ille propter
10 pecuniam liberos amittere iucundum esse duxit. Sentio,
29 iudices, vos pro vestra humanitate his tantis sceleribus
breviter a me demonstratis vehementer esse commotos.
Quo tandem igitur animo fuisse illos arbitramini quibus his 20
de rebus non modo audiendum fuit verum etiam iudicandum? Vos auditis de eo in quem iudices non estis, de eo
quem non videtis, de eo quem odisse iam non potestis, de
eo qui et naturae et legibus satis fecit, quem leges exsilio,
natura morte multavit, auditis non ab inimico, auditis sine 25
testibus, auditis cum ea quae copiosissime dici possunt
breviter strictimque dicuntur. Illi audiebant de eo de quo
iurati sententias ferre debebant, de eo cuius praesentis nefarium et consceleratum voltum intuebantur, de eo quem

---

2 publicis *om.* a   3 misera nihil mali Σa : nihil mali misera
*M*μ   4 hora und. cum valens in publico a   13 optime Σa :
optima *M*μ   14 confirmata *b²*   15 esse aa : *om. M*μ   ita
quod *b²σψa* : itaque Σ*Mb¹* : itaque quod *Naugerius* (*cf.* § 190)   16
esse solent Σa   20 iis a   25 non sine *b²ψ²s*   27 breviter
Σa : breviter a me *M*μ   eo de quo] eo . . . quo *B* : eo quo a

omnes oderant propter audaciam, de eo quem omni supplicio dignum esse ducebant; audiebant ab accusatoribus,
audiebant verba multorum testium, audiebant cum una quaque de re a P. Cannutio, homine eloquentissimo, graviter et
5 diu diceretur.   Et est quisquam qui, cum haec cognoverit, 30
suspicari possit Oppianicum iudicio oppressum et circumventum esse innocentem?

Acervatim reliqua iam, iudices, dicam ut ad ea quae propiora huiusce causae et adiunctiora sunt perveniam.   Vos,
10 quaeso, memoria teneatis non mihi hoc esse propositum ut
accusem Oppianicum mortuum sed, cum hoc persuadere
vobis velim, iudicium ab hoc non esse corruptum, hoc uti
initio ac fundamento defensionis, Oppianicum, hominem
sceleratissimum et nocentissimum, esse damnatum.   Qui
15 uxori suae Cluentiae, quae amita huius Habiti fuit, cum ipse
poculum dedisset, subito illa in media potione exclamavit
se maximo cum dolore emori nec diutius vixit quam locuta
est; nam in ipso sermone hoc et vociferatione mortua est.
Et ad hanc mortem repentinam vocemque morientis omnia
20 praeterea quae solent esse indicia et vestigia veneni in illius
mortuae corpore fuerunt.   Eodemque veneno C. Oppianicum fratrem necavit.   Neque est hoc satis; tametsi in ipso **11**
fraterno parricidio nullum scelus praetermissum videtur,   ³¹
tamen ut ad hoc nefarium facinus accederet aditum sibi
25 aliis sceleribus ante munivit.   Nam cum esset gravida
Auria, fratris uxor, et iam appropinquare partus putaretur,
mulierem veneno interfecit ut una illud quod erat ex fratre
conceptum necaretur.   Post fratrem adgressus est; qui

1 omnes *aa*: *om. Mμ*   6 posset Σ*a*   8 reliqua iam
Σ*Bs*: iam reliqua *cett.*   propiora *b²σ*: propriora Σ*BMb¹ψ*   9
huiusce Σ*a*: huius *Mμ*   13 mortuum hominem Σ*a*   15 fuisset
Σ*a*   17 emori Σ*a*: mori *Mμ*   19 mortem Σ*a*: mortem tam
Mμ   vocemque *Mψ*: vocesque *bσψ²a*   26 putaretur
aa: videretur *Mμ*   27 illud Σ*ψa*: illa *Mb*: cum illa *σ*, *Lam-*
binus

sero iam exhausto illo poculo mortis, cum et de suo et de
uxoris interitu clamaret testamentumque mutare cuperet, in
ipsa significatione huius voluntatis est mortuus. Ita mulierem ne partu eius ab hereditate fraterna excluderetur
necavit; fratris autem liberos prius vita privavit quam illi 5
hanc a natura lucem accipere potuerunt ; ut omnes intellegerent nihil ei clausum, nihil sanctum esse posse a cuius
audacia fratris liberos ne materni quidem corporis custodiae
32 tegere potuissent. Memoria teneo Milesiam quandam mulierem, cum essem in Asia, quod ab heredibus secundis 10
accepta pecunia partum sibi ipsa medicamentis abegisset, rei
capitalis esse damnatam ; nec iniuria quae spem parentis,
memoriam nominis, subsidium generis, heredem familiae,
designatum rei publicae civem sustulisset. Quanto est
Oppianicus in eadem iniuria maiore supplicio dignus ! si qui- 15
dem illa, cum suo corpori vim attulisset, se ipsa cruciavit,
hic autem idem illud effecit per alieni corporis mortem
atque cruciatum. Ceteri non videntur in singulis hominibus
12 multa parricidia suscipere posse, Oppianicus inventus est
33 qui in uno corpore pluris necaret. Itaque cum hanc eius 20
consuetudinem audaciamque cognosset avunculus illius
adulescentis Oppianici, Cn. Magius, isque, cum gravi morbo
adfectus esset, heredem illum sororis suae filium faceret,
amicis adhibitis praesente matre sua Dinaea uxorem suam
interrogavit essetne praegnas. Quae cum se esse respon- 25
disset, ab ea petivit ut se mortuo apud Dinaeam—quae tum
ei mulieri socrus erat—quoad pareret habitaret diligentiam-

---

  1 mortis *del. Gruter*   6 lucem Σ*a* : propriam lucem *M*μ   7
clausum nihil *om. s*[1]   a Σ*a* : *om. M*μ   8 custodiae . . .
potuissent Σ*Ba* : custodia . . . potuisset *M*μ   10 secundis *om.*
Σ*Ba* (*contra Quintil.* viii. 4. 11)   12 nec Σ*a* : neque *M*μ   17
mortem] vim *Quintil.*   20 plures *PM*μ : multos Σψ²*a*   21
cognosset *P* : cognoscet *M* : cognosceret μ   22 Cn.] Numerius
aa   isque cum *P* : is qui *at* : isque *M*μ*s*   23 esset *Halm* :
esset et *M*μ*a*   24 amicis adhibitis *M*μ*a* : adhibitis amicis *P*

106

que adhiberet ut id quod conceperat servare et salvum
parere posset. Itaque ei testamento legat grandem pecuniam a filio si qui natus esset ; ab secundo herede nil legat.
Quid de Oppianico suspicatus sit videtis ; quid iudicarit 34
5 obscurum non est. Nam cuius filium faceret heredem, eum
tutorem liberis non adscripsit. Quid Oppianicus fecerit
cognoscite ut illum Magium intellegatis non longe animo
prospexisse morientem. Quae pecunia mulieri legata erat a
filio, si qui natus esset, eam praesentem Oppianicus non
10 debitam mulieri solvit, si haec solutio legatorum et non
merces abortionis appellanda est. Quo illa pretio accepto
multisque praeterea muneribus quae tum ex tabulis Oppianici recitabantur spem illam quam in alvo commendatam a
viro continebat victa avaritia sceleri Oppianici vendidit.
15 Nihil posse iam ad hanc improbitatem addi videtur ; atten- 35
dite exitum. Quae mulier obtestatione viri decem illis
mensibus ne domum quidem ullam nisi socrus suae nosse
debuit, haec quinto mense post viri mortem ipsi Oppianico
nupsit. Quae nuptiae non diuturnae fuerunt ; erant enim
20 non matrimoni dignitate sed sceleris societate coniunctae.

Quid ? illa caedes Asuvi Larinatis, adulescentis pecuniosi, **13**
36
quam clara tum recenti re fuit et quam omnium sermone
celebrata ! Fuit Avillius quidam Larino perdita nequitia et
summa egestate, arte quadam praeditus ad libidines adule-
25 scentulorum excitandas accommodata. Qui ut se blanditiis
et adsentationibus in Asuvi consuetudinem penitus immersit,
Oppianicus continuo sperare coepit hoc se Avillio tamquam
aliqua machina admota capere Asuvi adulescentiam et for-

---

1 servare et P : servaret ut $M\mu a$ 2 possit Σs 3 esset] erit
aa ab] a Σb^1 4 iudicaverit $\Sigma \psi^2 a$ 5 cuius $P\Sigma a$: cum
eius $M\mu$ 7 non aa : *om.* $M\mu$ 9 esset] erit oa 22
recenti re fuit P : fuit recenti aa : recenti re (*om.* re $b^1\psi^1$) $M\mu$
omnium $M\sigma$: in omnium $\psi^2 a$ (? Σ) : omni b^1 : omni omnium b^2
23 Larino $P\Sigma a$: Larinas $M\mu$ 25 exercitandas. P accommodata *Arusian.* (*K.* vii. 452) : accommodatus $M\mu a$

tunas eius patrias expugnare posse. Ratio excogitata
Larini est, res translata Romam; inire enim consilium
facilius in solitudine, perficere rem eius modi commodius in
turba posse arbitrati sunt. Asuvius cum Avillio Romam
est profectus. Hos vestigiis Oppianicus consecutus est. 5
Iam ut Romae vixerint, quibus conviviis, quibus flagitiis,
quantis et quam profusis sumptibus non modo conscio sed
etiam conviva et adiutore Oppianico longum est dicere mihi,
praesertim ad alia properanti; exitum huius adsimulatae
37 familiaritatis cognoscite. Cum esset adulescens apud mu- 10
lierculam quandam atque ubi pernoctarat ibi diem posterum
commoraretur, Avillius, ut erat constitutum, simulat se
aegrotare et testamentum facere velle. Oppianicus obsigna-
tores ad eum qui neque Asuvium neque Avillium nossent
adducit et illum Asuvium appellat ipse; testamento Asuvi 15
nomine obsignato disceditur. Avillius ilico convalescit;
Asuvius autem brevi illo tempore, quasi in hortulos iret, in
harenarias quasdam extra portam Esquilinam perductus
38 occiditur. Qui cum unum iam et alterum diem desidera-
retur neque in eis locis ubi ex consuetudine quaerebatur 20
inveniretur, et Oppianicus in foro Larinatium dictitaret
nuper se et suos amicos testamentum eius obsignasse, liberti
Asuvi et non nulli amici, quod eo die quo postremum
Asuvius visus erat Avillium cum eo fuisse et a multis visum
esse constabat, in eum invadunt et hominem ante pedes Q. 25
Manli qui tum erat triumvir constituunt. Atque illic continuo nullo teste, nullo indice recentis malefici conscientia
perterritus omnia, ut a me paulo ante dicta sunt, exponit
Asuviumque a sese consilio Oppianici interfectum fatetur.

2 Romae Σ*Bs*   inire *Pb²ψ* : iniri *Mb¹σa*   4 posse se
Mommsen   5 secutus *a*   6 quibus conviviis *om. a*   11
ubi *P* : ibi *Mμa*   pernoctarat *Müller* : pernoctaret *Mμa*   ibi diem
Pa : ibidem Σ : et ibidem σ : et ibi diem *Mbψ*   16 discedit *ba*
25 Q. *om. a*   26 Manli (-ii) *PΣa* : Manilii *Mμ*   illic Σ*a* : ille
Mμ   27 recentis *om. s*   29 a sese Σψ²*a* : ab se *Mμ*

Extrahitur domo latitans Oppianicus a Manlio; index Avillius 39
ex altera parte coram tenetur. Hic quid iam reliqua quaeritis? Manlium plerique noratis; non ille honorem a pueritia, non studia virtutis, non ullum existimationis bonae
5 fructum umquam cogitarat, sed ex petulanti atque improbo
scurra in discordiis civitatis ad eam columnam ad quam
multorum saepe conviciis perductus erat tum suffragiis
populi pervenerat. Itaque tum cum Oppianico transigit, pecuniam ab eo accipit, causam et susceptam et tam manifestam
10 relinquit. Ac tum in Oppianici causa crimen hoc Asuvianum cum testibus multis tum vero illius *testamento* com-
probabatur; in quo Oppianici nomen primum esse constabat, eius quem vos miserum atque innocentem falso iudicio
circumventum esse dicitis.

15 Quid? aviam tuam, Oppianice, Dinaeam cui tu es heres **14**
pater tuus non manifesto necavit? Ad quam cum ad- **40**
duxisset medicum illum suum iam cognitum et saepe
victorem per quem interfecerat plurimos mulier exclamat se
ab eo nullo modo velle curari quo curante omnis suos per-
20 didisset. Tum repente Anconitanum quendam, L. Clodium,
pharmacopolam circumforaneum qui casu tum Larinum
venisset adgreditur et cum eo HS duobus milibus, id quod
ipsius tabulis est demonstratum, transigit. L. Clodius,
cum properaret, cui fora multa restarent, simul atque intro-
25 ductus est rem confecit; prima potione mulierem sustulit

---

2 quid iam Σ*a* : iam quid *Mμ*   5 sed ex] ex *a*   7 tum]
triumvir *Reid*   8 tum cum *aa* : rem cum *Mμ* : cum *B, Baiter*
9 et tam *aa* : et *Mμ*   10 reliquit Σ*a*   Asuvianum *Mμ* : Avillianum
aa   11 illius testamento *scripsi* : illius Avillii Σ*t* : indicio (indiciis *s*²
in ras.) Avillii *cett.* comprobatur *aa*   12 in quo] adlegatos *add.* Σ
(*e nota marginali a* legato, *i.e. a* testamento, *credo, ortum*) : inter (ad
inter *b*¹) adlegatos *add. Mμ* : ad (*om.* ad *ψ*²) inter allegatum *add. b*²*ψ*² :
alligatum *add. a*   18 per ... plurimos *del. Lambinus*   19 curari
velle *aa*   omnes suos *aa* : suos omnes *Mμ*   21 foranum (-eum *B*)
Σ*Ba*   22 HS ̄o̅o̅o̅o̅ *Mσ* : duo milia *aBa* : duobus milibus HS *Müller*
23 ipsius tab. est Σ*Bb*¹*a* : ipsius tab. tum est *Mσ* : est ipsius tab. tum
*b*²*ψ*   24 cum Σ*ψ*²*a* : qui *Mμ*   25 prima] una *B*

neque postea Larini punctum est temporis commoratus.

41 Eadem hac Dinaea testamentum faciente, cum tabulas prehendisset Oppianicus, qui gener eius fuisset, digito legata delevit et, cum id multis locis fecisset, post mortem eius ne lituris coargui posset testamentum in alias tabulas tran- 5 scriptum signis adulterinis obsignavit. Multa praetereo consulto; etenim vereor ne haec ipsa nimium multa esse videantur. Vos tamen similem sui eum fuisse in ceteris quoque vitae partibus existimare debetis. Illum tabulas publicas Larini censorias corrupisse decuriones universi 10 iudicaverunt; cum illo nemo iam rationem, nemo rem ullam contrahebat; nemo illum ex tam multis cognatis et adfinibus tutorem umquam liberis suis scripsit, nemo illum aditu, nemo congressione, nemo sermone, nemo convivio dignum iudicabat; omnes aspernabantur, omnes abhorre- 15 bant, omnes ut aliquam immanem ac perniciosam bestiam

42 pestemque fugiebant. Hunc tamen hominem tam audacem, tam nefarium, tam nocentem numquam accusasset Habitus, iudices, si id praetermittere suo salvo capite potuisset. Erat huic inimicus Oppianicus, erat, sed tamen erat vitricus; 20 crudelis et huic infesta mater, at mater; postremo nihil tam remotum ab accusatione quam Cluentius et natura et voluntate et instituta ratione vitae. Sed cum esset haec ei proposita condicio ut aut iuste pieque accusaret aut acerbe indigneque moreretur, accusare quoquo modo posset quam 25 illo modo emori maluit.

43 Atque ut hoc ita esse perspicere possitis exponam vobis Oppianici facinus manifesto compertum atque deprensum; ex quo simul utrumque, et huic accusare et illi condemnari,

15 necesse fuisse intellegetis. Martiales quidam Larini appel- 30

3 huius Σ*a*   8 similem sui eum Σ*a* : eum similem sui (*om.* sui *b¹σ*) *Mμ*   11 nemo iam Σ*a* : iam nemo *Mμ* : nemo *Quintil.* ix. 3. 38   15 iudicavit *a* (? Σ)   19 suo salvo capite Σ*a* : salvo capite suo *Mμ* (*cf. Zielinski p.* 199)   20 erat sed] erat *t¹*   23 ei Σ*bs* : illi *Mσψ* : *om. t*   29 illi Σ*b²a* : illum *Mμ*

labantur, ministri publici Martis atque ei deo veteribus
institutis religionibusque Larinatium consecrati. Quorum
cum satis magnus numerus esset, cumque item ut in Sicilia
permulti Venerii sunt, sic illi Larini in Martis familia nu-
5 merarentur, repente Oppianicus eos omnis liberos esse
civisque Romanos coepit defendere. Graviter id decuriones Larinatium cunctique municipes tulerunt. Itaque
ab Habito petiverunt ut eam causam susciperet publiceque
defenderet. Habitus cum se ab omni eius modi negotio
10 removisset, tamen pro loco, pro antiquitate generis sui, pro
eo quod se non suis commodis sed etiam suorum municipum ceterorumque necessariorum natum esse arbitrabatur,
tantae voluntati universorum Larinatium deesse noluit.
Suscepta causa Romamque delata magnae cotidie conten- 44
15 tiones inter Habitum et Oppianicum ex utriusque studio defensionis excitabantur. Erat ipse immani acerbaque natura
Oppianicus ; incendebat eius amentiam infesta atque inimica
filio mater Habiti. Magni autem illi sua interesse arbitrabantur hunc a causa Martialium demoveri. Suberat etiam
20 alia causa maior quae Oppianici, hominis avarissimi atque
audacissimi, mentem maxime commovebat. Nam Habitus 45
usque ad illius iudici tempus nullum testamentum umquam
fecerat ; neque enim legare quicquam eius modi matri poterat in animum inducere neque testamento nomen omnino
25 praetermittere parentis. Id cum Oppianicus sciret—neque enim erat obscurum—intellegebat Habito mortuo bona
eius omnia ad matrem esse ventura ; quae ab sese postea
aucta pecunia maiore praemio, orbata filio minore periculo
necaretur. Itaque his rebus incensus qua ratione Habitum

---

1 ei deo *Mμ* : ideo *ΣBs* : adeo *t*   11 suis *Σa* : suis solum
(solum suis *ψ*) *Mμ*   13 tantae *Mμ* : antea *Σa*   19 demoveri
Klotz : demovere *Mμ* : removeri *aa* (*cf. Zielinski p.* 166)   20
atque audacissimi *om. s¹, del. Baiter*   23 enim *Mμ* : *om.* *ΣBa*
quicquam *Arusian.* (*K.* vii. 479) : *om. Mμa*   24 in *Arusian.* (*s. v.*
induco in) : *om. Mμa*

16
46 veneno tollere conatus sit cognoscite. C. et L. Fabricii
fratres gemini fuerunt ex municipio Aletrinati, homines
inter se cum forma tum moribus similes, municipum autem
suorum dissimillimi ; in quibus quantus splendor sit, quam
prope aequabilis, quam fere omnium constans et moderata 5
ratio vitae nemo vestrum, ut mea fert opinio, ignorat. His
Fabriciis semper est usus Oppianicus familiarissime. Iam
hoc fere scitis omnes quantam vim habeat ad coniungendas
amicitias studiorum ac naturae similitudo. Cum illi ita
viverent ut nullum quaestum esse turpem arbitrarentur, 10
cum omnis ab eis fraus, omnes insidiae circumscriptionesque
adulescentium nascerentur, cumque essent vitiis atque improbitate omnibus noti, studiose, ut dixi, ad eorum se familiaritatem multis iam ante annis Oppianicus applicarat.
47 Itaque tum sic statuit, per C. Fabricium—nam L. erat mor- 15
tuus—insidias Habito comparare. Erat illo tempore infirma
valetudine Habitus. Vtebatur autem medico non ignobili
sed spectato homine, Cleophanto ; cuius servum Diogenem
Fabricius ad venenum Habito dandum spe et pretio sollicitare coepit. Servus non incallidus et, ut res ipsa declara- 20
vit, frugi atque integer sermonem Fabrici non est aspernatus ;
rem ad dominum detulit ; Cleophantus autem cum Habito
est conlocutus. Habitus statim cum M. Baebio senatore,
familiarissimo suo, communicavit ; qui qua fide, qua prudentia, qua diligentia fuerit meminisse vos arbitror. Ei 25
placuit ut Diogenem Habitus emeret a Cleophanto, quo
facilius aut comprehenderetur res eius indicio aut falsa esse
cognosceretur. Ne multa, Diogenes emitur, venenum diebus paucis comparatur ; multi viri boni cum ex occulto

2 Aletrinati *Priscian.* (*K.* ii. 348) : Allerinati Σ : Aletrinate *Mσψ*¹ :
Larinati *bψ²a*   7 est usus Σ*a* : usus est *Mμ*   iam] nam
Madvig   10 esse turpem Σ*a* : turpem esse *Mμ*   11 iis *a* : his *Mμ*
13 studiose Σ*a* : studio *Mμ*   17 non *aa* : om. *Mμ*   18 sed *del.*
Müller   20 et ut Σψ²*a* : sed ut *Mμ*   ipsa res *a*   declarat *B*
23 collocutus Σ*a* : locutus *Mμ*   Baebio (Be-) *aa* : Bebrio *Mμ*
25 diligentia *aa* : dignitate *Mμ*   29 comparatur *aa* : om. *Mμ*

intervenissent, pecunia obsignata quae ob eam rem daba-
tur in manibus Scamandri, liberti Fabriciorum, deprehen-
ditur.   Pro di immortales !   Oppianicum quisquam his rebus 48
cognitis circumventum esse dicet ?   Quis umquam audacior, **17**
5 quis nocentior, quis apertior in iudicium adductus est?
Quod ingenium, quae facultas dicendi, quae a quoquam excogitata defensio huic uni crimini potuit obsistere?   Simul
et illud quis est qui dubitet quin hac re comperta manife-
stoque deprehensa aut obeunda mors Cluentio aut susci-
10 pienda accusatio fuerit?

Satis esse arbitror demonstratum, iudices, eis criminibus 49
accusatum esse Oppianicum uti honeste absolvi nullo modo
potuerit.   Cognoscite nunc ita reum citatum esse illum ut
re semel atque iterum praeiudicata condemnatus in iudi-
15 cium venerit.   Nam Cluentius, iudices, primum nomen
eius detulit cuius in manibus venenum deprenderat.   Is
erat libertus Fabriciorum, Scamander.   Integrum consilium,
iudici corrupti nulla suspicio ; simplex in iudicium causa,
certa res, unum crimen adlatum est.   Hic tum C. Fabricius,
20 is de quo ante dixi, qui liberto damnato sibi illud impendere periculum videret, quod mihi cum Aletrinatibus vicinitatem et cum plerisque eorum magnum usum esse sciebat,
frequentis eos ad me domum adduxit.   Qui quamquam de
homine sic ut necesse erat existimabant, tamen quod erat
25 ex eodem municipio, suae dignitatis esse arbitrabantur eum
quibus rebus possent defendere, idque a me ut facerem et
ut causam Scamandri susciperem petebant, in qua causa
patroni omne periculum continebatur.   Ego, qui neque 50
illis talibus viris ac tam amantibus mei rem possem ullam
30 negare neque illud crimen tantum ac tam manifestum esse

---

1 pecunia a : pecuniaque *Mμ*   4 esse dicet (diceret *t*) Σ*a* :
dicit esse *Mμ*   8 manifesteque Σ*a*   12 uti Σ*a* : ut *Mμ*   15
venerit *Mμ* : veniret Σ*a*   19 unum] verum *Angelius*   tum
C. *Baiter* : cum C. *ψ²s* : cum causa Σ : cum causa C. *t* : tum *M* :
tamen *bσ*   21 cum Larinatibus *b²ψ²a*   26 possint Σ*a*

arbitrarer, sicut ne illi ipsi quidem qui mihi tum illam
causam commendabant arbitrabantur, pollicitus eis sum me
omnia quae vellent esse facturum.

18   Res agi coepta est ; citatus est Scamander reus. Accusabat P. Cannutius, homo in primis ingeniosus et in dicendo 5
exercitatus ; accusabat autem ille quidem Scamandrum
verbis tribus, venenum esse deprensum. Omnia tela totius accusationis in Oppianicum coniciebantur, aperiebatur
causa insidiarum, Fabriciorum familiaritas commemoraba-
tur, hominis vita et audacia proferebatur, denique omnis 10
accusatio varie graviterque tractata ad extremum manifesta
veneni deprehensione conclusa est. Hic ego tum ad respon-
51 dendum surrexi qua cura, di immortales! qua sollicitudine
animi, quo timore! Semper equidem magno cum metu
incipio dicere ; quotienscumque dico, totiens mihi videor 15
in iudicium venire non ingeni solum sed etiam virtutis
atque offici, ne aut id profiteri videar quod non possim,
quod est impudentiae, aut non id efficere quod possim,
quod est aut perfidiae aut neglegentiae. Tum vero ita sum
perturbatus ut omnia timerem, si nihil dixissem ne infan- 20
tissimus, si multa in eius modi causa dixissem ne impu-
19 dentissimus existimarer. Conlegi me aliquando et ita constitui, fortiter esse agendum ; illi aetati qua tum eram solere
laudi dari, etiam si in minus firmis causis hominum periculis
non defuissem. Itaque feci ; sic pugnavi, sic omni ratione 25
contendi, sic ad omnia confugi, quantum ego adsequi potui,
remedia ac perfugia causarum ut hoc quod timide dicam
consecutus sim, ne quis illi causae patronum defuisse arbi-
52 traretur. Sed ut quidquid ego apprehenderam, statim accu-

---

1 ipsi quidem Σ*a* : quidem ipsi *M*μ   2 sum me Σ*a* : his sum
me (sum me his *b*) *M*μ   8 coniciebantur *M*μ : constituebantur
Σ*a*   12 tum Σ*Ms* : cum *b²σψ* : tamen *b¹*   17 possim *aBa* :
possim implere *M*μ   18 imprudentiae Σ*Bb¹a*   non id Σ*Ba* : id
non *M*μ   24 laudi dari *Mb²a* : laudari (-e *b¹*) Σ*b¹ψa*   29 quid-
quid] quidque *Ascens.* (i), *cf. Madvig. Fin.* v. 24   apprehenderam
*M*μ : reprehenderam *vs*

sator extorquebat e manibus. Si quaesiveram quae inimicitiae Scamandro cum Habito, fatebatur nullas fuisse, sed
Oppianicum cuius ille minister fuisset huic inimicissimum
fuisse atque esse dicebat. Sin autem illud egeram, nullum
5 ad Scamandrum morte Habiti venturum emolumentum
fuisse, concedebat, sed ad uxorem Oppianici, hominis in
uxoribus necandis exercitati, omnia bona Habiti ventura
fuisse dicebat. Cum illa defensione usus essem quae in
libertinorum causis honestissima semper existimata est,
10 Scamandrum patrono esse probatum, fatebatur, sed quaerebat cui probatus esset ipse patronus. Cum ego pluribus 53
verbis in eo commoratus essem, Scamandro insidias factas
esse per Diogenem constitutumque inter eos alia de re
fuisse ut medicamentum, non venenum Diogenes adferret ;
15 hoc cuivis usu venire posse : quaerebat cur in eius modi
locum tam abditum, cur solus, cur cum obsignata pecunia
venisset. Denique hoc loco causa testibus honestissimis
hominibus premebatur. M. Baebius de suo consilio Diogenem emptum, se praesente Scamandrum cum veneno
20 pecuniaque deprehensum esse dicebat. P. Quintilius Varus,
homo summa religione et summa auctoritate praeditus, de
insidiis quae fierent Habito et de sollicitatione Diogenis recenti re secum Cleophantum locutum esse dicebat. Atque 54
in illo iudicio cum Scamandrum nos defendere videremur,
25 verbo ille reus erat, re quidem vera et periculo tota accusatione Oppianicus. Neque id obscure ferebat nec dissimulare ullo modo poterat ; aderat frequens, advocabat, omni
studio gratiaque pugnabat ; postremo—id quod maximo malo

1 quaesiveram Σ*a* : quaesieram *Mμ*   8 fuisse Σ*a* : esse *Mμ*
10–11 sed .. patronus *om. a*   12 insidias factas Σ*a* : factas insidias
Mμ   13 alia de Σ*a* : de alia *Mμ*   15 cuivis usu (-us *s*) *Mμs* :
quo visus Σ : quovis usus *t*   posse *Mμ* : posset *oa*   20
Quintilius *C. Stephanus* : Quintius *Mμa*   23 secum Cleophantum
Mμ : se cum Cleophanto *a* (? Σ)   locutum *Mμt* : collocutum *b²s*
25 tota Σ*a* : et tota *Mμ*

illi causae fuit—hoc ipso in loco, quasi reus ipse esset, sede-
bat. Oculi omnium iudicum non in Scamandrum sed in
Oppianicum coniciebantur ; timor eius, perturbatio, suspen-
sus incertusque voltus, crebra coloris mutatio, quae erant
20 antea suspiciosa, haec aperta et manifesta faciebant. Cum 5
55 in consilium iri oporteret, quaesivit ab reo C. Iunius quae-
sitor ex lege illa Cornelia quae tum erat clam an palam de
se sententiam ferri vellet. De Oppianici sententia responsum est, quod is Habiti familiarem Iunium esse dicebat,
clam velle ferri. Itum est in consilium. Omnibus senten- 10
tiis praeter unam quam suam Staienus esse dicebat Scamander prima actione condemnatus est. Quis tum erat
omnium qui Scamandro condemnato non iudicium de
Oppianico factum esse arbitraretur ? quid est illa damnatione iudicatum, nisi venenum id quod Habito daretur esse 15
quaesitum ? Quae porro tenuissima suspicio conlata in
Scamandrum est aut conferri potuit ut is sua sponte necare
voluisse Habitum putaretur ?

56   Atque hoc tum iudicio facto et Oppianico re et existimatione iam, lege et pronuntiatione nondum condemnato 20
tamen Habitus Oppianicum reum statim non fecit. Voluit
cognoscere utrum iudices in eos solos essent severi quos
venenum habuisse ipsos comperissent, an etiam consilia
conscientiasque eius modi facinorum supplicio dignas iudicarent. Itaque C. Fabricium quem propter familiaritatem 25
Oppianici conscium illi facinori fuisse arbitrabatur reum
statim fecit, utique ei locus primus constitueretur propter
causae coniunctionem impetravit. Hic tum Fabricius non
modo ad me meos vicinos et amicos Aletrinatis non adduxit sed. ipse eis neque defensoribus uti postea neque 30
57 laudatoribus potuit. Rem enim integram hominis non

    5 et Σ*a* : ac *Mμ*   6 C. Iunius] Q. Iunius *b²ψ²a* : qui vuius Σ
16 quae porro Σ*Mμ* (*sup. lin. in* Σ que orum porro) : quae horum porro
b²ψ²c   29 Larinates *bψ²a*

alieni quamvis suspiciosam defendere humanitatis esse puta-
bamus, iudicatam labefactare conari impudentiae. Itaque
tum ille inopia et necessitate coactus in causa eius modi
ad Caepasios fratres confugit, homines industrios atque eo
5 animo ut quaecumque dicendi potestas esset data in honore
atque in beneficio ponerent. Iam hoc prope iniquissime **21**
comparatum est quod in morbis corporis, ut quisque est
difficillimus, ita medicus nobilissimus atque optimus quaeritur, in periculis capitis, ut quaeque causa difficillima est,
10 ita deterrimus obscurissimusque patronus adhibetur.   Nisi
forte hoc causae est quod medici nihil praeter artificium,
oratores etiam auctoritatem praestare debent.   Citatur reus, **58**
agitur causa ; paucis verbis accusat ut de re iudicata Cannutius ; incipit longo et alte petito prooemio respondere maior
15 Caepasius.   Primo attente auditur eius oratio.   Erigebat
animum iam demissum et oppressum Oppianicus ; gaudebat
ipse Fabricius ; non intellegebat animos iudicum non illius
eloquentia sed defensionis impudentia commoveri.   Postea
quam de re coepit dicere, ad ea quae erant in causa adde-
20 bat etiam ipse nova quaedam volnera ut, quamquam sedulo
faciebat, tamen interdum non defendere sed praevaricari
videretur.   Itaque cum callidissime se dicere putaret et
cum illa verba gravissima ex intimo artificio deprompsisset :
'Respicite, iudices, hominum fortunas, respicite dubios
25 variosque casus, respicite C. Fabrici senectutem'—cum hoc
'respicite' ornandae orationis causa saepe dixisset, respexit
ipse.   At C. Fabricius a subselliis demisso capite disces-
serat.   Hic iudices ridere, stomachari atque acerbe ferre **59**
patronus causam sibi eripi et se cetera de illo loco 'Respi-
30 cite, iudices' non posse dicere ; nec quicquam propius est

6 iam] nam *Madvig*   10-12 nisi . . . debent *aa, om. Mμ, edd. ante
Angelium*   11 hoc causae *Lambinus* : hoc causa *aa* : haec causa
Naugerius   13 agitur causa *om. s, post* paucis *hab. t, del. Baiter*
20-22 ut . . . videretur *a* (? Σ) : hoc . . . videbatur *Mμ*   21 prae-
varicari] accusationi *add. Mμa, del. Lambinus*

factum quam ut illum persequeretur et collo obtorto ad
subsellia reduceret ut reliqua posset perorare. Ita tum
Fabricius primum suo iudicio, quod est gravissimum, deinde
legis vi et sententiis iudicum est condemnatus.

22   Quid est quod iam de Oppianici persona causaque plura 5
dicamus? Apud eosdem iudices reus est factus, cum his
duobus praeiudiciis iam damnatus esset; ab isdem autem
iudicibus qui Fabriciorum damnatione de Oppianico iudi-
carant locus ei primus est constitutus. Accusatus est
criminibus gravissimis, et eis quae a me breviter dicta sunt 10
et praeterea multis quae ego omnia nunc omitto; accusatus
est apud eos qui Scamandrum ministrum Oppianici, C.
60 Fabricium conscium malefici condemnarant. Vtrum per
deos immortalis! magis est mirandum quod is condemnatus est, an quod omnino respondere ausus est? Quid enim 15
illi iudices facere potuerunt? qui si innocentis Fabricios
condemnassent, tamen in Oppianico sibi constare et superioribus consentire iudiciis debuerunt. An vero illi sua per
se ipsi iudicia rescinderent, cum ceteri soleant in iudicando
ne ab aliorum iudiciis discrepent providere? et illi qui 20
Fabrici libertum, quia minister in maleficio fuerat, patronum,
quia conscius, condemnassent, ipsum principem atque architectum sceleris absolverent? et qui ceteros nullo praeiudicio
facto tamen ex ipsa causa condemnassent, hunc quem bis
61 iam condemnatum acceperant liberarent? Tum vero illa 25
iudicia senatoria non falsa invidia sed vera atque insigni
turpitudine notata atque operta dedecore et infamia defensioni locum nullum reliquissent. Quid enim tandem illi
iudices responderent, si qui ab eis quaereret: 'Condem-

---

2 ita Σ*b*²*a* : iam *Mμ*   5 persona causaque *aa* : causa *Mμ*
11 nunc *hoc loco hab. Mμ, post* ego Σ, *ante* ego *s, om. t*   12
C. *aa* : *om. Mμ*   18 consentire *aa* : consistere *Mμ*   per se *del.*
Lambinus   19 rescinderent (-unt *b*¹) *Mμ* : perscinderent (-unt *s*) *a*
20 illi *Mb* : ii *ψa* : num *σ*   22 conscius esset Σ*ψ*²*a*   24 bis iam
condemn. Σ*a* : iam bis condemn. *b* : bis condemn. iam *Mσψ*

nastis Scamandrum, quo crimine ? ' ' Nempe quod Habitum
per servum medici veneno necare voluisset.' ' Quid Habiti
morte Scamander consequebatur ? ' ' Nihil, sed administer
erat Oppianici.' ' Et condemnastis C. Fabricium, quid ita ? '
5 ' Quia, cum ipse familiarissime Oppianico usus, libertus
autem eius in maleficio deprensus esset, illum expertem eius
consili fuisse non probabatur.' Si igitur ipsum Oppianicum
bis suis iudiciis condemnatum absolvissent, quis tantam
turpitudinem iudiciorum, quis tantam inconstantiam rerum
10 iudicatarum, quis tantam libidinem iudicum ferre potuisset ?

Quod si hoc videtis quod iam hac omni oratione pate- 62
factum est, illo iudicio reum condemnari, praesertim ab
isdem iudicibus qui duo praeiudicia fecissent, necesse fuisse,
simul illud videatis necesse est, nullam accusatori causam
15 esse potuisse cur iudicium vellet corrumpere. Quaero enim **23**
de te, T. Atti, relictis iam ceteris argumentis omnibus, num
Fabricios quoque innocentis condemnatos existimes, num
etiam illa iudicia pecunia corrupta esse dicas, quibus in
iudiciis alter a Staieno solo absolutus est, alter etiam ipse
20 se condemnavit. Age, si nocentes, cuius malefici ? num
quid praeter venenum quaesitum quo Habitus necaretur
obiectum est ? num quid aliud in illis iudiciis versatum est
praeter hasce insidias Habito ab Oppianico per Fabricium
factas ? Nihil, nihil, inquam, aliud, iudices, reperietis. Ex-
25 stat memoria, sunt tabulae publicae ; redargue me, si men-
tior ; testium dicta recita, doce in illorum iudiciis quid
praeter hoc venenum Oppianici non modo in criminis sed
in male dicti loco sit obiectum. Multa dici possunt qua re 63
ita necesse fuerit iudicari, sed ego occurram exspectationi

---

2 voluit. Ecquid *Madvig*   4 et *αa* : *om.* $M\mu$ 14 accusatoris Σa esse causam Σa 16 de Σs : abs *cett.*   Atti]
Acci *s (duplici* t *hoc nomen scriptum est in* P § 147, *in* Σ §§ 149, 150,
in B § 149)   18 in *αa* : *om.* $M\mu$ 23 Fabricium Σa : Fabricios $M\mu$ 24 inquam σa : unquam $Mb\psi$
exstat memoria Σa : exstant memoriae $M\mu$ 28 locum Σa

vestrae, iudices. Nam etsi a vobis sic audior ut numquam
benignius neque attentius quemquam auditum putem, tamen
vocat me alio iam dudum tacita vestra exspectatio quae
mihi obloqui videtur: 'Quid ergo? negasne illud iudicium
esse corruptum?' Non nego, sed ab hoc corruptum non 5
esse confirmo. 'A quo igitur est corruptum?' Opinor,
primum, si incertum fuisset quisnam exitus illius iudici
futurus esset, veri similius tamen esset eum potius corrupisse qui metuisset ne ipse condemnaretur quam illum
qui veritus esset ne alter absolveretur; deinde, cum esset 10
non dubium quid iudicari necesse esset, eum certe potius
qui sibi aliqua ratione diffideret quam eum qui omni ratione
confideret; postremo certe potius illum qui bis apud eos
iudices offendisset quam eum qui bis causam probavisset.
64 Vnum quidem certe némo erit tam inimicus Cluentio qui 15
mihi non concedat, si constet corruptum illud esse iudicium,
aut ab Habito aut ab Oppianico esse corruptum; si doceo
non ab Habito, vinco ab Oppianico; si ostendo ab Oppianico, purgo Habitum. Qua re, etsi satis docui rationem
nullam huic corrumpendi iudici fuisse, ex quo intellegitur 20
ab Oppianico esse corruptum, tamen de illo ipso separatim
24 cognoscite. Atque ego illa non argumentabor quae sunt
gravia vehementer, eum corrupisse qui in periculo fuerit,
eum qui metuerit, eum qui spem salutis in alia ratione non
habuerit, eum qui semper singulari fuerit audacia. Multa 25
sunt eius modi; verum cum habeam rem non dubiam sed
apertam atque manifestam, enumeratio singulorum argumen-
65 torum non est necessaria. Dico C Aelio Staieno iudici

1 etsi *aa*: si *Mμ*   5 corruptum esse Σ*a* (*contra Quintil.* ix. 2.
51)   9 ille *a*   11 non Σ*a*: nemini *Mμ*   12 aliqua *M*:
alia *μa*   14 bis causam Σ*a*: bis causam iis (his *b*) *Mbψ*: bis iis
causam σ, *Baiter*   15 inimicus *aa*, *Quintil.* v. 10. 68, *Rufinian.*
Rhet. M. p. 42: iniquus *Mμ*   16 iudicium esse Σ*a* (*contra Quintil.*)
18–19 ab Oppianico *om.* Σ*b²a*   20 iudicii *b²ψ²a*: *om. Mμ*   26
habes Σ*a*

pecuniam grandem Statium Albium ad corrumpendum
iudicium dedisse. Num quis negat? Te, Oppianice, appello, te, T. Atti, quorum alter eloquentia damnationem
illam, alter tacita pietate deplorat; audete negare ab Op-
5 pianico Staieno iudici pecuniam datam, negate, negate, inquam, meo loco. Quid tacetis? an negare non potestis
quod repetistis, quod confessi estis, quod abstulistis? Quo
tandem igitur ore mentionem corrupti iudici facitis, cum ab
ista parte iudici pecuniam ante iudicium datam, post iu-
10 dicium ereptam esse fateamini? Quonam igitur haec modo 66
gesta sunt? Repetam paulo altius, iudices, et omnia quae
in diuturna obscuritate latuerunt sic aperiam ut ea cernere
oculis videamini. Vos quaeso, ut adhuc me attente audistis,
item quae reliqua sunt audiatis; profecto nihil a me dicetur
15 quod non dignum hoc conventu et silentio, dignum vestris
studiis atque auribus esse videatur.

Nam ut primum Oppianicus ex eo quod Scamander reus
erat factus quid sibi impenderet coepit suspicari, statim se
ad hominis egentis, audacis, in iudiciis corrumpendis exer-
20 citati, tum autem iudicis, Staieni familiaritatem applicavit.
Ac primum Scamandro reo tantum donis muneribusque
perfecerat ut eo fautore uteretur cupidiore quam fides
iudicis postulabat. Post autem cum esset Scamander unius 67
Staieni sententia absolutus, patronus autem Scamandri ne
25 sua quidem sententia liberatus, acrioribus saluti suae remediis
subveniendum putavit. Tum ab Staieno, sicut ab homine
ad excogitandum acutissimo, ad audendum impudentissimo,

2 Oppianice. appello Σα : appello, Oppianice Mμ   3 T. *om.* Σα
5 negate *semel hab.* a   6 meo Σb¹a : in eo *cett.*   an Σα : at
Mμ   13 attente audistis] attendistis (-itis B) ΣB   14 item Mμ :
ut item ΣBa   18-20 statim se . . . applicavit Mμ : statim se . . . se
applicavit aa : *fort.* statim sese . . . applicavit   21 donis muneribusque *Peterson* : donis datis muneribusque Mμ : datis muneribus Σα
22 profecerat *Lambinus*   fautore aa : auctore Mμ   23 esset
Mμ : erat Σα   24 sententia absolutus *om.* σ, *dei.* Garatoni   26
tum ab Σα : tum a Mμ

ad efficiendum acerrimo—haec enim ille et aliqua ex parte
habebat et maiore ex parte se habere simulabat—auxilium
25 capiti ac fortunis suis petere coepit.   Iam hoc non ignoratis,
iudices, ut etiam bestiae fame monitae plerumque ad eum
68 locum ubi pastae sunt aliquando revertantur.   Staienus ille ₅
biennio ante cum causam bonorum Safini Atellae recepisset,
sescentis milibus nummum se iudicium corrupturum esse
dixerat.   Quae cum accepisset a pupillo, suppressit iudicioque facto nec Safinio nec bonorum emptoribus reddidit.
Quam cum pecuniam profudisset et sibi nihil non modo ad ₁₀
cupiditates suas sed ne ad necessitatem quidem reliquisset,
statuit ad easdem esse sibi praedas ac suppressiones iudi-
cialis revertendum.   Itaque cum Oppianicum iam perditum
et duobus iugulatum praeiudiciis videret, promissis suis eum
excitavit abiectum et simul saluti desperare vetuit.   Op- ₁₅
pianicus autem orare hominem coepit ut sibi rationem osten-
69 deret iudici corrumpendi.   Ille autem, quem ad modum ex
ipso Oppianico postea est auditum, negavit quemquam esse
in civitate praeter se qui id efficere posset.   Sed primo
gravari coepit, quod aedilitatem se petere cum hominibus ₂₀
nobilissimis et invidiam atque offensionem timere dicebat.
Post exoratus initio permagnam pecuniam poposcit, deinde
ad id pervenit quod confici potuit; HS $\overline{\text{DCXL}}$ deferri ad
se domum iussit.   Quae pecunia simul atque ad eum delata
est, homo impurissimus statim coepit in eius modi mente et ₂₅
cogitatione versari, nihil esse suis rationibus utilius quam
Oppianicum condemnari ; illo absoluto pecuniam illam aut
iudicibus dispertiendam aut ipsi esse reddendam ; damnato
70 repetiturum esse neminem.   Itaque rem excogitat singu-

---

3 ac Σ*a* : et *M*μ   non σ*b*²ψ²*a* : *om. Mb*¹ψ¹   4 monitae *aa*,
Ammianus Marcell. xiv. 2 : dominante *M*μ   5 sunt aliquando Σ*a* :
aliquando sint *M*μ   6 cum *Ascens.* (2) : quam *M*μ*a*   14
suis eum Σ*a* : eum suis *M*μ   17 autem Σψ²*a* : *om. M*μ   23
HS Σ*a* : et *M*μ $\overline{\text{DCXL}}$ *scripsi* : xxxx Σ*s* : sexcenta (sestertia
M) quadraginta milia (*om.* milia ψ*t*) *cett.* (*cf.* §§ 82, 87)

larem. Atque haec, iudices, quae vera dicuntur a nobis facilius credetis, si cum animis vestris longo intervallo recordari C. Staieni vitam et naturam volueritis ; nam perinde ut opinio est de cuiusque moribus, ita quid ab eo
5 factum aut non factum sit existimari potest. Cum esset **26** egens, sumptuosus, audax, callidus, perfidiosus, et cum domi suae miserrimus in locis inanissimis tantum nummorum positum videret, ad omnem malitiam et fraudem versare mentem suam coepit. 'Ego dem iudicibus? mihi ipsi
10 igitur praeter periculum et infamiam quid quaeretur? Nihil excogitem quam ob rem Oppianicum damnari necesse sit? Quid tandem?—nihil enim est quod non fieri possit—si quis eum forte casus ex periculo eripuerit, nonne reddendum est? Praecipitantem igitur impellamus' inquit 'et
15 perditum prosternamus.' Capit hoc consili ut pecuniam 71 quibusdam iudicibus levissimis polliceatur, deinde eam postea supprimat ut, quoniam gravis homines sua sponte severe iudicaturos putabat, eos qui leviores erant destitutione iratos Oppianico redderet. Itaque, ut erat semper prae-
20 posterus atque perversus, initium facit a Bulbo et eum, quod iam diu nihil quaesierat, tristem atque oscitantem leviter impellit. 'Quid tu?' inquit 'ecquid me adiuvas, Bulbe, ne gratiis rei publicae serviamus?' Ille vero simul atque hoc audivit 'ne gratiis': 'Quo voles' inquit 'sequar ; sed
25 quid adfers?' Tum ei quadraginta milia, si esset absolutus Oppianicus, pollicetur et eum ut ceteros appellet quibuscum loqui consuesset rogat atque etiam ipse conditor totius

1 vera Σa : vere Mμ   7 miserrimus b¹t : miserrimis Mb²σψs locis] loculis Ernesti : focis Gulielmius   inanissimis ed. Guar. : et inanissimis Mμa : exinanitissimis Classen (et cum . . . videret om. Severian. Rhet. M. p. 361)   9 suam mentem σa   ego dem (eo ego s) b²ψ²a : eodem Σ : deme Mμ   ipsi igitur Σa : igitur ipsi Mμ   11 Oppianicum Σa : Oppianico Mμ   12 quid Σb¹a : qui cett. non fieri Σa : fieri non Mμ   15 consilii Σψ²a : consilium Mμ 24 quo] quod Σa   25 ei HS ψ²s

72 negoti Guttam aspergit huic Bulbo. Itaque minime amarus
eis visus est qui aliquid ex eius sermone speculae degustarant. Vnus et alter dies intercesserat cum res parum
certa videbatur ; sequester et confirmator pecuniae deside-
rabatur. Tum appellat hilari voltu hominem Bulbus ut 5
blandissime potest : ' Quid tu ' inquit ' Paete ? '—hoc enim
sibi Staienus cognomen ex imaginibus Aeliorum delegerat ne,
si se Ligurem fecisset, nationis magis suae quam generis uti
cognomine videretur—' qua de re mecum locutus es, quaerunt a me ubi sit pecunia.' Hic ille planus improbissimus 10
quaestu iudiciario pastus, qui illi pecuniae quam condi-
derat spe iam atque animo incubaret, contrahit frontem—
recordamini faciem atque illos eius fictos simulatosque
voltus—et, qui esset totus ex fraude et mendacio factus
quique ea vitia quae ab natura habebat etiam studio atque 15
artificio quodam malitiae condivisset, pulchre adseverat sese
ab Oppianico destitutum atque hoc addit testimoni, sua
illum sententia, cum palam omnes laturi essent, condemnatum iri.

27
73   Manarat sermo in consilio pecuniae quandam mentionem 20
inter iudices esse versatam. Res neque tam fuerat occulta
quam erat occultanda, neque tam erat aperta quam rei
publicae causa aperienda. In ea obscuritate ac dubitatione
omnium Cannutio, perito homini, qui quodam odore suspicionis Staienum corruptum esse sensisset neque dum rem 25
perfectam arbitraretur, placuit repente pronuntiare : DIXE-
RVNT. Hic tum Oppianicus non magno opere pertimuit ;

1 amarus *Mμ* : avarus Σ*a*   2 iis *b²a* : is *Mμ*   speculae *aa* :
spe gulae *Mμ*   degustarant *a* : degustarat Σ*Mbψ* (*om. σ*)   5
hilari *Mμ* : hilaro *a*   6 blandissime *Mμ* : placidissime *a*   Paete
a : Pacete *Mμ* : facete *b²ψ²*   7 aliorum *a*   8 suae *om. a*   10
planus *Mσ, Gellius* xvi. 7. 10 : plạnẹ Σ : planius *ba*   12 incubarat
Σ*b¹*   14 voltus] queritur se ab Oppianico destitutum *add. codd., del.*
Peterson   15 ab Σ*Mψt* : a *bσs*   16 condidisset *a*   sese . . .
destitutum *del. Madvig*   18 cum] quam *b¹*   26 pronuntiari
pauci dett.

rem a Staieno perfectam esse arbitrabatur.   In consilium 74
erant ituri iudices XXXII.   Sententiis XVI absolutio confici
poterat.   HS XL milia in singulos iudices distributa eum
numerum sententiarum conficere debebant ut ad cumulum
5 spe maiorum praemiorum ipsius Staieni sententia septima
decima accederet.   Atque etiam casu tum, quod illud
repente erat factum, Staienus ipse non aderat ; causam
nescio quam apud iudicem defendebat.   Facile hoc Habitus
patiebatur, facile Cannutius, at non Oppianicus neque pa-
10 tronus eius L. Quinctius ;   qui, cum esset illo tempore
tribunus plebis, convicium C. Iunio iudici quaestionis
maximum fecit ut ne sine illo in consilium iretur ; cumque
id ei per viatores consulto neglegentius agi videretur, ipse e
publico iudicio ad privatum Staieni iudicium profectus est
15 et illud pro potestate dimitti iussit ; Staienum ipse ad subsellia adduxit.   Consurgitur in consilium, cum sententias 75
Oppianicus, quae tum erat potestas, palam ferri velle dixisset
ut Staienus scire posset quid cuique deberet.   Varia iudicum
genera ; nummarii pauci sed omnes irati.   Vt qui accipere
20 in campo consuerunt eis candidatis quorum nummos sup-
pressos esse putant inimicissimi solent esse, sic eius modi
iudices infesti tum reo venerant ; ceteri nocentissimum esse
arbitrabantur, sed exspectabant sententias eorum quos corruptos esse putabant ut ex eis constituerent a quo iudicium
25 corruptum videretur.   Ecce tibi eius modi sortitio ut in **28**
primis Bulbo et Staieno et Guttae esset iudicandum ! Summa
omnium exspectatio quidnam sententiae ferrent leves ac
nummarii iudices.   Atque illi omnes sine ulla dubitatione
condemnant.   Hic tum iniectus est hominibus scrupulus et 76

3 HS Σs, *om. cett.*   XL *scripsi* : XXXX Σbψa : DCXL (*vel* DCLX)
quadragena Mσ   milia . . . distributa] milibus . . . distributis *as*
6 quod] quodam Σa   12 illo *P* : Aelio Σt : Staieno *cett.*   18
quid] quod Σa   deberet Σa : deberetur Mμ   23 exspectabant
Σa : spectabant (spera- ψ¹) Mμ   24 esse *P* : *om.* Mμa   25 ut]
fuit ut *aa*

quaedam dubitatio quidnam esset actum. Deinde homines
sapientes et ex vetere illa disciplina iudiciorum, qui neque
absolvere hominem nocentissimum possent neque eum de
quo esset orta suspicio pecunia oppugnatum re illa incognita
primo condemnare vellent, NON LIQVERE dixerunt. Non 5
nulli autem severi homines qui hoc statuerunt, quo quisque
animo quid faceret spectari oportere, etsi alii pecunia accepta verum iudicabant, tamen nihilo minus se superioribus
suis iudiciis constare putabant oportere ; itaque damnarunt.
Quinque omnino fuerunt qui illum vestrum innocentem 10
Oppianicum sive imprudentia sive misericordia sive aliqua
suspicione sive ambitione adducti absolverunt.

77   Condemnato Oppianico statim L. Quinctius, homo maxime
popularis, qui omnis rumorum et contionum ventos conligere
consuesset, oblatam sibi facultatem putavit ut ex invidia 15
senatoria posset crescere, quod eius ordinis iudicia minus
iam probari populo arbitrabatur. Habetur una atque altera
contio vehemens et gravis ; accepisse pecuniam iudices ut
innocentem reum condemnarent tribunus plebis clamitabat;
agi fortunas omnium dicebat ; nulla esse iudicia ; qui pecu- 20
niosum inimicum haberet, incolumem esse neminem posse.
Homines totius ignari negoti, qui Oppianicum numquam
vidissent, virum optimum et hominem pudentissimum pecunia oppressum esse arbitrarentur, incensi suspicione rem
in medium vocare coeperunt et causam illam totam depo- 25
78 scere. Atque illo ipso tempore in aedis T. Anni, hominis
honestissimi, necessarii et amici mei, noctu Staienus arcessitus ab Oppianico venit. Iam cetera nota sunt omnibus, ut
cum illo Oppianicus egerit de pecunia, ut ille se redditurum

esse dixerit, ut eum sermonem audierint omnem viri boni
qui tum consulto propter in occulto stetissent, ut res patefacta et in forum prolata et pecunia omnis Staieno extorta
atque erepta sit. Huius Staieni persona populo iam nota'**29**
5 atque perspecta ab nulla turpi suspicione abhorrebat ; sup-
pressam esse ab eo pecuniam quam pro reo pronuntiasset
qui erant in contione non intellegebant ; neque enim doce-
bantur. Versatam esse in iudicio mentionem pecuniae
sentiebant, innocentem reum condemnatum audiebant,
10 Staieni sententia condemnatum videbant ; non gratiis id ab
eo factum esse, quod hominem norant, iudicabant. Similis
in Bulbo, in Gutta, in aliis non nullis suspicio consistebat.
Itaque confiteor—licet enim iam impune hoc praesertim in 79
loco confiteri—quod Oppianici non modo vita sed etiam
15 nomen ante illud tempus populo ignotum fuisset, indignissimum porro videretur circumventum esse innocentem
pecunia, hanc deinde suspicionem augeret Staieni improbitas
et non nullorum eius similium iudicum turpitudo, causam
autem ageret L. Quinctius, homo cum summa potestate
20 praeditus tum ad inflammandos animos multitudinis accommodatus, summam illi iudicio invidiam infamiamque esse
conflatam. Atque in hanc flammam recentem tum C.
Iunium qui illi quaestioni praefuerat iniectum esse memini,
et illum hominem aedilicium iam praetorem opinionibus
25 omnium constitutum non disceptatione dicendi sed clamore
hominum de foro atque adeo de civitate esse sublatum.

Neque me paenitet hoc tempore potius quam illo causam 80

1 eum sermonem aud. omnem *P* : eorum sermonem omnem aud.
*M*μ   3 Staieno *P* : ab (a μ) Staieno *M*μ*a*   9 sentiebant
aa : . . . ebant *M* : sciebant σ : aiebant *b*¹   condemnatum . . .sen-
tentia *om. a*   10 gratiis Σ : gratis *cett.*   19 L. *om.* Σ*a*
20 praeditus *om.* Σ*a, del. Baiter*   accommodatus Σ*a* : commodatus
*M*μ   21 illi] Habito Σ   iudicio *aa* : *om. M*μ   22 recentem
om. s   23 esse iniectum Σ*a*   25 omnium *Peterson* : hominum *M*μ*a*   26 hominum *om. a*   27 tempore potius Σ*a* :
potius tempore *M*μ

A. Cluenti defendere. Causa enim manet eadem, quae
mutari nullo modo potest, temporis iniquitas atque invidia
recessit, ut quod in tempore mali fuit nihil obsit, quod in
causa boni fuit prosit. Itaque nunc quem ad modum
audiar sentio, non modo ab eis quorum iudicium ac pote- 5
stas est sed etiam ab illis quorum tantum est existimatio.
At tum si dicerem, non audirer, non quod alia res esset,
30 immo eadem, sed tempus aliud. Id adeo sic cognoscite.
Quis tum auderet dicere nocentem condemnatum esse
Oppianicum? quis nunc audet negare? Quis tum posset 10
arguere ab Oppianico temptatum esse iudicium pecunia?
quis id hoc tempore infitiari potest? Cui tum liceret docere
Oppianicum reum factum esse tum denique cum duobus
proximis praeiudiciis condemnatus esset? quis est qui id
81 hoc tempore infirmare conetur? Qua re invidia remota quam 15
dies mitigavit, oratio mea deprecata est, vestra fides atque
aequitas a veritatis disceptatione reiecit, quid est praeterea
quod in causa relinquatur?

Versatam esse in iudicio pecuniam constat; ea quaeritur
unde profecta sit, ab accusatore an ab reo. Dicit accu- 20
sator haec: 'Primum gravissimis criminibus accusabam, ut
nihil opus esset pecunia; deinde condemnatum adducebam,
ut ne eripi quidem pecunia posset; postremo, etiam si absolutus fuisset, mearum tamen omnium fortunarum status
incolumis maneret.' Quid contra reus? 'Primum ipsam 25
multitudinem criminum et atrocitatem pertimescebam;
deinde Fabriciis propter conscientiam mei sceleris con-
demnatis me esse condemnatum sentiebam: postremo in
eum casum veneram ut omnis mearum fortunarum status
unius iudici periculo contineretur.'   30

---

7 at σ : ac *Mbψa*   non quod] quod Σ*a*   10 audet Σ*a* :
id audet *Mμ*   11 temptatum esse iud. Σ*a* : iud. temptatum esse
Mμ   19 esse *om. a*   20 an ab] an a *s* : an *t*   dicit
accusator Σ*a* : accusator dicit *Mμ*   24 fuisset Σ*a* : esset *Mμ*
25 ipsam *Mμ* : iam *aa*   26 criminum et atroc. Σ*a* : et atroc.
criminum *Mμ*   29-30 omnes . . . continerentur *s*

Age, quoniam corrumpendi iudici causas ille multas et 8₂
gravis habuit, hic nullam, profectio ipsius pecuniae requiratur. Confecit tabulas diligentissime Cluentius. Haec
autem res habet hoc certe ut nihil possit neque additum
5 neque detractum de re familiari latere. Anni sunt octo cum
ista causa in ista meditatione versatur, cum omnia quae ad
eam rem pertinent et ex huius et ex aliorum tabulis agitatis,
tractatis, inquiritis, cum interea Cluentianae pecuniae
vestigium nullum invenitis. Quid? Albiana pecunia vesti-
10 giisne nobis odoranda est an ad ipsum cubile vobis ducibus
venire possumus? Tenentur uno in loco HS D̄C̄X̄L̄, tenentur
apud hominem audacissimum, tenentur apud iudicem; quid
voltis amplius? At enim Staienus non fuit ab Oppianico 8₃
sed a Cluentio ad iudicium corrumpendum constitutus.
15 Cur eum, cum in consilium iretur, Cluentius et Cannutius
abesse patiebantur? cur, cum in consilium mittebant, Staienum iudicem cui pecuniam dederant non requirebant? Oppianicus querebatur, Quinctius flagitabat; sine Staieno ne
in consilium iretur tribunicia potestate effectum est. At
20 condemnavit. Hanc enim condemnationem dederat obsidem Bulbo et ceteris ut destitutus ab Oppianico videretur.
Qua re si istinc causa corrumpendi iudici, si istinc pecunia,
istinc Staienus, istinc denique omnis fraus et audacia est,
hinc pudor, honesta vita, nulla suspicio pecuniae, nulla cor-
25 rumpendi iudici causa, patimini veritate patefacta atque
omni errore sublato eo transire illius turpitudinis infamiam
ubi cetera maleficia consistunt, ab eo invidiam discedere
aliquando ad quem numquam accessisse culpam videtis.

7 agitatis Σ*bψa* : agitis *Mσ*   9 Abbiana Σ*ψ²s*   10 ducibus *Mμ* :
iudicibus Σ*Ba* : indicibus *Nettleship*   11 D̄C̄X̄L̄ *Mμ* : xxxx Σ*a* (*add.*
milia Σ*s*)   15 eum Σ*b²ψa* : enim *Mb¹σ*   16 cur cum Σ*b²ψa* :
cum *Mb¹s*   17 cui *Mμ* : cui quod *as* : quod *t* : qui *Classen*   requirebant (-bantur *M*) *Mμ* : quaerebant *as*   19 effectum Σ*b²ψ¹a* :
perfectum *Mσ* : confectum *ψ²*   20 condemnavit *aa* : damnavit *Mμ*
22 iudicii si *b²a* : iudicii *Mμ*   24 vita Σ*a* : vita et *Mμ*   25
patiamini *t*   27 consistunt *aa* : consistant *Mμ*

31
84   At enim pecuniam Staieno dedit Oppianicus non ad corrumpendum iudicium sed ad conciliationem gratiae. Tene
hoc, Atti, dicere, tali prudentia, etiam usu atque exercitatione praeditum! Sapientissimum esse dicunt eum cui
quod opus sit ipsi veniat in mentem; proxime accedere 5
illum qui alterius bene inventis obtemperet. In stultitia
contra est. Minus enim stultus est is cui nihil in mentem
venit quam ille qui quod stulte alteri venit in mentem
comprobat. Ita Staienus tum recenti re, cum faucibus premeretur—*sive* ultro excogitavit sive, ut homines tum loque- 10
bantur, a P. Cethego admonitus *est*—istam dedit concilia-
85 tionis et gratiae fabulam. Nam fuisse hunc tum hominum
sermonem recordari potestis, Cethegum, quod hominem
odisset et quod eius improbitatem versari in re publica
nollet et quod videret eum qui se ab reo pecuniam, cum iu- 15
dex esset, clam atque extra ordinem accepisse confessus esset,
salvum esse non posse, minus ei fidele consilium dedisse.
In hoc si improbus Cethegus fuit, videtur mihi adversarium
removere voluisse; sin erat eius modi causa ut Staienus
nummos se accepisse negare non posset, nihil autem erat 20
periculosius nec turpius quam ad quam rem accepisset
86 confiteri, non est consilium Cethegi reprendendum. Verum alia causa tum Staieni fuit, alia nunc, Atti, tua est. Ille
cum re premeretur, quodcumque diceret, honestius diceret
quam si quod erat factum fateretur; te vero illud idem 25
quod tum explosum et eiectum est nunc rettulisse demiror.
Qui enim poterat tum in gratiam redire cum Oppianico

2 conciliationis (reconc. ψ) gratiam *aa*   9 Ita *scripsi*: istam
codd.: conciliationem gratiae *add. Mμ*: conciliationis (reconc. ψ)
gratiam *add. aa*: *ego delevi*   10 sive ultro *scripsi*: iutro *hab.* Σ *ante*
dedit: *om. Mμa*   11 est *Kayser*: *om. Mμa*   istam ... fabulam
om. a: *del. Baiter (cf. Zielinski p.* 200)   conciliationis gratiae *Manu-*
tius   12 tum Σa: *om. Mμ*   18 fuisset *aa*   23 fuit *om.* Σa
26 retulisse (rei tul- *M*) *Mb¹σ* : re intulisse ψ : detulisse *b²a*

Cluentius, qui cum matre ?   Haerebat in tabulis publicis
reus et accusator ; condemnati erant Fabricii ; nec elabi
alio accusatore poterat Albius nec sine ignominia calumniae
relinquere accusationem Cluentius.   An vero praevarica- 32
5 retur ?   nam id quoque ad corrumpendum iudicium per- 87
tinet.   Sed quid opus erat ad eam rem iudice sequestre ?
et omnino quam ob rem tota ista res per Staienum potius,
hominem ab utroque alienissimum, sordidissimum, turpissimum, quam per bonum aliquem virum ageretur et amicum
10 necessariumque communem ?   Sed quid ego haec pluribus
quasi de re obscura disputo, cum ipsa pecunia quae Staieno
data est numero ac summa sua non modo quanta fuerit
sed etiam ad quam rem fuerit ostendat ?   Sedecim dico
iudices ut Oppianicus absolveretur corrumpendos fuisse ; ad
15 Staienum DCXL milia nummum esse delata.   Si, ut tu dicis,
gratiae conciliandae causa, quadraginta istorum accessio
milium quid valet ? si, ut nos dicimus, ut quadragena
milia nummum sedecim iudicibus darentur, non Archi-
medes melius potuit discribere.

20   At enim iudicia facta permulta sunt a Cluentio iudicium 88
esse corruptum.   Immo vero ante hoc tempus omnino ista
ipsa res suo nomine in iudicium numquam est vocata.   Ita
multum agitata, ita diu iactata ista res est ut hodierno die
primum causa illa defensa sit, hodierno die primum veritas
25 vocem contra invidiam his iudicibus freta miserit.   Verum
tamen ista multa iudicia quae sunt ?   Ego enim me ad
omnia confirmavi et sic paravi ut docerem quae facta postea
iudicia de illo iudicio dicerentur, partim ruinae similiora aut

---

1 matre habebat simultates *aa*   4 Cluentius poterat $b^2\sigma\psi^2a$
vero *scripsi* : ut *Mμ* : iis $b^2\psi^2a$: is *Baiter*   5 nam b^1, *Pantagathus* :
iam $Mb^2\sigma\psi a$ 6 quod Σ*a*   11 disputo *aa*   15 $\overline{\text{DCXL}}$ σ :
sexcenta et (*om.* et Σ*a*) quadraginta *cett.*   18 nummum *om. a*
19 discribere *Kayser* : describere *Mμa*   23 ista res *del. Garatoni*
26 ista multa Σ*ba* : multa ista *Mσψ*   28 aut] partim autem $b^2\psi^2a$
(? Σ)

tempestati quam iudicio et disceptationi fuisse, partim
nihil contra Habitum valere, partim etiam pro hoc esse,
partim esse eius modi ut neque appellata umquam iudicia
89 int neque existimata.   Hic ego magis ut consuetudinem
servem quam quod vos non vestra hoc sponte faciatis, 5
petam a vobis ut me, dum de his singulis disputo, iudices,
33 attente audiatis.   Condemnatus est C. Iunius qui ei quaestioni praefuerat ; adde etiam illud, si placet : tum est condemnatus cum esset iudex quaestionis.   Non modo causae
sed ne legi quidem quicquam per tribunum plebis laxamenti 10
datum est.   Quo tempore illum a quaestione ad nullum aliud
rei publicae munus abduci licebat, eo tempore ad quaestionem ipse abreptus est.   At quam quaestionem ?   Voltus enim
vestri, iudices, mè invitant ut quae reticenda putaram libeat
90 iam libere dicere.   Quid ? illa tandem quaestio aut discepta- 15
tio aut iudicium fuit ?   Putabo fuisse.   Dicat qui volt hodie de
illo populo concitato, cui tum populo mos gestus est, qua de
re Iunius causam dixerit ; quemcumque rogaveris, hoc re-
spondebit, quod pecuniam acceperit, quod innocentem circumvenerit.   Est haec opinio.   At, si ita esset, hac lege 20
accusatum fuisse oportuit qua accusatur Habitus.   At
ipse ea lege quaerebat.   Paucos dies exspectasset Quinctius.   At neque privatus accusare nec sedata iam invidia
volebat.   Videtis igitur non in causa sed in tempore ac
91 potestate spem omnẹm accusatoris fuisse.   Multam petivit. 25
Qua lege ?   Quod in legem non iurasset, quae res nemini
umquam fraudi fuit, et quod C. Verres, praetor urbanus,
homo sanctus et diligens, subsortitionem eius in eo codice
non haberet qui tum interlitus proferebatur.   His de causis
C. Iunius condemnatus est, iudices, levissimis et infirmis- 30

---

1 similis fuisse Σs^1 6 iudices *Garatoni* : iudiciis $M\mu a$ 13 ad
quam quaestionem abreptus est Σs 14 putaram *Manutius* : puta-
rem $M\mu a$ libeat $M\mu$: iubeant $b^2\psi^2 a$ (? Σ)   17 tum populo Σa : tum $M\mu$
18 rogaveris aa : rogaris $M\mu$ 21 fuisse $M\psi$: esse $b\sigma$: *om.* a
22 respectasset Σ 23 iam *om.* Σa 26 iura essent a (? Σ)

simis, quas omnino in iudicium adferri non oportuit.   Itaque
oppressus est non causa sed tempore.   Hoc vos Cluentio **34**
iudicium putatis obesse oportere? quam ob causam?   Si 92
ex lege subsortitus non erat Iunius aut si in aliquam legem
5 aliquando non iuraverat, idcirco illius damnatione aliquid
de Cluentio iudicabatur?   'Non' inquit ; 'sed ille idcirco
illis legibus condemnatus est, quod contra aliam legem com-
miserat.' Qui hoc confitentur, possunt idem illud iudicium fuisse defendere?   'Ergo' inquit 'idcirco infestus
10 tum populus Romanus fuit C. Iunio, quod illud iudicium
corruptum per eum putabatur.' Num igitur hoc tempore
causa mutata est? num alia res, alia ratio illius iudici, alia
natura totius negoti nunc est ac tum fuit?   Non opinor ex
eis rebus quae gestae sunt rem ullam potuisse mutari. Quid 93
15 ergo est causae quod nunc nostra defensio audiatur tanto
silentio, tum Iunio defendendi sui potestas erepta sit? Quia
tum in causa nihil erat praeter invidiam, errorem, suspicionem, contiones cotidianas seditiose ac populariter conci-
tatas. Accusabat tribunus plebis idem in contionibus, idem
20 ad subsellia; ad iudicium non modo de contione sed
etiam cum ipsa contione veniebat.   Gradus illi Aurelii tum
novi quasi pro theatro illi iudicio aedificati videbantur ;
quos ubi accusator concitatis hominibus compierat, non
modo dicendi ab reo sed ne surgendi quidem potestas
25 erat.   Nuper apud C. Orchivium, conlegam meum, locus ab 94
iudicibus Fausto Sullae de pecuniis residuis non est constitutus, non quo illi aut exlegem esse Sullam aut causam

4 aliquam Σ*a* : *om.* *Mμ*   7 illis *P*Σ*a* : his *Mμ*   aliam]
aeliam *as*   8 iidem (idem) illud *Pσa* : illud idem *Mbψ*   9
inquit idcirco *P*Σ*a* : idcirco inquit *Mμ*   10 populus Rom. Σ*a* : PR.
*Pψ*¹ : praetor *Mb*¹*σ* : tr. pl. *b*²*ψ*²   fuit C. Iunio *P* : Iunio fuit *Mμa*
13 natura *om. P*   16 tum (cum *s*) Σ*a* : tunc *Mμ*   18 sedi-
tiones *a*   25 C. Orchivium Σ*a* : Corchium *P* : C. Orchinium *Mμ*
ab Σ*Mb*¹*ψ* : a *b*²*σs*   26 residuis *Mμ* : repetundis *aBa*   27
quo *Mμa*, *Nonius p.* 10. 25 : quod *P, Priscian.* (*K.* ii. 280)   esse
Sullam arbitrantur *Priscian.*

pecuniae publicae contemptam atque abiectam putarent,
sed quod accusante tribuno plebis condicione aequa dis-
ceptari posse non putaverunt. Quid conferam? Sullamne
cum Iunio, an hunc tribunum plebis cum Quinctio, an vero
tempus cum tempore? Sulla maximis opibus, cognatis, 5
adfinibus, necessariis, clientibus plurimis, haec autem apud
Iunium parva et infirma et ipsius labore quaesita atque
conlecta; hic tribunus plebis modestus, pudens, non modo
non seditiosus sed etiam seditiosis adversarius, ille autem
acerbus, criminosus, popularis homo ac turbulentus; tempus 10
hoc tranquillum atque placatum, illud omnibus invidiae
tempestatibus concitatum. Quae cum ita essent, in Fausto
tamen illi iudices statuerunt iniqua condicione reum causam
dicere, cum adversario eius ad ius accusationis summa vis
35 potestatis accederet. Quam quidem rationem vos, iudices, 15
95 diligenter pro vestra sapientia et humanitate cogitare et
penitus perspicere debetis, quid mali, quantum periculi uni
cuique nostrum inferre possit vis tribunicia, conflata praesertim invidia et contionibus seditiose concitatis. Optimis
hercule temporibus, tum cum homines se non iactatione 20
populari sed dignitate atque innocentia tuebantur, tamen
nec P. Popilius neque Q. Metellus, clarissimi viri atque
amplissimi, vim tribuniciam sustinere potuerunt, nedum his
temporibus, his moribus, his magistratibus sine vestra sapi-
96 entia ac sine iudiciorum remediis salvi esse possimus. Non 25
fuit illud igitur iudicium iudici simile, iudices, non fuit, in
quo non modus ullus est adhibitus, non mos consuetudoque
servata, non causa defensa; vis illa fuit et, ut saepe iam dixi,

1 atque *om.* P   putarunt *Nonius*   3 posse $M\sigma$: p. Σ: posse
publice *b* : posse p. r. ψ^1 : posse publice non ψ^2 : publice *a*   putarunt *a*   8 pudens *cod. Graevii* : prudens $M\mu a$ 11 placatum Σa : pacatum $PM\mu$ 13 illi iudices *om.* σ 16 et humanitate *om.* Σba 18 vestrum $\Sigma b^1 a$ 22 P. *Sylvius* : L. Σa : C.
$Mb\psi$: Sex. σ neque Σa : nec $M\mu$ viri atque ampliss. Σa :
atque ampliss. viri $M\mu$ 26 illud igitur Σa : igitur illud $M\mu$ 27
ullus est adhibitus *aa* : est habitus $M\mu$

ruina quaedam atque tempestas et quidvis potius quam
iudicium aut disceptatio aut quaestio. Quod si quis est
qui illud iudicium fuisse arbitretur et qui his rebus iudicatis
standum putet, is tamen hanc causam ab illa debet seiun-
5 gere. Ab illo enim, sive quod in legem non iurasset sive
quod ex lege subsortitus iudicem non esset, multa petita
esse dicitur; Cluenti autem ratio cum illis legibus quibus
a Iunio multa petita est nulla potest ex parte esse coniuncta.

10 At enim etiam Bulbus est condemnatus. Adde 'maie- 97
statis,' ut intellegas hoc iudicium cum illo non esse coniunctum. At est hoc illi crimen obiectum. Fateor, sed etiam
legionem esse ab eo sollicitatam in Illyrico C. Cosconi
litteris et multorum testimoniis planum factum est, quod
15 crimen erat proprium illius quaestionis et quae res lege
maiestatis tenebatur. At hoc obfuit ei maxime. Iam ista
divinatio est; qua si uti licet, vide ne mea coniectura
multo sit verior. Ego enim sic arbitror, Bulbum, quod
homo nequam, turpis, improbus, multis flagitiis contami-
20 natus in iudicium sit adductus, idcirco facilius esse damnatum. Tu mihi ex tota causa Bulbi quod tibi commodum
est eligis ut id esse secutos iudices dicas.

Quapropter hoc Bulbi iudicium non plus huic obesse **36**
causae debet quam illa quae commemorata sunt ab accusa- 98
25 tore duo iudicia P. Popili et Ti. Guttae, qui causam de
ambitu dixerunt, qui accusati sunt ab eis qui erant ipsi ambitus condemnati; quos ego non idcirco esse arbitror in
integrum restitutos quod planum fecerint illos ob rem iudicandam pecuniam accepisse sed quod iudicibus probarint,

3 arbitretur σ : arbitraretur *Mbψ*   6 ex] e *a*   iudicem
del. Garatoni   8 ex causa parte Σ   10 enim Σ*a* : *om. Mμ*
13 Coscinii Σ   16 ei *om.* Σ   25 Ti. *a, Quintil.* v. 10. 108 :
T. *Mμ*   26 dixerunt qui] dixerunt, quia *Nettleship* : dixerunt.
Quid ? *Peterson*   29 probarint *Mbσ* : probaverint ψ*a*

cum in eodem genere in quo ipsi offendissent alios repren-
dissent, se ad praemia legis venire oportere. Quapropter neminem dubitare existimo quin illa damnatio ambitus
nulla ex parte cum causa Cluenti vestroque iudicio coniuncta esse possit.   5

99   Quid quod Staienus est condemnatus? Non dico hoc
tempore, iudices, id quod nescio an dici oporteat, illum
maiestatis esse condemnatum ; non recito testimonia hominum honestissimorum quae in Staienum sunt dicta ab eis
qui Mam. Aemilio, clarissimo viro, legati et praefecti et 10
tribuni militares fuerunt ; quorum testimoniis planum factum est maxime eius opera, cum quaestor esset, in exercitu
seditionem esse conflatam ; ne illa quidem testimonia
recito quae dicta sunt de HS $\overline{DC}$ quae ille, cum accepisset
nomine iudici Safiniani, sicut in Oppianici iudicio postea, 15
100 reticuit atque suppressit.   Omitto et haec et alia permulta
quae illo iudicio in Staienum dicta sunt ; hoc dico, eandem
tum fuisse P. et L. Cominiis, equitibus Romanis, honestis
hominibus et disertis, controversiam cum Staieno quem accusabant quae nunc mihi est cum Attio. Cominii dicebant 20
idem quod ego dico, Staienum ab Oppianico pecuniam
accepisse ut iudicium corrumperet ; Staienus conciliandae
101 gratiae causa se accepisse dicebat. Inridebatur haec illius
reconciliatio et persona viri boni suscepta, sicut in statuis
inauratis quas posuit ad Iuturnae, quibus subscripsit reges 25
ab se in gratiam esse reductos. Exagitabantur omnes eius
fraudes atque fallaciae, tota vita in eius modi ratione versata aperiebatur, egestas domestica, quaestus forensis in
medium proferebatur, nummarius interpres pacis et concor-

diae non probabatur. Itaque tum Staienus cum idem
defenderet quod Attius condemnatus est; Cominii cum 102
hoc agerent quod nos in tota causa egimus probave-
runt. Quam ob rem, si Staieni damnatione Oppianicum
5 iudicium corrumpere voluisse, Oppianicum iudici ad emen-
das sententias dedisse pecuniam iudicatum est, *et*, cum ita
constitutum sit ut in illa culpa aut Cluentius sit aut Oppianicus, Cluenti nummus nullus iudici datus ullo vestigio reperitur, Oppianici pecunia post iudicium factum ab iudice
10 ablata est : potest esse dubium quin illa damnatio Staieni
non modo non sit contra Cluentium sed maxime nostram
causam defensionemque confirmet? Ergo adhuc Iuni iudi- **37**
cium video esse eius modi ut incursionem potius seditionis, 103
vim multitudinis, impetum tribunicium quam iudicium ap-
15 pellandum putem. Quod si quis illud iudicium appellet,
tamen hoc confiteatur necesse est, nullo modo illam multam
quae ab Iunio petita sit cum Cluenti causa posse coniungi.
Illud igitur Iunianum per vim factum est, Bulbi et Popili
et Guttae contra Cluentium non est, Staieni etiam pro
20 Cluentio est. Videamus ecquod aliud iudicium quod pro
Cluentio sit proferre possimus.

Dixitne tandem causam C. Fidiculanius Falcula qui Oppianicum condemnarat, cum praesertim, id quod fuit in illo
iudicio invidiosissimum, paucos dies ex subsortitione se-
25 disset? Dixit et bis quidem dixit. In summam enim
L. Quinctius invidiam contionibus eum cotidianis seditiosis
et turbulentis adduxerat. Vno iudicio multa est ab eo
petita, sicut ab Iunio, quod non suae decuriae munere
neque ex lege sedisset. Paulo sedatiore tempore est accu-

---

3 tota causa] *hinc usque ad vv.* non quaerunt (§ 107) *defic. Mb*[1]*σ* :
lac. supplet Σ *in pag. insuta: supplem. hab. in mg. b, in textu* χψα
6 est, et *scripsi* : est *codd.* (*fort.* si *post* Oppianicus *supplendum*)
7 ut *P* : uti *cett.*   illa] ulla Σ : nulla *b*χψ[2]   8 reperietur *P*
9 ab *P* : a *cett.*   15 quis *P* (?) : qui *mei*   17 sit] est *Halm*
20 ecquod *b*[2] : et quod *cett.*   21 possumus Σ*s*   22 Fidiculanius
*P*Σ : Fidiculanus *cett.*   27 unos Σ

satus quam Iunius, sed eadem fere lege et crimine. Quia
nulla in iudicio seditio neque vis nec turba versata est,
prima actione facillime est absolutus. Non numero hanc
absolutionem ; nihilo minus enim potest, ut illam multam
non commiserit, accepisse tamen ob rem iudicandam, *sicut* 5
causam pecunia ob rem iudicandam capta nusquam Staienus
ea quidem lege dixit. Proprium crimen illud quaestionis
104 eius non fuit. Fidiculanius quid fecisse dicebatur ? Accepisse a Cluentio HS $\overline{cccc}$. Cuius erat ordinis ? Senatorii.
Qua lege in eo genere a senatore ratio repeti solet, de 10
pecuniis repetundis, ea lege accusatus honestissime est
absolutus. Acta est enim causa more maiorum sine vi,
sine metu, sine periculo ; dicta et exposita et demonstrata
sunt omnia. Adducti iudices sunt non modo potuisse
honeste ab eo reum condemnari qui non perpetuo sedisset 15
38   sed, aliud si is iudex nihil scisset, nisi quae praeiudicia de
105 eo facta esse constaret, audire praeterea nihil debuisse. Tum
etiam illi quinque qui imperitorum hominum rumusculos
aucupati tum illum absolverunt iam suam clementiam laudari magno opere nolebant ; a quibus si qui quaereret 20
sedissentne iudices in C. Fabricium, sedisse se dicerent ; si
interrogarentur num quo crimine is esset accusatus praeterquam veneni eius quod quaesitum Habito diceretur,
negarent ; si deinde essent rogati quid iudicassent, condemnasse se dicerent ; nemo enim absolvit. Eodem modo 25
quaesitum si esset de Scamandro, certe idem respondissent ; tametsi ille una sententia est absolutus, sed illam

2 nec Σ*a* : neque *bχψ*   5 sicut causam pecunia ob rem iudicandam *supplevi* : *om. codd.* (pecuniam quam Staienus qui causam
nusquam e. l. d. *Naugerius*)   capta nusquam] captanus quam Σ :
causam nusquam *Madvig*   7 ea quidem *Kayser* : eadem *codd.* :
ea de re *Madvig*   8 Fidiculanus Σ*b*   fecisset Σ*χ*   accepisse . . .
$\overline{cccc}$ *om.* ψ[1]   14 adducti *bψ²a* (*cf. Fin.* I. 14) : ad docti Σψ[1] : at
ducti *χ* : addocti *unus det.*   16 aliud si *Halm* : aliud is (si is *t*) *codd.* :
si aliud is *Beroaldus*   17 constaret *Naugerius* (2) : constarent
codd. (*cf. Rosc. Am.* 118)

unam nemo tum istorum suam dici vellet. Vter igitur 106
facilius suae sententiae rationem redderet, isne qui se et
sibi et rei iudicatae constitisse dicit, an ille qui se in
principem malefici lenem, in adiutores eius et conscios
5 vehementissimum esse respondit? Quorum ego de sententia non debeo disputare; neque enim dubito quin ei
tales viri suspicione aliqua perculsi repentina de statu suo
declinarint. Qua re eorum qui absolverunt misericordiam
non reprendo, eorum qui in iudicando superiora iudicia
10 secuti sunt sua sponte, non Staieni fraude, constantiam
comprobo, eorum vero qui sibi non liquere dixerunt sapientiam laudo, qui absolvere eum quem nocentissimum cogno-
rant et quem ipsi bis iam antea condemnarant nullo modo
poterant, condemnare, cum tanta consili infamia et tam
15 atrocis rei suspicio esset iniecta, paulo posterius patefacta
re maluerunt. Ac ne ex facto solum sapientes illos iudicetis, 107
sed etiam ex hominibus ipsis quod hi fecerunt rectissime
ac sapientissime factum probetis, quis P. Octavio Balbo
ingenio prudentior, iure peritior, fide, religione, officio dili-
20 gentior aut sanctior commemorari potest? Non absolvit.
Quis Q. Considio constantior, quis iudiciorum atque eius
dignitatis quae in iudiciis publicis versari debet peritior,
quis virtute, consilio, auctoritate praestantior? Ne is quidem absolvit. Longum est de singulorum virtute ita dicere,
25 quaeque iam cognita sunt ab omnibus verborum ornamenta non quaerunt. Qualis vir M. Iuventius Pedo fuit ex
vetere illa iudiciorum disciplina, qualis L. Caulius Mergus,
M. Basilus, C. Caudinus! qui omnes in iudiciis publicis

---

5 respondet *cod. Graevii* 6 ii Σ: *om.* a 8 declinarint
mg. Lambini: declinarent *codd.* 13 iam *sup. lin. hab.* Σ, *om.* a
17 nominibus *Naugerius* (2) hi Σa: ii bχψ fecerunt ba:
fecerint Σχψ 21 quis Q. bψ²a: quisque Σχψ¹ 24 ita] illa
Torrentius 25 quaeque iam *scripsi*: quae quia *codd.* 27 iudiciorum (-or- *sup. lin.*) Σ, *Manutius*: iudicum *cett.* (*cf.* § 76) 28
Basilus *Lambinus*: Basilius *codd.*

iam tum florente re publica floruerunt.　Ex eodem numero
L. Cassius, Cn. Heius pari et integritate et prudentia ;
quorum nullius sententia est Oppianicus absolutus.　Atque
in his omnibus natu minimus, ingenio et diligentia et religione par eis quos antea commemoravi, P. Saturius, in eadem 5
108 sententia fuit.　O innocentiam Oppianici singularem ! quo
in reo qui absolvit ambitiosus, qui distulit cautus, qui condemnavit constans existimatur.

39　Haec tum agente Quinctio neque in contione neque in
iudicio demonstrata sunt ;　neque enim ipse dici patiebatur 10
nec per multitudinem concitatam consistere cuiquam in
dicendo licebat.　Itaque ipse postquam Iunium pervertit,
totam causam reliquit ;　paucis enim diebus illis et ipse
privatus est factus et hominum studia defervisse intellegebat.
Quod si, per quos dies Iunium accusavit, Fidiculanium accu- 15
sare voluisset, respondendi Fidiculanio potestas facta non
esset.　Ac primo quidem omnibus illis iudicibus qui Oppiani-
109 cum condemnarant minabatur.　Iam insolentiam noratis
hominis, noratis animos eius ac spiritus tribunicios.　Quod
erat odium, di immortales ! quae superbia, quanta ignoratio 20
sui, quam gravis atque intolerabilis adrogantia ! qui illud
iam ipsum acerbe tulerit, ex quo illa nata sunt omnia, non
sibi ac defensioni suae condonatum esse Oppianicum ;
proinde quasi non satis signi esse debuerit ab omnibus
eum fuisse desertum qui se ad patronum illum contulisset. 25
Erat enim Romae summa copia patronorum, hominum elo-
quentissimorum atque amplissimorum, quorum certe aliquis
defendisset equitem Romanum in municipio suo nobilem,
40 si honeste putasset eius modi causam posse defendi.　Nam
110 Quinctius quidem quam causam umquam antea dixerat, 30

---

2 Heius *Mμ* : Heiutus (Hevi- *a*) Σ*a*　　4 in *b²ψ²a* : ex *Mμ*　　9
agente Σ*a* : agitante *Mμ*　　13 totam causam Σ*a* : causam totam
Mμ　　20 ignoratio *Mψ¹* : ignorantia *bσψ²a*　　22 iam Σ*a* : etiam
Mμ　　23 condonatum *Mb²σψ²* : condemnatum *Σb¹ψ¹a*

cum annos ad quinquaginta natus esset? quis eum umquam
non modo in patroni sed in lautioris advocati loco viderat?
qui quod rostra iam diu vacua locumque illum post adven-
tum L. Sullae a tribunicia voce desertum oppresserat mul-
5 titudinemque desuefactam iam a contionibus ad veteris
consuetudinis similitudinem revocarat, idcirco cuidam hominum generi paulisper iucundior fuit. Atque idem quanto
in odio postea fuit illis ipsis per quos in altiorem locum
ascenderat! neque iniuria. Facite enim ut non solum 111
10 mores et adrogantiam eius sed etiam voltum atque amictum
atque etiam illam usque ad talos demissam purpuram re-
cordemini. Is, quasi non esset ullo modo ferendum se ex
iudicio discessisse victum, rem ab subselliis ad rostra detulit. Et iam querimur saepe hominibus novis non satis
15 magnos in hac civitate esse fructus? Nego usquam umquam fuisse maiores; ubi si quis ignobili loco natus ita
vivit ut nobilitatis dignitatem virtute tueri posse videatur,
usque eo pervenit quoad eum industria cum innocentia prosecuta est. Si quis autem hoc uno nititur quod sit igno- 112
20 bilis, procedit saepe longius quam si idem ille esset cum
isdem suis vitiis nobilissimus. Vt Quinctius—nihil enim
dicam de ceteris—si fuisset homo nobilis, quis eum cum illa
superbia atque intolerantia ferre potuisset? Quod eo loco
fuit, ita tulerunt ut, si quid haberet a natura boni, prodesse
25 ei putarent oportere, superbiam autem atque adrogantiam
eius deridendam magis arbitrarentur propter humilitatem
hominis quam pertimescendam. Sed ut illuc revertar, quo **41**
tempore Fidiculanius est absolutus, tu qui iudicia facta

2 lautioris ΣB · laudatoris aut (*om.* aut *b*¹ψ¹) *Mμ*   5 desuefactam iam Σ*a* : iam desuefactam *Mμ*   6 revocarat Σ*ba* : revoca-
verat *Moψ*   8 fuit illis ipsis *Baiter* : suis ipsís Σ*a* : suis illis ipsis
fuit *Mμ*   9 facite *Mμ* : fecit *aBa*   10 et arrog. eius Σ*a* : eius
et (*om.* et *bψ*) arrog. *Mμ*   11 etiam *aa* : *om. Mμ*   13 ab *Mψ* :
a *bσa*   ad *aa* : in *Mμ*   14 et iam *Mμ* : etiam *σa*   16 ita] sit
ita Σ*Ba*   21 vitiis] civis *a*   24 a *Naugerius* : in *codd.*   28
absolutus est *s*   iudicia Σ*a* : ea iudicia *Mμ*

commemoras quid tum esse existimas iudicatum? certe
113 gratiis iudicasse. At condemnarat, at causam totam non
audierat, at in contionibus omnibus a L. Quinctio, tribuno
plebis, vehementer erat et saepe vexatus. Illa igitur omnia
Quinctiana iniqua, falsa, turbulenta, popularia, seditiosa 5
iudices iudicaverunt. Esto, potuit esse innocens Falcula.
Iam ergo aliquis Oppianicum gratiis condemnavit, iam non
eos Iunius subsortitus est qui pecunia accepta condemnarent, iam potest aliquis ab initio non sedisse et tamen
Oppianicum gratiis condemnasse. Verum, si innocens 10
Falcula, quaero quis sit nocens; si hic gratiis condemnavit, quis accepit? Nego rem esse ullam cuiquam
illorum obiectam quae Fidiculanio non obiecta sit, aliquid
fuisse in Fidiculani causa quod idem non esset in cete-
114 rorum. Aut hoc iudicium reprehendas tu cuius accusatio 15
rebus iudicatis nitebatur necesse est aut, si hoc verum
esse concedis, Oppianicum gratiis condemnatum esse
fateare.

Quamquam satis magno argumento esse debet quod ex
tam multis iudicibus absoluto Falcula nemo reus factus est. 20
Quid enim mihi damnatos ambitus conligitis alia lege,
certis criminibus, plurimis testibus? cum primum illi ipsi
debuerint potius accusari de pecuniis repetundis quam
ambitus. Nam si in ambitus iudiciis hoc eis obfuit, cum
alia lege causam dicerent, certe, si propria lege huius pec- 25

1 quid Σ (?) *a* : quaero, quid *Mμ*   3 omnibus *om. s*   trib. pl.
Σ*s* : *om. cett.*   4 omnia] *fort.* crimina   6 iudices *supplevi* :
om. codd. (*cf. Rab. perd.* 7, *Pis.* 94)   iudicaverunt (-arunt *B*) Σ*Ba* :
iudicia fuerunt *Mμ* (*cf. Zielinski p.* 137)   7 aliqui *a*   9 potest
scripsi : putarer Σ (*cum v. l.* potuerunt) : potuit *Mμ* : putaretur *b²ψ²a*
(*Fuitne* pōt *in archetypo*? *cf.* § 94). *Cf. Quintil.* vii. 1. 50 *iam multum
acti est. Potest aliquis non adfuisse et heres esse.*   aliqui *Mσa*
10 condemnasset Σ*ψ²a*   11 quis sit *b²* : qui sit Σ (?)*ψ²a* : quis *Mμ*
12 cuiquam *Madvig* : in quemquam *Mμa*   13 non obiecta *Σa* :
obiecta non *cett.*   aliquid *Mμa* : nego aliquid *Angelius* : auc
quicquam *Madvig*   16 nitebatur Σ*a* : niti videbatur *Mμ*   21
iis *ba* : his *Moψ*

cati adducti essent, multo plus obfuisset.   Deinde, si tanta 115
vis fuit istius criminis ut, qua quisque lege ex illis iudicibus
reus factus esset, tamen hac plaga periret, cur in tanta
multitudine accusatorum, tantis praemiis, ceteri rei facti non
5 sunt?   Hic profertur id quod iudicium appellari non oportet, P. Septimio Scaevolae litem eo nomine esse aestimatam.
Cuius rei quae consuetudo sit, quoniam apud homines peri-
tissimos dico, pluribus verbis docere non debeo.   Numquam enim ea diligentia quae solet adhiberi in ceteris
10 iudiciis, eadem reo damnato adhibita est.   In litibus aesti- 116
mandis fere iudices aut, quod sibi eum quem semel condemnarunt inimicum putant esse, si qua in eum lis capitis
inlata est, non admittunt aut, quod se perfunctos iam esse
arbitrantur cum de reo iudicarunt, neglegentius attendunt
15 cetera.   Itaque et maiestatis absoluti sunt permulti quibus
damnatis de pecuniis repetundis lites maiestatis essent aestimatae, et hoc cotidie fieri videmus ut reo damnato de
pecuniis repetundis, ad quos pervenisse pecunias in litibus
aestimandis statutum sit, eos idem iudices absolvant ; quod
20 cum fit, non iudicia rescinduntur sed hoc statuitur, aestima-
tionem litium non esse iudicium.   Scaevola condemnatus
est aliis criminibus frequentissimis Apuliae testibus.   Omni
contentione pugnatum est uti lis haec capitis aestimaretur.
Quae res si rei iudicatae pondus habuisset, ille postea vel
25 isdem vel aliis inimicis reus hac lege ipsa factus esset.
Sequitur id quod illi iudicium appellant, maiores autem **42**
nostri numquam neque iudicium nominarunt neque proinde 117
ut rem iudicatam observarunt, animadversio atque auctoritas censoria.   Qua de re ante quam dicere incipio, per-

12 si qua Σ*s* : si quae *cett.*   13 non] non inviti *Mommsen*
14 cum quod Σ   16 maiestatis *aa* : *om. M*μ   19 eos idem
Baiter : eosdem Σ*a* : eos illi *M*μ   21 iudicium *om.* Σ*a*   23
uti Σ*a* : ut *M*μ   25 ab isdem *Madvig*   28 animadversio
atque auctoritas censoria *Manutius* : animadversionem atque auctoritatem censoriam *M*μ*a*

pauca mihi de meo officio verba facienda sunt, ut a me cum
huiusce periculi tum ceterorum quoque officiorum et ami-
citiarum ratio conservata esse videatur. Nam mihi cum
viris fortibus qui censores proxime fuerunt ambobus est
amicitia ; cum altero vero, sicuti plerique vestrum sciunt, 5
magnus usus et summa utriusque officiis constituta necessi-
118 tudo est. Qua re quicquid de subscriptionibus eorum mihi
dicendum erit, eo dicam animo ut omnem orationem meam
non de illorum facto sed de ratione censoria habitam existimari velim ; a Lentulo autem, familiari meo, qui a me 10
pro eximia sua virtute summisque honoribus quos a populo
Romano adeptus est honoris causa nominatur, facile hoc,
iudices, impetrabo ut, quam ipse adhibere consuevit in
amicorum periculis cum fidem et diligentiam tum vim
animi libertatemque dicendi, ex hac mihi concedat ut 15
tantum mihi sumam quantum sine huius periculo' praeterire non possim. A me tamen, ut aequum est, omnia
caute pedetemptimque dicentur ut neque fides huius defensionis relicta neque cuiusquam aut dignitas laesa aut
amicitia violata esse videatur.   20

119   Video igitur, iudices, animadvertisse censores in iudices
quosdam illius consili Iuniani, cum istam ipsam causam
subscriberent. Hic illud primum commune proponam,
numquam animadversionibus censoriis hanc civitatem ita
contentam ut rebus iudicatis fuisse. Neque in re nota 25
consumam tempus ; exempli causa ponam illud unum,
C. Getam, cum a L. Metello et Cn. Domitio censoribus ex
senatu eiectus esset, censorem esse ipsum postea factum

---

1 faciunda *a*   2 periculi tum] periculo *a*   5 sicuti Σ*a* : sicuti
et *M*μ   vestri *a*   6 officiis *Manutius* : officii *M*μ*a*   neces-
situdo *M*μ: consuetudo *aa*: censuit *B*   7 est *om. a*   8 orationem
Angelius : rationem *M*μ*a*   14 cum Σ*a* : *om. M*μ   tum] eam
Σ   15 ex Σ*a* : in *M*μ   17 possim Σ*a* : possum *M*μ   18
huius *M*μ : eius Σ*a*   23 illud primum Σ*a* :   primum illud *M*μ   26
exempli causa ψ²*a* (? Σ)   unum illud *s*   28 esse ipsum postea
Σ*a* : ipsum postea esse *M*μ

et, cuius mores erant a censoribus reprehensi, hunc postea
et populi Romani et eorum qui in ipsum animadverterant
moribus praefuisse.   Quod si illud iudicium putaretur, ut
ceteri turpi iudicio damnati in perpetuum omni honore ac
5 dignitate privantur, sic hominibus ignominia notatis neque ad
honorem aditus neque in curiam reditus esset.   Nunc si 120
quem Cn. Lentuli aut L. Gelli libertus furti condemnarit, is
omnibus ornamentis amissis numquam ullam honestatis
suae partem reciperabit ; quos autem ipse L. Gellius et
10 Cn. Lentulus, duo censores, clarissimi viri sapientissimique
homines, furti et captarum pecuniarum nomine notaverunt,
ei non modo in senatum redierunt sed etiam illarum ipsa-
rum rerum iudiciis absoluti sunt.   Neminem voluerunt **43**
maiores nostri non modo de existimatione cuiusquam sed
15 ne pecuniaria quidem de re minima esse iudicem, nisi qui
inter adversarios convenisset.   Quapropter in omnibus legibus quibus exceptum est de quibus causis aut magistratum
capere non liceat aut iudicem legi aut alterum accusare,
haec ignominiae causa praetermissa est.   Timoris enim
20 causam, non vitae poenam in illa potestate esse voluerunt.
Itaque non solum illud ostendam quod iam videtis, populi 121
Romani suffragiis saepenumero censorias subscriptiones
esse sublatas, verum etiam iudiciis eorum qui iurati statuere
maiore cum religione et diligentia debuerunt.   Primum
25 iudices, senatores equitesque Romani, in compluribus iam
reis quos contra leges pecunias accepisse subscriptum est
suae potius religioni quam censorum opinioni paruerunt.
Deinde praetores urbani qui iurati debent optimum quemque in lectos iudices referre numquam sibi ad eam rem
30 censoriam ignominiam impedimento esse oportere duxerunt.

---

1 erant a censoribus Σ*a* : a censoribus erant *Mμ*   7 libertum
Σ*s*[1]   9 ipse] ille Σ   12 ei *om. μ*   illarum *om. Mσ*   19
causa est praetermissa *Zielinski p.* 200   20 causam *om. a*   23
sublatas Σ*a* : delatas *M* : deletas *μ*   26 accepisse Σ*a* : cepisse *Mμ*
29 lectos Σ*a* : selectos *Mμ*   sibi numquam *a*

122 Censores denique ipsi saepe numero superiorum censorum
iudiciis, si ista iudicia appellare voltis, non steterunt. Atque
etiam ipsi inter se censores sua iudicia tanti esse arbitrantur
ut alter alterius iudicium non modo reprehendat sed etiam
rescindat, ut alter de senatu movere velit, alter retineat et 5
ordine amplissimo dignum existimet, ut alter in aerarios
referri aut tribu moveri iubeat, alter vetet. Qua re qui vobis
in mentem venit haec appellare iudicia quae a populo Romano rescindi, ab iuratis iudicibus repudiari, a magistratibus neglegi, ab eis qui eandem potestatem adepti sunt 10
commutari, inter conlegas discrepare videatis?

44
123   Quae cum ita sint, videamus quid tandem censores de
illo iudicio corrupto iudicasse dicantur. Ac primum illud
statuamus utrum, quia censores subscripserint, ita sit, an,
quia ita fuerit, illi subscripserint. Si quia subscripserint, 15
videte quid agatis ne in unum quemque nostrum censoribus
in posterum potestatem regiam permittatis, ne subscriptio
censoria non minus calamitatis civibus quam illa acerbissima proscriptio possit adferre, ne censorium stilum cuius
mucronem multis remediis maiores nostri rettuderunt aeque 20
posthac atque illum dictatorium gladium pertimescamus.

124 Sin autem quod subscriptum est, quia verum est, idcirco
grave debet esse, hoc quaeramus verum sit an falsum;
removeantur auctoritates censoriae, tollatur id ex causa
quod in causa non est; doce quam pecuniam Cluentius 25
dederit, unde dederit, quem ad modum dederit; unum
denique aliquod a Cluentio profectae pecuniae vestigium ostende. Vince deinde bonum virum fuisse Oppianicum, hominem integrum, nihil de illo umquam secus

2 appellare Σ*a* : appellari *Mμ*   5 praescindat Σ*a*   6 aerarios (-ium *b*¹) referri *Mb²σ* : aerario referre Σ*ψa*   7 tribum Σ :
tribus *B*   moveri *Mμ* : movere Σ*Ba*   8 Romano *om. a*   14
censores] de illo corrupto iudicio *add. b²ψ²s²*   15 quia Σ*s* : ideo
quia *Mμ*   21 gladium *om. s* (*contra B*) : *del. Baiter*   26
quem . . . dederit *om. a*   27 aliquod a Cluentio *Mμ* : a Cluentio
aliquid Σ*Bs* : a Cluentio *t*   28 bonum virum Σ*a* : virum bonum *Mμ*

esse existimatum, nihil denique praeiudicatum. Tum
auctoritatem censoriam amplexato, tum illorum iudicium
cum re coniunctum esse defendito. Dum vero eum 125
fuisse Oppianicum constabit qui tabulas publicas municipi
5 manu sua corrupisse iudicatus sit, qui testamentum inter-
leverit, qui supposita persona falsum testamentum obsi-
gnandum curaverit, qui eum cuius nomine id obsignatum
est interfecerit, qui avunculum fili sui in servitute ac vinculis
necaverit, qui municipes suos proscribendos occidendosque
10 curaverit, qui eius uxorem quem occiderat in matrimonium
duxerit, qui pecuniam pro abortione dederit, qui socrum,
qui uxores, qui uno tempore fratris uxorem speratosque
liberos fratremque ipsum, qui denique suos liberos interfecerit, qui, cum venenum privigno suo dare vellet, mani-
15 festo deprehensus sit, cuius ministris consciisque damnatis
ipse adductus in iudicium pecuniam iudici dederit ad sententias iudicum corrumpendas, dum haec, inquam, de Oppianico
constabunt neque ullo argumento Cluentianae pecuniae
crimen tenebitur, quid est quod te ista censoria sive volun-
20 tas sive opinio fuit adiuvare aut hunc innocentem opprimere posse videatur? Quid igitur censores secuti sunt? **45**
Ne ipsi quidem, ut gravissime dicam, quicquam aliud dicent 126
praeter sermonem atque famam. Nihil se testibus, nihil
tabulis, nihil aliquo gravi argumento comperisse, nihil deni-
25 que causa cognita statuisse dicent. Quod si ita fecissent,
tamen id non ita fixum esse deberet ut convelli non liceret.
Non utar exemplorum copia quae summa est, non rem

2 censoriam $\Sigma b\psi a$: censorum $M\sigma$ amplexato $b\psi$, *Priscian.* (*K.* ii. 393): amplexator $M\sigma a$ 3 cum re coniunctum esse $M\mu$: coniunctum cum re esse s (? Σ): coniunctum esse cum re t 5 manu sua a (? Σ): sui $M\mu$ iudicatum $b^1 a$ 7–9 curaverit … necaverit aa: curarit … necarit $M\mu$ 10 curaverit $\psi^2 s$ (? Σ): curarit $M\mu$: curavit t 11 abortione aBa: potione $M\mu$ 12 uxores Σa: uxorem $M\mu$ 14 dare vellet aa: quaereret $M\mu$ 15 deprehensus sit Σa: sit depre-hensus $M\mu$ 18 neque Σa: nec $M\mu$ 24 aliquo gravi Σa: gravi aliquo $M\mu$

veterem, non hominem potentem aliquem aut gratiosum
proferam. Nuper hominem tenuem, scribam aedilicium,
D. Matrinium, cum defendissem apud M. Iunium Q. Publicium praetores et M. Plaetorium C. Flaminium aedilis
curulis, persuasi ut scribam iurati legerent eum quem idem 5
isti censores aerarium reliquissent. Cum enim in homine
nulla culpa inveniretur, quid ille meruisset, non quid de eo
127 statutum esset, quaerendum esse duxerunt. Nam haec
quidem quae de iudicio corrupto subscripserint quis est qui
ab illis satis cognita et diligenter iudicata arbitretur? In 10
M'. Aquilium et in Ti. Guttam video esse subscriptum.
Quid est hoc? duos esse corruptos solos pecunia iudicant;
ceteri videlicet gratiis condemnarunt. Non est igitur circumventus, non oppressus pecunia, non, ut in illa Quinctiana contione habebatur, omnes qui Oppianicum conde- 15
mnarunt in culpa sunt ac suspicione ponendi. Duos solos
video auctoritate censorum adfinis ei turpitudini iudicari.
Aut illud adferant, aliquid eos quod de his duobus habue-
46 rint compertum de ceteris comperisse. Nam illud quidem
128 minime probandum est, ad notationes auctoritatemque 20
censoriam exemplum illos *e* consuetudine militari transtu-
lisse. Statuerunt enim ita maiores nostri ut, si a multis
esset flagitium rei militaris admissum, sortito in quosdam
animadverteretur, ut metus videlicet ad omnis, poena ad
paucos perveniret. Quod idem facere censores in delectu 25

3 Macrinium (-inum *s*) Σ*b's*   4 Pretorium Σ*s*   6 reliquissent *Mσ* :
reliquisse subscripserunt (scripserunt *s*) Σ*bψa* : reliquisse subscripserint
b²ψ²   8 dixerunt Σ*a*   9 iudicio corrupto] *hinc defic. Mσ usque ad*
§ 132, opinione standum, *lac. supplet* Σ *in pag. insuta, supplem. in textu*
hab. *bχψa*   subscripserunt *cod. Graevii*   11 M'. *Manutius* : M. *codd.*
Ti. *Schütz* : T. (Titum) *codd.*, *cf.* § 98   12 iudicant *Madvig* : dicant
codd. : quid *Angelius*   13 gratiis Σ : gratis *cett.*   14 in illa
Quinctiana contione habebatur *Graevius* : illa Quinctiana contiones
habebantur (haberebantur Σ) Σχψ : illae Quinctianae contiones habebantur *cett.*   18 eos *Peterson* : esse *codd.* : sese *Leclerc*   21
e *Baiter* : *om. codd.* : a *Naugerius*   23 sortito *Classen* : sortitio
Σ*a* : sortitione *bχψ* (*cf.* § 129)

dignitatis et in iudicio civium et in animadversione vitiorum
qui convenit ? Nam miles qui locum non tenuit, qui hostium impetum vimque pertimuit, potest idem postea et miles
esse melior et vir bonus et civis utilis. Qua re ne *quis* in
5 bello propter hostium metum delinqueret, amplior ei mortis
et supplici metus est a maioribus constitutus ; ne autem
nimium multi poenam capitis subirent, idcirco illa sortitio
comparata est. Hoc tu idem facies censor in senatu 129
legendo ? Si erunt plures qui ob innocentem conde-
10 mnandum pecuniam acceperint, tu non animadvertes in
omnis, sed carpes, ut velis, et paucos ex multis ad ignominiam sortiere ? Habebit igitur te sciente et vidente curia
senatorem, populus Romanus iudicem, res publica civem
sine ignominia quemquam qui ad perniciem innocentis
15 fidem suam et religionem pecunia commutarit, et qui pretio
adductus eripuerit patriam, fortunas, liberos civi innocenti,
is censoriae severitatis nota non inuretur ? Tu es praefectus
moribus, tu magister veteris disciplinae ac severitatis, si
aut retines quemquam sciens in senatu scelere tanto conta-
20 minatum aut statuis qui in eadem culpa sit non eadem
poena adfici convenire ? Aut quam condicionem supplici
maiores in bello timiditati militis propositam esse voluerunt,
eandem tu in pace constitues improbitati senatoris ? Quod
si hoc exemplum ex re militari ad animadversionem censo-
25 riam transferendum fuit, sortito id ipsum factum esse oportuit. Sin autem sortiri ad poenam et hominum delictum
fortunae iudicio committere minime censorium est, certe in
multorum peccato carpi paucos ad ignominiam et turpitu-

4–5 ne quis ... delinqueret *scripsi* : ne ... delinqueret $\Sigma b^1 \chi \psi^1$:
qui ... deliquerat $b^2 \psi^2 a$ 10 tu] ut $\Sigma b^1 \psi^1$ animadvertes *Lambinus* : animadvertis (-tas $b^1 \psi^1$) *codd.*   18 ac *P* : et *cett.*   20
quis in $\Sigma b \psi a$ 21 convenire aut quam *P* : oportere convenire ut
(ut ad a) quam *cett.*   23 constituas a 25 sortito *scripsi* :
sortitio Σ : sortitione *cett.* (*cf.* § 128)   26 et *P* : ad *cett.*   28
et turpitudinem *om. P* (*cf. Verr.* i. 23)

47
130 dinem non oportet. Verum omnes intellegimus in istis
subscriptionibus ventum quendam popularem esse quaesitum. Iactata res erat in contione a tribuno seditioso;
incognita causa probatum erat illud multitudini; nemini
licitum est contra dicere, nemo denique ut defenderet con- 5
trariam partem laborabat. In invidiam porro magnam illa
iudicia venerant. Etenim paucis postea mensibus alia
vehemens erat in iudiciis ex notatione tabellarum invidia
versata. Praetermitti ab censoribus et neglegi macula iudiciorum posse non videbatur. Homines, quos ceteris vitiis 10
atque omni dedecore infamis videbant, eos hac quoque
subscriptione notare voluerunt, et eo magis quod illo ipso
tempore illis censoribus erant iudicia cum equestri ordine
communicata, ut viderentur per hominum idoneorum igno-
131 miniam sua auctoritate *rem* reprendisse. Quod si hanc 15
apud eosdem ipsos censores mihi aut alii causam agere
licuisset, hominibus tali prudentia praeditis certe probavis-
sem; res enim indicat nihil ipsos habuisse cogniti, nihil
comperti; ex tota ista subscriptione rumorem quendam et
plausum popularem esse quaesitum. Nam in P. Popilium 20
qui Oppianicum condemnarat subscripsit L. Gellius, quod
is pecuniam accepisset quo innocentem condemnaret. Iam
id ipsum quantae divinationis est, scire innocentem fuisse
reum quem fortasse numquam viderat, cum homines sapientissimi, iudices, ut nihil dicam de eis qui condemnarunt, 25
causa cognita sibi dixerint non liquere!
132   Verum esto; condemnat Popilium Gellius, iudicat *eum*

3 a tribuno seditioso *om. P*   4 erat illud *P*: illud erat *cett.*
multitudini nemini licitum *P, Ant. Augustinus*: multitudinem inilici-
tum Σ: multitudinem illicitum *cett.*   8 tabellarum *P, Garatoni*:
tabularum *cett.*   9 ab *P* : a *cett.*   12 ipso in Σ$b^2ψ^2a$ 15
rem *scripsi* : iudicia *P*: illa iudicia cum equestri ordine *cett.* (*cf. Zielinski p.* 177)   16 eosdem *P*: eos *cett.*   17 praeditis *P*: *om. cett.*
19 ista *Ernesti*: ipsa *codd.*   20 P. *Vrsinus*: L. *codd.*   25 iis
$bχψ$: his Σ*a*   26 sibi $bχψ$: sibi esse Σ*a*   dixerint *ed. R*: dixerunt *codd.*   27 iudicat eum *scripsi*: iudicat . . . Σ: iudicat *cett.*

accepisse a Cluentio pecuniam. Negat hoc Lentulus ; nam
Popilium, quod erat libertini filius, in senatum non legit,
locum quidem senatorium ludis et cetera ornamenta relinquit
et eum omni ignominia liberat. Quod cum facit, iudicat
5 eius sententia gratiis esse Oppianicum condemnatum. Et
eundem Popilium postea Lentulus in ambitus iudicio pro
testimonio diligentissime laudat. Qua re si neque L. Gelli
iudicio stetit Lentulus neque Lentuli existimatione contentus fuit Gellius, et si uterque censor censoris opinione
10 standum non putavit, quid est quam ob rem quisquam
nostrum censorias subscriptiones omnis fixas et in perpetuum ratas putet esse oportere ?

At in ipsum Habitum animadverterunt. Nullam quidem **48**
ob turpitudinem, nullum ob totius vitae non dicam vitium 133
15 sed erratum. Neque enim hoc homine sanctior neque
probior neque in omnibus officiis retinendis diligentior esse
quisquam potest ; neque illi aliter dicunt, sed eandem illam
famam iudici corrupti secuti sunt ; neque ipsi secus existimant quam nos existimari volumus de huius pudore, inte-
20 gritate, virtute, sed putarunt praetermitti accusatorem non
potuisse, cum animadversum esset in iudices. Qua de re
tota si unum factum ex omni antiquitate protulero, plura
non dicam. Non enim mihi exemplum summi et clarissimi 134
viri, P. Africani, praetereundum videtur ; qui cum esset
25 censor et in equitum censu C. Licinius Sacerdos prodisset,
clara voce ut omnis contio audire posset dixit se scire illum
verbis conceptis peierasse ; si qui contra vellet dicere,
usurum esse eum suo testimonio. Deinde cum nemo
contra diceret, iussit equum traducere. Ita is cuius arbitrio

3 relinquit *Lambinus* : reliquit *codd.*   5 gratiis Σ : gratis *cett.*
10 standum ne Σ*b*¹χψ   12 putet *M*μ : putat Σ*a*   21 potuisse]
posse *Madvig*   22 tota *om.* a   27 periurasse Σ   vellet
dicere Σ*a* : dicere vellet *M*μ   28 nemo contra Σ*a* : contra nemo
*M*μ   29 ita Σ*a* : itaque *M*μ

et populus Romanus et exterae gentes contentae esse consuerunt ipse sua scientia ad ignominiam alterius contentus
non fuit. Quod si hoc Habito facere licuisset, facile illis
ipsis iudicibus et falsae suspicioni et invidiae populariter
excitatae restitisset.   5

135   Vnum etiam est quod me maxime perturbat, cui loco
respondere vix videor posse, quod elogium recitasti de testamento Cn. Egnati patris, hominis honestissimi videlicet et
sapientissimi, idcirco se exheredasse filium quod is ob
Oppianici condemnationem pecuniam accepisset. De cuius 10
hominis levitate et inconstantia plura non dicam ; hoc testamentum ipsum quod recitas eius modi est ut ille, cum
eum filium exheredaret quem oderat, ei filio coheredes
homines alienissimos adiungeret quem diligebat. Sed tu,
Atti, consideres censeo diligenter utrum censorium iudicium 15
grave velis esse an Egnati. Si Egnati, leve est quod censores
de ceteris subscripserunt ; ipsum enim Cn. Egnatium quem
tu gravem esse vis ex senatu eiecerunt ; sin autem censorium,
hunc Egnatium quem pater censoria subscriptione exhere-
davit censores in senatu, cum patrem eicerent, retinuerunt. 20

49
136   At enim senatus universus iudicavit illud corruptum esse
iudicium. Quo modo? Suscepit causam. An potuit
rem delatam eius modi repudiare? cum tribunus plebis,
populi concitator, rem paene ad manus revocasset, cum vir
optimus et homo innocentissimus pecunia circumventus 25
diceretur, cum invidia flagraret ordo senatorius, potuit nihil
decerni, potuit illa concitatio multitudinis sine summo
periculo rei publicae repudiari? At quid est decretum?

1 consuerunt *Mμa*: consuerant *Angelius*   6 perturbat *aa* :
conturbat *Mμ*   7 vix videor posse *Σψ²a*: posse vix videor *Mμ*
9 ob (ab *t*) *aa* : ad *Mμ*   10 condemn. *Σψ²a*: damn. *Mμ*   14
adiungeret *aa* : coniungeret *Mμ*   15 censorium *Σa, Quintil.* v. 13.
33 : censorum *Mμ*   18 censorium *Quintil.* : censorum (-rem *b²s*)
Mμa   24 populi concitator rem *scripsi* : populi concitatorem *Σ* :
populo concitato rem *cett.*   26 diceretur *Σa* : esse diceretur *Mμ*

Quam iuste, quam sapienter, quam diligenter! SI QVI SVNT
QVORVM OPERA FACTVM SIT VT IVDICIVM PVBLICVM CORRVM-
PERETVR. Vtrum videtur id senatus factum iudicare an, si
factum sit, moleste graviterque ferre? Si ipse A. Cluentius
5 sententiam de iudiciis rogaretur, aliam non diceret atque ei
dixerunt quorum sententiis Cluentium condemnatum esse
dicitis. Sed quaero a vobis num istam legem ex isto sena- 137
tus consulto L. Lucullus consul, homo sapientissimus, tulerit,
num anno post M. Lucullus et C. Cassius, in quos tum
10 consules designatos idem illud senatus decreverat. Non
tulerunt; et quod tu Habiti pecunia factum esse arguis
neque id ulla tenuissima suspicione confirmas, factum est
primum illorum aequitate et sapientia consulum, ut, quod
senatus decreverat ad illud invidiae praesens incendium
15 restinguendum, id postea referendum ad populum non
arbitrarentur. Ipse deinde populus Romanus qui L. Quincti
fictis querimoniis antea concitatus rem illam et rogationem
flagitarat, idem C. Iuni fili, pueri parvoli, lacrimis commotus
maximo clamore et concursu totam quaestionem illam et
20 legem repudiavit. Ex quo intellegi potuit, id quod saepe 138
dictum est, ut mare quod sua natura tranquillum sit ventorum
vi agitari atque turbari, sic populum Romanum sua sponte
esse placatum, hominum seditiosorum vocibus ut violentis-
simis tempestatibus concitari.

25 Est etiam reliqua permagna auctoritas quam ego turpiter **50**
paene praeterii; mea enim esse dicitur. Recitavit ex
oratione nescio qua Attius quam meam esse dicebat cohorta-
tionem quandam iudicum ad honeste iudicandum et com-

---

3 id senatus Σ*a* : senatus id *M*μ   10 decreverat Σ*a* : decreverit
*M*μ   13–15 ut quod . . . id postea *Peterson*: ut id quod . . . id
postea *M*μ*a* : *fort.* ut id quod . . . ii postea   15 referendum
aa : perferendum *M*μ : ferendum *Manutius*   16 Quinctii
Σ*a* : Quinctii, tribuni plebis *M*μ   17 ante Σ*s*   19 quaest.
illam et legem Σ*a* : illam legem et quaest. *M*μ   21 natura sua Σ*a*,
contra Rufinian. (*Rhet. M. p.* 44)   22 sic Σ*a*, *Rufinian.* : sic
et *M*μ

memorationem cum aliorum iudiciorum quae probata non
essent tum illius ipsius iudici Iuniani ; proinde quasi ego
non ab initio huius defensionis dixerim invidiosum illud
iudicium fuisse aut, cum de infamia iudiciorum disputarem,
potuerim illud quod tam populare esset illo tempore prae- 5
139 terire. Ego vero si quid eius modi dixi, neque cognitum
commemoravi neque pro testimonio dixi, et illa oratio potius
temporis mei quam iudici et auctoritatis fuit. Cum enim
accusarem et mihi initio proposuissem ut animos et populi
Romani et iudicum commoverem, cumque omnis offensiones 10
iudiciorum non ex mea opinione sed ex hominum rumore
proferrem, istam rem quae tam populariter esset agitata
praeterire non potui. Sed errat vehementer, si quis in
orationibus nostris quas in iudiciis habuimus auctoritates
nostras consignatas se habere arbitratur. Omnes enim illae 15
causarum ac temporum sunt, non hominum ipsorum aut
patronorum. Nam si causae ipsae pro se loqui possent,
nemo adhiberet oratorem. Nunc adhibemur ut ea dicamus,
non quae auctoritate nostra constituantur sed quae ex re
140 ipsa causaque ducantur. Hominem ingeniosum, M. Anto- 20
nium, aiunt solitum esse dicere 'idcirco se nullam umquam
orationem scripsisse ut, si quid aliquando non opus esset
ab se esse dictum, posset negare dixisse' ; proinde quasi, si
quid a nobis dictum aut actum sit, id nisi litteris mandari-
51 mus, hominum memoria non comprehendatur. Ego vero 25
in isto genere libentius cum multorum tum hominis eloquen-
tissimi et sapientissimi, L. Crassi, auctoritatem sequor qui,
cum Cn. Plancum defenderet accusante M. Bruto, homine

1 cum Σ*Ms* : tum *b*ψ : *om. σt*   aliorum *Ernesti* : illorum *M*μa
4 iudicium fuisse Σ*a* : fuisse iudicium *M*μ   5 illo *a* : in illo *M*μ
15 illae Σ*Bs* (*om. t*) : illae orationes *M*μ   16 temporis *B*   aut
Σψ²*a* : ac *M*μ   19 auctoritate nostra *Ma* : nostra auctoritate μ
20 dicantur Σ*t*   21 numquam ullam Σ*s*   23 negare Σ*Ba* :
se negare *M*μ   quasi si *aa* : quasi *M*μ   24 mandarimus Σ*a* :
mandaverimus *M*μ   26 isto *M*μ : ipso Σ*a*   28 Cn. *Cic. de
Or.* ii. 220 : C. Σ*a*, *Quintil.* vi. 3. 43 : L. *M*μ

in dicendo vehementi et callido, cum Brutus duobus recita-
toribus constitutis ex duabus eius orationibus capita alterna
inter se contraria recitanda curasset, quod in dissuasione
rogationis eius quae contra coloniam Narbonensem ferebatur
5 quantum potest de auctoritate senatus detrahit, in suasione
legis Serviliae summis ornat senatum laudibus, et multa in
equites Romanos cum ex ea oratione asperius dicta recitasset
quo animi illorum iudicum in Crassum incenderentur,
aliquantum esse commotus dicitur. Itaque in respondendo 141
10 primum exposuit utriusque rationem temporis ut oratio ex
re et ex causa habita videretur, deinde ut intellegere posset
Brutus quem hominem et non solum qua eloquentia verum
etiam quo lepore et quibus facetiis praeditum lacessisset,
tris ipse excitavit recitatores cum singulis libellis quos M.
15 Brutus, pater illius accusatoris, de iure civili reliquit. Eorum
initia cum recitarentur, ea quae vobis nota esse arbitror :
'Forte evenit ut ruri in Privernati essemus ego et Brutus
filius,' fundum Privernatem flagitabat ; 'In Albano eramus
ego et Brutus filius,' Albanum poscebat ; 'In Tiburti forte
20 cum adsedissemus ego et Brutus filius,' Tiburtem fundum
requirebat ; Brutum autem, hominem sapientem, quod fili
nequitiam videret, quae praedia ei relinqueret testificari
voluisse dicebat. Quod si potuisset honeste scribere se in
balneis cum id aetatis filio fuisse, non praeterisset ; eas se
25 tamen ab eo balneas non ex libris patris sed ex tabulis et
ex censu quaerere. Crassus tum ita Brutum ultus est ut
illum recitationis suae paeniteret ; moleste enim fortasse
tulerat se in eis orationibus reprehensum quas de re publica

2 eius *om.* ΣBa   9 in *Mμ* : *om. aa*   11 et ex *as* : ex *t* :
et *Mμ*   14 ipse Σa : et ipse *Mμ*   17 Privernati *Cic. de Or. l. c.*,
Quintil. l. c. : Privernate *Mμ*   essem Σ*Bs*   Brutus] Marcus
Cic. de Or., ita mox (*bis*)   19-20 Albanum . . . filius *om. Mos*
forte *om.* Σ   cum adsedissemus] adsedimus *Cic. de Or.* ego et
Brutus filius *om. bψ*   22 testificari se Σψ²a   23 voluisse dicebat
Σψ²a : dicebat (*add.* se *b²*) voluisse *Mμ*

habuisset, in quibus forsitan magis requiratur constantia.

142 Ego autem illa recitata esse non moleste fero. Neque enim ab illo tempore quod tum erat, neque ab ea causa quae tum agebatur aliena fuerunt; neque mihi quicquam oneris suscepi, cum ita dixi, quo minus honeste hanc causam et 5 libere possem defendere. Quod si velim confiteri me causam A. Cluenti nunc cognosse, antea fuisse in ea opinione populari, quis tandem id possit reprehendere? praesertim, iudices, cum a vobis quoque ipsis hoc impetrari sit aequissimum quod ego et ab initio petivi et nunc peto ut, si quam 10 huc graviorem de illo iudicio opinionem attulistis, hanc causa perspecta atque omni veritate cognita deponatis.

52

143 Nunc, quoniam ad omnia quae abs te dicta sunt, T. Atti, de Oppianici damnatione respondi, confiteare necesse est te opinionem multum fefellisse, quod existimaris me causam 15 A. Cluenti non facto eius sed lege defensurum. Nam hoc persaepe dixisti tibi sic renuntiari, me habere in animo causam hanc praesidio legis defendere. Itane est? ab amicis imprudentes videlicet prodimur, et est nescio quis de eis quos amicos nobis arbitramur qui nostra consilia ad 20 adversarios deferat. Quisnam hoc tibi renuntiavit, quis tam improbus fuit? cui ego autem narravi? Nemo, ut opinor, in culpa est; nimirum tibi istud lex ipsa renuntiavit. Sed num tibi ita defendisse videor ut tota in causa mentionem ullam legis fecerim, num secus hanc causam 25 defendisse ac si lege Habitus teneretur? Certe, ut hominem

---

2 esse *aa* : *om. Mμ*   5 ita *Σa* : ista *Mμ* : illa *Halm*   7 cognosse (*ante lac. bψ*) *μs* : cognosce *Mt*   ea *Σa* : illa *Mμ*   populari opinione *aa*   11 huic *Σa* (*s¹*)   attulissetis *Σa*   13 T. *om. Σa*   14 confitearis *a*   19 imprud. videlicet *Σs, Quintil.* v. 13. 47 : videlicet imprud. *Mμ*   20 iis (is *M*) *Mb* : his *σψa* nobis *Mμ, Quintil.* : nostros *aa*   21 adversarium *Quintil.*   hoc tibi *Σa, Quintil.* : tibi hoc *Mμ*   22 autem *om. aa* (*contra Quintil.*) 23 est *Quintil.* : est et *Σa* : est sed *Mμ*   istud *Quintil.* : istunc (·tuc *μ*) *Mμ*   25 legis fecerim *Σa* : fecerim legis *Mμ*   26 defendisse *Manutius* : defendissem *Mμa*

confirmare oportet, nullus est locus a me purgandi istius
invidiosi criminis praetermissus.   Quid ergo est? quaeret 144
fortasse quispiam displiceatne mihi legum praesidio capitis
periculum propulsare.   Mihi vero, iudices, non displicet,
5 sed utor instituto meo.   In hominis honesti prudentisque
iudicio non solum meo consilio uti consuevi sed multum
etiam eius quem defendo et consilio et voluntati obtempero.
Nam ut haec ad me causa delata est, qui leges eas ad quas
adhibemur et in quibus versamur nosse deberem, dixi Habito
10 statim eo : 'QVI COISSET QVO QVIS CONDEMNARETVR ' illum
esse liberum, teneri autem nostrum ordinem.   Atque ille
me orare atque obsecrare coepit ne sese lege defenderem.
Cum ego quae mihi videbantur dicerem, traduxit me ad
suam sententiam ; adfirmabat enim lacrimans non se cupi-
15 diorem esse civitatis retinendae quam existimationis.   Morem 145
homini gessi et tamen idcirco feci—neque enim id semper
facere debemus—quod videbam per se ipsam causam sine
lege copiosissime posse defendi.   Videbam in hac defensione
qua iam sum usus plus dignitatis, in illa qua me hic uti
20 noluit minus laboris futurum.   Quod si nihil aliud esset
actum nisi ut hanc causam obtineremus, lege recitata per-
orassem.

Neque me illa oratio commovet, quod ait Attius indignum 53
esse facinus, si senator iudicio quempiam circumvenerit,
25 legibus eum teneri ; si eques Romanus hoc idem fecerit,
non teneri.   Vt tibi concedam hoc indignum esse quod 146
cuius modi sit iam videro, tu mihi concedas necesse est
multo esse indignius in ea civitate quae legibus contineatur
discedi ab legibus.   Hoc enim vinculum est huius dignitatis

---

3 fortassis Σ*a*   displicetne *a*   capitis Σ*a* : a capite *Mμ*
10 eo capite *t*   12 ne sese (se *a*) Σ*a* : ut ne sese *Mμ*   13
videbantur Σ*a* : viderentur *Mμ*   20 esset] fuisset Σψ²*a*   21
obtineremus *P*Σ*b²a* : obtinerem *Mμ*   23 commovet *P* : com-
moveret *Mμ*   24 quempiam *P*Σψ²*a* : quemquam *Mμ*   26 sibi
Σψ²*a*   28 contineatur *P*Σψ²*a* : teneatur *Mμ*   29 ab *P* : a *Mμa*

qua fruimur in re publica, hoc fundamentum libertatis, hic
fons aequitatis; mens et animus et consilium et sententia
civitatis posita est in legibus. Vt corpora nostra sine mente,
sic civitas sine lege suis partibus ut nervis ac sanguine
et membris uti non potest. Legum ministri magistratus, 5
legum interpretes iudices, legum denique idcirco omnes
147 servi sumus ut liberi esse possimus. Quid est, Q. Naso,
cur tu in isto loco sedeas? quae vis est qua abs te hi iudices
tali dignitate praediti coerceantur? Vos autem, iudices,
quam ob rem ex tanta multitudine civium tam pauci de 10
hominum fortunis sententiam fertis? Quo iure Attius quae
voluit dixit? Cur mihi tam diu potestas dicendi datur?
Quid sibi autem illi scribae, quid lictores, quid ceteri quos
apparere huic quaestioni video volunt? Opinor haec omnia
lege fieri totumque hoc iudicium, ut ante dixi, quasi mente 15
quadam regi legis et administrari. Quid ergo? haec
quaestio sola ita gubernatur? Quid M. Plaetori et C.
Flamini inter sicarios, quid C. Orchivi peculatus, quid mea
de pecuniis repetundis, quid C. Aquili apud quem nunc de
ambitu causa dicitur, quid reliquae quaestiones? Circum- 20
spicite omnis rei publicae partis; omnia legum imperio et
148 praescripto fieri videbitis. Si quis apud me, T. Atti, te
reum velit facere, clames te lege pecuniarum repetundarum
non teneri; neque haec tua recusatio confessio sit captae
pecuniae sed laboris et periculi non legitimi declinatio. 25
54 Nunc quid agatur et quid abs te iuris constituatur vide.
Iubet lex ea, qua lege haec quaestio constituta est, iudicem

4 sic] ita *Quintil.* v. 11. 25   ut *om.* Σ*Bs* (*contra Quintil.*)   et
sanguine *P* (*contra Quintil.*)   6 et legum Σ*B*ψ²*a*   legum
denique *M*μ*a*: LEGIB. NIQ. *P*: legibus denique *Baiter*   7 servi
sumus *M*μ*a*: servimus *P*   8 iudices hi Σ   13 illi *om.* Σ*a*
15 ante *P*Σ*a*: antea *M*μ   16 ergo *P*Σψ²*a*: ergo est *M*μ   17
et *om. a*   19 de ambitu *M*μ: ambitu Σ: ambitus ψ²*a*   22
quis σ*a*: qui Σ*Mb*ψ   T. Acci, te Σ*a*: te, T. Acci *M*μ   25
et Σ*a*: sed *M*μ   27 ea in qua Σ

quaestionis, hoc est Q. Voconium, cum eis iudicibus qui **ei**
obvenerint—vos appellat, iudices—quaerere de veneno.   **In**
quem quaerere?   Infinitum est.   QVICVMQVE FECERIT,
VENDIDERIT, EMERIT, HABVERIT, DEDERIT.   Quid eadem
5 lex statim adiungit? recita.   DEQVE EIVS CAPITE QVAERITO.
Cuius? qui coierit, convenerit?   Non ita est.   Quid ergo
est? dic.   QVI TRIBVNVS MILITVM LEGIONIBVS QVATTVOR
PRIMIS, QVIVE QVAESTOR, TRIBVNVS PLEBIS—deinceps omnis
magistratus nominavit—·QVIVE IN SENATV SENTENTIAM DIXIT,
10 DIXERIT.   Quid tum?   QVI EORVM COIIT, COIERIT, CON-
VENIT, CONVENERIT QVO QVIS IVDICIO PVBLICO CONDEMNA-
RETVR.   'Qui eorum'? quorum?   Videlicet qui supra
scripti sunt.   Quid intersit utro modo scriptum sit, etsi est
apertum, ipsa tamen lex nos docet.   Vbi enim omnis
15 mortalis adligat, ita loquitur : ' QVI VENENVM MALVM FECIT,
FECERIT.'   Omnes viri, mulieres, liberi, servi in iudicium
vocantur.   Si idem de coitione voluisset, adiunxisset : 'QVIVE
COIERIT.'   Nunc ita est : DEQVE EIVS CAPITE QVAERITO QVI
MAGISTRATVM HABVERIT QVIVE IN SENATV SENTENTIAM DI-
20 XERIT, QVI EORVM COIIT, COIERIT.   Num is est Cluentius? 149
Certe non est.   Quis ergo est Cluentius?   Qui tamen
defendi causam suam lege noluit.   Itaque abicio legem,
morem Cluentio gero.   Tibi tamen, Atti, pauca quae ab
huius causa seiuncta sunt respondebo.   Est enim quiddam
25 in hac causa quod Cluentius ad se, est aliquid quod ego
ad me putem pertinere.   Hic sua putat interesse se re ipsa
et gesto negotio, non lege defendi ; ego autem mea existimo
interesse me nulla in disputatione ab Attio videri esse super-

---

1 coniunctum *post* iudicibus *add.* ψ^2, *ante* cum b^2s 4 emerit
om a   6 coierit] coegerit Σ quid] quid id $\Sigma\psi^2s$ 8
quaestor Σ : quaestores ·*cett.*   deinceps] deinde Σa 10 quid
tum ΣM : qui tum μa 11 condemnetur Σ 13 intersit aa :
interest $M\mu$ 14 ipsa tamen lex nos Σa : tamen ipsa lex (*add.* nos
b^2) $M\mu$ 17 idem aa : item $M\mu$ 19 quive in $M\sigma$: inve $b\psi t$:
in s 22 noluit Σt : nolit *cett.*   26 se *om.* Σa

atum. Non enim mihi haec causa sola dicenda est ; omnibus hic labor meus propositus est quicumque hac facultate
defensionis contenti esse possunt. Nolo quemquam eorum
qui adsunt existimare me quae de lege ab Attio dicta sunt, si
reticuerim, comprobare. Quam ob rem, Cluenti, de te tibi 5
obsequor ; neque ego legem recito neque hoc loco pro te
dico, sed ea quae a me desiderari arbitror non relinquam.

55
150 Iniquum tibi videtur, Atti, esse non isdem legibus omnis
teneri. Primum, ut id iniquissimum esse confitear, eius
modi est ut commutatis eis opus sit legibus, non ut his quae 10
sunt non pareamus. Deinde quis umquam hoc senator
recusavit ne, cum altiorem gradum dignitatis beneficio populi
Romani esset consecutus, eo se putaret durioribus legum
condicionibus uti oportere ? Quam multa sunt commoda
quibus caremus, quam multa molesta et difficilia quae sub- 15
imus ! atque haec omnia tamen honoris et amplitudinis
commodo compensantur. Converte nunc ad equestrem
ordinem atque in ceteros ordines easdem vitae condiciones ;
non perferent. Putant enim minus multos sibi laqueos
legum et condicionum ac iudiciorum propositos esse opor- 20
tere qui summum locum civitatis aut non potuerunt ascen-
151 dere aut non petiverunt. Atque ut omittam leges alias
omnis quibus nos tenemur, ceteri autem sunt ordines liberati, hanc ipsam legem : ' NE QVIS IVDICIO CIRCVMVENIRE-
TVR,' C. Gracchus tulit ; eam legem pro plebe, non in 25
plebem tulit. Postea L. Sulla, homo a populi causa remo-
tissimus, tamen, cum eius rei quaestionem hac ipsa lege
constitueret qua vos hoc tempore iudicatis, populum Roma-

---

1 dicenda est] *hinc defic. Mσ usque ad* quae tunc § 154, *lac. supplet*
Σ *in pag. dimidiata, supplem. in textu hab.* bχψa   4 sint Σ *mg.*
6 ego] enim *t*   7 a (ad ψ¹) me desiderari b¹χψ¹ : te a me desiderari
Σb² : te a me desiderare ψ²a   10 eis] eis Σ : *fort.* ideo   12 recusavit ne *Baiter* : accusavit ut *codd.*   cum] quo *Lambinus*   ₊5
et Σa : ac bχψ   16 tamen Σ, *Lambinus* : tantum *cett.*   21
qui in summum *plures dett.*

num quem ab hoc genere liberum acceperat adligare novo
quaestionis genere ausus non est.   Quod si fieri posse exi-
stimasset, pro illo odio quod habuit in equestrem ordinem
nihil fecisset libentius quam omnem illam acerbitatem pro-
5 scriptionis suae qua est usus in veteres iudices in hanc unam
quaestionem contulisset.   Nec nunc quicquam agitur—mihi 152
credite, iudices, et prospicite id quod providendum est—
nisi ut equites Romani in huiusce legis periculum concludantur ; neque hoc agitur ab omnibus sed a paucis.   Nam
10 ei senatores qui se facile tuentur integritate et innocentia,
quales, ut vere dicam, vos estis et ceteri qui sine cupiditate
vixerunt, equites ordini senatorio dignitate proximos, con-
cordia coniunctissimos esse cupiunt ; sed ei qui sese volunt
posse omnia neque praeterea quicquam esse aut in homine
15 ullo aut in ordine, hoc uno metu se putant equites Romanos
in potestatem suam redacturos, si constitutum sit ut de eis
qui rem iudicarint huiusce modi iudicia fieri possint. Vident
enim auctoritatem huius ordinis confirmari, vident iudicia
comprobari ; hoc metu proposito evellere se aculeum severi-
20 tatis vestrae posse confidunt.   Quis enim de homine audeat 153
paulo maioribus opibus praedito vere et fortiter iudicare,
cum videat sibi de eo quod coierit aut consenserit causam
esse dicendam ? O viros fortis, equites Romanos, qui homini **56**
clarissimo ac potentissimo, M. Druso, tribuno plebis, resti-
25 terunt, cum ille nihil aliud ageret cum illa cuncta quae tum
erat nobilitate, nisi ut ei qui rem iudicassent huiusce modi
quaestionibus in iudicium vocarentur ! Tum C. Flavius

---

5 qua est usus *Manutius* : questus *codd.*   6 obtulisset $b^1\psi$
8 equites Romani *codd. Lambini* : eques R. $\Sigma b^1\chi\psi^1$: equester ordo
$b^2\psi^2 a$ concludantur *codd. Lambini* : concludatur $\Sigma\psi^2 a$: inclu-
datur $b\chi\psi^1$ 11 vere $b\psi^2$: vero *cett.*   16 potestatem suam
Manutius : potestate sua *codd.*   sit *Lambinus* : est *codd.*   17 iudicarint *Manutius* : iudicarent *codd.*   24 restiterunt $b^2\psi^2 a$: restitu-
erunt (-ụ- Σ) *cett.*   25 cum *ed. Hervag.* : quam cum *codd.*   tum
erat nobilitate *ed. Hervag.* : tum (cum Σ) erant nobilitatis *codd.*   26
ut ii qui b^2, *Halm* : uti qui ψ^2, *Manutius* : utique *cett.*   27 tum
Müller : tunc *codd.*

Pusio, Cn. Titinius, C. Maecenas, illa robora populi Romani, ceterique eiusdem ordinis non fecerunt idem quod
nunc Cluentius, ut aliquid culpae suscipere se putarent
recusando, sed apertissime repugnarunt, cum et recusarent
et palam fortissime atque honestissime dicerent, se potuisse 5
iudicio populi Romani in amplissimum locum pervenire, si
sua studia ad honores petendos conferre voluissent. Sese
vidisse in ea vita qualis splendor inesset, quanta ornamenta,
quae dignitas ; quae se non contempsisse sed ordine suo
patrumque suorum contentos fuisse et vitam illam tran- 10
quillam et quietam, remotam a procellis invidiarum et
154 huiusce modi iudiciorum sequi maluisse. Aut sibi ad
honores petendos aetatem integram restitui oportere aut,
quoniam id non posset, eam condicionem vitae quam secuti
petitionem reliquissent manere. Iniquum esse eos qui 15
honorum ornamenta propter periculorum multitudinem
praetermisissent populi beneficiis esse privatos, iudiciorum
novorum periculis non carere. Senatorem hoc queri non
posse, propterea quod ea condicione proposita petere coepisset quodque permulta essent ornamenta quibus eam 20
mitigare molestiam posset, locus, auctoritas, domi splendor,
apud exteras nationes nomen et gratia, toga praetexta, sella
curulis, insignia, fasces, exercitus, imperia, provinciae ; quibus in rebus cum summa recte factis maiores nostri praemia
tum plura peccatis pericula proposita esse voluerunt. Illi 25
non hoc recusabant ne ea lege accusarentur qua nunc
Habitus accusatur, quae tunc erat Sempronia, nunc est
Cornelia—intellegebant enim ea lege equestrem ordinem

2 eiusdem *Klotz* : eiuscemodi (huiusce- *bψ*) *codd.*   4 et recusarent
Manutius : haec recusarent *codd.* : haec reputarent *Madvig*   14
secuti *Angelius* : secum *codd.*   21 splendor apud] splendore Σ*B*
22 toga *Naugerius* : toga et *codd.*   24 cum summa *b*¹χ : consumma
Σψ¹*t* : summum *b*⁷ψ²*s*   praemia tum *Orelli* : premixtum Σ*b*¹χψ*t* : praemium *b*²ψ²*s*   26 ne ea Σ*a* : ea ne *b*χψ   27 tunc Σ*a* : tum
*M*μ

non teneri — sed ne nova lege adligarentur laborabant.
Habitus ne hoc quidem umquam recusavit quo minus vel 155
ea lege rationem vitae suae redderet qua non teneretur.
Quae si vobis condicio placet, omnes id agamus ut haec
5 quam primum in omnis ordines quaestio perferatur.

Interea quidem, per deos immortalis! quoniam omnia **57**
commoda nostra, iura, libertatem, salutem denique legibus
obtinemus, a legibus non recedamus, simul et illud quam
sit iniquum cogitemus, populum Romanum aliud nunc
10 agere, vobis rem publicam et fortunas suas commisisse, sine
cura esse, non metuere ne lege ea quam numquam ipse
iusserit et quaestione qua se solutum liberumque esse
arbitretur per paucos iudices astringatur. Agit enim sic 156
causam T. Attius, adulescens bonus et disertus, omnis civis
15 legibus teneri omnibus; vos auditis et attenditis silentio,
sicut facere debetis. A. Cluentius, eques Romanus, causam
dicit ea lege, qua lege senatores et ei qui magistratum habuerunt soli tenentur; mihi per eum recusare et in arce legis
praesidia constituere defensionis meae non licet. Si obtinuerit
20 causam Cluentius, sicuti vestra aequitate nixi confidimus,
omnes existimabunt, id quod erit, obtinuisse propter innocentiam, quoniam ita defensus sit; in lege autem quam
attingere noluerit praesidi nil fuisse. Hic nunc est quiddam 157
quod ad me pertineat, de quo ante dixi, quod ego populo
25 Romano praestare debeam, quoniam is meae vitae status
est ut omnis mihi cura et opera posita sit in hominum
periculis defendendis. Video quanta et quam periculosa et
quam infinita quaestio temptetur ab accusatoribus, cum
eam legem quae in nostrum ordinem scripta sit in populum

3 ea] ex Σ*a*   teneretur *Mμ* : tenetur Σ*a*   10 remque Σψ²
sine *Mμ* : se sine *aa* : ipsum sine *Manutius*   13 arbitretur Σ*a* :
arbitraretur *Mμ*   15 vos (ius) auditis et attenditis Σ : vos attenditis et auditis *cett.*   16 causam dicit eques Rom. *a*   17 qua
lege *Mμ* : qua Σ*a*   23 quoddam *a*   25 vitae meae *a*   26
et Σ*a* : atque *Mμ*

Romanum transferre conentur. Qua in lege est : ' QVI
COIERIT,' quod quam late pateat videtis. ' CONVENERIT ' ;
aeque incertum et infinitum est. ' CONSENSERIT ' ; hoc vero
cum infinitum tum obscurum et occultum. ' FALSVMVE
TESTIMONIVM DIXERIT ' ; quis de plebe Romana testimonium 5
dixit umquam cui non hoc periculum T. Attio auctore
paratum esse videatis ? nam dicturum quidem certe, si
hoc iudicium plebi Romanae propositum sit, neminem
158 umquam esse confirmo. Sed hoc polliceor omnibus, si cui
forte hac lege negotium facessetur qui lege non teneatur, 10
si is uti me defensore voluerit, me eius causam legis praesidio defensurum et vel his iudicibus vel horum similibus
facillime probaturum, et omni me defensione usurum esse
legis, qua nunc ut utar ab eo cuius voluntati mihi obtempe-
58 randum est non conceditur. Non enim debeo dubitare, 15
iudices, quin, si qua ad vos causa eius modi delata sit eius
qui lege non teneatur, etiam si is invidiosus aut multis
offensus esse videatur, etiam si eum oderitis, etiam si inviti
absoluturi sitis, tamen absolvatis et religioni potius vestrae
159 quam odio pareatis. Est enim sapientis iudicis cogitare 20
tantum sibi a populo Romano esse permissum quantum
commissum sit et creditum, et non solum sibi potestatem
datam verum etiam fidem habitam esse meminisse ; posse
quem oderit absolvere, quem non oderit condemnare, et
semper non quid ipse velit sed quid lex et religio cogat 25
cogitare ; animadvertere qua lege reus citetur, de quo reo
cognoscat, quae res in quaestione versetur. Cum haec sunt
videnda, tum vero illud est hominis magni, iudices, atque
sapientis, cum illam iudicandi causa tabellam sumpserit,
non se reputare solum esse nec sibi quodcumque concupierit 30

3 incertum et infinitum Σ*a* : infinitum et incertum *Mμ*   4
occultum Σ*a* : occultum est *Mμ*   6 dixerit Σ*a*   10 facesseret
s   19 religionibus . . . vestris (nostris *s*) Σ*a*   20 iudicis]
meminisse se hominem *add. b²ψ²a* (? Σ)   25 cogat *om. a*   30
reputare solum esse Σ*a* : putare esse solum *Mμ*   nec Σ*b*: neque *cett.*

licere, sed habere in consilio legem, religionem, aequitatem,
fidem ; libidinem autem, odium, invidiam, metum cupidita-
tesque omnis amovere maximique aestimare conscientiam
mentis suae quam ab dis immortalibus accepimus, quae
5 a nobis divelli non potest ; quae si optimorum consiliorum
atque factorum testis in omni vita nobis erit, sine ullo metu
et summa cum honestate vivemus.   Haec si T. Attius aut 160
cognovisset aut cogitasset, profecto ne conatus quidem esset
dicere, id quod multis verbis egit, iudicem quod ei videatur
10 statuere et non devinctum legibus esse oportere.   Quibus
de rebus mihi pro Cluenti voluntate nimium, pro rei dignitate parum, pro vestra prudentia satis dixisse videor.

Reliqua perpauca sunt ; quae quia vestrae quaestionis
erant, idcirco illi statuerunt fingenda esse sibi et proferenda
15 ne omnium turpissimi reperirentur, si in iudicium nihil
praeter invidiam attulissent.   Atque ut existimetis me **59**
necessario de his rebus de quibus iam dixerim pluribus
egisse verbis, attendite reliqua ; profecto intellegetis ea quae
paucis demonstrari potuerint brevissime esse defensa.

20   Cn. Decidio Samniti, ei qui proscriptus est, iniuriam in 161
calamitate eius ab huius familia factam esse dixit.   Ab nullo
ille liberalius quam a Cluentio tractatus est.   Huius illum
opes in rebus eius incommodissimis sublevarunt, atque hoc
cum ipse tum omnes eius amici necessariique cognorunt.
25 Anchari et Paceni pastoribus huius vilicos vim et manus
attulisse.   Cum quaedam in callibus, ut solet, controversia
pastorum esset orta, Habiti vilici rem domini et privatam

3 maximique *Manutius* : maximeque *codd*.   5 a Σ*bs* : ab *cett*.
11 rei Σ*a* : rei publicae *Mμ*   14 fingenda esse sibi *a* (Σ ?) : sibi
fingenda esse *Mμ*   16 me necessario Σ*a* : necessario me *Mμ*
19 potuerint Σ*a* : potuerunt *Mμ*   20 Decidio *bψa* (*cf. C. I. L.*
1187. 8) : Decitio *M* : Decio *σ* (*cf. Tac. Dial.* 21)   21 dixit Σ*a* :
dixisti *Mμ* : dixistis *Manutius*   a nullo *Bs*   24 omnes eius
amici necessariique (*om*. omnes *σ*) Σ*Mμ* : eius amici necessariique
omnes *a*   25 villicos Σ, *Sylvius* : villicum *cett*.   26 callibus
Ernesti : collibus *Mμa*

165

possessionem defenderunt. Cum esset expostulatio facta,
causa illis demonstrata sine iudicio controversiaque disces-
162 sum est. P. Aeli testamento propinquus exheredatus cum
esset, heres hic alienior institutus est. P. Aelius Habiti merito
fecit, neque hic in testamento faciendo interfuit, idque testa- 5
mentum ab huius inimico Oppianico est obsignatum. Floro
legatum ex testamento infitiatum esse. Non est ita ; sed
cum HS $\overline{\text{xxx}}$ scripta essent pro HS $\overline{\text{xxxx}}$ neque ei cautum
satis videretur, voluit eum aliquid acceptum referre libera-
litati suae. Primo deberi negavit, post sine controversia 10
solvit. Cei cuiusdam Samnitis uxorem post bellum ab hoc
esse repetitam. Mulierem cum emisset a sectoribus, quo
tempore eam primum liberam esse audivit, sine iudicio
163 reddidit Ceio. Ennium esse quendam cuius bona teneat
Habitus. Est hic Ennius egens quidam calumniator, mer- 15
cennarius Oppianici, qui permultos annos quievit ; deinde
aliquando cum servis Habiti furti egit, nuper ab ipso Habito
petere coepit. Hic illo privato iudicio, mihi credite, vobis
isdem fortasse patronis calumniam non effugiet. Atque
etiam, ut nobis renuntiatur, hominem multorum hospitum, 20
A. Bivium quendam, coponem de via Latina, subornatis
qui sibi a Cluentio servisque eius in taberna sua manus
adlatas esse dicat. Quo de homine nihil etiam nunc dicere
nobis est necesse. Si invitaverit, id quod solet, sic hominem
164 accipiemus ut moleste ferat se de via decessisse. Habetis, 25
iudices, quae in totam causam de moribus A. Cluenti quem
illi invidiosum esse reum volunt annos octo meditati accu-

---

6 Floro Σ*a* : Florio *M*μ   8 $\overline{\text{xxx}}$] sexcenta triginta Σ $\overline{\text{xxxx}}$
Σ : $\overline{\text{xxx}}$ *M* : $\overline{\text{ccc}}$ μ*a*   cautum satis Σ*a* : satis cautum *M*μ   10
deberi *M*μ : debere *a*   11 Cei Σψ²*a* : GN. *M*μ   12 *a* Σ*a* :
de *M*μ   14 Ceio *a* : Celo (-io μ) *M*μ   17 servis *a* : servi Σ :
servo *M*μ   18 illo] *fort.* in illo   nobis *ed. V*   20
hospitem Σ*a*   21 A. Bivium Σ*Ms* : A. Brivium *b*ψ : Ambivium *t*
26 causam *aa* : vitam *M*μ   27 esse reum volunt Σ*a* : reum (re
niti `b²ψ²`) volunt esse *M*μ

satores conlegerint, quam levia genere ipso, quam falsa re,
quam brevia responsu ! Cognoscite nunc id quod ad vestrum **60**
ius iurandum pertinet, quod vestri iudici est, quod vobis
oneris imposuit ea lex qua coacti huc convenistis, de crimini-
5 bus veneni, ut omnes intellegant quam paucis verbis haec
causa perorari potuerit, et quam multa a me dicta sint quae
ad huius voluntatem maxime, ad vestrum iudicium minime
pertinerent.

Obiectum est C. Vibium Capacem ab hoc A. Cluentio 165
10 veneno esse sublatum. Opportune adest homo summa fide
et omni virtute praeditus, L. Plaetorius, senator qui illius
Vibi hospes fuit et familiaris. Apud hunc ille Romae
habitavit, apud hunc aegrotavit, huius domi est mortuus.
At heres est Cluentius. Intestatum dico esse mortuum
15 possessionemque eius bonorum ex edicto praetoris huic
illius sororis filio, adulescenti pudentissimo et in primis
honesto, equiti Romano, datam, N. Cluentio quem videtis.

Alterum venefici crimen Oppianico huic adulescenti, cum 166
eius in nuptiis more Larinatium multitudo hominum pran-
20 deret, venenum Habiti consilio paratum ; id cum daretur in
mulso, Balbutium quendam, eius familiarem, intercepisse,
bibisse, statimque esse mortuum. Hoc ego si sic agerem
tamquam mihi crimen esset diluendum, haec pluribus verbis
dicerem per quae nunc paucis percurrit oratio mea. Quid 167
25 umquam Habitus in se admisit ut hoc tantum ab eo facinus
non abhorrere videatur? quid autem magno opere Oppianicum metuebat, cum ille verbum omnino in hac ipsa causa
nullum facere potuerit, huic autem accusatores viva matre
deesse non possint? id quod iam intellegitis. An ut de

1 collegerint Σ : collegerunt *cett.*   2 responsu *M*σ : responso
aa : responsa *b*¹*ψ*¹   9 C. *om.* a   Capacem *M*μ : Capacum Σ :
Cappadocem *b*²*ψ*²*a*   11 Pretorius Σ*a*   14 at (aut *M*) heres
est Cluentius *M*σ : *om.* *b*ψ*a*   esse dico Σ   15 ex edicto praetoris
*ψ*²*a* (? Σ) : praetoris edicto *M*μ   23 verbis *om.* *Quintil.* ix. 2. 48
24 per c*a* : *om.* *M*μ   28 viva matre Σ*a* : matre viva *M*μ   29
possint Σ*a* : possent *M*μ   id Σ*a* : *om.* *M*μ

causa eius periculi nihil decederet, ad causam novum crimen
accederet? Quod autem tempus veneni dandi illo die, illa
frequentia? per quem porro datum? unde sumptum? quae
deinde interceptio poculi? cur non de integro autem datum?
Multa sunt quae dici possunt, sed non committam ut videar 5
non dicendo voluisse dicere; res enim se ipsa defendit.
168 Nego illum adulescentem quem statim epoto poculo mortuum
esse dixistis omnino illo die esse mortuum. Magnum crimen
et impudens mendacium! Perspicite cetera. Dico illum,
cum ad illud prandium crudior venisset et, ut aetas illa fert, 10
sibi tamen non pepercisset, aliquot dies aegrotasse et ita
esse mortuum. Quis huic rei testis est? Idem qui sui
luctus, pater; pater, inquam, illius adulescentis, quem
propter animi dolorem pertenuis suspicio potuisset ex illo
loco testem in A. Cluentium constituere, is hunc suo testi- 15
monio sublevat; quod recita. Tu autem, nisi molestum
est, paulisper exsurge; perfer hunc dolorem commemo-
rationis necessariae, in qua ego diutius non morabor quoniam,
quod fuit viri optimi, fecisti ut ne cui innocenti maeror tuus
calamitatem et falsum crimen adferret. 20

61
169   Vnum etiam mihi reliquum eius modi crimen est, iudices,
ex quo illud perspicere possitis quod a me initio orationis
meae dictum est, quicquid mali per hosce annos A. Cluentius
viderit, quicquid hoc tempore habeat sollicitudinis ac negoti,
id omne a matre esse conflatum. Oppianicum veneno 25
necatum esse quod ei datum sit in pane per M. Asellium
quendam, familiarem illius, idque Habiti consilio factum
esse ·dicitis. In quo primum illud quaero quae causa Habito

2 illa Σa, *Quintil.* : in illa *Mμ*   3 porro] deinde *Quintil.*   6 enim
Σa: enim iam *Mμ*   defendit Σa: defendat *Mμ*: defendet *C. Stephanus*
8 crimen *aa* : *om. Mμ*   10 illa *om.* Σ*B*   11 tamen *ed. V* :
tum *Mμa*   12 quis] qui Σ   13 quem] ad (ạd *s*) quem Σ*a*   15
loco] luctu *Sylvius*   hunc *Mμ* : nunc Σ*a*   19 ut Σ*bψa* :
uti *Mσ*   20 adferret] adderet Σ : adduceret *s*   23 hosce Σ*a* :
hos *Mμ*   24 habeat *Mμ* : habuit Σ*a* : habuerit *Klotz*

fuerit cur interficere Oppianicum vellet. Inimicitias enim
fuisse confiteor ; sed homines inimicos suos morte adfici
volunt aut quod eos metuunt aut quod oderunt.   Quo 170
tandem igitur Habitus metu adductus tantum in se facinus
5 suscipere conatus est ? quid erat quod iam Oppianicum
poena adfectum pro maleficiis et eiectum e civitate quisquam
timeret ? quid metuebat ? ne oppugnaretur a perdito, an ne
accusaretur a damnato, an ne exsulis testimonio laederetur ?
Si autem quod oderat Habitus inimicum, idcirco illum vita
10 frui noluit, adeone erat stultus ut illam quam tum ille
vivebat vitam esse arbitraretur, damnati, exsulis, deserti
ab omnibus, quem propter animi importunitatem nemo
recipere tecto, nemo adire, nemo adloqui, nemo aspicere
vellet ?   Huius igitur Habitus vitae invidebat ?   Hunc si 171
15 acerbe et penitus oderat, non eum quam diutissime vivere
velle debebat ? huic mortem maturabat inimicus, quod illi
unum in malis erat perfugium calamitatis ?   Qui si quid
animi et virtutis habuisset, ut multi saepe fortes viri in eius
modi dolore, mortem sibi ipse conscisset, huic quam ob
20 rem id vellet inimicus offerre quod ipse sibi optare deberet ?
Nam nunc quidem quid tandem illi mali mors attulit ? nisi
forte ineptiis ac fabulis ducimur ut existimemus illum ad
inferos impiorum supplicia perferre ac pluris illic offendisse
inimicos quam hic reliquisse, a socrus, ab uxorum, a fratris,
25 a liberum Poenis actum esse praecipitem in sceleratorum
sedem atque regionem.   Quae si falsa sunt, id quod omnes
intellegunt, quid ei tandem aliud eripuit mors praeter sensum

---

1 enim Σa : enim inter ipsos Mμ   3 eos Σa : om. Mμ   8
damnato Σψ²a : condemnato Mμ   9 si Σa : sin Mμ   inimicum
aa : om. Mμ   13 adire *Naugerius* : audire Mμ   aspicere
Σa : respicere Mμ   14 Habitus vitae Σa : vitae Habitus Mμ
18 et Σa : ac Mμ   22 ineptiis ac (atque bψ) Mμ : ineptis a
ad Σa : apud Mμ   24 a Mσ : ab Σ : an bψa   ab uxorum Mμ :
an uxoris b²ψ²a   a fratris a Mμ : an fratris an (om. an s) b²ψ²a
26 atque Mμ : ac Σa   27 aliud (om. aliud b) mors eripuit Mμ :
mors eripuit aliud s : eripuit mors t

171 doloris? Age vero, per quem venenum datum? Per M.
62 Asellium. Quid huic cum Habito? Nihil, atque adeo,
quod ille Oppianico familiarissime est usus, potius etiam
simultas. Eine igitur quem sibi offensiorem, Oppianico
familiarissimum sciebat esse, potissimum et scelus suum et 5
illius periculum committebat? Cur igitur tu qui pietate ad
accusandum excitatus es hunc Asellium esse inultum tam
diu sinis? cur non Habiti exemplo usus es ut per illum qui
173 attulisset venenum de hoc praeiudicaretur? Iam vero illud
quam non probabile, quam inusitatum, iudices, quam novum, 10
in pane datum venenum! Faciliusne potuit quam in poculo,
latentius potuit abditum aliqua in parte panis quam si totum
conliquefactum in potione esset, celerius potuit comestum
quam epotum in venas atque in omnis partis corporis per-
manare, facilius fallere in pane, si esset animadversum, quam 15
in poculo, cum ita confusum esset ut secerni nullo modo
174 posset? At repentina morte periit. Quod si esset ita
factum, tamen ea res propter multorum eius modi casum
minime firmam veneni suspicionem haberet; si esset suspiciosum, tamen potius ad alios quam ad Habitum pertineret. 20
Verum in eo ipso homines impudentissime mentiuntur. Id
ut intellegatis et mortem eius et quem ad modum post
mortem in Habitum sit crimen a matre quaesitum cognoscite.
175 Cum vagus et exsul erraret atque undique exclusus Oppianicus in Falernum se ad L. Quinctium contulisset, ibi 25
primum in morbum incidit ac satis vehementer diuque
aegrotavit. Cum esset una Sassia eaque Sex. Albio quo-

---

1 per quem venenum Σ*a* : venenum per quem *Mμ*   2 ideo Σ*s*
5 scelus suum Σ*ba* : suum scelus *Moψ*   6 igitur *oa* : deinde
Mμ   12 latentius *Naugerius* : latius *Mμa*   13 comestum
aa : comesum *Mμ*   14 partis omnis Σ*Bt*   18 casum minime
b²ψ²a : mortem satis *Mμ*   19 haberet *aa* : non haberet *Mμ*   si]
quodsi *aa*   20 potius ad alios Σ*a* : ad alios potius *Mμ*   25 L.
Quinctium *aa* : C. Quinctilium *Mμ*   27 eaque Sex. *b²ψ²a* : ea
questio Σ : et Statio *Mμ*

dam colono, homine valenti, qui simul esse solebat familiarius uteretur quam vir dissolutissimus incolumi fortuna
pati posset, et ius illud matrimoni castum atque legitimum
damnatione viri sublatum arbitraretur, Nicostratus quidam,
5 fidelis Oppianici servolus, percuriosus et minime mendax,
multa dicitur domino renuntiare solitus esse. Interea Oppianicus cum iam convalesceret neque improbitatem coloni
in Falerno diutius ferre posset et huc ad urbem profectus
esset—solebat enim extra portam aliquid habere conducti—
10 cecidisse de equo dicitur et homo infirma valetudine latus
offendisse vehementer et, postea quam ad urbem cum febri
venerit, paucis diebus esse mortuus. Mortis ratio, iudices,
eius modi est ut àut nihil habeat suspicionis aut, si quid
habet, id intra parietes in domestico scelere versetur. Post **63**
15 mortem eius Sassia moliri statim, nefaria mulier, coepit insi-   176
dias filio ; quaestionem habere de viri morte constituìt. Emit
de A. Rupilio quo erat usus Oppianicus medico Stratonem·
quendam, quasi ut idem faceret quod Habitus in emendo
Diogene fecerat. De hoc Stratone et de Ascla quodam
20 servo suo quaesituram esse dixit. Praeterea servum illum
Nicostratum quem nimium loquacem fuisse ac nimium
domino fidelem arbitrabatur ab hoc adulescente Oppianico
in quaestionem postulavit. Hic cum esset illo tempore
puer et illa quaestio de patris sui morte constitui diceretur,
25 etsi illum servum et sibi benivolum esse et patri fuisse
arbitrabatur, nihil tamen est ausus recusare. Advocantur
amici et hospites Oppianici et ipsius mulieris multi, homines honesti atque omnibus rebus ornati. Tormentis

1 valenti Σ*a* : valente *Mμ*   3 pati non possit Σ   6 domino
renunt. Σ*a* : renunt. domino *Mμ*   7 improb. col. in Fal. Σ*a* : in
Fal. improb. col. *Mμ*   10 de Σψ²*a* : ex *Mμ*   15 moliri statim
Σ*a* : statim moliri *Mμ*   17 Rutilio Σ*s*   18 quendam] *hic defic.*
Mσ usque ad honestissimorum § 18**2**, *lac. supplet* Σ *in pag. dimidiata* :

                                                    c
supplem. in textu hab. *b*χψ*a*   19 Ascla Σ*t* : Asela ψ²*s* : assecla *b*χ
20 esse] sese *Baiter*

171

omnibus vehementissimis quaeritur. Cum essent animi
servorum et spe et metu temptati ut aliquid in quaestione
dicerent, tamen, ut arbitror, auctoritate advocatorum adducti in veritate manserunt neque se quicquam scire dixe-
177 runt.   Quaestio illo die de amicorum sententia dimissa est. 5
Satis longo intervallo post iterum advocantur.   Habetur
de integro quaestio ; nulla vis tormentorum acerrimorum
praetermittitur ; aversari advocati et iam vix ferre posse,
furere crudelis atque importuna mulier sibi nequaquam ut
sperasset ea quae cogitasset procedere.   Cum iam tortor 10
atque essent tormenta ipsa defessa neque tamen illa finem
facere vellet, quidam ex advocatis, homo et honoribus
populi ornatus et summa virtute praeditus, intellegere se
dixit non id agi ut verum inveniretur sed ut aliquid falsi
dicere cogerentur.   Hoc postquam ceteri comprobarunt, 15
ex omnium sententia constitutum est satis videri esse quae-
178 situm.   Redditur Oppianico Nicostratus, Larinum ipsa
proficiscitur cum suis maerens quod iam certe incolumem
filium fore putabat, ad quem non modo verum crimen
sed ne ficta quidem suspicio perveniret, et cui non modo 20
aperta inimicorum oppugnatio sed ne occultae quidem
matris insidiae nocere potuissent.   Larinum postquam
venit, quae a Stratone illo venenum antea viro suo datum
sibi persuasum esse simulasset, instructam ei continuo et
ornatam Larini medicinae exercendae causa tabernam dedit. 25
64 Vnum, alterum, tertium annum Sassia quiescebat, ut velle
atque optare aliquid calamitatis filio potius quam id struere
179 et moliri videretur.   Tum interim *Q.* Hortensio *Q.* Metello

---

1 vehementissime *a*   3 advocatorum] et vi tormentorum *add.*
codd., del. Halm   5 dimissa *b²χψ²* : demissa *cett.*   8 aversari
Manutius : adversarii (-i *t*) *codd.*   et iam *Manutius* : etiam *codd.*
11 tormenta essent *Ernesti*   19 non modo in *Σ*   23 a Stratone
(-nem *Σ*) *Σb¹χψ¹* : Stratonem *ψ²t* : per Stratonem *b²s*   illo] illud *ψ²*
28 *Q. Orelli* : om. *codd.*

consulibus ut hunc Oppianicum aliud agentem ac nihil eius
modi cogitantem ad hanc accusationem detraheret invito
despondit ei filiam suam, illam quam ex genero susceperat,
ut eum nuptiis adligatum simul et testamenti spe devinctum
5 posset habere in potestate. Hoc ipso fere tempore Strato
ille medicus domi furtum fecit et caedem eius modi. Cum
esset in aedibus armarium in quo sciret esse nummorum
aliquantum et auri, noctu duos conservos dormientis occidit in piscinamque deiecit; ipse armari fundum exsecuit
10 et HS *x* et auri quinque pondo abstulit uno ex servis
puero non grandi conscio. Furto postridie cognito omnis 180
suspicio in eos servos qui non comparebant commovebatur. Cum exsectio illa fundi in armario animadverteretur,
homines quonam modo fieri potuisset *requirebant.* Qui-
15 dam ex amicis Sassiae recordatus est se nuper in auctione
quadam vidisse in rebus minutis aduncam ex omni parte
dentatam et tortuosam venire serrulam qua illud potuisse ita circumsecari videretur. Ne multa, perquiritur
a coactoribus, invenitur ea serrula ad Stratonem perve-
20 nisse. Hoc initio suspicionis orto et aperte insimulato
Stratone puer ille conscius pertimuit, rem omnem dominae
indicavit; homines in piscina inventi sunt, Strato in vincula
coniectus est, atque etiam in taberna eius nummi, nequaquam omnes, reperiuntur. Constituitur quaestio de furto. 181
25 Nam quid quisquam suspicari aliud potest? An hoc dicitis, armario expilato, pecunia ablata, non omni reciperata,
occisis hominibus institutam esse quaestionem de morte
Oppianici? cui probatis? quid est quod minus veri simile
proferre potuistis? deinde, ut omittam cetera, triennio post

---

1 aliud *Sylvius* : aliquid *codd.*   5 posset *Manutius* : possit *codd.*
10 x *Manutius* : om. *codd.*   14 homines] homines quaerebant ψ^2a
requirebant *Zielinski* (*in litteris ad me datis*) : om. *codd.* (*cf. Class.
Rev.* xix. 168)   17 dentatam *Priscian.* (*K.* ii.113) : dentum (-tium *t*)
codd.   serrolam $\Sigma Bb\psi^1$ 18 circumsecari *Angelius* : circumsecare
codd. (*etiam B*)   26 reciperata $\Sigma\psi^1a$: recuperata *cett.*   29
possitis *Madvig*

mortem Oppianici de eius morte quaerebatur? Atque
etiam incensa odio pristino Nicostratum eundem illum tum
sine causa in quaestionem postulavit. Oppianicus primo
recusavit. Postea cum illa abducturam se filiam, muta-
turam esse testamentum minaretur, mulieri crudelissimae 5
65 servum fidelissimum non in quaestionem detulit sed plane
182 ad supplicium dedidit. Post triennium igitur agitata denuo
quaestio de viri morte habebatur. At de quibus servis?
nova, credo, res obiecta, novi quidam homines in suspicionem vocati sunt. De Stratone et de Nicostrato. Quid? 10
Romae quaesitum de istis hominibus non erat? Itane
tandem, mulier iam non morbo sed scelere furiosa, cum
quaestionem habuisses Romae, cum de T. Anni, L. Rutili,
P. Saturi, ceterorum honestissimorum virorum sententia
constitutum esset satis quaesitum videri, eadem de re triennio 15
post isdem de hominibus nullo adhibito non dicam viro,
ne colonum forte adfuisse dicatis, sed bono viro, in fili
183 caput quaestionem habere conata es? An hoc dicitis—
mihi enim venit in mentem quid dici possit, tametsi adhuc
non esse hoc dictum mementote—cum haberetur de furto 20
quaestio, Stratonem aliquid de veneno esse confessum? Hoc
uno modo, iudices, saepe multorum improbitate depressa
veritas emergit et innocentiae defensio interclusa respirat,
quod aut ei qui in fraude callidi sunt non tantum audent
quantum excogitant, aut ei quorum eminet audacia atque 25
proiecta est a consiliis malitiae deseruntur. Quod si aut
confidens astutia aut callida esset audacia, vix ullo obsisti

4 cum *Lambinus* : quam *codd.*   6 detulit *Mommsen* : tulit
codd.   7 dedidit *Arusian. s. v.* dedo : dedit *codd.*   denuo
Halm : denique *codd.*   8 at *Lambinus* : et *codd.*   servis]
habebatur *add. codd., ego delevi* (*cf.* § 89)   13 habuisses $\Sigma\psi^2a$:
habuisset $M\mu$ L. *om.* a   14 ceterorum Σa : et ceterorum $M\mu$
18 es ψ^2a : est $M\mu$ 19 adhuc $M\mu$: ab hoc aa 20 esse hoc Σs :
esse *cett.*   24 in fraude *scripsi* : in fraudem Σs : ad fraudem $M\mu$
27 ullo iis a (*contra B*)

modo posset. Vtrum furtum factum non est? At nihil
clarius Larini. An ad Stratonem suspicio non pertinuit?
At is et ex serrula insimulatus et a puero conscio est
indicatus. An id actum non est in quaerendo? Quae
5 fuit igitur alia causa quaerendi? An id quod vobis
dicendum est, et quod tum Sassia dictitavit: cum de
furto quaereretur, tum Stratonem isdem in tormentis
dixisse de veneno? Hem hoc illud est quod ante dixi: 184
mulier abundat audacia, consilio et ratione deficitur. Nam
10 tabellae quaestionis plures proferuntur quae recitatae vobisque editae sunt, illae ipsae quas tum obsignatas esse dixit;
in quibus tabellis de furto nulla littera invenitur. Non venit
in mentem primum orationem Stratonis conscribere de
furto, post aliquod dictum adiungere de veneno quod non
15 percontatione quaesitum sed per dolorem expressum videretur? Quaestio de furto est, veneni iam suspicio superiore quaestione sublata; quod ipsum haec eadem mulier
iudicarat quae, ut Romae de amicorum sententia statuerat
satis esse quaesitum, postea per triennium maxime ex omni-
20 bus servis Stratonem illum dilexerat, in honore habuerat,
commodis omnibus adfecerat. Cum igitur de furto quaere- 185
retur, et eo furto quod ille sine controversia fecerat, tum
ille de eo quod quaerebatur verbum nullum fecit? de
veneno statim dixit, de furto si non eo loco quo debuit, ne
25 in extrema quidem aut media aut aliqua denique parte
quaestionis verbum fecit ullum? Iam videtis illam nefa- **66**

1 possit Σ*B*   utrum] verum *a*   2 Larini Σ*a*: Larini fuit *M*μ
5 igitur alia Σψ²*a*: alia igitur *cett.*   vobis dicendum Σ*a*: dicendum
vobis *M*μ   7 Stratonem . . . dixisse *aa*: Strato . . . dixit *M*μ
8 hem *scripsi*: item *aa*: en *M*μ   10 vobisque *Angelius*: nobisque *M*μ*a*   11 illae istae Σ*a*   12 nulla littera *aa*: littera nulla *M*μ
13 primum *aa*: primam *M*μ   orationem *M*μ: in ratione Σ: in
oratione *b*²ψ²*s*: *fort.* narrationem   14 aliquod dictum adiung. Σ*a*:
aliquid (-quod ψ²) adiung. dictum *M*μ   15 per dolorem Σψ²*a*: dolore
*M*μ   16 suspicio Σ*a*: suspicione *M*μ   17 ipsa Σ*a*   20
illum ut Σ   25 aliqua Σ*a*: in aliqua *M*μ

riam mulierem, iudices, eadem manu qua, si detur potestas,
interficere filium cupiat, hanc fictam quaestionem conscripsisse. Atque istam ipsam quaestionem dicite qui obsi-
gnarit unum aliquem nominatim. Neminem reperietis,
nisi forte eius modi hominem quem ego proferri malim 5
186 quam neminem nominari. Quid ais, T. Atti? tu periculum capitis, tu indicium sceleris, tu fortunas alterius litteris
conscriptas in iudicium adferes neque earum auctorem litterarum neque obsignatorem neque testem ullum nominabis?
et quam tu pestem innocentissimo filio de matris sinu 10
deprompseris, hanc hi tales viri comprobabunt? Esto, in
tabellis nihil est auctoritatis ; quid? ipsa quaestio iudicibus,
quid? amicis hospitibusque Oppianici quos adhibuerat
antea, quid? huic tandem ipsi tempori cur non reservata
est? Quid istis hominibus factum est, Stratone et Nico- 15
187 strato? Quaero abs te, Oppianice, servo tuo Nicostrato
quid factum esse dicas, quem tu, cum hunc brevi tempore
accusaturus esses, Romam deducere, dare potestatem indi-
candi, incolumem denique servare quaestioni, servare his
iudicibus, servare huic tempori debuisti. Nam Stratonem 20
quidem, iudices, in crucem esse actum exsecta scitote
lingua ; quod nemo Larinatium est qui nesciat. Timuit
mulier amens non suam conscientiam, non odium municipum, non famam omnium, sed, quasi non omnes eius
sceleris testes essent futuri, sic metuit ne condemnaretur 25
extrema servoli voce morientis.
188 Quod hoc portentum, di immortales! quod tantum
monstrum in ullis locis, quod tam infestum scelus et immane

3 qui *Baiter*: quis *Mμa*   obsignavit *σ, ed. V*   4 nominatim *Σa* :
nominat *Mσ* : nominate *bψ*   6 T. *om.* Σ   8 afferes Σ, *ed. Mediol.* :
afferas *cett.*   10 de *aa* : ex *Mμ*   11 hi⌉ ii Σ   comprobarunt Σ
14 reservata *Mμ* : servata *Σa*   16 te ab Oppianici Σ   21
esse actum *Σa* : actum esse *Mμ*   22 Larin. est *Σa* : est Larin. *Mμ*
26 servuli (-ili *Mσ*) *Mμ* : serva Σ : servi *a*   emorientis *coni. Müller*
(*cf. Zielinski p.* 200)   28 illis Σ*b¹s*

aut unde natum esse dicamus ?   Iam enim videtis profecto,
iudices, non sine necessariis me ac maximis causis principio
orationis meae de matre dixisse.   Nihil est enim mali, nihil
sceleris quod illa non ab initio filio voluerit, optaverit,
5 cogitaverit, effecerit.   Mitto illam primam libidinis iniuriam,
mitto nefarias generi nuptias, mitto cupiditate matris ex-
pulsam ex matrimonio filiam, quae nondum ad huiusce
vitae periculum sed ad commune familiae dedecus pertinebant.   Nihil de alteris Oppianici nuptiis queror, quarum illa
10 cum obsides filios ab eo mortuos accepisset, tum denique
in familiae luctum atque in privignorum funus nupsit.
Praetereo quod A. Aurium cuius illa quondam socrus, paulo
ante uxor fuisset, cum Oppianici esse opera proscriptum
occisumque cognosset, eam sibi domum sedemque delegit
15 in qua cotidie superioris viri mortis indicia et spolia fortunarum videret.   Illud primum queror de illo scelere quod 189
nunc denique patefactum est, Fabriciani veneni, quod iam
tum recens suspiciosum ceteris, huic incredibile, nunc vero
apertum iam omnibus ac manifestum videtur.   Non est
20 profecto de illo veneno celata mater ; nihil est ab Oppianico
sine consilio mulieris cogitatum ; quod si esset, certe postea
deprehensa re non illa ut a viro improbo discessisset sed
ut a crudelissimo hoste fugisset domumque illam in perpetuum scelere omni adfluentem reliquisset.   Non modo 190
25 id non fecit sed ab illo tempore nullum locum praetermisit
in quo non strueret insidias aliquas ac dies omnis atque
noctes tota mente mater de pernicie fili cogitaret.   Quae
primum ut illum confirmaret accusatorem filio suo, donis,

---

6 cupiditatem *a*   8 pertinebat *a*   12 quod A. *t* : quodam Σ :
quod M. *s* : quod *Mμ*   16 de Σ*a* : ab *Mμ*   21 quod si Σ*a* :
quod nisi *Mμ*   22 a viro improbo Σ*a* : ab improbo viro *Mμ*
24 scelere omni *Mμ*, *Arusian. s. v.* affluit illa re (*K.* vii. 457): scelere
omnium Σ : scelerum omnium *a*   26 strueret (filio *add. t*) Σ*a* :
instrueret *Mμ*   atque Σ*a* : ac *Mμ*   27 tota mente Σ*b²a* : totas
mente *Mμ*   28 accusatorem Σ : Oppianicum accusatorem *cett.*

muneribus, conlocatione filiae, spe hereditatis obstrinxit.

67 Ita quod apud ceteros novis inter propinquos susceptis inimicitiis saepe fieri divortia atque adfinitatum discidia vidimus, haec mulier satis firmum accusatorem filio suo fore neminem putavit, nisi qui in matrimonium sororem 5 eius ante duxisset. Ceteri novis adfinitatibus adducti veteres inimicitias saepe deponunt ; illa sibi ad confirmandas inimicitias adfinitatis coniunctionem pignori fore putavit.

191 Neque in eo solum diligens fuit ut accusatorem filio suo compararet sed etiam cogitavit quibus eum rebus armaret. 10 Hinc enim illae sollicitationes servorum et minis et promissis, hinc illae infinitae crudelissimaeque de morte Oppianici quaestiones, quibus finem aliquando non mulieris modus sed amicorum auctoritas fecit. Ab eodem scelere illae triennio post habitae Larini quaestiones, eiusdem amentiae 15 falsae conscriptiones quaestionum ; ex eodem furore etiam illa conscelerata exsectio linguae ; totius denique huius ab

192 illa est et inventa et adornata comparatio criminis. Atque his rebus cum instructum accusatorem filio suo Romam misisset, ipsa paulisper conquirendorum et conducendorum 20 testium causa Larini est commorata ; postea autem quam appropinquare huius iudicium ei nuntiatum est, confestim huc advolavit ne aut accusatoribus diligentia aut pecunia testibus deesset, aut ne forte mater hoc sibi optatissimum spectaculum huius sordium atque luctus et tanti squaloris 25

68 amitteret. Iam vero quod iter Romam eius mulieris fuisse existimatis ? quod ego propter vicinitatem Aquinatium et Fabraternorum ex multis audivi et comperi ; quos concursus

2 ita quod] itaque *edd. VR*   4 vidimus *Σbψa* : videmus *Mσ*   6 ante *Mμ* : antea *Σa*   8 adfinitates coniunctiones *Σ*   17 huius *Mμ* : eius *Σa*   18 ornata *s*   19 rebus] *hic desinit M*   20 misisset, ipsa *Σψ²a* : ipsa misisset *cett.*   et conducendorum *om. s*   21 quam *Σψ²a* : cum *cett.*   24 mater] *reliquam partem orationis pallidiore atramento add. Σ* : *finem orationis 'noviter repertum' (ita monitum est in πφ) habent praeter bχψa novi testes Aπφ*   28 Fabraternorum *Beroaldus* : Afraternorum *codd.* : Alfaternorum *Gruter (cf. Plin. N. H. iii. 5. 63)*   178

in his oppidis, quantos et virorum et mulierum gemitus esse
factos? Mulierem quandam Larino advolare, usque a mari
supero Romam proficisci cum magno comitatu et pecunia
quo facilius circumvenire iudicio capitis atque opprimere
5 filium posset? Nemo erat illorum, paene dicam, quin 193
expiandum illum locum esse arbitraretur quacumque illa
iter fecisset, nemo quin terram ipsam violari quae‧mater
est omnium vestigiis consceleratae matris putaret. Itaque
nullo in oppido consistendi potestas ei fuit, nemo ex tot
10 hospitibus inventus est qui non contagionem aspectus
fugeret; nocti se potius ac solitudini quam ulli aut urbi
aut hospiti committebat. Nunc vero quid agat, quid molia- 194
tur, quid denique cotidie cogitet quem ignorare nostrum
putat? Quos appellarit, quibus pecuniam promiserit,
15 quorum fidem pretio labefactare conata sit tenemus. Quin
etiam nocturna sacrificia quae putat occultiora esse scelera-
tasque eius preces et nefaria vota cognovimus; quibus illa
etiam deos immortalis de suo scelere testatur neque intellegit
pietate et religione et iustis precibus deorum mentis, non
20 contaminata superstitione neque ad scelus perficiendum
caesis hostiis posse placari. Cuius ego furorem atque
crudelitatem deos immortalis a suis aris atque templis
aspernatos esse confido. Vos, iudices, quos huic A. Cluentio **69**
quosdam alios deos ad omne vitae tempus fortuna esse ¹⁹⁵
25 voluit, huius importunitatem matris a fili capite depellite.
Multi saepe in iudicando peccata liberum parentum misericordiae concesserunt; vos ne huius honestissime actam
vitam matris crudelitati condonetis rogamus, praesertim
cum ex altera parte totum municipium videre possitis.

2 Larino advolare *scripsi* (*cf. supr. et* §§ 18, 25) : Larino atque illam
codd. : Larinatim illim *Müller* : Larino adesse atque illam *Peterson*
5 possit Σ¹πφ   11 aut urbi] aut turpi ΣAπφ   13 nostrum
pauci dett. : nostrorum *mei*   16 putat φχ : putet *cett.*   24
quosdam alios ΣAπφ : quos alios *t* : alios *cett.* : quasi aliquos *Classen*
26 parentium *A*φt (*cf. Rosc. Am.* 67)

Omnis scitote, iudices—incredibile dictu est, sed a me
verissime dicetur—omnis Larinatis qui valuerunt venisse
Romam ut hunc studio frequentiaque sua quantum possent
in tanto eius periculo sublevarent. Pueris illud hoc tempore et mulieribus oppidum scitote esse traditum, idque in 5
praesentia communi Italiae pace, non domesticis copiis
esse tutum. Quos tamen ipsos aeque et eos quos praesentis
videtis huius exspectatio iudici dies noctesque sollicitat.
196 Non illi vos de unius municipis fortunis arbitrantur sed
de totius municipi statu dignitate commodisque omnibus 10
sententias esse laturos. Summa est enim, iudices, hominis
in communem municipi rem diligentia, in singulos municipes
benignitas, in omnis homines iustitia et fides. Praeterea
nobilitatem illam inter suos locumque a maioribus traditum
sic tuetur ut maiorum gravitatem, constantiam, gratiam, 15
liberalitatem adsequatur. Itaque eis eum verbis publice
laudant ut non solum testimonium suum iudiciumque significent verum etiam curam animi ac dolorem. Quae dum
laudatio recitatur, vos, quaeso, qui eam detulistis adsurgite.
197   Ex lacrimis horum, iudices, existimare potestis omnis 20
haec decuriones decrevisse lacrimantis. Age vero, vicinorum quantum studium, quam incredibilis benivolentia,
quanta cura est ! Non illi in libellis laudationem decretam
miserunt, sed homines honestissimos, quos nossemus omnes,
huc frequentis adesse et hunc praesentis laudare voluerunt. 25
Adsunt Ferentani, homines nobilissimi, Marrucini item pari
dignitate ; Teano Apulo atque Luceria equites Romanos,
homines honestissimos, laudatores videtis ; Boviano totoque

3 **possent** *a* : possint (-it χ) *cett.*   6 communi Italiae pace *om.*
π¹, *ed. Guar.*   non *Madvig* : in *codd.*   7 tutum *Naugerius* :
totum *codd.*   16 itaque iis *b²a* : itaque χ : ita quis *cett.*   19
eam *a* : iam *cett.*   20 existumare Σ*A*   22–23 quam . . . cura
est *om.* *b*¹χψ¹   23 laudationem decretam *b²*ψ*a* : laudationum
decreta *cett.*   26 Ferentani *b²a* : Frentrani Σ*A*π*b*¹ : Frentani φχψ
Marrucini π*b* : Marrucinii *cett.*   28 honestissimos homines *b*ψ
Boviano *Beroaldus* : Boiano *codd.*

ex Samnio cum laudationes honestissimae missae sunt, tum
homines amplissimi nobilissimique venerunt. Iam qui in 198
agro Larinati praedia, qui negotia, qui res pecuarias habent,
honesti homines et summo splendore praediti, difficile dictu
5 est quam sint solliciti, quam laborent. Non multi mihi ab
uno sic diligi videntur ut hic ab his universis.

Quam doleo abesse ab huius iudicio L. Volusenum, **70**
summo splendore hominem ac virtute praeditum ! Vellem
praesentem possem P. Helvidium Rufum, equitem Romanum
10 omnium ornatissimum, nominare. Qui cum huius causa
dies noctesque vigilaret et cum me hanc causam doceret, in
morbum gravem periculosumque incidit ; in quo tamen
non minus de capite huius quam de sua vita laborat. Cn.
Tudici senatoris, viri optimi et honestissimi, par studium
15 ex testimonio et laudatione cognoscetis. Eadem spe sed
maiore verecundia de te, P. Volumni, quoniam iudex es
in A. Cluentium, dicimus. Et ne longum sit, omnium
vicinorum summam esse in hunc benivolentiam confirmamus.

Horum omnium studium, curam, diligentiam meumque una 199
20 laborem, qui totam hanc causam vetere instituto solus
peroravi, vestramque simul, iudices, aequitatem et mansuetudinem una mater oppugnat. At quae mater ! Quam
caecam crudelitate et scelere ferri videtis, cuius cupiditatem
nulla umquam turpitudo retardavit, quae vitiis animi in
25 deterrimas partis iura hominum convertit omnia, cuius ea
stultitia est ut eam nemo hominem, ea vis ut nemo feminam,
ea crudelitas ut nemo matrem appellare possit. Atque
etiam nomina necessitudinum, non solum naturae nomen
et iura mutavit, uxor generi, noverca fili, filiae paelex ; eo

3 Larinate Σ*A*   pecuarias *Manutius* : pecuniarias *codd.*   4
et . . . praediti *om. b*¹   6 iis Σχ*a*   7 quam doleo *Classen* :
quando *codd.*   Volusenum *Naugerius* : Volusienum *codd.*   9
posse *ed. Guar.*   15 ex *Graevius* : et (*om. a*) *codd.*   19 omnium
horum *s*   21 vostramque Σ*A*   22 atque Σ*A*πφ   23 crudelitatem et sceleri Σ*A*   29 pelex Σ : pellex *cett.*

iam denique adducta est uti sibi praeter formam nihil ad
200 similitudinem hominis reservarit. Qua re, iudices, si scelus
odistis, prohibete aditum matris a fili sanguine, date parenti
hunc incredibilem dolorem ex salute, ex victoria liberum,
patimini matrem, ne orbata filio laetetur, victam potius 5
vestra aequitate discedere. Sin autem, id quod vestra
natura postulat, pudorem bonitatem virtutemque diligitis,
levate hunc aliquando supplicem vestrum, iudices, tot annos
in falsa invidia periculisque versatum, qui nunc primum
post illam flammam aliorum facto et cupiditate excitatam 10
spe vestrae aequitatis erigere animum et paulum respirare
a metu coepit, cui posita sunt in vobis omnia, quem servatum
201 esse plurimi cupiunt, servare soli vos potestis. Orat vos
Habitus, iudices, et flens obsecrat ne se invidiae quae in
iudiciis valere non debet, ne matri cuius vota et preces 15
a vestris mentibus repudiare debetis, ne Oppianico, homini
71 nefario, condemnato iam et mortuo condonetis. Quod si
qua calamitas hunc in hoc iudicio adflixerit innocentem, ne
iste miser, si, id quod difficile factu est, in vita remanebit,
saepe et multum queretur deprehensum esse illud quondam 20
Fabricianum venenum. Quod si tum indicatum non esset,
non huic aerumnosissimo venenum illud fuisset sed
multorum medicamentum maerorum ; postremo etiam
fortasse mater exsequias illius funeris prosecuta mortem
se fili lugere simulasset. Nunc vero quid erit profectum 25
nisi ut huius ex mediis mortis insidiis vita ad luctum
conservata, mors sepulcro patris privata esse videatur ?
202 Satis diu fuit in miseriis, iudices, satis multos annos ex

---

1 uti Σ*Aπφt* : ut *cett.*   2 homini Σ*Aπ*   reservaret Σ*Aπa*
3 prohibite *a*   6 vostra Σ*ψ*   7 bonitatem] veritatem *b²ψ²a*
19 miser, iudices, si *bχψ*   in vita remanebit *Abψ* : vitare manebis
Σ : vita (et vita *φχ*) remanebit *cett.*   20 queretur (-itur *b¹*)
b²χψ : quereretur *cett.*   23 maerorum *Incerti art. gramm. fragm.*
§ 149 (*ed. Eichenfeld p.* 102) : laborum *codd.*   24 fortasse *Landgraf* : fortassis *codd.* (*cf.* § 144)   25 se *om. a*

invidia laboravit. Nemo huic tam iniquus praeter parentem fuit cuius animum *non* iam expletum putemus.
Vos qui aequi estis omnibus, qui ut quisque crudelissime
oppugnatur eum lenissime sublevatis, conservate A. Cluen-
5 tium, restituite incolumem municipio ; amicis, vicinis,
hospitibus . quorum studia videtis reddite, vobis in perpetuum liberisque vestris obstringite.   Vestrum est hoc,
iudices, vestrae dignitatis, vestrae clementiae ; recte hoc
repetitur a vobis ut virum optimum atque innocentissimum
10 plurimisque mortalibus carum atque iucundum his aliquando calamitatibus liberetis, ut omnes intellegant in
contionibus esse invidiae locum, in iudiciis veritati.

1 iniquos $\Sigma AB\pi$ parentum ΣA 2 animum non $b\chi\psi$: animum
$\Sigma AB\pi\phi$: non animum a   putemus B : esse putemus *cett.* (*cf. Zielinski p.* 164)   10 carum] carissimum *Lambinus*   iucundum
Peterson : iucundissimum *codd.*

M. TVLLI CICERONIS

IN L. CATILINAM

ORATIO

SIGLA

C = cod. Cluniacensis 498, nunc Holkhamicus 387, saec. ix
(*continet* I §§ 1–5 Quo usque . . . iam pridem,
§§ 17–ii. 11 viderem . . . quacumque, §§ 15–iii. 1
ne mihi sit . . . ac resti, §§ 9–19 huius . . . urbis
atque, §§ 23–27 ac miserrimo . . . condicio, iv.
§§ 8–15 constituta . . . quo studio)

A = cod. Ambrosianus, C. 29 inf., saec. x

V = cod. Vossianus, Lat. O. 2, saec. xi

a = cod. Laur. XLV. 2, saec. xiii

h = cod. Harleianus 2682, saec. xi

b = cod. Benedictoburanus, nunc Monacensis 4611, saec. xii

l = cod. Harleianus 2716, saec. x/xi (*om.* ii. §§ 8–24 incredibile . . . cohortem)

s = cod. Salisburgensis, nunc Monacensis 15964, saec. xi

o = cod. Oxon., Coll. Corporis Christi 57, saec. xii

t = cod. Tegernseensis, nunc Monacensis 19472, saec. xi

u = cod. Egmontanus, nunc Bruxellensis 10060, saec. xi

x = cod. Laur. L. 45, saec. xi

a = codd. (*C*) *A Va*

β = codd. *b* (*l*) *s* in Orr. i–iii : in Or. iv. = *bs*

γ = codd. *otux*

---

i = cod. Indersdorfensis nunc Monacensis 7809, saec. xii.

M. TVLLI CICERONIS

ORATIO
QVA L. CATILINAM EMISIT
IN SENATV HABITA

Qvo usque tandem abutere, Catilina, patientia nostra? **I**
quam diu etiam furor iste tuus nos eludet? quem ad finem **I**
sese effrenata iactabit audacia? Nihilne te nocturnum
praesidium Palati, nihil urbis vigiliae, nihil timor populi,
5 nihil concursus bonorum omnium, nihil hic munitissimus
habendi senatus locus, nihil horum ora voltusque moverunt? Patere tua consilia non sentis, constrictam iam
horum omnium scientia teneri coniurationem tuam non
vides? Quid proxima, quid superiore nocte egeris, ubi
10 fueris, quos convocaveris, quid consili ceperis quem nostrum ignorare arbitraris? O tempora, o mores! Senatus **2**
haec intellegit, consul videt; hic tamen vivit. Vivit? immo
vero etiam in senatum venit, fit publici consili particeps,
notat et designat oculis ad caedem unum quemque no-
15 strum. Nos autem fortes viri satis facere rei publicae
videmur, si istius furorem ac tela vitamus. Ad mortem te,
Catilina, duci iussu consulis iam pridem oportebat, in te
conferri pestem quam tu in nos omnis iam diu machinaris.
An vero vir amplissimus, P. Scipio, pontifex maximus, Ti. **3**
20 Gracchum mediocriter labefactantem statum rei publicae

---

2 nos *om.* A *et Iulius Victor* (*Rhet. M. p.* 439) : *post* diu *hab.* bs
8 tuam *om.* CAV   16 vitamus CAV : vitemus *cett.*   18
pestem α (C *pr. scr.*): pestem istam *cett.* (C *corr. m.* 1)   nos *om.*
A (*in lac.*) V   omnis *om.* γ : omnis iam diu *om.* bs

privatus interfecit : Catilinam orbem terrae caede atque
incendiis vastare cupientem nos consules perferemus ? Nam
illa nimis antiqua praetereo, quod C. Servilius Ahala Sp.
Maelium novis rebus studentem manu sua occidit. Fuit,
fuit ista quondam in hac re publica virtus ut viri fortes 5
acrioribus suppliciis civem perniciosum quam acerbissimum
hostem coercerent. Habemus senatus consultum in te,
Catilina, vehemens et grave, non deest rei publicae consilium neque auctoritas huius ordinis : nos, nos, dico aperte,
2 consules desumus. Decrevit quondam senatus uti L. Opi- 10
4 mius consul videret ne quid res publica detrimenti caperet :
nox nulla intercessit : interfectus est propter quasdam sedi-
tionum suspiciones C. Gracchus, clarissimo patre, avo,
maioribus, occisus est cum liberis M. Fulvius consularis.
Simili senatus consulto C. Mario et L. Valerio consulibus 15
est permissa res publica : num unum diem postea L. Satur-
ninum tribunum plebis et C. Servilium praetorem mors ac
rei publicae poena remorata est ? At vero nos vicesimum
iam diem patimur hebescere aciem horum auctoritatis.
Habemus enim eius modi senatus consultum, verum inclu- 20
sum in tabulis, tamquam in vagina reconditum, quo ex
senatus consulto confestim te interfectum esse, Catilina,
convenit. Vivis, et vivis non ad deponendam, sed ad con-
firmandam audaciam. Cupio, patres conscripti, me esse
clementem, cupio in tantis rei publicae periculis non dis- 25
solutum videri, sed iam me ipse inertiae nequitiaeque con-
5 demno. Castra sunt in Italia contra populum Romanum
in Etruriae faucibus conlocata, crescit in dies singulos

1 Catilinam *Aah, Quintil.* viii. 4. 13 : Catilinam vero *C cett.*   2 per-
ferremus *C*   3 quod C.] quodque *CAah* : quod Q. *Vβγ*   7
habemus *a* : habemus enim *hβγ*   8 et grave *sup. lin. in C (m¹)* :
om. AV   10 uti *CAVh* : ut *aβγ*   13 avo *om. oux* : natus *t*
14 maioribus] a maioribus *hγ*   18 vero *om. ah*   20 eius *CAV* :
huiusce *ah* : huius *βγ*   verum *a (C¹)o¹u* : verum tamen *cett.*
(C²)   22 te interfectum esse *ah* : interfectum te esse (esse te *o) βγ*
25 non *ah* : me non *βγ*   26 sed iam *ao¹* : sed etiam *cett.*

hostium numerus; eorum autem castrorum imperatorem
ducemque hostium intra moenia atque adeo in senatu
videtis intestinam aliquam cotidie perniciem rei publicae
molientem. Si te iam, Catilina, comprehendi, si interfici
5 iussero, credo, erit verendum mihi ne non hoc potius
omnes boni serius a me quam quisquam crudelius factum
esse dicat. Verum ego hoc quod iam pridem factum esse
oportuit certa de causa nondum adducor ut faciam. Tum
denique interficiere, cum iam nemo tam improbus, tam
10 perditus, tam tui similis inveniri poterit qui id non iure
factum esse fateatur. Quam diu quisquam erit qui te 6
defendere audeat, vives, et vives ita ut nunc vivis, multis
meis et firmis praesidiis obsessus ne commovere te contra
rem publicam possis. Multorum te etiam oculi et aures
15 non sentientem, sicut adhuc fecerunt, speculabuntur atque
custodient.

Etenim quid est, Catilina, quod iam amplius exspectes, 3
si neque nox tenebris obscurare coetus nefarios nec privata
domus parietibus continere voces coniurationis tuae potest,
20 si inlustrantur, si erumpunt omnia? Muta iam istam mentem, mihi crede, obliviscere caedis atque incendiorum.
Teneris undique; luce sunt clariora nobis tua consilia
omnia, quae iam mecum licet recognoscas. Meministine 7
me ante diem XII Kalendas Novembris dicere in senatu
25 fore in armis certo die, qui dies futurus esset ante diem VI
Kal. Novembris, C. Manlium, audaciae satellitem atque
administrum tuae? Num me fefellit, Catilina, non modo
res tanta tam atrox tamque incredibilis, verum, id quod
multo magis est admirandum, dies? Dixi ego idem in

---

3 videtis *ah*: videmus βγ   4 iam *om. Quintil.* ix. 3. 19, *sup.
lin. hab. Ao*   9 interficiam te γ   9, 10 nemo tam perditus *AV*
12 sed vives *Weiske*   nunc *aho*: *om. cett.*   13 obsessus *ah*:
oppressus βγ   commovere te] commovere *ao*   18 coetus *a*:
coeptus *hβγ*   19 tuae *om. AVot*   20 lustrantur *Nonius
p.* 335. 33   25 VI *at*: III *u*: VIII *hio*: VIIII *bs*   28 tam atrox
om AV

senatu caedem te optimatium contulisse in ante diem v
Kalendas Novembris, tum cum multi principes civitatis
Roma non tam sui conservandi quam tuorum consiliorum
reprimendorum causa profugerunt. Num infitiari potes
te illo ipso die meis praesidiis, mea diligentia circum- 5
clusum commovere te contra rem publicam non potuisse,
cum tu discessu ceterorum nostra tamen qui remansis-
8 semus caede contentum te esse dicebas? Quid? cum
te Praeneste Kalendis ipsis Novembribus occupaturum
nocturno impetu esse confideres, sensistin illam coloniam 10
meo iussu meis praesidiis, custodiis, vigiliis esse munitam?
Nihil agis, nihil moliris, nihil cogitas quod *non* ego
non modo audiam sed etiam videam planeque sentiam.
4 Recognosce mecum tandem noctem illam superiorem ; iam
intelleges multo me vigilare acrius ad salutem quam te ad 15
perniciem rei publicae. Dico te priore nocte venisse inter
falcarios—non agam obscure—in M. Laecae domum ; convenisse eodem compluris eiusdem amentiae scelerisque
socios. Num negare audes? quid taces? Convincam, si
negas. Video enim esse hic in senatu quosdam qui tecum 20
9 una fuerunt. O di immortales ! ubinam gentium sumus?
quam rem publicam habemus? in qua urbe vivimus? Hic,
hic sunt in nostro numero, patres conscripti, in hoc orbis
terrae sanctissimo gravissimoque consilio, qui de nostro
omnium interitu, qui de huius urbis atque adeo de orbis 25
terrarum exitio cogitent. Hos ego video consul et de re
publica sententiam rogo, et quos ferro trucidari oportebat,
eos nondum voce volnero ! Fuisti igitur apud Laecam illa

---

6 commovere te] commoveri te (*om.* te *o*[1]) *AVo*   contra rem p.
om. AV   8 te *om. bh*[1], *ante* contentum *hab.* ah[2]   9 te *a* : tu
te *cett.*   10 sensistin *ah* : sensistine *βγ*   12, 13 non ego non
modo *Halm* : ego non modo non *V* : ego non modo *cett.*   14 tandem mecum *ah*   22 in qua urbe vivimus, quam rem p. habemus *ah*
contra Donatum ad Ter. Andr. iv. 5. 51 *et Mart. Cap.* (*Rhet. M. p.* 471)
24 nostro *Aah* : nostrum *Vβγ*   25 de orbis *ah* : orbis *βγ*   26
hos *ah* : hosce *βγ*

nocte, Catilina, distribuisti partis Italiae, statuisti quo quemque proficisci placeret, delegisti quos Romae relinqueres, quos tecum educeres, discripsisti urbis partis ad incendia, confirmasti te ipsum iam esse exiturum, dixisti paulum tibi
5 esse etiam nunc morae, quod ego viverem. Reperti sunt duo equites Romani qui te ista cura liberarent et se illa ipsa nocte paulo ante lucem me in meo lecto interfecturos esse pollicerentur. Haec ego omnia vixdum etiam coetu vestro 10 dimisso comperi; domum meam maioribus praesidiis mu-
10 nivi atque firmavi, exclusi eos quos tu ad me salutatum mane miseras, cum illi ipsi venissent quos ego iam multis ac summis viris ad me id temporis venturos esse praedixeram.

Quae cum ita sint, Catilina, perge quo coepisti: egredere 5
15 aliquando ex urbe; patent portae; proficiscere. Nimium diu te imperatorem tua illa Manliana castra desiderant. Educ tecum etiam omnis tuos, si minus, quam plurimos; purga urbem. Magno me metu liberaveris, modo inter me atque te murus intersit. Nobiscum versari iam diutius non
20 potes; non feram, non patiar, non sinam. Magna dis im-11 mortalibus habenda est atque huic ipsi Iovi Statori, antiquissimo custodi huius urbis, gratia, quod hanc tam taetram, tam horribilem tamque infestam rei publicae pestem totiens iam effugimus. Non est saepius in uno homine summa salus
25 periclitanda rei publicae. Quam diu mihi consuli designato, Catilina, insidiatus es, non publico me praesidio, sed privata diligentia defendi. Cum proximis comitiis consularibus me consulem in campo et competitores tuos interficere voluisti, compressi conatus tuos nefarios amicorum praesidio et
30 copiis nullo tumultu publice concitato; denique, quotiens-

---

4 paulum *a*: paululum *hβγ*   5 quoad *Hirschfelder*   6 se *ah*: sese *βγ*   7 lecto *AVt, Probus K.* iv. 29, *Claudius Sac. K.* vi. 481: lectulo *cett.*   esse *om. a*   9 meam *om. a*   18 liberaveris *Lambinus*: liberaberis *AV*: liberabis *cett.*   modo *AV*: dum modo *cett.*   23 horribilem] terribilem *V* (*voc.* terribilem *post* gratia *hab. A*)

cumque me petisti, per me tibi obstiti, quamquam videbam
perniciem meam cum magna calamitate rei publicae esse
12 coniunctam. Nunc iam aperte rem publicam universam
petis, templa deorum immortalium, tecta urbis, vitam omnium civium, Italiam totam ad exitium et vastitatem vocas. 5
Qua re, quoniam id quod est primum, et quod huius
imperi disciplinaeque maiorum proprium est, facere nondum audeo, faciam id quod est ad severitatem lenius, ad
communem salutem utilius. Nam si te interfici iussero,
residebit in re publica reliqua coniuratorum manus; sin tu, 10
quod te iam dudum hortor, exieris, exhaurietur ex urbe
tuorum comitum magna et perniciosa sentina rei publicae.
13 Quid est, Catilina? num dubitas id me imperante facere
quod iam tua sponte faciebas? Exire ex urbe iubet consul
hostem. Interrogas me, num in exsilium? Non iubeo, 15
6 sed, si me consulis, suadeo. Quid est enim, Catilina, quod
te iam in hac urbe delectare possit? in qua nemo est extra
istam coniurationem perditorum hominum qui te non
metuat, nemo qui non oderit. Quae nota domesticae turpitudinis non inusta vitae tuae est? quod privatarum rerum 20
dedecus non haeret in fama? quae libido ab oculis, quod
facinus a manibus umquam tuis, quod flagitium a toto
corpore afuit? cui tu adulescentulo quem corruptelarum
inlecebris inretisses non aut ad audaciam ferrum aut ad
14 libidinem facem praetulisti? Quid vero? nuper cum morte 25
superioris uxoris novis nuptiis locum vacuefecisses, nonne
etiam alio incredibili scelere hoc scelus cumulavisti? quod
ego praetermitto et facile patior sileri, ne in hac civitate
tanti facinoris immanitas aut exstitisse aut non vindicata

5 Italiam *a* : Italiam denique *hβγ*   et *ah* : ac *βγ*   8 lenius ad
ah : lenius et ad *cett.*   12 tuorum comitum *del. Halm*   19 non
oderit] te *ante* non *add. at, post* non *h*   21 haeret in fama *Ant.*
Augustinus : haeret (inhaeret *h*) infamiae (-ia *a*) *codd.* : inhaeret in
fama *Madvig*   23 afuit *V* : abfuit *cett.*   26 locum *ah* : domum
βγ   vacuefecisses] vacuumfecisses *a* : vacuefecisti *h*   27 cumulavisti *Wüst* : cumulasti *codd.*   28 sileri *aho* : *om. cett.*

esse videatur.   Praetermitto ruinas fortunarum tuarum quas
omnis proximis Idibus tibi impendere senties : ad illa venio
quae non ad privatam ignominiam vitiorum tuorum, non ad
domesticam tuam difficultatem ac turpitudinem, sed ad
5 summam rem publicam atque ad omnium nostrum vitam
salutemque pertinent.   Potestne tibi haec lux, Catilina, 15
aut huius caeli spiritus esse iucundus, cum scias esse
horum neminem qui nesciat te pridie Kalendas Ianuarias
Lepido et Tullo consulibus stetisse in comitio cum telo,
10 manum consulum et principum civitatis interficiendorum
causa paravisse, sceleri ac furori tuo non mentem aliquam
aut timorem tuum sed Fortunam populi Romani obstitisse ?
Ac iam illa omitto—neque enim sunt aut obscura aut non
multa commissa postea—quotiens tu me designatum, quo-
15 tiens vero consulem interficere conatus es ! quot ego tuas
petitiones ita coniectas ut vitari posse non viderentur parva
quadam declinatione et, ut aiunt, corpore effugi ! Nihil
agis, nihil adsequeris, neque tamen conari ac velle desistis.
Quotiens iam tibi extorta est ista sica de manibus, quotiens 16
20 excidit casu aliquo et elapsa est !   Quae quidem quibus abs
te initiata sacris ac devota sit nescio, quod eam necesse
putas esse in consulis corpore defigere.   Nunc vero quae **7**
tua est ista vita ?   Sic enim iam tecum loquar, non ut odio
permotus esse videar, quo debeo, sed ut misericordia, quae
25 tibi nulla debetur.   Venisti paulo ante in senatum.   Quis te
ex hac tanta frequentia, tot ex tuis amicis ac necessariis salutavit ? Si hoc post hominum memoriam contigit nemini, vocis

  2 proximis Idibus tibi impendere *Aah* : impend. tibi (tibi impend.)
prox. Id. *cett.*   4 tuam *om. AV*   7, 8 horum esse *h* : horum *ot*
8 qui nesciat] qui sciat *A*[1] : quin sciat *a* : qui non sciat *h*   12
tuum *om.* ao[1]*u*   fortunam *vulg.*   14, 15 quotiens vero *om.*
a : quotiens me *bs* : quotiens *h*   15 conatus es] voluisti *βx*   17,
18 nihil agis *om.* βo[1]*tx*   18 adsequeris *AV* : adsequeris, nihil
moliris *cett.* (*cf.* § 8)   19 tibi iam *ah*   quotiens *ah* : quotiens
vero *cett.*   20 elapsa est] tamen ea carere diutius non potes
add. codd. (*ex* § 24), *del. Heumann*   21 ac] aut (ut *V*) *AV*   **26**
totque ex *a*

exspectas contumeliam, cum sis gravissimo iudicio tacitur-
nitatis oppressus? Quid, quod adventu tuo ista subsellia
vacuefacta sunt, quod omnes consulares qui tibi persaepe ad
caedem constituti fuerunt, simul atque adsedisti, partem istam
subselliorum nudam atque inanem reliquerunt, quo tandem 5
17 animo tibi ferendum putas? Servi mehercule mei si me
isto pacto metuerent ut te metuunt omnes cives tui, domum
meam relinquendam putarem : tu tibi urbem non arbitraris?
et si me meis civibus iniuria suspectum tam graviter atque
offensum viderem, carere me aspectu civium quam infestis 10
omnium oculis conspici mallem : tu, cum conscientia scelerum tuorum agnoscas odium omnium iustum et iam diu
tibi debitum, dubitas quorum mentis sensusque volneras,
eorum aspectum praesentiamque vitare? Si te parentes
timerent atque odissent tui neque eos ratione ulla placare 15
posses, ut opinor, ab eorum oculis aliquo concederes. Nunc
te patria, quae communis est parens omnium nostrum, odit
ac metuit et iam diu nihil te iudicat nisi de parricidio suo
cogitare : huius tu neque auctoritatem verebere nec iudi-
18 cium sequere nec vim pertimesces? Quae tecum, Catilina, 20
sic agit et quodam modo tacita loquitur : 'Nullum iam aliquot annis facinus exstitit nisi per te, nullum flagitium sine
te ; tibi uni multorum civium neces, tibi vexatio direptioque
sociorum impunita fuit ac libera ; tu non solum ad negle-
gendas leges et quaestiones verum etiam ad evertendas 25
perfringendasque valuisti. Superiora illa, quamquam ferenda
non fuerunt, tamen ut potui tuli ; nunc vero me totam esse
in metu propter unum te, quicquid increpuerit, Catilinam
timeri, nullum videri contra me consilium iniri posse quod

6 tibi *ah* : hoc tibi βγ   8 arbitrare *V* : arbitraris. e. *A*   15
neque eos] nec eos *bs* : neque illos *V*   ratione ulla *ah* : ulla ratione βγ
16 tu opinor *Cobet*   17, 18 odit ac *om. α*   18 diu nihil te *CAV* :
diu de te nihil *ꜧ* : de te diu nihil *t* : diu nihil de te *cett.*   21 agit]
ait *ꜧhlou*   22 existit *CAV*   25 evertendas *ou* : evincendas
β*x* : vincendas *aꞮ* : devincendas *ꜧ*

a tuo scelere abhorreat, non est ferendum. Quam ob rem
discede atque hunc mihi timorem eripe ; si est verus, ne
opprimar, sin falsus, ut tandem aliquando timere desinam.' 8
Haec si tecum, ut dixi, patria loquatur, nonne impetrare 19
5 debeat, etiam si vim adhibere non possit ? Quid, quod
tu te in custodiam dedisti, quod vitandae suspicionis
causa ad M'. Lepidum te habitare velle dixisti ? A quo
non receptus etiam ad me venire ausus es, atque ut
domi meae te adservarem rogasti. Cum a me quoque
10 id responsum tulisses, me nullo modo posse isdem parietibus tuto esse tecum, quia magno in periculo essem
quod isdem moenibus contineremur, ad Q. Metellum
praetorem venisti. A quo repudiatus ad sodalem tuum,
virum optimum, M. Metellum demigrasti, quem tu vide-
15 licet et ad custodiendum te diligentissimum et ad suspicandum sagacissimum et ad vindicandum fortissimum
fore putasti. Sed quam longe videtur a carcere atque a
vinculis abesse debere qui se ipse iam dignum custodia
iudicarit ? Quae cum ita sint, Catilina, dubitas, si emori 20
20 aequo animo non potes, abire in aliquas terras et vitam
istam multis suppliciis iustis debitisque ereptam fugae soli-
tudinique mandare ?

' Refer ' inquis ' ad senatum ' ; id enim postulas et, si hic
ordo placere sibi decreverit te ire in exsilium, obtempera-
25 turum te esse dicis. Non referam, id quod abhorret a meis
moribus, et tamen faciam ut intellegas quid hi de te
sentiant. Egredere ex urbe, Catilina, libera rem publicam
metu, in exsilium, si hanc vocem exspectas, proficiscere.
Quid est ? ecquid attendis, ecquid animadvertis horum silen-

4 ut] ita ut *aho*[2]   6 tu te *CAVb* : tu te ipse *cett.*   7 ad α,
Servius ad Aen. i. 24 : apud *cett.*   11 quia *ah* : qui βγ   14 M.
Metellum] Metellum α : M. Marcellum *cett.*   15 te *om.* a   18
ipse α : ipsum *cett.*   24 placere sibi *CAV* : *om.* sibi α : sibi placere
cett.   27 ex urbe] de urbe *t* : de turba *CAV*   29 quid est α :
quid est Catilina *cett.*

tium? Patiuntur, tacent.   Quid exspectas auctoritatem
21 loquentium, quorum voluntatem tacitorum perspicis?   At
si hoc idem huic adulescenti optimo P. Sestio, si fortissimo
viro M. Marcello dixissem, iam mihi consuli hoc ipso in
templo senatus iure optimo vim et manus intulisset.   De te 5
autem, Catilina, cum quiescunt, probant, cum patiuntur,
decernunt, cum tacent, clamant, neque hi solum quorum
tibi auctoritas est videlicet cara, vita vilissima, sed etiam
illi equites Romani, honestissimi atque optimi viri, ceterique
fortissimi cives qui circumstant senatum, quorum tu et 10
frequentiam videre et studia perspicere et voces paulo ante
exaudire potuisti.   Quorum ego vix abs te iam diu manus
ac tela contineo, eosdem facile adducam ut te haec quae
vastare iam pridem studes relinquentem usque ad portas
prosequantur.   15

9
22   Quamquam quid loquor? te ut ulla res frangat, tu ut
umquam te corrigas, tu ut ullam fugam meditere, tu ut
ullum exsilium cogites?   Vtinam tibi istam mentem di immortales duint! tametsi video, si mea voce perterritus ire
in exsilium animum induxeris, quanta tempestas invidiae 20
nobis, si minus in praesens tempus recenti memoria scelerum tuorum, at in posteritatem impendeat.   Sed est tanti,
dum modo tua ista sit privata calamitas et a rei publicae
periculis seiungatur.   Sed tu ut vitiis tuis commoveare, ut
legum poenas pertimescas, ut temporibus rei publicae cedas 25
non est postulandum.   Neque enim is es, Catilina, ut te
aut pudor a turpitudine aut metus a periculo aut ratio a
23 furore revocarit.   Quam ob rem, ut saepe iam dixi, proficiscere ac, si mihi inimico, ut praedicas, tuo conflare vis

2 at ao^2: ac *cett.*   5 senatus *hoc loco hab.* a*h*: *post* optimo βγ
10 circumstant a*h*: stant circum (-ca *l*) *cett.*   tu et] et tu *CAVt*:
fort. tu *delendum*   14 vastare *hoc loco hab.* a*h*: *post* pridem *cett.*
18 ullum *om. l*γ   19 duint *C*: duent a: dent *h*: donent *AV*:
donarent *cett.*   tametsi a*ho²*: etsi *cett.*   23 ista tua *h*βο   26 is
es . . . ut te] sis (scis *a*) . . . si te *a* (*contra Quintil.* ix. 3. 62)   27
pudor umquam *Quintil.*   28 revocaverit *Vhou et Quintil.*

invidiam, recta perge in exsilium ; vix feram sermones
hominum, si id feceris, vix molem istius invidiae, si in exsilium iussu consulis iveris, sustinebo. Sin autem servire
meae laudi et gloriae mavis, egredere cum importuna scelera-
5 torum manu, confer te ad Manlium, concita perditos civis,
secerne te a bonis, infer patriae bellum, exsulta impio latrocinio, ut a me non eiectus ad alienos, sed´invitatus ad tuos
isse videaris. Quamquam quid ego te invitem, a quo iam 24
sciam esse praemissos qui tibi ad forum Aurelium praesto-
10 larentur armati, cui sciam pactam et constitutam cum
Manlio diem, a quo etiam aquilam illam argenteam quam
tibi ac tuis omnibus confido perniciosam ac funestam futuram, cui domi tuae sacrarium sceleratum constitutum fuit,
sciam esse praemissam ? Tu ut illa carere diutius possis
15 quam venerari ad caedem proficiscens solebas, a cuius
altaribus saepe istam impiam dexteram ad necem civium 10
transtulisti ? Ibis tandem aliquando quo te iam pridem 25
tua ista cupiditas effrenata ac furiosa rapiebat ; neque enim
tibi haec res adfert dolorem, sed quandam incredibilem
20 voluptatem. Ad hanc te amentiam natura peperit, voluntas
exercuit, fortuna servavit. Numquam tu non modo otium
sed ne bellum quidem nisi nefarium concupisti. Nactus
es ex perditis atque ab omni non modo fortuna verum
etiam spe derelictis conflatam improborum manum. Hic 26
25 tu qua laetitia perfruere, quibus gaudiis exsultabis, quanta in
voluptate bacchabere, cum in tanto numero tuorum neque
audies virum bonum quemquam neque videbis ! Ad huius
vitae studium meditati illi sunt qui feruntur labores tui,
iacere humi non solum ad obsidendum stuprum verum

I recta *au* : rectam *βtx* : recte *o* : recta via *h*   2 si id feceris
om. CAV   3 iveris *Zielinski* : ieris *codd.*   8 isse *aho²* : esse *cett.*
10 cui *Gulielmius* : cum (cum sciam iam a) *mei* : cui iam *Müll.*   12
confido perniciosam *ah* : perniciosam esse confido *cett.*   13 sceleratum *scripsi* (*cf.* obsceno sacrario *Liv.* xxxix. 15) : scelerum *α* :
scelerum tuorum *cett., del. Halm*   18 ista tua *absh*   27 *post*
videbis *add.* K (*i.e. Kaput*) a (*sup. lin.* C)   29 ad obsidendum
... solum *om. CAV*   197

etiam ad facinus obeundum, vigilare non solum insidiantem
somno maritorum verum etiam bonis otiosorum.   Habes
ubi ostentes tuam illam praeclaram patientiam famis, frigoris,
inopiae rerum omnium quibus te brevi tempore confectum
27 esse senties.   Tantum profeci, cum te a consulatu reppuli, 5
ut exsul potius temptare quam consul vexare rem publicam
posses, atque ut id quod esset a te scelerate susceptum
latrocinium potius quam bellum nominaretur.

11   Nunc, ut a me, patres conscripti, quandam prope iustam
patriae querimoniam detester ac deprecer, percipite, quaeso, 10
diligenter quae dicam, et ea penitus animis vestris menti-
busque mandate.   Etenim si mecum patria, quae mihi vita
mea multo est carior, si cuncta Italia, si omnis res publica
loquatur: 'M. Tulli, quid agis?   Tune eum quem esse
hostem comperisti, quem ducem belli futurum vides, quem 15
exspectari imperatorem in castris hostium sentis, auctorem
sceleris, principem coniurationis, evocatorem servorum et
civium perditorum, exire patiere, ut abs te non emissus
ex urbe, sed immissus in urbem esse videatur?   Nonne
hunc in vincla duci, non ad mortem rapi, non summo sup- 20
plicio mactari imperabis?   Quid tandem te impedit? mosne
28 maiorum?   At persaepe etiam privati in hac re publica
perniciosos civis morte multarunt.   An leges quae de
civium Romanorum supplicio rogatae sunt?   At numquam
in hac urbe qui a re publica defecerunt civium iura tenue- 25
runt.   An invidiam posteritatis times?   Praeclaram vero
populo Romano refers gratiam qui te, hominem per te cognitum, nulla commendatione maiorum tam mature ad summum imperium per omnis honorum gradus extulit, si propter

---

3 tuam *hoc loco hab.* a, *om.* h, *post* patient. o, *post* illam *cett.*   5
profeci tum cum a : profectum cum *Diomedes K.* i. 392 (*contra Charis.*
K. i. 226, *Dosith. K.* vii. 419)   7 esset] est *Vbs*   a te *ah* : abs
te βγ   11 diligenter *om.* a   12 patria mea *Quintil.* ix. 2. 32,
Isid. Origg. ii. 13. 1   14 sic loquatur ,*Quintil.*   19 nonne]
non *Lambinus*   20 vincla a : vincula *cett.*   25 qui a : ii (hi)
qui *cett.*   27 refers a : referes *cett.*

invidiam aut alicuius periculi metum salutem civium tuorum
neglegis. Sed si quis est invidiae metus, non est vehemen- 29
tius severitatis ac fortitudinis invidia quam inertiae ac nequitiae pertimescenda. An, cum bello vastabitur Italia,
5 vexabuntur urbes, tecta ardebunt, tum te non existimas
invidiae incendio conflagraturum?' His ego sanctissimis 12
rei publicae vocibus et eorum hominum qui hoc idem
sentiunt mentibus pauca respondebo. Ego, si hoc optimum factu iudicarem, patres conscripti, Catilinam morte
10 multari, unius usuram horae gladiatori isti ad vivendum non
dedissem. Etenim si summi viri et clarissimi cives Satur-
nini et Gracchorum et Flacci et superiorum complurium
sanguine non modo se non contaminarunt sed etiam hone-
starunt, certe verendum mihi non erat ne quid hoc parricida
15 civium interfecto invidiae mihi in posteritatem redundaret.
Quod si ea mihi maxime impenderet, tamen hoc animo fui
semper ut invidiam virtute partam gloriam, non invidiam
putarem. Quamquam non nulli sunt in hoc ordine qui 30
aut ea quae imminent non videant aut ea quae vident
20 dissimulent; qui spem Catilinae mollibus sententiis aluerunt
coniurationemque nascentem non credendo conroborave-
runt; quorum auctoritate multi non solum improbi verum
etiam imperiti, si in hunc animadvertissem, crudeliter et
regie factum esse dicerent. Nunc intellego, si iste, quo
25 intendit, in Manliana castra pervenerit, neminem tam stultum fore qui non videat coniurationem esse factam, neminem tam improbum qui non fateatur. Hoc autem uno
interfecto intellego hanc rei publicae pestem paulisper
reprimi, non in perpetuum comprimi posse. Quod si sese

2 non *codd. mei* : num *pauci dett.*   9 factu C^2Vabho : factum C^1A :
facto *cett.*   11 summi viri et clar. cives $\beta\gamma$: summi et clar. viri
cives (-vis CA\ $CAVh$: summi et clarissimi viri a 14 mihi
verendum *Al*   15 mihi *om. a*   16, 17 fui semper ah : semper
fui $\beta\gamma$ 19 vident C^1 : *fort.* vident . . . dissimulant   22 auctoritate multi a : auctoritatem secuti multi (multi sec. *h*) *cett.*
26 qui non] quin ah (*contra Priscian.* K. iii. 246)   factam esse a
(*contra Priscian.*)   29 sese CAV : se *cett.*

eiecerit secumque suos eduxerit et eodem ceteros undique
conlectos naufragos adgregarit, exstinguetur atque delebitur
non modo haec tam adulta rei publicae pestis verum etiam
13 stirps ac semen malorum omnium. Etenim iam diu, patres
31 conscripti, in his periculis coniurationis insidiisque versamur, 5
sed nescio quo pacto omnium scelerum ac veteris furoris et
audaciae maturitas in nostri consulatus tempus erupit. Nunc
si ex tanto latrocinio iste unus tolletur, videbimur fortasse
ad breve quoddam tempus cura et metu esse relevati, periculum autem residebit et erit inclusum penitus in venis 10
atque in visceribus rei publicae. Vt saepe homines aegri
morbo gravi, cum aestu febrique iactantur, si aquam gelidam
biberunt, primo relevari videntur, deinde multo gravius
vehementiusque adflictantur, sic hic morbus qui est in re
publica relevatus istius poena vehementius reliquis vivis 15
32 ingravescet. Qua re secedant improbi, secernant se a
bonis, unum in locum congregentur, muro denique, quod
saepe iam dixi, secernantur a nobis ; desinant insidiari
domi suae consuli, circumstare tribunal praetoris urbani,
obsidere cum gladiis curiam, malleolos et faces ad inflam- 20
mandam urbem comparare ; sit denique inscriptum in fronte
unius cuiusque quid de re publica sentiat. Polliceor hoc
vobis, patres conscripti, tantam in nobis consulibus fore
diligentiam, tantam in vobis auctoritatem, tantam in equitibus Romanis virtutem, tantam in omnibus bonis consensio- 25
nem ut Catilinae profectione omnia patefacta, inlustrata,
oppressa, vindicata esse videatis.

33   Hisce ominibus, Catilina, cum summa rei publicae salute,
cum tua peste ac pernicie cumque eorum exitio qui se
tecum omni scelere parricidioque iunxerunt, proficiscere 30

7 nunc *scripsi*: hic *CAVβtx* : quod *ahou* : *fort.* hoc   13 biberunt
a : biberint *cett.*   16 ingravescit *βux*¹   17 quod *a* : id quod *cett.*
18 discernantur *βux*   19 praetoris urbani] pr. urbis *CA* (urb' *C*) :
p. r. *Va* : *om. t*   28 ominibus *Paris.* 15138 *in mg.*: omnibus
cett.   29 cum tua *ah* : et cum tua *βγ*

ad impium bellum ac nefarium.   Tu, Iuppiter, qui isdem
quibus haec urbs auspiciis a Romulo es constitutus,
quem Statorem huius urbis atque imperi vere nominamus,
hunc et huius socios a tuis ceterisque templis, a tectis urbis
5 ac moenibus, a vita fortunisque civium omnium arcebis et
homines bonorum inimicos, hostis patriae, latrones Italiae
scelerum foedere inter se ac nefaria societate coniunctos
aeternis suppliciis vivos mortuosque mactabis.

1 tu *ah* : tum tu *βγ*   4 tuis *a* : tuis aris (sacris *o*) *cett.*   **5**
omnium *aho²* : *om. cett.*

M. TVLLI CICERONIS
IN L. CATILINAM ORATIO SECVNDA

HABITA AD POPVLVM

1 TANDEM aliquando, Quirites, L. Catilinam, furentem
audacia, scelus anhelantem, pestem patriae nefarie molientem, vobis atque huic urbi ferro flammaque minitantem
ex urbe vel eiecimus vel emisimus vel ipsum egredientem
verbis prosecuti sumus. Abiit, excessit, evasit, erupit. 5
Nulla iam pernicies a monstro illo atque prodigio moenibus ipsis intra moenia comparabitur. Atque hunc quidem
unum huius belli domestici ducem sine controversia vicimus. Non enim iam inter latera nostra sica illa versabitur,
non in campo, non in foro, non in curia, non denique intra 10
domesticos parietes pertimescemus. Loco ille motus est,
cum est ex urbe depulsus. Palam iam cum hoste nullo
impediente bellum iustum geremus. Sine dubio perdidi-
mus hominem magnificeque vicimus, cum illum ex occultis
2 insidiis in apertum latrocinium coniecimus. Quod vero 15
non cruentum mucronem, ut voluit, extulit, quod vivis nobis
egressus est, quod ei ferrum e manibus extorsimus, quod
incolumis civis, quod stantem urbem reliquit, quanto tandem
illum maerore esse adflictum et profligatum putatis? Iacet
ille nunc prostratus, Quirites, et se perculsum atque ab- 20
iectum esse sentit et retorquet oculos profecto saepe ad

---

3 ferro flammaque α : ferrum flammamque *cett.* minitantem *CAah* :
minantem *V cett.* 5 abit *C* 7 comparatur *ah* 11 pertimescemus *ahlγ(o²)* : pertimescimus *CAVo¹* : perhorrescemus *b* 12
cum ex (ex *sup. lin. in l*) urbe est expulsus *β* 13 iustum *om. bs*
gerimus *Abx* 20 prostratus, Quirites α(*C¹*)*h* : prostratusque est
cett. C²

202

hanc urbem quam e suis faucibus ereptam esse luget : quae
quidem mihi laetari videtur, quod tantam pestem evomuerit
forasque proiecerit.

Ac si quis est talis qualis esse omnis oportebat, qui in
5 hoc ipso in quo exsultat et triumphat oratio mea me
vehementer accuset, quod tam capitalem hostem non com-
prehenderim potius quam emiserim, non est ista mea culpa,
Quirites, sed temporum. Interfectum esse L. Catilinam et
gravissimo supplicio adfectum iam pridem oportebat, idque
10 a me et mos maiorum et huius imperi severitas et res publica postulabat. Sed quam multos fuisse putatis qui quae
ego deferrem non crederent, quam multos qui propter stultitiam non putarent, quam multos qui etiam defenderent,
quam multos qui propter improbitatem faverent? Ac si
15 illo sublato depelli a vobis omne periculum iudicarem, iam
pridem ego L. Catilinam non modo invidiae meae verum
etiam vitae periculo sustulissem. Sed cum viderem, ne 4
vobis quidem omnibus etiam tum re probata si illum, ut
erat meritus, morte multassem, fore ut eius socios invidia
20 oppressus persequi non possem, rem huc deduxi ut tum
palam pugnare possetis cum hostem aperte videretis. Quem
quidem ego hostem, Quirites, quam vehementer foris esse
timendum putem, licet hinc intellegatis, quod etiam illud
moleste fero quod ex urbe parum comitatus exierit.
25 Vtinam ille omnis secum suas copias eduxisset! Tongilium
mihi eduxit quem amare in praetexta coeperat, Publicium

---

2 mihi laetari *ah* : laetari mihi *cett.*   8 Quirites *aht : om. cett.*
12 quam . . . putarent *post* defenderent *hab. CAVh, om.* a (*cf. Zielinski p.* 202) : *del. Halm*   14 quam . . . faverent *del. Bloch*   17 ne vobis
quidem omnibus *a* : rem quidem omnibus vobis *CAV* : re quid ne
vobis omnibus *h* : ne vobis quidem omnibus re *βγ* : re ne vobis quidem
omnibus *Lambinus*   18 re probata *scripsi* : reprobatam *C* : rei p.
probatam *V* : *om. A in* 10 *litt. lac.* : probata *cett.*   22 Quirites *om.*
a : Quirites, hostem *h*   23 quod *pauci dett.* : qui *mei*   illud
om. βx : illud etiam *h*   26 praetexta *i* : praetexta (-tata *A*) calu-
mnia (*fort. ex* K *cf.* 1. 26) *cett.*

et Minucium quorum aes alienum contractum in popina
nullum rei publicae motum adferre poterat : reliquit quos
viros, quanto aere alieno, quam valentis, quam nobilis !
3 Itaque ego illum exercitum prae Gallicanis legionibus et
5 hoc dilectu quem in agro Piceno et Gallico Q. Metellus 5
habuit, et his copiis quae a nobis cotidie comparantur,
magno opere contemno, conlectum ex senibus desperatis,
ex agresti luxuria, ex rusticis decoctoribus, ex eis qui vadi-
monia deserere quam illum exercitum maluerunt; quibus ego
non modo si aciem exercitus nostri, verum etiam si edictum 10
praetoris ostendero, concident.   Hos quos video volitare in
foro, quos stare ad curiam, quos etiam in senatum venire,
qui nitent unguentis, qui fulgent purpura, mallem secum
suos milites eduxisset : qui si hic permanent, mementote
non tam exercitum illum esse nobis quam hos qui exer- 15
citum deseruerunt pertimescendos.   Atque hoc etiam sunt
timendi magis quod quid cogitent me scire sentiunt neque
6 tamen permoventur.   Video cui sit Apulia attributa, quis
habeat Etruriam, quis agrum Picenum, quis Gallicum,
quis sibi has urbanas insidias caedis atque incendiorum 20
depoposcerit.   Omnia superioris noctis consilia ad me per-
lata esse sentiunt ; patefeci in senatu hesterno die ; Catilina
ipse pertimuit, profugit : hi quid exspectant ? Ne illi vehementer errant, si illam meam pristinam lenitatem perpetuam
sperant futuram.   25
4 Quod exspectavi, iam sum adsecutus ut vos omnes factam
esse aperte coniurationem contra rem publicam videretis ;
nisi vero si quis est qui Catilinae similis cum Catilina sentire non putet.   Non est iam lenitati locus ; severitatem
res ipsa flagitat. Vnum etiam nunc concedam : exeant, 30
proficiscantur, ne patiantur desiderio sui Catilinam miserum

---

4 prae] pro *cod. Lambini* : ex *cett.*   6 et ex his iis (*AV*) *ah* :
et prae his *coni. Müller*   17 cogitant *a*   21 delata *βx*   23
hi *om. a*   28 si *del. Madvig*   29 lenitati *ah* : lenitatis *βγ*

tabescere. Demonstrabo iter : Aurelia via profectus est ; si
accelerare volent, ad vesperam consequentur. O fortunatam 7
rem publicam, si quidem hanc sentinam urbis eiecerit ! Vno
me hercule Catilina exhausto levata mihi et recreata res
5 publica videtur. Quid enim mali aut sceleris fingi aut
cogitari potest quod non ille conceperit ? quis tota Italia
veneficus, quis gladiator, quis latro, quis sicarius, quis parricida, quis testamentorum subiector, quis circumscriptor,
quis ganeo, quis nepos, quis adulter, quae mulier infamis,
10 quis corruptor iuventutis, quis corruptus, quis perditus inveniri potest qui se cum Catilina non familiarissime vixisse
fateatur ? quae caedes per hosce annos sine illo facta est,
quod nefarium stuprum non per illum ? Iam vero quae 8
tanta umquam in ullo iuventutis inlecebra fuit quanta in
15 illo ? qui alios ipse amabat turpissime, aliorum amori flagi-
tiosissime serviebat, aliis fructum libidinum, aliis mortem
parentum non modo impellendo verum etiam adiuvando
pollicebatur. Nunc vero quam subito non solum ex urbe
verum etiam ex agris ingentem numerum perditorum ho-
20 minum conlegerat ! Nemo non modo Romae sed ne ullo
quidem in angulo totius Italiae oppressus aere alieno fuit
quem non ad hoc incredibile sceleris foedus asciverit. Atque $\frac{5}{9}$
ut eius diversa studia in dissimili ratione perspicere possitis,
nemo est in ludo gladiatorio paulo ad facinus audacior qui
25 se non intimum Catilinae esse fateatur, nemo in scaena levior
et nequior qui se non eiusdem prope sodalem fuisse com-
memoret. Atque idem tamen stuprorum et scelerum exercitatione adsuefactus frigore et fame et siti et vigiliis perferendis
fortis ab istis praedicabatur, cum industriae subsidia atque in-
30 strumenta virtutis in libidine audaciaque consumeret. Hunc 10

3 urbis *ah* : huius urbis *l*γ : urbis huius *bs*   4 levata *ah* : rele-
vata *β*γ   14 ullo *ah* : ullo homine *β*γ   20 ne ullo quidem
unus cod. Halmii et cod. S. Marci 255 : ne ullo (nullo *unus det.*) *cett.*
25 esse fateatur *ahotu* : *om. cett.*   30 consumeret *aho*² : consumerentur *cett.*

vero si secuti erunt sui comites, si ex urbe exierint despe-
ratorum hominum flagitiosi greges, o nos beatos, o rem
publicam fortunatum, o praeclaram laudem consulatus mei !
Non enim iam sunt mediocres hominum libidines, non
humanae et tolerandae audaciae ; nihil cogitant nisi caedem, 5
nisi incendia, nisi rapinas. Patrimonia sua profuderunt,
fortunas suas obligaverunt ; res eos iam pridem, fides nuper
deficere coepit : eadem tamen illa quae erat in abundantia
libido permanet. Quod si in vino et alea comissationes
solum et scorta quaererent, essent illi quidem desperandi, 10
sed tamen essent ferendi : hoc vero quis ferre possit, inertis
homines fortissimis viris insidiari, stultissimos prudentis-
simis, ebrios sobriis, dormientis vigilantibus ? qui mihi
accubantes in conviviis, complexi mulieres impudicas, vino
languidi, conferti cibo, sertis redimiti, unguentis obliti, 15
debilitati stupris eructant sermonibus suis caedem bonorum
11 atque urbis incendia. Quibus ego confido impendere fatum
aliquod et poenam iam diu improbitati, nequitiae, sceleri,
libidini debitam aut instare iam plane aut certe appropinquare. Quos si meus consulatus, quoniam sanare non 20
potest, sustulerit, non breve nescio quod tempus sed multa
saecula propagarit rei publicae. Nulla enim est natio quam
pertimescamus, nullus rex qui bellum populo Romano facere
possit. Omnia sunt externa unius virtute terra marique
pacata : domesticum bellum manet, intus insidiae sunt, intus 25
inclusum periculum est, intus est hostis. Cum luxuria nobis, cum amentia, cum scelere certandum est. Huic ego
me bello ducem profiteor, Quirites ; suscipio inimicitias
hominum perditorum ; quae sanari poterunt quacumque
ratione sanabo, quae resecanda erunt non patiar ad per- 30
niciem civitatis manere. Proinde aut exeant aut quiescant

5 et *ah* : ac *βγ*   7 obligurierunt *cod. Mureti*   pridem] de-
seruit *add.* ao² : deficit *add.* x²   9 manet *βx*   13 ebrios *ah* :
ebriosos *βγ*   mihi *om.* β   22 est enim *Vβγ*   25 intus
insidiae sunt *om. CAV*   31 manare *Manutius*

aut, si et in urbe et in eadem mente permanent, ea quae
merentur exspectent.

6

At etiam sunt qui dicant, Quirites, a me eiectum esse

12

Catilinam. Quod ego si verbo adsequi possem, istos
5 ipsos eicerem qui haec loquuntur. Homo enim videlicet
timidus aut etiam permodestus vocem consulis ferre non
potuit ; simul atque ire in exsilium iussus est, paruit.
Quin hesterno die, cum domi meae paene interfectus
essem, senatum in aedem Iovis Statoris convocavi, rem
10 omnem ad patres conscriptos detuli. Quo cum Catilina venisset, quis eum senator appellavit, quis salutavit,
quis denique ita aspexit ut perditum civem ac non potius
ut importunissimum hostem ? Quin etiam principes eius
ordinis partem illam subselliorum ad quam ille accesserat
15 nudam atque inanem reliquerunt. Hic ego vehemens ille 13
consul qui verbo civis in exsilium eicio quaesivi a Catilina
in nocturno conventu ad M. Laecam fuisset necne. Cum
ille homo audacissimus conscientia convictus primo reti-
cuisset, patefeci cetera : quid ea nocte egisset, ubi fuisset,
20 quid in proximam constituisset, quem ad modum esset ei
ratio totius belli descripta edocui. Cum haesitaret, cum
teneretur, quaesivi quid dubitaret proficisci eo quo iam
pridem pararet, cum arma, cum securis, cum fascis, cum
tubas, cum signa militaria, cum aquilam illam argenteam
25 cui ille etiam sacrarium domi suae fecerat scirem esse praemissam. In exsilium eiciebam quem iam ingressum esse 14
in bellum videram ? Etenim, credo, Manlius iste centurio

---

1 et in eadem] in eadem *AVo*   3 Quirites *om. ah*   eiectum
esse Catilinam *scripsi* : in exsilium *ante* esse *add. a, post* Catilinam *h,
ante* eiectum *cett.*   7 paruit, ivit *Graevius*   8 quin *scripsi* : qui
AVo² : quid ut *ah* : qui (quod *o¹*) ut *cett.* : *fort.* Quirites   9
convocavi *aho* : vocavi *cett.*   17 in] an *ah et Schol. Gron.* : an
in *o* : *om. Priscian. K.* iii. 249, 275   19 ubi fuisset *om. x et
Priscian. K.* iii. 250   20 in proxima *βx* : proxima *Priscian.*   25
sacrarium *x* : scelerum *post* sacr. *add. ahot, ante* sacr. *β*   27 videram *AV* : videbam *cett. et Diomedes K.* i. 470

qui in agro Faesulano castra posuit bellum populo Romano
suo nomine indixit, et illa castra nunc non Catilinam ducem
exspectant, et ille eiectus in exsilium se Massiliam, ut aiunt,
7 non in haec castra confert. O condicionem miseram
non modo administrandae verum etiam conservandae rei 5
publicae! Nunc si L. Catilina consiliis, laboribus, periculis
meis circumclusus ac debilitatus subito pertimuerit, sententiam mutaverit, deseruerit suos, consilium belli faciendi
abiecerit, et ex hoc cursu sceleris ac belli iter ad fugam
atque in exsilium converterit, non ille a me spoliatus armis 10
audaciae, non obstupefactus ac perterritus mea diligentia,
non de spe conatuque depulsus, sed indemnatus innocens
in exsilium eiectus a consule vi et minis esse dicetur : et
erunt qui illum, si hoc fecerit, non improbum sed miserum,
me non diligentissimum consulem sed crudelissimum tyran- 15
15 num existimari velint! Est mihi tanti, Quirites, huius invidiae falsae atque iniquae tempestatem subire, dum modo
a vobis huius horribilis belli ac nefarii periculum depellatur.
Dicatur sane eiectus esse a me, dum modo eat in exsilium.
Sed mihi credite, non est iturus. Numquam ego ab dis 20
immortalibus optabo, Quirites, invidiae meae relevandae
causa ut L. Catilinam ducere exercitum hostium atque in
armis volitare audiatis, sed triduo tamen audietis ; multoque
magis illud timeo ne mihi sit invidiosum aliquando quod
illum emiserim potius quam quod eiecerim. Sed cum sint 25
homines qui illum, cum profectus sit, eiectum esse dicant,
16 idem, si interfectus esset, quid dicerent? Quamquam isti
qui Catilinam Massiliam ire dictitant non tam hoc que-
runtur quam verentur. Nemo est istorum tam misericors
qui illum non ad Manlium quam ad Massiliensis ire malit. 30

---

4 confert *AVb* : conferet *cett.*   9 et ex] ex *βx* : et *o*[1]   ac *ah* :
et *cett.*   10 atque exsilium *Aah*   14 miserum] timidum *βhx (contra
Priscian. K.* iii. 246)   20 ab *a* : a *cett.*   21 levandae *x et Schol.
Gron.*   25 potius *om. CAV*

Ille autem, si me hercule hoc quod agit numquam antea
cogitasset, tamen latrocinantem se interfici mallet quam
exsulem vivere. Nunc vero, cum ei nihil adhuc praeter
ipsius voluntatem cogitationemque acciderit, nisi quod vivis
5 nobis Roma profectus est, optemus potius ut eat in exsilium
quam queramur.   **8**

Sed cur tam diu de uno hoste loquimur et de eo hoste 1⁷
qui iam fatetur se esse hostem, et quem, quia, quod semper
volui, murus interest, non timeo : de his qui dissimulant,
10 qui Romae remanent, qui nobiscum sunt nihil dicimus ?
Quos quidem ego, si ullo modo fieri possit, non tam ulcisci
studeo quam sanare sibi ipsos, placare rei publicae, neque
id qua re fieri non possit, si iam me audire volent, intellego.
Exponam enim vobis, Quirites, ex quibus generibus homi-
15 num istae copiae comparentur ; deinde singulis medicinam
consili atque orationis meae, si quam potero, adferam. Vnum 18
genus est eorum qui magno in aere alieno maiores etiam
possessiones habent quarum amore adducti dissolvi nullo
modo possunt. Horum hominum species est honestissima
20 —sunt enim locupletes—voluntas vero et causa impudentis-
sima. Tu agris, tu aedificiis, tu argento, tu familia, tu
rebus omnibus ornatus et copiosus sis, et dubites de posses-
sione detrahere, adquirere ad fidem ? Quid enim exspectas ?
bellum ? Quid ergo ? in vastatione omnium tuas posses-
25 siones sacrosanctas futuras putes ? an tabulas novas ? Errant
qui istas a Catilina exspectant : meo beneficio tabulae novae
proferuntur, verum auctionariae ; neque enim isti qui possessiones habent alia ratione ulla salvi esse possunt. Quod
si maturius facere voluissent neque, id quod stultissimum
30 est, certare cum usuris fructibus praediorum, et locupletiori-
bus his et melioribus civibus uteremur. Sed hosce homines

---

8 quem γ : *om. αβh*   11 posset β*tux et Schol.*   13 si iam me
scripsi : si a me C*Aah* : si me *cett.*   volent *ah* : volunt βγ   25
putes α(C¹)*h* : putas *cett.* (C²)   27 proferentur γ

minime puto pertimescendos, quod aut deduci de sententia
possunt aut, si permanebunt, magis mihi videntur vota
9 facturi contra rem publicam quam arma laturi. Alterum
19 genus est eorum qui, quamquam premuntur aere alieno,
dominationem tamen exspectant, rerum potiri volunt, ho- 5
nores quos quieta re publica desperant perturbata se
consequi posse arbitrantur. Quibus hoc praecipiendum
videtur, unum scilicet et idem quod reliquis omnibus, ut
desperent id quod conantur se consequi posse : primum
omnium me ipsum vigilare, adesse, providere rei publicae ; 10
deinde magnos animos esse in bonis viris, magnam concor-
diam *ordinum*, maximam multitudinem, magnas praeterea
militum copias ; deos denique immortalis huic invicto populo, clarissimo imperio, pulcherrimae urbi contra tantam
vim sceleris praesentis auxilium esse laturos. Quod si iam 15
sint id quod summo furore cupiunt adepti, num illi in
cinere urbis et in sanguine civium, quae mente conscelerata
ac nefaria concupiverunt, consules se aut dictatores aut
etiam reges sperant futuros? Non vident id se cupere quod,
si adepti sint, fugitivo alicui aut gladiatori concedi sit 20
20 necesse ? Tertium genus est aetate iam adfectum, sed
tamen exercitatione robustum ; quo ex genere iste est Manlius cui nunc Catilina succedit. Hi sunt homines ex eis
coloniis quas Sulla constituit ; quas ego universas civium
esse optimorum et fortissimorum virorum sentio, sed tamen 25
ei sunt coloni qui se *in* insperatis ac repentinis pecuniis
sumptuosius insolentiusque iactarunt. Hi dum aedificant
tamquam beati, dum praediis lectis, familiis magnis, convi-

---

6 se consequi *ah* : consequi se *βγ*   9 id *post* se *hab. βγ*   12
ordinum *supplevi* : *om. codd.*   maxima multitudine *a* : in maxima
multitudine *Halm*   13 militum copias *ah* : copias militum *cett.*   16
cum summo *C¹γ*   18 consules se *ah* : se consules *cett.*   20
sit concedi *a*   22 iste est *ah* : est ipse *cett.*   23 hi *om. βx*   24
quas *a* : quas Faesulas *cett.*   26 ei sunt] insunt *Eberhard*   in
Ernesti : *om. codd.*   28 praediis] praesidiis *Aaou*   lectis *a* :
lecticis *cett.*

viis apparatis delectantur, in tantum aes alienum inciderunt
ut, si salvi esse velint, Sulla sit eis ab inferis excitandus :
qui etiam non nullos agrestis homines tenuis atque egentis
in eandem illam spem rapinarum veterum impulerunt. Quos
5 ego utrosque in eodem genere praedatorum direptorumque
pono, sed eos hoc moneo, desinant furere ac proscriptiones
et dictaturas cogitare. Tantus enim illorum temporum dolor
inustus est civitati ut iam ista non modo homines sed ne
pecudes quidem mihi passurae esse videantur.   Quartum 10
10 genus est sane varium et mixtum et turbulentum ; qui iam 21
pridem premuntur, qui numquam emergunt, qui partim
inertia, partim male gerendo negotio, partim etiam sumptibus in vetere aere alieno vacillant, qui vadimoniis, iudiciis,
proscriptione bonorum defetigati permulti et ex urbe et ex
15 agris se in illa castra conferre dicuntur. Hosce ego non
tam milites acris quam infitiatores lentos esse arbitror. Qui
homines *quam* primum, si stare non possunt, conruant, sed
ita ut non modo civitas sed ne vicini quidem proximi
sentiant. Nam illud non intellego quam ob rem, si vivere
20 honeste non possunt, perire turpiter velint, aut cur minore
dolore perituros se cum multis quam si soli pereant arbitrentur. Quintum genus est parricidarum, sicariorum, deni- 22
que omnium facinerosorum. Quos ego a Catilina non
revoco ; nam neque ab eo divelli possunt et pereant sane
25 in latrocinio, quoniam sunt ita multi ut eos carcer capere
non possit. Postremum autem genus est non solum numero verum etiam genere ipso atque vita quod proprium
Catilinae est, de eius dilectu, immo vero de complexu eius
ac sinu ; quos pexo capillo, nitidos, aut imberbis aut bene
30 barbatos videtis, manicatis et talaribus tunicis, velis amictos,

---

2 eis ab] ab *a* : ab his *h*   5 utrosque *ah* : Quirites (Quirites
utrosque *o²*) *cett.*   14 proscriptione *ah* : proscriptionibus *βγ*
defetigati *A¹tux¹* : defaet. *a* ; defat. *CA² cett.*   17 quam *Halm* : om.
codd.   21 pereunt *ah*   24 divelli ab eo *βγ*

non togis ; quorum omnis industria vitae et vigilandi labor
23 in antelucanis cenis expromitur.   In his gregibus omnes
aleatores, omnes adulteri, omnes impuri impudicique versantur.   Hi pueri tam lepidi ac delicati non solum amare et
amari neque saltare et cantare sed etiam sicas vibrare et 5
spargere venena didicerunt.   Qui nisi exeunt, nisi pereunt,
etiam si Catilina perierit, scitote hoc in re publica semi-
narium Catilinarum futurum.   Verum tamen quid sibi isti
miseri volunt ? num suas secum mulierculas sunt in castra
ducturi ?   Quem ad modum autem illis carere poterunt, his 10
praesertim iam noctibus ?   Quo autem pacto illi Appenni-
num atque illas pruinas ac nivis perferent ? nisi idcirco se
facilius hiemem toleraturos putant, quod nudi in conviviis
saltare didicerunt.

11
24   O bellum magno opere pertimescendum, cum hanc sit 15
habiturus Catilina scortorum cohortem praetoriam ! In-
struite nunc, Quirites, contra has tam praeclaras Catilinae
copias vestra praesidia vestrosque exercitus.   Et primum
gladiatori illi confecto et saucio consules imperatoresque
vestros opponite ; deinde contra illam naufragorum eiectam 20
ac debilitatam manum florem totius Italiae ac robur educite.
Iam vero urbes coloniarum ac municipiorum respondebunt
Catilinae tumulis silvestribus.   Neque ego ceteras copias,
ornamenta, praesidia vestra cum illius latronis inopia atque
25 egestate conferre debeo.   Sed si, omissis his rebus quibus 25
nos suppeditamur, eget ille, senatu, equitibus Romanis,
urbe, aerario, vectigalibus, cuncta Italia, provinciis omnibus,
exteris nationibus, si his rebus omissis causas ipsas quae
inter se confligunt contendere velimus, ex eo ipso quam
valde illi iaceant intellegere possumus.   Ex hac enim parte 30
pudor pugnat, illinc petulantia ; hinc pudicitia, illinc stuprum ; hinc fides, illinc fraudatio ; hinc pietas, illinc scelus ;

1 vitae] vita *ah*   22 urbes] vires *Muretus* : arces *Garatoni*
25 rebus omnibus γ   26 Romanis] R. *ahls* : R. P. *b* : R. populo *oux*

hinc constantia, illinc furor; hinc honestas, illinc turpitudo ;
hinc continentia, illinc libido ; hinc denique aequitas, temperantia, fortitudo, prudentia, virtutes omnes certant cum
iniquitate, luxuria, ignavia, temeritate, cum vitiis omnibus ;
5 postremo copia cum egestate, bona ratio cum perdita, mens
sana cum amentia, bona denique spes cum omnium rerum
desperatione confligit. In eius modi certamine ac proelio
nonne, si hominum studia deficiant, di ipsi immortales
cogant ab his praeclarissimis virtutibus tot et tanta vitia
10 superari? Quae cum ita sint, Quirites, vos, quem ad mo- 12 26
dum iam antea dixi, vestra tecta vigiliis custodiisque defendite; mihi ut urbi sine vestro metu ac sine ullo tumultu
satis esset praesidi consultum atque provisum est. Coloni
omnes municipesque vestri certiores a me facti de hac
15 nocturna excursione Catilinae facile urbis suas finisque de-
fendent; gladiatores, quam sibi ille manum certissimam fore
putavit, quamquam animo meliore sunt quam pars patricio-
rum, potestate tamen nostra continebuntur. Q. Metellus
quem ego hoc prospiciens in agrum Gallicum Picenumque
20 praemisi aut opprimet hominem aut eius omnis motus
conatusque prohibebit. Reliquis autem de rebus consti-
tuendis, maturandis, agendis iam ad senatum referemus,
quem vocari videtis.

Nunc illos qui in urbe remanserunt atque adeo qui 27
25 contra urbis salutem omniumque vestrum in urbe a Catilina relicti sunt, quamquam sunt hostes, tamen, quia nati
sunt cives, monitos etiam atque etiam volo. Mea lenitas
adhuc si cui solutior visa est, hoc exspectavit ut id quod

latebat erumperet. Quod reliquum est, iam non possum
oblivisci meam hanc esse patriam, me horum esse consulem, mihi aut cum his vivendum aut pro his esse morien-
dum. Nullus est portis custos, nullus insidiator viae : si qui
exire volunt, conivere possum ; qui vero se in urbe commo- 5
verit cuius ego non modo factum sed vel inceptum ullum
conatumve contra patriam deprehendero, sentiet in hac
urbe esse consules vigilantis, esse egregios magistratus,
esse fortem senatum, esse arma, esse carcerem quem
vindicem nefariorum ac manifestorum scelerum maiores 10
nostri esse voluerunt.

13
28   Atque haec omnia sic agentur ut maximae res minimo
motu, pericula summa nullo tumultu, bellum intestinum
ac domesticum post hominum memoriam crudelissimum
et maximum me uno togato duce et imperatore sedetur. 15
Quod ego sic administrabo, Quirites, ut, si ullo modo
fieri poterit, ne improbus quidem quisquam in hac urbe
poenam sui sceleris sufferat. Sed si vis manifestae audaciae, si impendens patriae periculum me necessario de hac
animi lenitate deduxerit, illud profecto perficiam quod in 20
tanto et tam insidioso bello vix optandum videtur, ut neque
bonus quisquam intereat paucorumque poena vos omnes
29 salvi esse possitis. Quae quidem ego neque mea prudentia
neque humanis consiliis fretus polliceor vobis, Quirites, sed
multis et non dubiis deorum immortalium significationibus, 25
quibus ego ducibus in hanc spem sententiamque sum ingressus ; qui iam non procul, ut quondam solebant, ab
externo hoste atque longinquo, sed hic praesentes suo
numine atque auxilio sua templa atque urbis tecta defen-

4 portae γ   5 conivere (commovere *x*) possum *tux et Schol.*,
Probus K. iv. 35, *Claud. Sac. K.* vi. 487 : consulere sibi possunt *cett.*
6 sed vel *bs* : sed ne (ne quid *o*) *alo* : sed *hux*   8 consulem
vigilantem *h*   12 agentur *ah* : agentur, Quirites *cett.*   21
videtur *hβux* : videretur *aot*

dunt.   Quos vos, Quirites, precari, venerari, implorare
debetis ut, quam urbem pulcherrimam florentissimam
potentissimamque esse voluerunt, hanc omnibus hostium
copiis terra marique superatis a perditissimorum civium
5 nefario scelere defendant.

2 florentissimam potentissimamque (-mamque et potent. *o*) *Chγ* .
florentissimamque *AVaβ*

M. TVLLI CICERONIS

IN L. CATILINAM ORATIO TERTIA

HABITA AD POPVLVM

1 REM publicam, Quirites, vitamque omnium vestrum,
bona, fortunas, coniuges liberosque vestros atque hoc
domicilium clarissimi imperi, fortunatissimam pulcherri-
mamque urbem, hodierno die deorum immortalium summo
erga vos amore, laboribus, consiliis, periculis meis e 5
flamma atque ferro ac paene ex faucibus fati ereptam et
2 vobis conservatam ac restitutam videtis. Et si non minus
nobis iucundi atque inlustres sunt ei dies quibus con-
servamur quam illi quibus nascimur, quod salutis certa
laetitia est, nascendi incerta condicio et quod sine sensu 10
nascimur, cum voluptate servamur, profecto, quoniam
illum qui hanc urbem condidit ad deos immortalis benivolentia famaque sustulimus, esse apud vos posterosque
vestros in honore debebit is qui eandem hanc urbem
conditam amplificatamque servavit. Nam toti urbi, templis, 15
delubris, tectis ac moenibus subiectos prope iam ignis
circumdatosque restinximus, idemque gladios in rem publicam destrictos rettudimus mucronesque eorum a iu-
3 gulis vestris deiecimus. Quae quoniam in senatu inlustrata,
patefacta, comperta sunt per me, vobis iam exponam brevi- 20
ter ut et quanta et quam manifesta et qua ratione investigata
et comprehensa sint vos qui et ignoratis et exspectatis
scire possitis.

18 rettudimus (retu-) *ax* : retro*v*simus *h* : retrudimus *bstou*   20
breviter *ah* : breviter, Quirites, *βγ*   21 et quam manifesta *om. at*
22 qui et *abu* : et qui *h* : qui *cett*.

Principio, ut Catilina paucis ante diebus erupit ex
urbe, cum sceleris sui socios huiusce nefarii belli acer-
rimos duces Romae reliquisset, semper vigilavi et providi,
Quirites, quem ad modum in tantis et tam absconditis
5 insidiis salvi esse possemus. Nam tum cum ex urbe **2**
Catilinam eiciebam—non enim iam vereor huius verbi invidiam, cum illa magis sit timenda, quod vivus exierit—,
sed tum cum illum exterminari volebam, aut reliquam
coniuratorum manum simul exituram aut eos qui resti-
10 tissent infirmos sine illo ac debilis fore putabam. Atque **4**
ego, ut vidi, quos maximo furore et scelere esse inflam-
matos sciebam, eos nobiscum esse et Romae remansisse,
in eo omnis dies noctesque consumpsi ut quid agerent,
quid molirentur sentirem ac viderem, ut, quoniam auri-
15 bus vestris propter incredibilem magnitudinem sceleris
minorem fidem faceret oratio mea, rem ita comprehende-
rem ut tum demum animis saluti vestrae provideretis
cum oculis maleficium ipsum videretis. Itaque ut comperi legatos Allobrogum belli Transalpini et tumultus
20 Gallici excitandi causa a P. Lentulo esse sollicitatos, eos-
que in Galliam ad suos civis eodemque itinere cum litteris
mandatisque ad Catilinam esse missos, comitemque eis
adiunctum esse T. Volturcium, atque huic esse ad Catilinam datas litteras, facultatem mihi oblatam putavi ut,
25 quod erat difficillimum quodque ego semper optabam ab
dis immortalibus, tota res non solum a me sed etiam
a senatu et a vobis manifesto deprenderetur. Itaque **5**
hesterno die L. Flaccum et C. Pomptinum praetores, fortissimos atque amantissimos rei publicae viros, ad me
30 vocavi, rem exposui, quid fieri placeret ostendi. Illi au-

9 restitissent] remansissent *h*γ   11 ut *bs*γ : *om. ahl*   21
cum litteris mandatisque *post* civis *ponit Nohl*   23 esse T.] esse
*Vh*γ   ad Catilinam *ante* esse *hab. bs, post* litteras *h* : *del. Richter*   26
tota *hx* : ut tota *cett.* (*cf. Madvig ad Fin.* iii. 43, *Ac.* ii. 48. 139)   30
rem omnem γ

tem, qui omnia de re publica praeclara atque egregia
sentirent, sine recusatione ac sine ulla mora negotium
susceperunt et, cum advesperasceret, occulte ad pontem
Mulvium pervenerunt atque ibi in proximis villis ita bipertito fuerunt ut Tiberis inter eos et pons interesset. 5
Eodem autem et ipsi sine cuiusquam suspicione multos
fortis viros eduxerant, et ego ex praefectura Reatina
compluris delectos adulescentis quorum opera utor ad-
6 sidue in rei publicae praesidio cum gladiis miseram. Interim tertia fere vigilia exacta, cum iam pontem Mulvium 10
magno comitatu legati Allobroges ingredi inciperent una-
que Volturcius, fit in eos impetus ; ducuntur et ab illis
gladii et a nostris. Res praetoribus erat nota solis, igno-
3 rabatur a ceteris. Tum interventu Pomptini atque Flacci
pugna quae erat commissa sedatur. Litterae quaecum- 15
que erant in eo comitatu integris signis praetoribus tra-
duntur ; ipsi comprehensi ad me, cum iam dilucesceret,
deducuntur. Atque horum omnium scelerum improbissi-
mum machinatorem, Cimbrum Gabinium, statim ad me
nihil dum suspicantem vocavi ; deinde item arcessitus est 20
L. Statilius et post eum Cethegus ; tardissime autem
Lentulus venit, credo quod in litteris dandis praeter con-
7 suetudinem proxima nocte vigilarat. Cum summis et clarissimis huius civitatis viris qui audita re frequentes ad
me mane convenerant litteras a me prius aperiri quam 25
ad senatum deferri placeret, ne, si nihil esset inventum,
temere a me tantus tumultus iniectus civitati videretur,
negavi me esse facturum ut de periculo publico non
ad consilium publicum rem integram deferrem. Etenim,

4 bipertiti *bshγ*   9 re (r.) p. praesidio *AVβho* : re publica, praesidio
Muretus   11 Allobroges *al* : Allobrogum *cett.*   12 educuntur *hγ*
et *ante* ab illis *sup. lin. hab. l., om. hγ*   15 quae erat commissa *del.*
Halm cum duobus dett.   20 nihil tum γ   21 C. Cethegus
pauci dett.   22 P. Lentulus *Eberhard*   26 deferri] referrem *a* :
deferrem *Halm*

Quirites, si ea quae erant ad me delata reperta non
essent, tamen ego non arbitrabar in tantis rei publicae
periculis esse mihi nimiam diligentiam pertimescendam.
Senatum frequentem celeriter, ut vidistis, coegi.   Atque 8
5 interea statim admonitu Allobrogum C. Sulpicium praetorem, fortem virum, misi qui ex aedibus Cethegi si
quid telorum esset efferret; ex quibus ille maximum si-
carum numerum et gladiorum extulit.   Introduxi Voltur- 4
cium sine Gallis; fidem publicam iussu senatus dedi; hor-
10 tatus sum ut ea quae sciret sine timore indicaret.   Tum
ille dixit, cum vix se ex magno timore recreasset, a P. Lentulo se habere ad Catilinam mandata et litteras ut servorum praesidio uteretur, ut ad urbem quam primum
cum exercitu accederet; id autem eo consilio ut, cum
15 urbem ex omnibus partibus quem ad modum descriptum
distributumque erat incendissent caedemque infinitam
civium fecissent, praesto esset ille qui et fugientis ex-
ciperet et se cum his urbanis ducibus coniungeret.   Intro- 9
ducti autem Galli ius iurandum sibi et litteras a P. Len-
20 tulo, Cethego, Statilio ad suam gentem datas esse dixerunt,
atque ita sibi ab his et a L. Cassio esse praescriptum ut
equitatum in Italiam quam primum mitterent; pedestris
sibi copias non defuturas.   Lentulum autem sibi confir-
masse ex fatis Sibyllinis haruspicumque responsis se esse
25 tertium illum Cornelium ad quem regnum huius urbis
atque imperium pervenire esset necesse: Cinnam ante se
et Sullam fuisse.   Eundemque dixisse fatalem hunc annum
esse ad interitum huius urbis atque imperi qui esset
annus decimus post virginum absolutionem, post Capi-
30 toli autem incensionem vicesimum.   Hanc autem Cethego 10
cum ceteris controversiam fuisse dixerunt quod Lentulo

---

8 et gladiorum] gladiorum *Aaβ*   **9** fidem ei *hγ*   15 di-
scriptum *Kayser*   19 a P.] ab *Halm*   20 datas *Vγ* : data
Aаl : datam *bs*   24 fatis *cod. S. Marci* 255 *sup. lin.* : fastis *aβht* ·
libris *oux*   27 esse annum *bstux*

et aliis Saturnalibus caedem fieri atque urbem incendi
5 placeret, Cethego nimium id longum videretur. Ac ne
longum sit, Quirites, tabellas proferri iussimus quae a
quoque dicebantur datae. Primo ostendimus Cethego :
signum cognovit. Nos linum incidimus ; legimus. Erat 5
scriptum ipsius manu Allobrogum senatui et populo sese
quae eorum legatis confirmasset facturum esse ; orare ut
item illi facerent quae sibi eorum legati recepissent. Tum
Cethegus, qui paulo ante aliquid tamen de gladiis ac
sicis quae apud ipsum erant deprehensa respondisset 10
dixissetque se semper bonorum ferramentorum studiosum fuisse, recitatis litteris debilitatus atque abiectus
conscientia repente conticuit. Introductus Statilius cognovit et signum et manum suam. Recitatae sunt tabellae
in eandem fere sententiam ; confessus est. Tum ostendi 15
tabellas Lentulo et quaesivi cognosceretne signum. Ad-
nuit. ' Est vero ' inquam ' notum quidem signum, imago
avi tui, clarissimi viri, qui amavit unice patriam et civis
suos ; quae quidem te a tanto scelere etiam muta revo-
11 care debuit.' Leguntur eadem ratione ad senatum Allo- 20
brogum populumque litterae. Si quid de his rebus dicere
vellet, feci potestatem. Atque ille primo quidem negavit ;
post autem aliquanto, toto iam indicio exposito atque
edito, surrexit, quaesivit a Gallis quid sibi esset cum eis,
quam ob rem domum suam venissent, itemque a Volturcio. 25
Qui cum illi breviter constanterque respondissent per quem
ad eum quotiensque venissent, quaesissentque ab eo nihilne secum esset de fatis Sibyllinis locutus, tum ille
subito scelere demens quanta conscientiae vis esset osten-

2 videretur *tx* : videri *cett.*   4 primum γ   Cethego : signum
Müller (*ita AVo*) : Cethego signum : *cett.*   5 linum] lignum *Vh*γ
8 recepissent *Muretus* : praecepissent *codd.*   10 deprehensae *ux*
13 conscientia convictus *h*γ   introductus est γ   17 quidem
om. *Votx*, *ante* notum *hab.* *h*¹   25 item a *a*   28 fatis *x* :
fastis *cett.*

dit. Nam, cum id posset infitiari, repente praeter opinionem omnium confessus est. Ita eum non modo ingenium illud et dicendi exercitatio qua semper valuit sed etiam propter vim sceleris manifesti atque deprehensi impu-
5 dentia qua superabat omnis improbitasque defecit. Vol- 12 turcius vero subito litteras proferri atque aperiri iubet quas sibi a Lentulo ad Catilinam datas esse dicebat. Atque ibi vehementissime perturbatus Lentulus tamen et signum et manum suam cognovit. Erant autem sine no-
10 mine, sed ita : 'Quis sim scies ex eo quem ad te misi. Cura ut vir sis et cogita quem in locum sis progressus. Vide ecquid tibi iam sit necesse et cura ut omnium tibi auxilia adiungas, etiam infimorum.' Gabinius deinde introductus, cum primo impudenter respondere coepisset,
15 ad extremum nihil ex eis quae Galli insimulabant negavit.
Ac mihi quidem, Quirites, cum illa certissima visa sunt 13 argumenta atque indicia sceleris, tabellae, signa, manus, denique unius cuiusque confessio, tum multo certiora illa, color, oculi, voltus, taciturnitas. Sic enim obstupuerant,
20 sic terram intuebantur, sic furtim non numquam inter sese aspiciebant ut non iam ab aliis indicari sed indicare se ipsi viderentur. Indiciis expositis atque editis, Quirites, 6 senatum consului de summa re publica quid fieri placeret. Dictae sunt a principibus acerrimae ac fortissimae
25 sententiae, quas senatus sine ulla varietate est secutus.
Et quoniam nondum est perscriptum senatus consultum, ex memoria vobis, Quirites, quid senatus censuerit exponam. Primum mihi gratiae verbis amplissimis aguntur, 14 quod virtute, consilio, providentia mea res publica maximis
30 periculis sit liberata, Deinde L. Flaccus et C. Pomptinus

---

9 autem scriptae *htux*   10 quis *abho* : qui *cett.*   12 vide ecquid *Halm* : vide et quid *aβo* : et vide quid *htux*   21 indicare se ipsi] ipsi a se *tux*   22 Quirites *om. ao*   23 re p.] rei p. *h* : rei p. salute γ

praetores, quod eorum opera forti fidelique usus essem,
merito ac iure laudantur. Atque etiam viro forti, conlegae
meo, laus impertitur, quod eos qui huius coniurationis
participes fuissent a suis et a rei publicae consiliis removisset. Atque ita censuerunt ut P. Lentulus, cum se 5
praetura abdicasset, in custodiam traderetur ; itemque uti
C. Cethegus, L. Statilius, P. Gabinius qui omnes praesentes erant in custodiam traderentur ; atque idem hoc
decretum est in L. Cassium qui sibi procurationem in-
cendendae urbis depoposcerat, in M. Ceparium cui ad 10
sollicitandos pastores Apuliam attributam esse erat indicatum, in P. Furium qui est ex eis colonis quos Faesulas
L. Sulla deduxit, in Q. Annium Chilonem qui una cum
hoc Furio semper erat in hac Allobrogum sollicitatione
versatus, in P. Vmbrenum, libertinum hominem, a quo 15
primum Gallos ad Gabinium perductos esse constabat.
Atque ea lenitate senatus est usus, Quirites, ut ex tanta
coniuratione tantaque hac multitudine domesticorum hostium
novem hominum perditissimorum poena re publica con-
15 servata reliquorum mentis sanari posse arbitraretur. Atque 20
etiam supplicatio dis immortalibus pro singulari eorum
merito meo nomine decreta est, quod mihi primum post
hanc urbem conditam togato contigit, et his decreta verbis
est : 'quod urbem incendiis, caede civis, Italiam bello
liberassem.' Quae supplicatio si cum ceteris supplicationi- 25
bus conferatur, hoc interest, quod ceterae bene gesta, haec
una conservata re publica constituta est. Atque illud
quod faciendum primum fuit factum atque transactum
est. Nam P. Lentulus, quamquam patefactis indiciis, confessionibus suis, iudicio senatus non modo praetoris ius 30

7 qui *hγ* : *om. aβ*   12 colonis *l* : coloniis *cett.*   quos *Naugerius* : quas *mei*   13 Annium *Halm* (*cf. Sall. Cat.* 50) : Manlium
codd. : Magium *Sylvius* (*cp. Fam.* iv. 12. 2)   24 est, Quirites, quod *t.x*
25 supplicationibus *mei* : *del. Halm*   26 gestae (-e *a*) *Val¹*
27 rei p. *C*   29 patefacta *a* : patefacta re *coni. Halm*   et
confessionibus *hγ*

verum etiam civis amiserat, tamen magistratu se abdicavit,
ut quae religio C. Mario, clarissimo viro, non fuerat quo
minus C. Glauciam de quo nihil nominatim erat decretum
praetorem occideret, ea nos religione in privato P. Lentulo
5 puniendo liberaremur.

Nunc quoniam, Quirites, consceleratissimi periculosis- 7 16
simique belli nefarios duces captos iam et comprehensos
tenetis, existimare debetis omnis Catilinae copias, omnis spes
atque opes his depulsis urbis periculis concidisse.   Quem
10 quidem ego cum ex urbe pellebam, hoc providebam animo,
Quirites, remoto Catilina non mihi esse P. Lentuli somnum
nec L. Cassi adipes nec C. Cethegi furiosam temeritatem
pertimescendam.   Ille erat unus timendus ex istis omnibus,
sed tam diu dum urbis moenibus continebatur.   Omnia
15 norat, omnium aditus tenebat ; appellare, temptare, sollicitare poterat, audebat.   Erat ei consilium ad facinus aptum,
consilio autem neque lingua neque manus deerat.   Iam ad
certas res conficiendas certos homines delectos ac descriptos
habebat.   Neque vero, cum aliquid mandarat, confectum
20 putabat: nihil erat quod non ipse obiret, occurreret, vigilaret,
laboraret ; frigus, sitim, famem ferre poterat.   Hunc ego 17
hominem tam acrem, tam audacem, tam paratum, tam
callidum, tam in scelere vigilantem, tam in perditis rebus
diligentem nisi ex domesticis insidiis in castrense latrocinium
25 compulissem—dicam id quod sentio, Quirites—non facile
hanc tantam molem mali a cervicibus vestris depulissem.
Non ille nobis Saturnalia constituisset, neque tanto ante exiti
ac fati diem rei publicae denuntiavisset neque commisisset
ut signum, ut litterae suae testes manifesti sceleris depre
30 henderentur.   Quae nunc illo absente sic gesta sunt ut

---

3 C. *tux* : *om. cett.*   11 somnum *b*¹ : somnium *cett.*   12 L.
γ : C. *cett.*   adipes γ : alipes *CAmg* : aupes *V* : *om. A*¹*hβ* (*in lac. A*)
16 ei] et *als* : *om. b*   17 neque manus neque lingua *ah* (*contra
Schol.*)   26 vestris cervicibus *bs*   27 tanti *htx*   29 testes
denique *tux*

nullum in privata domo furtum umquam sit tam palam
inventum quam haec in tota re publica coniuratio manifesto comprehensa est. Quod si Catilina in urbe ad hanc
diem remansisset, quamquam, quoad fuit, omnibus eius
consiliis occurri atque obstiti, tamen, ut levissime dicam, 5
dimicandum nobis cum illo fuisset, neque nos umquam,
cum ille in urbe hostis esset, tantis periculis rem publicam
tanta pace, tanto otio, tanto silentio liberassemus.

8
18 Quamquam haec omnia, Quirites, ita sunt a me administrata ut deorum immortalium nutu atque consilio et gesta 10
et provisa esse videantur. Idque cum coniectura consequi
possumus, quod vix videtur humani consili tantarum rerum gubernatio esse potuisse, tum vero ita praesentes his
temporibus opem et auxilium nobis tulerunt ut eos paene
oculis videre possimus. Nam ut illa omittam, visas nocturno 15
tempore ab occidente faces ardoremque caeli, ut fulminum
iactus, ut terrae motus relinquam, ut omittam cetera quae
tam multa nobis consulibus facta sunt ut haec quae nunc
fiunt canere di immortales viderentur, hoc certe, Quirites,
quod sum dicturus neque praetermittendum neque relin- 20
19 quendum est. Nam profecto memoria tenetis Cotta et
Torquato consulibus compluris in Capitolio res de caelo
esse percussas, cum et simulacra deorum depulsa sunt et
statuae veterum hominum deiectae et legum aera liquefacta
et tactus etiam ille qui hanc urbem condidit Romulus, 25
quem inauratum in Capitolio, parvum atque lactantem,

---

2 in tota *ahot*: tanta in *βux*   3 comprehensa *Nohl*: inventa
comprehensa *a*: inventa atque comprehensa *ho*: inventa atque deprehensa *βtux*   7 cum] dum *βux*   10 nutu atque *om. a*   12
videtur *hβx*: videretur *aotu*   humanis (*om. u*) consiliis *htux*
tantam molem rerum gubernatio consequi *γ*   15 possemus *hγ*
17 relinquam, ut omittam cetera] ceteraque *tux*   18 tam] ita *βx*
19 Quirites *C*[1] (qui *C*) *lγ*: *om. cett.*   22 in *tux*: inde *o*: de *cett.*
23 cum et *bshtx*: et cum *Cl*: et tum *AVao*   25 et tactus etiam]
tactus est etiam *γ et Servius ad Ecl.* i. 17   26 auratum *CAV*
lactentem *Vhtu*

uberibus lupinis inhiantem fuisse meministis. Quo quidem
tempore cum haruspices ex tota Etruria convenissent, caedis
atque incendia et legum interitum et bellum civile ac domesticum et totius urbis atque imperi occasum appropin-
5 quare dixerunt, nisi di immortales omni ratione placati suo
numine prope fata ipsa flexissent. ,Itaque illorum responsis 20
tum et ludi per decem dies facti sunt neque res ulla quae
ad placandos deos pertineret praetermissa est. Idemque
iusserunt simulacrum Iovis facere maius et in excelso con-
10 locare et contra atque antea fuerat ad orientem convertere ;
ac se sperare dixerunt, si illud signum quod videtis solis
ortum et forum curiamque conspiceret, fore ut ea consilia
quae clam essent inita contra salutem urbis atque imperi
inlustrarentur ut a senatu populoque Romano perspici pos-
15 sent. Atque illud signum conlocandum consules illi locaverunt ; sed tanta fuit operis tarditas ut neque superioribus
consulibus neque nobis ante hodiernum diem conlocaretur.
Hic quis potest esse tam aversus a vero, tam praeceps, tam $\overset{9}{_{21}}$
mente captus qui neget haec omnia quae videmus prae-
20 cipueque hanc urbem deorum immortalium nutu ac potestate
administrari? Etenim cum esset ita responsum, caedis,
incendia, interitum rei publicae comparari, et ea per civis,
quae tum propter magnitudinem scelerum non nullis incre-
dibilia videbantur, ea non modo cogitata a nefariis civibus
25 verum etiam suscepta esse sensistis. Illud vero nonne
ita praesens est ut nutu Iovis Optimi Maximi factum esse
videatur, ut, cum hodierno die mane per forum meo iussu
et coniurati et eorum indices in aedem Concordiae ducerentur, eo ipso tempore signum statueretur? Quo conlocato

9 celso *Aahx*   10 ante *aoux* : *om. h*   12 curiamque] curiam*Aa* :
et curiam *V*   14 ita inlustrarentur *coni. Halm* (ita *ante* collocan-
dum *hab. ux*)   15 conlocatum *a*   locaverunt *x* : collocaver-
unt *aβh* : statuerunt *otu*   18 quis *hγ* : qui *aβ*   esse *ah, Priscian.
K*. iii. 277 : esse, Quirites *βγ*   22 per civis] a perditis civibus *γ*
29 eo *bsγ* : et *aho* : et eo *l*

atque ad vos senatumque converso omnia et senatus et vos
quae erant contra salutem omnium cogitata inlustrata et
22 patefacta vidistis. Quo etiam maiore sunt isti odio sup-
plicioque digni qui non solum vestris domiciliis atque
tectis sed etiam deorum templis atque delubris sunt funestos 5
ac nefarios ignis inferre conati. Quibus ego si me restitisse
dicam, nimium mihi sumam et non sim ferendus : ille, ille
Iuppiter restitit ; ille Capitolium, ille haec templa, ille
cunctam urbem, ille vos omnis salvos esse voluit. Dis
ego immortalibus ducibus hanc mentem voluntatemque 10
suscepi atque ad haec tanta indicia perveni. Iam vero illa
Allobrogum sollicitatio, iam ab Lentulo ceterisque domesticis hostibus tam dementer tantae res creditae et ignotis
et barbaris commissaeque litterae numquam essent profecto,
nisi ab dis immortalibus huic tantae audaciae consilium 15
esset ereptum. Quid vero? ut homines Galli ex civitate
male pacata, quae gens una restat quae bellum populo
Romano facere posse et non nolle videatur, spem imperi ac
rerum maximarum ultro sibi a patriciis hominibus oblatam
neglegerent vestramque salutem suis opibus anteponerent, 20
id non divinitus esse factum putatis, praesertim qui nos non
pugnando sed tacendo superare potuerunt?

10
23   Quam ob rem, Quirites, quoniam ad omnia pulvinaria
supplicatio decreta est, celebratote illos dies cum coniugibus
ac liberis vestris. Nam multi saepe honores dis immortalibus 25
iusti habiti sunt ac debiti, sed profecto iustiores numquam.
Erepti enim estis ex crudelissimo ac miserrimo interitu,
erepti sine caede, sine sanguine, sine exercitu, sine dimicatione; togati me uno togato duce et imperatore vicistis.

---

1 et senatus et vos *om. duo dett.*   2 salutem] senatum salutemque
(et salutem *h*) *hβ*   cogitata *post* erant *hab. bs*   10 ducibus *om. ah.*
mentem, Quirites *a*   18 et posse *hγ*   19 maximarum *aho* :
amplissimarum *βtux*   20 neglegere *Aa* : neglegeret *V*   ante-
ponere *Aa* : anteponeret *V*   22 potuerint *Madvig* (*sed cf. Zielinski
p.* 202)   28 erepti *aho* : et erepti *tux* : *om. β*

Etenim recordamini, Quirites, omnis civilis dissensiones, 24
non solum eas quas audistis sed eas quas vosmet ipsi
meministis atque vidistis. L. Sulla P. Sulpicium oppressit:
C. Marium, custodem huius urbis, multosque fortis viros
5 partim eiecit ex civitate, partim interemit. Cn. Octavius
consul armis expulit ex urbe conlegam: omnis hic locus
acervis corporum et civium sanguine redundavit. Superavit
postea Cinna cum Mario: tum vero clarissimis viris interfectis lumina civitatis exstincta sunt. Vltus est huius
10 victoriae crudelitatem postea Sulla: ne dici quidem opus
est quanta deminutione civium et quanta calamitate rei
publicae. Dissensit M. Lepidus a clarissimo et fortissimo
viro Q. Catulo: attulit non tam ipsius interitus rei publicae
luctum quam ceterorum. [Atque illae tamen omnes] dis- 25
15 sensiones erant eius modi quae non ad delendam sed ad
commutandam rem publicam pertinerent. Non illi nullam
esse rem publicam sed in ea quae esset se esse principes,
neque hanc urbem conflagrare sed se in hac urbe florere
voluerunt. Atque illae tamen omnes dissensiones, quarum
20 nulla exitium rei publicae quaesivit, eius modi fuerunt ut
non reconciliatione concordiae sed internicione civium
diiudicatae sint. In hoc autem uno post hominum memoriam maximo crudelissimoque bello, quale bellum nulla
umquam barbaria cum sua gente gessit, quo in bello lex
25 haec fuit a Lentulo, Catilina, Cethego, Cassio constituta
ut omnes qui salva urbe salvi esse possent in hostium
numero ducerentur, ita. me gessi, Quirites, ut salvi omnes
conservaremini, et, cum hostes vestri tantum civium super-
futurum putassent quantum infinitae caedi restitisset, tantum

---

3 oppressit] eiecit ex urbe *add. αβho*: ex urbe eiecit *add. tux, del.*
Lambinus   11 deminutione] diminutione (demutatione *C*¹: dimicatione *x*) *codd.*   12 ac fortissimo *t sol.*   14 atque . . . omnes
seclusi (tamen omnes *om. x*)   15 quae *ah*: Quirites, quae βγ
19-22 atque illae . . . sint *del. Bloch*   24 barbaries *hx²*   27
omnes *om. bs, ante* salvi *hab. tux*

11
26
autem urbis quantum flamma obire non potuisset, et urbem
et civis integros incolumisque servavi. Quibus pro tantis
rebus, Quirites, nullum ego a vobis praemium virtutis, nullum insigne honoris, nullum monumentum laudis postulabo
praeterquam huius diei memoriam sempiternam. In animis 5
ego vestris omnis triumphos meos, omnia ornamenta honoris, monumenta gloriae, laudis insignia condi et conlocari
volo. Nihil me mutum potest delectare, nihil tacitum, nihil
denique eius modi quod etiam minus digni adsequi possint.
Memoria vestra, Quirites, nostrae res alentur, sermonibus 10
crescent, litterarum monumentis inveterascent et conrobo-
rabuntur; eandemque diem intellego, quam spero aeternam
fore, propagatam esse et ad salutem urbis et ad memoriam
consulatus mei, unoque tempore in hac re publica duos
civis exstitisse quorum alter finis vestri imperi non terrae 15
sed caeli regionibus terminaret, alter huius imperi domicilium sedisque servaret. Sed quoniam earum rerum quas
ego gessi non eadem est fortuna atque condicio quae
illorum qui externa bella gesserunt, quod mihi cum eis
vivendum est quos vici ac subegi, illi hostis aut interfectos 20
aut oppressos reliquerunt, vestrum est, Quirites, si ceteris
facta sua recte prosunt, mihi mea ne quando obsint providere. Mentes enim hominum audacissimorum sceleratae
ac nefariae ne vobis nocere possent ego providi, ne mihi
noceant vestrum est providere. Quamquam, Quirites, mihi 25
quidem ipsi nihil ab istis iam noceri potest. Magnum enim
est in bonis praesidium quod mihi in perpetuum comparatum est, magna in re publica dignitas quae me semper
tacita defendet, magna vis conscientiae quam qui neglegunt,

12
27

2 integros incolumisque] omnes incolumes, Quirites (q. *l*) β   3
Quirites *om.* C¹   4 postulo *bsx*   5 memoriam vestram *hβx*   9
possint *bsux* : possunt *cett.*   10 res nostrae *bs*   13 propagatam esse . . . mei] mei propagatam γ   16 huius] eiusdem
βtux   19 eis] his *αβho* : illis *tux*   27 bonis *lγ* : nobis *absh*

cum me violare volent, se indicabunt.   Est enim nobis is 28
animus, Quirites, ut non modo nullius audaciae cedamus
sed etiam omnis improbos ultro semper lacessamus.   Quod
si omnis impetus domesticorum hostium depulsus a vobis
5 se in me unum converterit, vobis erit videndum, Quirites,
qua condicione posthac eos esse velitis qui se pro salute
vestra obtulerint invidiae periculisque omnibus : mihi quidem ipsi quid est quod iam ad vitae fructum possit adquiri,
cum praesertim neque in honore vestro neque in gloria
10 virtutis quicquam videam altius quo mihi libeat ascendere ?
Illud perficiam profecto, Quirites, ut ea quae gessi in con- 29
sulatu privatus tuear atque ornem, ut, si qua est invidia in
conservanda re publica suscepta, laedat invidos, mihi valeat
ad gloriam.   Denique ita me in re publica tractabo ut
15 meminerim semper quae gesserim, curemque ut ea virtute
non casu gesta esse videantur.   Vos, Quirites, quoniam
iam est nox, venerati Iovem illum custodem huius urbis ac
vestrum in vestra tecta discedite et ea, quamquam iam est
periculum depulsum, tamen aeque ac priore nocte custodiis
20 vigiliisque defendite.   Id ne vobis diutius faciendum sit
atque ut in perpetua pace esse possitis providebo, Quirites.

---

1 se *Aaβo* : se ipsi *cett.*   enim] etiam *tux*   is γ : *om. αβh*
5 providendum *hγ*   7 obtulerint *alu* : obtulerunt *cett.*   11 profecto perficiam *β*   12 in *om. β*   17 nox est *bs*   vener-
amini *hγ*   19 nocte fecistis *hx*   21 Quirites *om. abso*

M. TVLLI CICERONIS

IN L. CATILINAM ORATIO QVARTA

HABITA IN SENATV

1
1 VIDEO, patres conscripti, in me omnium vestrum ora
atque oculos esse conversos, video vos non solum de
vestro ac rei publicae verum etiam, si id depulsum sit,
de meo periculo esse sollicitos. Est mihi iucunda in malis
et grata in dolore vestra erga me voluntas, sed eam per 5
deos immortalis! deponite atque obliti salutis meae de
vobis ac de vestris liberis cogitate. Mihi si haec condicio
consulatus data est ut omnis acerbitates, omnis dolores
cruciatusque perferrem, feram non solum fortiter verum
etiam libenter, dum modo meis laboribus vobis populo- 10
2 que Romano dignitas salusque pariatur. Ego sum ille
consul, patres conscripti, cui non forum in quo omnis
aequitas continetur, non campus consularibus auspiciis
consecratus, non curia, summum auxilium omnium gentium, non domus, commune perfugium, non lectus ad 15
quietem datus, non denique haec sedes honoris umquam
vacua mortis periculo atque insidiis fuit. Ego multa tacui,
multa pertuli, multa concessi, multa meo quodam dolore in
vestro timore sanavi. Nunc si hunc exitum consulatus mei
di immortales esse voluerunt ut vos populumque Romanum 20
ex caede miserrima, coniuges liberosque vestros virginesque
Vestalis ex acerbissima vexatione, templa atque delubra,
hanc pulcherrimam patriam omnium nostrum ex foedis-
sima flamma, totam Italiam ex bello et vastitate eriperem,

---

16 honoris] sella (id est sella *t*) curulis *add. codd.* : *del. Muretus*
21 miserrima *AVβ* : miseria *cett.*

quaecumque mihi uni proponetur fortuna subeatur. Etenim si P. Lentulus suum nomen inductus a vatibus fatale
ad perniciem rei publicae fore putavit, cur ego non laeter
meum consulatum ad salutem populi Romani prope fatalem
5 exstitisse? Qua re, patres conscripti, consulite vobis, prospicite patriae, conservate vos, coniuges, liberos fortunasque
vestras, populi Romani nomen salutemque defendite;
mihi parcere ac de me cogitare desinite. Nam primum
debeo sperare omnis deos qui huic urbi praesident pro
10 eo mihi ac mereor relaturos esse gratiam; deinde, si quid
obtigerit, aequo animo paratoque moriar. Nam neque
turpis mors forti viro potest accidere neque immatura
consulari nec misera sapienti. Nec tamen ego sum ille
ferreus qui fratris carissimi atque amantissimi praesentis
15 maerore non movear horumque omnium lacrimis a quibus me circumsessum videtis. Neque meam mentem non
domum saepe revocat exanimata uxor et abiecta metu
filia et parvolus filius, quem mihi videtur amplecti res
publica tamquam obsidem consulatus mei, neque ille qui
20 exspectans huius exitum diei stat in conspectu meo gener.
Moveor his rebus omnibus, sed in eam partem uti salvi
sint vobiscum omnes, etiam si me vis aliqua oppresserit,
potius quam et illi et nos una rei publicae peste pereamus.
Qua re, patres conscripti, incumbite ad salutem rei publicae, 4
25 circumspicite omnis procellas quae impendent nisi pro-
videtis. Non Ti. Gracchus quod iterum tribunus plebis
fieri voluit, non C. Gracchus quod agrarios concitare conatus est, non L. Saturninus quod C. Memmium occidit, in
discrimen aliquod atque in vestrae severitatis iudicium
30 adducitur: tenentur ei qui ad urbis incendium, ad vestram

1 proponeretur *a*   12 turpis] gravis *Quintil.* vi. 3. 109   13
misera sapienti *ht*: misera aspicienti (-cient *au*) *cett.*   21 uti] ut
Vh: ut ii *coni. Halm*   23 quam et] *fort.* quam ut et   27 conatus
est *h*: est conatus *V*: conatus *cett.*

omnium caedem, ad Catilinam accipiendum Romae restiterunt, tenentur litterae, signa, manus, denique unius
cuiusque confessio : sollicitantur Allobroges, servitia excitantur, Catilina arcessitur, id est initum consilium ut
interfectis omnibus nemo ne ad deplorandum quidem 5
populi Romani nomen atque ad lamentandam tanti imperi

3 calamitatem relinquatur. Haec omnia indices detulerunt,

5 rei confessi sunt, vos multis iam iudiciis iudicavistis, primum quod mihi gratias egistis singularibus verbis et mea
virtute atque diligentia perditorum hominum coniurationem 10
patefactam esse decrevistis, deinde quod P. Lentulum se
abdicare praetura coegistis ; tum quod eum et ceteros de
quibus iudicastis in custodiam dandos censuistis, maximeque quod meo nomine supplicationem decrevistis, qui honos
togato habitus ante me est nemini ; postremo hesterno 15
die praemia legatis Allobrogum Titoque Volturcio dedistis
amplissima. Quae sunt omnia eius modi ut ei qui in
custodiam nominatim dati sunt sine ulla dubitatione a vobis
damnati esse videantur.

6 Sed ego institui referre ad vos, patres conscripti, tam- 20
quam integrum, et de facto quid iudicetis et de poena
quid censeatis. Illa praedicam quae sunt consulis. Ego
magnum in re publica versari furorem et nova quaedam
misceri et concitari mala iam pridem videbam, sed hanc
tantam, tam exitiosam haberi coniurationem a civibus num- 25
quam putavi. Nunc quicquid est, quocumque vestrae
mentes inclinant atque sententiae, statuendum vobis ante
noctem est. Quantum facinus ad vos delatum sit videtis.
Huic si paucos putatis adfinis esse, vehementer erratis.
Latius opinione disseminatum est hoc malum ; manavit 30
non solum per Italiam verum etiam transcendit Alpis et
obscure serpens multas iam provincias occupavit. Id op-

    4 id est *l* : idẽ *αβu* : item *o* : *om. a* : tale *h*   11 ut se abdicaret
lt   17 ut ei (i *A*) *Ah* : uti (ut *o*) *cett.*   21 *fort.* integrum sit et

primi sustentando et prolatando nullo pacto potest ; quacumque ratione placet celeriter vobis vindicandum est.
Video duas adhuc esse sententias, unam D. Silani qui
censet eos qui haec delere conati sunt morte esse mul-
5 tandos, alteram C. Caesaris qui mortis poenam removet,
ceterorum suppliciorum omnis acerbitates amplectitur.
Vterque et pro sua dignitate et pro rerum magnitudine in
summa severitate versatur.   Alter eos qui nos omnis,
qui populum Romanum vita privare conati sunt, qui delere
10 imperium, qui populi Romani nomen exstinguere, punctum
temporis frui vita et hoc communi spiritu non putat
oportere atque hoc genus poenae saepe in improbos civis
in hac re publica esse usurpatum recordatur.   Alter intellegit mortem a dis immortalibus non esse supplici causa
15 constitutam, sed aut necessitatem naturae aut laborum
ac miseriarum quietem.   Itaque eam sapientes numquam
inviti, fortes saepe etiam libenter oppetiverunt.   Vincula
vero et ea sempiterna certe ad singularem poenam nefarii
sceleris inventa sunt.   Municipiis dispertiri iubet.   Habere
20 videtur ista res iniquitatem, si imperare velis, difficultatem, si
rogare.   Decernatur tamen, si placet.   Ego enim suscipiam 8
et, ut spero, reperiam qui id quod salutis omnium causa
statueritis non putent esse suae dignitatis recusare.   Adiungit gravem poenam municipiis, si quis eorum vincula
25 ruperit ; horribilis custodias circumdat et dignas scelere
hominum perditorum ; sancit ne quis eorum poenam quos
condemnat aut per senatum aut per populum levare possit ;
eripit etiam spem quae sola hominem in miseriis consolari
solet.   Bona praeterea publicari iubet ; vitam solam relinquit
30 nefariis hominibus : quam si eripuisset, multas uno dolore

4
7

1 et *AVβho*: aut *a*: ac *ltu*   7 sui *ltu*   9 qui populum
Romanum *del. Bloch*   14 a *mei*: ab *Schol. Ambr. edd. recc.*   16
quietem esse *t sol.*   17 oppetiverunt *Aaβ* : optinuerunt *V*: appe-
tiverunt *cett.*   23 putent *Ernesti* : putet *codd.*   24 municipibus *t*
25 dignas *i, Lambinus*: digna *cett.*   27 possit levare *β, Zielinski*

animi atque corporis *miserias* et omnis scelerum poenas
ademisset. Itaque ut aliqua in vita formido improbis
esset proposita, apud inferos eius modi quaedam illi
antiqui supplicia impiis constituta esse voluerunt, quod
videlicet intellegebant his remotis non esse mortem ipsam 5
pertimescendam.

5
9 Nunc, patres conscripti, ego mea video quid intersit.
Si eritis secuti sententiam C. Caesaris, quoniam hanc is
in re publica viam quae popularis habetur secutus est,
fortasse minus erunt hoc auctore et cognitore huiusce 10
sententiae mihi populares impetus pertimescendi; sin illam
alteram, nescio an amplius mihi negoti contrahatur. Sed
tamen meorum periculorum rationes utilitas rei publicae
vincat. Habemus enim a Caesare, sicut ipsius dignitas
et maiorum eius amplitudo postulabat, sententiam tam- 15
quam obsidem perpetuae in rem publicam voluntatis. Intellectum est quid interesset inter levitatem contionatorum
et animum vere popularem saluti populi consulentem.

10 Video de istis qui se popularis haberi volunt abesse non
neminem, ne de capite videlicet civium Romanorum 20
sententiam ferat. Is et nudius tertius in custodiam civis
Romanos dedit et supplicationem mihi decrevit et indices
hesterno die maximis praemiis adfecit. Iam hoc nemini
dubium est qui reo custodiam, quaesitori gratulationem,
indici praemium decrerit, quid de tota re et causa iudicarit. 25
At vero C. Caesar intellegit legem Semproniam esse de
civibus Romanis constitutam; qui autem rei publicae sit
hostis eum civem esse nullo modo posse: denique ipsum

---

1 miserias *supplevi*: aerumnas *Halm* : *om. codd.* (animi atque corporis multos uno dolore *h* : multos una dolores animi atque corporis
Kayser : multos uno dolore dolores *etc. Graevius*)   3 proposita
Müller: posita *codd.*   9 in re p. *βho* : in rem p. *cett. (etiam C)*
14 vincat *Schol. Gron.* : vindicat *codd.*   21 is et] set *a*: at is et
Kayser   24 quaesitori *ahu* : quaestori *βot*   25 decrerit *Ca* :
decreverit *AV* : decrevit *cett.*

latorem Semproniae legis iussu populi poenas rei publicae
dependisse. Idem ipsum Lentulum, largitorem et prodi-
gum, non putat, cum de pernicie populi Romani, exitio
huius urbis tam acerbe, tam crudeliter cogitarit, etiam
5 appellari posse popularem. Itaque homo mitissimus atque
ienissimus non dubitat P. Lentulum aeternis tenebris vin-
culisque mandare et sancit in posterum ne quis huius supplicio levando se iactare et in pernicie populi Romani
posthac popularis esse possit. Adiungit etiam publicatio-
10 nem bonorum, ut omnis animi cruciatus et corporis etiam
egestas ac mendicitas consequatur.

Quam ob rem, sive hoc statueritis, dederitis mihi comi- **6**
tem ad contionem populo carum atque iucundum, sive **11**
Silani sententiam sequi malueritis, facile me atque vos
15 crudelitatis vituperatione populus Romanus *liberabit*, atque
obtinebo eam multo leniorem fuisse. Quamquam, patres
conscripti, quae potest esse in tanti sceleris immanitate
punienda crudelitas? Ego enim de meo sensu iudico.
Nam ita mihi salva re publica vobiscum perfrui liceat ut
20 ego, quod in hac causa vehementior sum, non atrocitate
animi moveor— quis enim est me mitior?—sed singulari quadam humanitate et misericordia. Videor enim
mihi videre hanc urbem, lucem orbis terrarum atque
arcem omnium gentium, subito uno incendio concidentem.
25 Cerno animo sepulta in patria miseros atque insepultos
acervos civium, versatur mihi ante oculos aspectus Cethegi
et furor in vestra caede bacchantis. Cum vero mihi pro- 12
posui regnantem Lentulum, sicut ipse se ex fatis sperasse
confessus est, purpuratum esse huic Gabinium, cum exer-

1 iniussu *Bucherius*   2 Lentulum] *fort.* Lentulum, illum   8 se *hltu*:
a se *αβο*   14 vos *β* : vos a *cett.*   15 populus Romanus] populo
Romano a, *Müller* : *om. lγ*   liberabit *scripsi* (*cf. Har. Resp.* 49) :
om. a : exsolvitis *βh* : defendetis *lγ* : eripiam *i* : purgabo *Müller*
21 moveor *AVβ*(*l²*) : movear *ahl¹γ*   25 sepulta in patria *Aah* :
sepultam patriam *cett.*   28 se *om. ah, post* fatis *hab. β*   29 huic
CAab¹ : hunc *cett.*

citu venisse Catilinam, tum lamentationem matrum familias,
tum fugam virginum atque puerorum ac vexationem virginum Vestalium perhorresco, et, quia mihi vehementer
haec videntur misera atque miseranda, idcirco in eos
qui ea perficere voluerunt me severum vehementemque 5
praebebo. Etenim quaero, si quis pater familias, liberis
suis a servo interfectis, uxore occisa, incensa domo, supplicium de servis *non* quam acerbissimum sumpserit, utrum
is clemens ac misericors an inhumanissimus et crudelis-
simus esse videatur? Mihi vero importunus ac ferreus 10
qui non dolore et cruciatu nocentis suum dolorem cruciatumque lenierit. Sic nos in his hominibus qui nos, qui
coniuges, qui liberos nostros trucidare voluerunt, qui singu-
las unius cuiusque nostrum domos et hoc universum rei
publicae domicilium delere conati sunt, qui id egerunt 15
ut gentem Allobrogum in vestigiis huius urbis atque in
cinere deflagrati imperi conlocarent, si vehementissimi
fuerimus, misericordes habebimur; sin remissiores esse
voluerimus, summae nobis crudelitatis in patriae civiumque
13 pernicie fama subeunda est. Nisi vero cuipiam L. Caesar, 20
vir fortissimus et amantissimus rei publicae, crudelior
nudius tertius visus est, cum sororis suae, feminae lectissimae, virum praesentem et audientem vita privandum
esse dixit, cum avum suum iussu consulis interfectum
filiumque eius impuberem legatum a patre missum in carcere 25
necatum esse dixit. Quorum quod simile factum, quod
initum delendae rei publicae consilium? Largitionis voluntas tum in re publica versata est et partium quaedam

2 vexationem *CV* : vexantium *Aahls* : vexantiam *bu*   6 praebeo
b (*contra Arusian. K.* vii. 486)   8 servis] servo *cod. Paris.* 6602,
Lactantius, de ira Dei 1. 17   non quam *Lambinus* : numquam *Lactantius* : quam *codd.*   11 dolore ac (et *edd.*) cruciatu nocentis
suum *b²shl²* : dolore nocentis suum *o* : *om. cett.*   cruciatumque (*om.*
que *V*) *ahlo* : ac cruciatum *b²s* : cruciatu *tu*   19 summae *l¹γ* :
summa *cett.*   22 lectissimae *C²* : electissimae *C¹ cett.*   24 suum
βl² *et Schol.* : *om. cett.*   26 necatum] *fort.* e re p. necatos *excidit*

contentio.   Atque illo tempore huius avus Lentuli, vir
clarissimus, armatus Gracchum est persecutus.   Ille etiam
grave tum volnus accepit, ne quid de summa rei publicae
minueretur; hic ad evertenda fundamenta rei publicae
5 Gallos arcessit, servitia concitat, Catilinam vocat, attribuit
nos trucidandos Cethego et ceteros civis interficiendos
Gabinio, urbem inflammandam Cassio, totam Italiam vas-
tandam diripiendamque Catilinae.   Vereamini minus censeo
ne in hoc scelere tam immani ac nefando aliquid severius
10 statuisse videamini : multo magis est verendum ne re-
missione poenae crudeles in patriam quam ne severitate
animadversionis nimis vehementes in acerbissimos hostis
fuisse videamur.

Sed ea quae exaudio, patres conscripti, dissimulare **7**
15 non possum.   Iaciuntur enim voces quae perveniunt ad   14
auris meas eorum qui vereri videntur ut habeam satis
praesidi ad ea quae vos statueritis hodierno die trans-
igenda.   Omnia et provisa et parata et constituta sunt,
patres conscripti, cum mea summa cura atque diligentia
20 tum multo etiam maiore populi Romani ad summum imperium retinendum et ad communis fortunas conservan-
das voluntate.   Omnes adsunt omnium ordinum homines,
omnium generum, omnium denique aetatum ; plenum est
forum, plena templa circum forum, pleni omnes aditus
25 huius templi ac loci.   Causa est enim post urbem conditam
haec inventa sola in qua omnes sentirent unum atque

1 illo] eo β   viri clarissimi *CAV*   3 summa rei p.]
summa rei p. dignitate *a* : summa dignitate rei p. *βhx* : summa re p.
pauci dett.   4 minueretur] diminueretur *βh* (minueretur . . .
rei p. *om. CAV*)   rei p. fundamenta *a*   7 Cassio *ox* : *om. cett.*
8 minus *hic inserui*, nimis *ante* aliquid *habent codd.*   9 severius]
severe *βx*   16 ut] ut non *hl²* : ne non *β*   18 sunt *βl²x* : *om. cett.*
23 omnium generum *Putsche* : *om. codd.*   denique *om. A*   25
loci ac templi *βx*   26 sentirent *lox* : sentire *atu* : sentiunt *β* :
sentire videmus *Nohl* (*cf.* § 19)

idem praeter eos qui, cum sibi viderent esse pereundum,
15 cum omnibus potius quam soli perire voluerunt. Hosce
ego homines excipio et secerno libenter, neque in improborum civium sed in acerbissimorum hostium numero
habendos puto. Ceteri vero, di immortales! qua fre- 5
quentia, quo studio, qua virtute ad communem salutem
dignitatemque consentiunt! Quid ego hic equites Romanos commemorem? qui vobis ita summam ordinis con-
silique concedunt ut vobiscum de amore rei publicae
certent; quos ex multorum annorum dissensione huius 10
ordinis ad societatem concordiamque revocatos hodiernus
dies vobiscum atque haec causa coniungit. Quam si coniunctionem in consulatu confirmatam meo perpetuam in re
publica tenuerimus, confirmo vobis nullum posthac malum
civile ac domesticum ad ullam rei publicae partem esse 15
venturum. Pari studio defendendae rei publicae convenisse video tribunos aerarios, fortissimos viros; scribas item
universos quos, cum casu hic dies ad aerarium frequen-
tasset, video ab exspectatione sortis ad salutem communem
16 esse conversos. Omnis ingenuorum adest multitudo, etiam 20
tenuissimorum. Quis est enim cui non haec templa,
aspectus urbis, possessio libertatis, lux denique haec ipsa
et commune patriae solum cum sit carum tum vero dulce
8 atque iucundum? Operae pretium est, patres conscripti,
libertinorum hominum studia cognoscere qui, sua virtute 25
fortunam huius civitatis consecuti, vere hanc suam patriam
esse iudicant quam quidam hic nati, et summo nati loco, non
patriam suam sed urbem hostium esse iudicaverunt. Sed
quid ego hosce ordines atque homines commemoro quos

23 et] et hoc $\beta l^2 x$ cum *ox* : non *h* (*om.* non *post* cui): *om. cett.*
26 vere] verum *AV*: *om. β*   27 esse *om. β, post* suam hab. *a, post*
iudicant *t*   quidam *βhl*: qui (quā *V*) *cett.*   loco nati *βo*
29 hosce ordines atque homines *V* : huiusce ordinisque homines *A* :
huiusce ordinis hominesque *a* : huiusce ordinis homines (*om.* homines
u) *lγ* : hosce homines ordinesque *βh* : hosce ordines hominesque *i*

privatae fortunae, quos communis res publica, quos denique
libertas ea quae dulcissima est ad salutem patriae defendendam excitavit? Servus est nemo, qui modo tolerabili
condicione sit servitutis, qui non audaciam civium perhor-
5 rescat, qui non haec stare cupiat, qui non quantum audet
et quantum potest conferat ad salutem voluntatis. Qua re 17
si quem vestrum forte commovet hoc quod auditum est,
lenonem quendam Lentuli concursare circum tabernas,
pretio sperare sollicitari posse animos egentium atque impe-
10 ritorum, est id quidem coeptum atque temptatum, sed nulli
sunt inventi tam aut fortuna miseri aut voluntate perditi qui
non illum ipsum sellae atque operis et quaestus cotidiani
locum, qui non cubile ac lectulum suum, qui denique non
cursum hunc otiosum vitae suae salvum esse velint. Multo
15 vero maxima pars eorum qui in tabernis sunt, immo vero
—id enim potius est dicendum—genus hoc universum
amantissimum est oti. Etenim omne instrumentum, omnis
opera atque quaestus frequentia civium sustentatur, alitur
otio; quorum si quaestus occlusis tabernis minui solet, quid
20 tandem incensis futurum fuit? Quae cum ita sint, patres 18
conscripti, vobis populi Romani praesidia non desunt: vos
ne populo Romano deesse videamini providete. Habetis **9**
consulem ex plurimis periculis et insidiis atque ex media
morte non ad vitam suam sed ad salutem vestram reser-
25 vatum. Omnes ordines ad conservandam rem publicam
mente, voluntate, voce consentiunt. Obsessa facibus et
telis impiae coniurationis vobis supplex manus tendit patria
communis, vobis se, vobis vitam omnium civium, vobis
arcem et Capitolium, vobis aras Penatium, vobis illum
3˅ ignem Vestae sempiternum, vobis omnium deorum templa

3 modo] nunc modo *AV*: non modo *ah*   5 tantum quantum
βho   audeat *αβ*   6 quantum *βl¹x* : in quantum *cett.*   communem
post salutem *add. βh, ante* salutem *x*   13 illum suum *βl²x*   15
˙mmo *cod. Oxon. Dorvill.* 79 *sup. lin., et unus cod. Halmii* : nisi *cett.*
26 voluntate] voluntate studio virtute *βx*

atque delubra, vobis muros atque urbis tecta commendat.
Praeterea de vestra vita, de coniugum vestrarum atque liberorum anima, de fortunis omnium, de sedibus, de focis
19 vestris hodierno die vobis iudicandum est. Habetis ducem
memorem vestri, oblitum sui, quae non semper facultas 5
datur; habetis omnis ordines, omnis homines, universum
populum Romanum, id quod in civili causa hodierno die
primum videmus, unum atque idem sentientem. Cogitate
quantis laboribus fundatum imperium, quanta virtute stabi-
litam libertatem, quanta deorum benignitate auctas exag- 10
geratasque fortunas una nox paene delerit. Id ne umquam
posthac non modo non confici sed ne cogitari quidem
possit a civibus hodierno die providendum est. Atque
haec, non ut vos qui mihi studio paene praecurritis ex-
citarem, locutus sum, sed ut mea vox quae debet esse in re 15
publica princeps officio functa consulari videretur.

10
20 Nunc ante quam ad sententiam redeo, de me pauca
dicam. Ego, quanta manus est coniuratorum, quam videtis
esse permagnam, tantam me inimicorum multitudinem
suscepisse video; sed eam turpem iudico et infirmam et 20
abiectam. Quod si aliquando alicuius furore et scelere
concitata manus ista plus valuerit quam vestra ac rei publicae dignitas, me tamen meorum factorum atque consiliorum
numquam, patres conscripti, paenitebit. Etenim mors,
quam illi fortasse minitantur, omnibus est parata: vitae 25
tantam laudem quanta vos me vestris decretis honestastis
nemo est adsecutus; ceteris enim semper bene gesta, mihi
21 uni conservata re publica gratulationem decrevistis. Sit
Scipio clarus ille cuius consilio atque virtute Hannibal in
Africam redire atque Italia decedere coactus est, ornetur 30

3 omnibus *x*   11 quam paene *h*   12 modo non] modo *ltux*
13 est *Aβhox* : *om. cett.*   20 turpem iudico *scripsi* : esse turpem
iudico *At* : iudico esse turpem *β* : esse iudico turpem *cett.*   et
infirmam] et contemptam *add. βhx*   25 illi] illi mihi *βh* : mihi illi *x*
27 gestae *AVβ*   28 conservatae rei p. *Vβ*   30 ex Italia *β*

alter eximia laude Africanus qui duas urbis huic imperio
infestissimas Karthaginem Numantiamque delevit, habeatur
vir egregius Paulus ille cuius currum rex potentissimus
quondam et nobilissimus Perses honestavit, sit aeterna
5 gloria Marius qui bis Italiam obsidione et metu servitutis
liberavit, anteponatur omnibus Pompeius cuius res gestae
atque virtutes isdem quibus solis cursus regionibus ac ter-
minis continentur : erit profecto inter horum laudes aliquid
loci nostrae gloriae, nisi forte maius est patefacere nobis
10 provincias quo exire possimus quam curare ut etiam illi
qui absunt habeant quo victores revertantur. Quamquam 22
est uno loco condicio melior externae victoriae quam domesticae, quod hostes alienigenae aut oppressi serviunt aut
recepti beneficio se obligatos putant, qui autem ex numero
15 civium dementia aliqua depravati hostes patriae semel esse
coeperunt, eos, cum a pernicie rei publicae reppuleris, nec
vi coercere nec beneficio placare possis. Qua re mihi cum
perditis civibus aeternum bellum susceptum esse video.
Id ego vestro bonorumque omnium auxilio memoriaque
20 tantorum periculorum, quae non modo in hoc populo qui
servatus est sed in omnium gentium sermonibus ac mentibus semper haerebit, a me atque a meis facile propulsari
posse confido. Neque ulla profecto tanta vis reperietur
quae coniunctionem vestram equitumque Romanorum et
25 tantam conspirationem bonorum omnium confringere et
labefactare possit.

Quae cum ita sint, pro imperio, pro exercitu, pro pro- **II**
vincia quam neglexi, pro triumpho ceterisque laudis in- 23
signibus quae sunt a me propter urbis vestraeque salutis
30 custodiam repudiata, pro clientelis hospitiisque provincia-
libus quae tamen urbanis opibus non minore labore tueor

---

14 recepti] recepto *h* : recepti in amicitiam *β*   21 in *x cod.*
S. Marci 255 *sup. hn.* : *om. cett.*   24 coniunctionem *βx* : conductionem *cett.*   30 hospitiisque] hospitesque *AV* : hospitibusque *h*

quam comparo, pro his igitur omnibus rebus, pro meis in
vos singularibus studiis proque hac quam perspicitis ad
conservandam rem publicam diligentia nihil a vobis nisi
huius temporis totiusque mei consulatus memoriam postulo:
quae dum erit in vestris fixa mentibus, tutissimo me muro 5
saeptum esse arbitrabor. Quod si meam spem vis improborum fefellerit atque superaverit, commendo vobis parvum
meum filium, cui profecto satis erit praesidi non solum ad
salutem verum etiam ad dignitatem, si eius qui haec omnia
suo solius periculo conservarit illum filium esse memineritis. 10
24 Quapropter de summa salute vestra populique Romani, de
vestris coniugibus ac liberis, de aris ac focis, de fanis atque
templis, de totius urbis tectis ac sedibus, de imperio ac
libertate, de salute Italiae, de universa re publica decernite
diligenter, ut instituistis, ac fortiter. Habetis eum con- 15
sulem qui et parere vestris decretis non dubitet et ea quae
statueritis, quoad vivet, defendere et per se ipsum praestare
possit.

2 prospicitis *abt* : conspicitis *h*   10 solius *lx* : solus *cett.*   esse
filium *Zielinski*   16 decretis *om. A in lac.*   18 quoad possit *h*

M. TVLLI CICERONIS

PRO L. MVRENA

ORATIO

SIGLA

Σ = cod. Paris 14749, olim S. Victoris 91

B = Excerpta Bartolomaei de Montepolitiano, quae in cod.
        Laur. LIV. 5 inveniuntur

A = cod. Laur. XLVIII. 10 'A.D. 1415' a Ioanne Arretino
        scriptus (Lag. 10)

π = cod. Perusinus E. 71 'A.D. 1416' scriptus

φ = cod. Laur. LII. 1 (Lag. 65)

χ = cod. Laur. XLVIII. 25 (Lag. 25)

ψ = cod. Laur. (Gadd.) XC sup. 69

ω = cod. Laur. XLVIII. 26 (Lag. 26)

s = cod. Monacensis 15734

w = cod. Guelferbytanus 205

Schol. = Scholiasta Gronovianus

M. TVLLI CICERONIS

PRO L. MVRENA ORATIO

QVAE precatus a dis immortalibus sum, iudices, more
institutoque maiorum illo die quo auspicato comitiis centu-
riatis L. Murenam consulem renuntiavi, ut ea res mihi fidei
magistratuique meo, populo plebique Romanae bene atque
5 feliciter eveniret, eadem precor ab isdem dis immortalibus
ob eiusdem hominis consulatum una cum salute obtinendum,
et ut vestrae mentes atque sententiae cum populi Romani
voluntatibus suffragiisque consentiant, eaque res vobis populoque Romano pacem, tranquillitatem, otium concordiam-
10 que adferat. Quod si illa sollemnis comitiorum precatio
consularibus auspiciis consecrata tantam habet in se vim
et religionem quantam rei publicae dignitas postulat, idem
ego sum precatus ut eis quoque hominibus quibus hic
consulatus me rogante datus esset ea res fauste feliciter
15 prospereque eveniret. Quae cum ita sint, iudices, et cum 2
omnis deorum immortalium potestas aut translata sit ad
vos aut certe communicata vobiscum, idem consulem
vestrae fidei commendat qui antea dis immortalibus commendavit, ut eiusdem hominis voce et declaratus consul
20 et defensus beneficium populi Romani cum vestra atque
omnium civium salute tueatur.

Et quoniam in hoc officio studium meae defensionis ab

---

1 quae precatus *Naugerius* : quae deprecatus *codd.* (*cf. Quintil.* ix.
4. 107, *Creticus et initiis optimus*, Quod precatus a dis immortalibus
sum) : quod precatus *Halm* (2) *cum Quintil.*   a Σ¹χψ : ab Σ⁰*BAπ*
3 fidei *Lambinus* : fides Σ*Aπ*, om. *Bχψ*   5 eadem] idem *Boot*
16 tralata Σπ   17 consulem *Boot* : consul ei (eum ω) *codd.*

accusatoribus atque etiam ipsa susceptio causae reprensa
est, ante quam pro L. Murena dicere instituo, pro me ipso
pauca dicam, non quo mihi potior hoc quidem tempore
sit offici mei quam huiusce salutis defensio, sed ut meo
facto vobis probato maiore auctoritate ab huius honore 5
fama fortunisque omnibus inimicorum impetus propulsare
possim.

2
3 Et primum M. Catoni vitam ad certam rationis normam
derigenti et diligentissime perpendenti momenta officiorum
omnium de officio meo respondebo. Negat fuisse rectum 10
Cato me et consulem et legis ambitus latorem et tam severe
gesto consulatu causam L. Murenae attingere. Cuius
reprehensio me vehementer movet, non solum ut vobis,
iudices, quibus maxime debeo, verum etiam ut ipsi Catoni,
gravissimo atque integerrimo viro, rationem facti mei pro- 15
bem. A quo tandem, M. Cato, est aequius consulem
defendi quam a consule? Quis mihi in re publica potest
aut debet esse coniunctior quam is cui res publica a me
iam traditur sustinenda magnis meis laboribus et periculis
sustentata? Quod si in eis rebus repetendis quae mancipi 20
sunt is periculum iudici praestare debet qui se nexu
obligavit, profecto etiam rectius in iudicio consulis designati
is potissimum consul qui consulem declaravit auctor bene-
4 fici populi Romani defensorque periculi esse debebit. Ac
si, ut non nullis in civitatibus fieri solet, patronus huic 25
causae publice constitueretur, is potissimum summo honore
adfecto defensor daretur qui eodem honore praeditus non
minus adferret ad dicendum auctoritatis quam facultatis.
Quod si e portu solventibus ei qui iam in portum ex alto

---

3 quidem *Lag.* 9: quidem in *cett.*   9 derigenti Σ*Aπφ*: dirigenti
χψω   18 a me iam *Klotz*: ame/77/a Σ (*m.* 2 *in lac.*): a me una
cett.: a me uno *Lambinus*: a me in manum *Müller*: *fort.* a me universa (universa a me *Landgraf*)   20 iis (is) φ¹: his *cett.*   21
iudici *om. A*   23 consul *del. Madvig*   26 potissimum summo
Madvig: potissimo (-e ψ²) *codd.*   29 e portu *Quintil.* v. 11. 23:
portu *Bψ*: portus *cett.*   ei qui] qui *Quintil.*

invehuntur praecipere summo studio solent et tempestatum
rationem et praedonum et locorum, quod natura adfert
ut eis faveamus qui eadem pericula quibus nos perfuncti
sumus ingrediantur, quo tandem me esse animo oportet
5 prope iam ex magna iactatione terram videntem in hunc
cui video maximas rei publicae tempestates esse subeundas ?
Qua re si est boni consulis non solum videre quid agatur
verum etiam providere quid futurum sit, ostendam alio
loco quantum salutis communis intersit duos consules in
10 re publica Kalendis Ianuariis esse.   Quod si ita est, non 5
tam me officium debuit ad hominis amici fortunas quam
res publica consulem ad communem salutem defendendam
vocare.   Nam quod legem de ambitu tuli, certe ita tuli ut 3
eam quam mihimet ipsi iam pridem tulerim de civium
15 periculis defendendis non abrogarem.   Etenim si largitionem factam esse confiterer idque recte factum esse
defenderem, facerem improbe, etiam si alius legem tulisset ;
cum vero nihil commissum contra legem esse defendam,
quid est quod meam defensionem latio legis impediat ?
20   Negat esse eiusdem severitatis Catilinam exitium rei 6
publicae intra moenia molientem verbis et paene imperio
ex urbe expulisse et nunc pro L. Murena dicere.   Ego
autem has partis lenitatis et misericordiae quas me natura
ipsa docuit semper egi libenter, illam vero gravitatis seve-
25 ritatisque personam non appetivi, sed ab re publica mihi
impositam sustinui, sicut huius imperi dignitas in summo
periculo civium postulabat.   Quod si tum, cum res publica
vim et severitatem desiderabat, vici naturam et tam vehemens fui quam cogebar, non quam volebam, nunc cum

---

1 solent et ψ^2 : solent ei $\Sigma A\pi\phi\omega$: solent eis $\chi\psi^1$ 2 adfert]
fert *Victorius* (*contra Quintil.*)   4 ingrediantur $\pi\phi\omega$, *Quintil.* : in-
grediuntur $\Sigma A\chi\psi$ animo esse *Quintil.*   6 rei p. *om. Quintil.*
14 tuleram *Bake*   15 abrogarim *Wesenberg*   20 negat]
negas *Kayser* (Cato *ante* Catilinam *add. Hotoman*)   22 ex χ : et
cett   23 partis *Sylvius* : artis *codd.*

omnes me causae ad misericordiam atque ad humanitatem
vocent, quanto tandem studio debeo naturae meae consuetu-
dinique servire? Ac de officio defensionis meae ac de
ratione accusationis tuae fortasse etiam alia in parte
orationis dicendum nobis erit.

7 Sed me, iudices, non minus hominis sapientissimi atque
ornatissimi, Ser. Sulpici, conquestio quam Catonis accusatio
commovebat qui gravissime et acerbissime se ferre dixit me
familiaritatis necessitudinisque oblitum causam L. Murenae
contra se defendere. Huic ego, iudices, satis facere cupio 10
vosque adhibere arbitros. Nam cum grave est vere accusari
in amicitia, tum, etiam si falso accuseris, non est negle-
gendum. Ego, Ser. Sulpici, me in petitione tua tibi omnia
studia atque officia pro nostra necessitudine et debuisse
confiteor et praestitisse arbitror. Nihil tibi consulatum 15
petenti a me defuit quod esset aut ab amico aut a gratioso
aut a consule postulandum. Abiit illud tempus; mutata
ratio est. Sic existimo, sic mihi persuadeo, me tibi contra
honorem Murenae quantum tu a me postulare ausus sis,

8 tantum debuisse, contra salutem nihil debere. Neque 20
enim, si tibi tum cum peteres *consulatum studui, nunc* cum
Murenam ipsum petas, adiutor eodem pacto esse debeo.
Atque hoc non modo non laudari sed ne concedi quidem
potest ut amicis nostris accusantibus non etiam alienissimos

4 defendamus. Mihi autem cum Murena, iudices, et magna 25
et vetus amicitia est, quae in capitis dimicatione a Ser.
Sulpicio non idcirco obruetur quod ab eodem in honoris
contentione superata est. Quae si causa non esset, tamen

1 atque ad] atque *A*π   7 accusatio commovebat] cattio acom-
movebat Σ : captio commovebat *A*   8 se ferre *Lambinus* : ferme
codd.   17 abiit χψω : abit *cett.*   19 L. Murenae *Lambinus*
21 consulatum studui nunc *scripsi* (*ex Quintil.* xi. 1. 68 se studuisse
petitioni Sulpicii contra honorem Murenae, non idem debere actioni
contra caput) : consulatum adfui nunc ψ² : *om. cett.*   23 non
modo non] non modo *Müller*   27 ab eodem (eod Σ*B*) *mei* : ab eo
w, Halm

vel dignitas hominis vel honoris eius quem adeptus est
amplitudo summam mihi superbiae crudelitatisque infamiam
inussisset, si hominis et suis et populi Romani ornamentis
amplissimi causam tanti periculi repudiassem. Neque enim
5 iam mihi licet neque est integrum ut meum laborem hominum periculis sublevandis non impertiam. Nam cum
praemia mihi tanta pro hac industria sint data quanta antea
nemini, sic *existimo, labores quos in petitione* exceperis, eos,
cum adeptus sis, deponere, esse hominis et astuti et ingrati.
10 Quod si licet desinere, si te auctore possum, si nulla inertiae 9
infamia, nulla superbiae turpitudo, nulla inhumanitatis culpa
suscipitur, ego vero libenter desino. Sin autem fuga laboris
desidiam, repudiatio supplicum superbiam, amicorum ne-
glectio improbitatem coarguit, nimirum haec causa est eius
15 modi quam nec industrius quisquam nec misericors nec
officiosus deserere possit. Atque huiusce rei coniecturam
de tuo ipsius studio, Servi, facillime ceperis. Nam si tibi
necesse putas etiam adversariis amicorum tuorum de iure
consulentibus respondere, et si turpe existimas te advocato
20 illum ipsum quem contra veneris causa cadere, noli tam
esse iniustus ut, cum tui fontes vel inimicis tuis pateant,
nostros etiam amicis putes clausos esse oportere. Etenim 10
si me tua familiaritas ab hac causa removisset, et si hoc
idem Q. Hortensio, M. Crasso, clarissimis viris, si item
25 ceteris a quibus intellego tuam gratiam magni aestimari
accidisset, in ea civitate consul designatus defensorem non
haberet in qua nemini umquam infimo maiores nostri

2 summae *Bake*   infamiam *Gulielmius* : famam *codd.*   8 sic existimo, labores quos in petitione exceperis *scripsi* : si (sic *πω*) exiceperis
(excep. φ, excip. ω) Σπφω : sic et **si** ceperis *Aχψ* : sic existimo si
ceperis *Lag.* 9 : sic censeo quos labores adipiscendi spe susceperis
Madvig : labores per quos ea ceperis *Angelius*   9 esse Σφω :
esse et *A* : esset πχψ   11 infamia *Wesenberg* : om. *codd.*   turpitudo *del. Bake*   12 desinon Σ : desinam *Bake*   14 causa *Aπψ²* :
arum Σ : causarum χψ¹   15 quisquam *Gulielmius* : quam *codd*
16 possit *ed. R* : posset *mei*   20 causa ψ² : causae *cett.*

patronum deesse voluerunt. Ego vero, iudices, ipse me
existimarem nefarium si amico, crudelem si misero, su-
perbum si consuli defuissem. Qua re quod dandum est
amicitiae, large dabitur a me, ut tecum agam, Servi, non
secus ac si meus esset frater, qui mihi est carissimus, isto 5
in loco ; quod tribuendum est officio, fidei, religioni, id ita
moderabor ut meminerim me contra amici studium pro
amici periculo dicere.

5 Intellego, iudices, tris totius accusationis partis fuisse, et
11 earum unam in reprehensione vitae, alteram in contentione 10
dignitatis, tertiam in criminibus ambitus esse versatam.
Atque harum trium partium prima illa quae gravissima
debebat esse ita fuit infirma et levis ut illos lex magis
quaedam accusatoria quam vera male dicendi facultas de
vita L. Murenae dicere aliquid coegerit. Obiecta est enim 15
Asia ; quae ab hoc non ad voluptatem et luxuriam expetita
est sed in militari labore peragrata. Qui si adulescens
patre suo imperatore non meruisset, aut hostem aut patris
imperium timuisse aut a parente repudiatus videretur. An
cum sedere in equis triumphantium praetextati potissimum 20
filii soleant, huic donis militaribus patris triumphum deco-
rare fugiendum fuit, ut rebus communiter gestis paene simul
12 cum patre triumpharet? Hic vero, iudices, et fuit in Asia
et viro fortissimo, parenti suo, magno adiumento in periculis,
solacio in laboribus, gratulationi in victoria fuit. Et si 25
habet Asia suspicionem luxuriae quandam, non Asiam numquam vidisse sed in Asia continenter vixisse laudandum
est. Quam ob rem non Asiae nomen obiciendum Murenae
fuit ex qua laus familiae, memoria generi, honos et gloria
nomini constituta est, sed aliquod aut in Asia susceptum 30

5 esse $\Sigma A\pi\phi\omega$: esses $\chi\psi$ 10 reprehensione ψ^2 : reprehensio-
nem *cett.*   13 illos *om. w, del. Halm*   17 sed ψ : sed et
(etiam ϕ) *cett.*   18 hostis *w, Halm*   19 an *Naugerius* (2) :
aut *mei*   22 ut] ne $B\psi^2$: ne ut $\chi\psi^1$ 23 triumphares $\Sigma A\pi^2\psi^1$
28 abiciendum $\Sigma A\psi^1$

aut ex Asia deportatum flagitium ac dedecus. Meruisse
vero stipendia in eo bello quod tum populus Romanus non
modo maximum sed etiam solum gerebat virtutis, patre
imperatore libentissime meruisse pietatis, finem stipendiorum
5 patris victoriam ac triumphum fuisse felicitatis fuit. Male-
dicto quidem idcirco nihil in hisce rebus loci est quod
omnia laus occupavit.

6

Saltatorem appellat L. Murenam Cato. Maledictum est, 13
si vere obicitur, vehementis accusatoris, sin falso, maledici
10 conviciatoris. Qua re cum ista sis auctoritate, non debes,
M. Cato, adripere maledictum ex trivio aut ex scurrarum
aliquo convicio neque temere consulem populi Romani
saltatorem vocare, sed circumspicere quibus praeterea vitiis
adfectum esse necesse sit eum cui vere istud obici possit.
15 Nemo enim fere saltat sobrius, nisi forte insanit, neque in
solitudine neque in convivio moderato atque honesto.
Tempestivi convivi, amoeni loci, multarum deliciarum
comes est extrema saltatio. Tu mihi adripis hoc quod
necesse est omnium vitiorum esse postremum, relinquis
20 illa quibus remotis hoc vitium omnino esse non potest?
Nullum turpe convivium, non amor, non comissatio, non
libido, non sumptus ostenditur, et, cum ea non reperiantur
quae voluptatis nomen habent quamquam vitiosa sunt,
in quo ipsam luxuriam reperire non potes, in eo te
25 umbram luxuriae reperturum putas? Nihil igitur in vitam 14
L. Murenae dici potest, nihil, inquam, omnino, iudices.
Sic a me consul designatus defenditur ut eius nulla fraus,
nulla avaritia, nulla perfidia, nulla crudelitas, nullum petu-
lans dictum in vita proferatur. Bene habet; iacta sunt

3 etiam *om. w, del. Halm*   8 L. $\psi^2\omega$: fl. (falso ψ^1) *cett.*   11
M. (Marce) Cato arripere $B\psi^2$: marre anni ripere ΣA: Marce, arripere *cett.*   aut ex] aut $A\pi$ 12 convicio] convivio *Lambinus*
13 circumspicere χ^2, *Gulielmius*: cumspicere $\Sigma\chi^1$: conspicere *cett.*
17 intempestivi $\chi\psi$ 18 hoc] id ψ^1 21 amors (-s *add. m.* 2)
Σ (*cf.* § 26 aios, conspicios)   26 iudices *Naugerius*: iudicio *codd.*
29 in vita *del. Ernesti* (in eius vita nulla … dictum *prof. w*)

fundamenta defensionis. Nondum enim nostris laudibus, quibus utar postea, sed prope inimicorum confessione virum bonum atque integrum hominem defendimus. Quo constituto facilior est mihi aditus ad contentionem dignitatis, quae pars altera fuit accusationis.　　　　5

7 Summam video esse in te, Ser. Sulpici, dignitatem generis,
15 integritatis, industriae ceterorumque ornamentorum omnium quibus fretum ad consulatus petitionem adgredi par est. Paria cognosco esse ista in L. Murena, atque ita paria ut neque ipse dignitate vinci *a te* potuerit neque te dignitate 10 superarit. Contempsisti L. Murenae genus, extulisti tuum. Quo loco si tibi hoc sumis, nisi qui patricius sit, neminem bono esse genere natum, facis ut rursus plebes in Aventinum sevocanda esse videatur. Sin autem sunt amplae et honestae familiae plebeiae, et proavus L. Murenae et avus praetor 15 fuit, et pater, cum amplissime atque honestissime ex praetura triumphasset, hoc faciliorem huic gradum consulatus adipiscendi reliquit quod is iam patri debitus a filio petebatur.
16 Tua vero nobilitas, Ser. Sulpici, tametsi summa est, tamen hominibus litteratis et historicis est notior, populo vero 20 et suffragatoribus obscurior. Pater enim fuit equestri loco, avus nulla inlustri laude celebratus. Itaque non ex sermone hominum recenti sed ex annalium vetustate eruenda memoria est nobilitatis tuae. Qua re ego te semper in nostrum numerum adgregare soleo, quod virtute industriaque per- 25 fecisti ut, cum equitis Romani esses filius, summa tamen amplitudine dignus putarere. Nec mihi umquam minus in Q. Pompeio, novo homine et fortissimo viro, virtutis esse visum est quam in homine nobilissimo, M. Aemilio. Etenim eiusdem animi atque ingeni est posteris suis, quod Pompeius 30

---

10 vinci a te *scripsi* : vince . . . Σ : vinci *cett.* : a te vinci *Campe*
13 plebes Σχ : plebs *cett.*　　　16 et pater] *sequuntur in codd. vv.* etenim mihi § 17 *ad* multis profutura § 19 : *rectum ordinem restituit Naugerius*

fecit, amplitudinem nominis quam non acceperit tradere et,
ut Scaurus, memoriam prope intermortuam generis sua
virtute renovare. Quamquam ego iam putabam, iudices, 8 17
multis viris fortibus ne ignobilitas generis obiceretur meo
5 labore esse perfectum, qui non modo Curiis, Catonibus,
Pompeiis, antiquis illis fortissimis viris, novis hominibus,
sed his recentibus, Mariis et Didiis et Caeliis, commemo-
randis id agebam. Cum vero ego tanto intervallo claustra
ista nobilitatis refregissem, ut aditus ad consulatum posthac,
10 sicut apud maiores nostros fuit, non magis nobilitati quam
virtuti pateret, non arbitrabar, cum ex familia vetere et
inlustri consul designatus ab equitis Romani filio consule
defenderetur, de generis novitate accusatores esse dicturos.
Etenim mihi ipsi accidit ut cum duobus patriciis, altero
15 improbissimo atque audacissimo, altero modestissimo atque
optimo viro, peterem ; superavi tamen dignitate Catilinam,
gratia Galbam. Quod si id crimen homini novo esse
deberet, profecto mihi neque inimici neque invidi defuissent.
Omittamus igitur de genere dicere cuius est magna in 18
20 utroque dignitas ; videamus cetera.

' Quaesturam una petiit et sum ego factus prior.' Non
est respondendum ad omnia. Neque enim vestrum quemquam fugit, cum multi pares dignitate fiant, unus autem
primum solus possit obtinere, non eundem esse ordinem
25 dignitatis et renuntiationis, propterea quod renuntiatio
gradus habeat, dignitas autem sit persaepe eadem omnium.
Sed quaestura utriusque prope modum pari momento sortis
fuit. Habuit hic lege Titia provinciam tacitam et quietam,

---

2 sua *Halm* : sui *codd.*　　6 novis hominibus *del. Boot*　　8 id
agebam *Badham* : iacebant Σ : iacebam ψ² : iacebant *cett.*　　15 atque audacissimo *om. Quintil.* v. 11. 11　　17 crimini *coni. Müller*
22 vestrum quemquam Σφχ : quemquam vestrum *cett.*　　23 pares
w : pare Σπχω : pari *Aφψ*　　24 primum locum *Mommsen*　　possit *ed. R* : posset *mei*　　26 habet . . . est *Bake*　　27 momentu
ΣAπ²

tu illam cui, cum quaestores sortiuntur, etiam adclamari
solet, Ostiensem, non tam gratiosam et inlustrem quam
negotiosam et molestam. Consedit utriusque nomen in
quaestura. Nullum enim vobis sors campum dedit in quo
19 excurrere virtus cognoscique posset. Reliqui temporis spa- 5
tium in contentionem vocatur. Ab utroque dissimillima
9 ratione tractatum est. Servius hic nobiscum hanc urbanam militiam respondendi, scribendi, cavendi plenam sollicitudinis ac stomachi secutus est; ius civile didicit, multum
vigilavit, laboravit, praesto multis fuit, multorum stultitiam 10
perpessus est, adrogantiam pertulit, difficultatem exsorbuit;
vixit ad aliorum arbitrium, non ad suum. Magna laus et
grata hominibus unum hominem elaborare in ea scientia
20 quae sit multis profutura. Quid Murena interea? Fortissimo et sapientissimo viro, summo imperatori legatus, 15
L. Lucullo, fuit; qua in legatione duxit exercitum, signa
contulit, manum conseruit, magnas copias hostium fudit,
urbis partim vi, partim obsidione cepit, Asiam istam refertam et eandem delicatam sic obiit ut in ea neque avaritiae
neque luxuriae vestigium reliquerit, maximo in bello sic est 20
versatus ut hic multas res et magnas sine imperatore gesserit, nullam sine hoc imperator. Atque haec quamquam
praesente L. Lucullo loquor, tamen ne ab ipso propter
periculum nostrum concessam videamur habere licentiam
fingendi, publicis litteris testata sunt omnia, quibus L. Lu- 25
cullus tantum laudis impertiit quantum neque ambitiosus
imperator neque invidus tribuere alteri in communicanda
21 gloria debuit. Summa in utroque est honestas, summa
dignitas; quam ego, si mihi per Servium liceat, pari atque eadem in laude ponam. Sed non licet; agitat rem 30

5 excurrere] excuti ψ^2 · spatium quo in ψ^2 13 hominibus]
omnibus *Richter*   17 fundit $\Sigma\pi$ 18 refertam $\chi^2\psi$: repertam
⸢repara- ω) *cett.*   19 obiit $\chi\psi$: obit *cett.*   23 loquor *s*, *Ernesti* :
loquar *mei*   26 tantum huic laudis *Halm*   impertiit *Lambinus* :
impertit *codd.*   29 pari] parem *Bake*   30 eadem in *Lambinus* :
in eadem *codd.*

militarem, insectatur totam hanc legationem, adsiduitatis
et operarum harum cotidianarum putat esse consulatum.
'Apud exercitum mihi fueris' inquit; 'tot annos forum non
attigeris; afueris tam diu et, cum longo intervallo veneris,
5 cum his qui in foro habitarint de dignitate contendas?'
Primum ista nostra adsiduitas, Servi, nescis quantum interdum adferat hominibus fastidi, quantum satietatis. Mihi
quidem vehementer expediit positam in oculis esse gratiam;
sed tamen ego mei satietatem magno meo labore superavi
10 et tu item fortasse; verum tamen utrique nostrum deside-
rium nihil obfuisset. Sed ut hoc omisso ad studiorum atque 22
artium contentionem revertamur, qui potest dubitari quin
ad consulatum adipiscendum multo plus adferat dignitatis
rei militaris quam iuris civilis gloria? Vigilas tu de nocte
15 ut tuis consultoribus respondeas, ille ut eo quo intendit
mature cum exercitu perveniat; te gallorum, illum buci-
narum cantus exsuscitat; tu actionem instituis, ille aciem
instruit; tu caves ne tui consultores, ille ne urbes aut
castra capiantur; ille tenet et scit ut hostium copiae, tu
20 ut aquae pluviae arceantur; ille exercitatus est in propa-
gandis finibus, tuque in regendis. Ac nimirum—dicen- 10
dum est enim quod sentio—rei militaris virtus praestat
ceteris omnibus. Haec nomen populo Romano, haec huic
urbi aeternam gloriam peperit, haec orbem terrarum pa-
25 rere huic imperio coegit; omnes urbanae res, omnia haec
nostra praeclara studia et haec forensis laus et industria
latet in tutela ac praesidio bellicae virtutis. Simul atque
increpuit suspicio tumultus, artes ilico nostrae conticiscunt.

---

3 tot annos, forum *Halm*: tot annis *Quintil* v. 13. 27   4 et
Quintil.: ut *codd.*   cum tam longo *Quintil.*   5 habitarint Σπψ¹ω:
habitarunt Aχψ², *Quintil.*   8 expediit *Lambinus*: expedit *codd.*
10 item *Orelli*: idem *codd.*   12 potest dubitari *Beroaldus*: potest
dubitare *codd*: potes dubitare *Zumpt*   15 ille vero ut quo *B*
contendit *Quintil.* ix. 2. 100 (*idem* intendit ix. 3. 32)   18 consultores tui *Quintil.* ix. 3. 32   20 exercitatur in *Quintil.*   21
tuque in (quin Σ) *mei*: tu in *w, ed. R cum Quintil.*   27 latet
scripsi: latent *codd.*   28 conticiscunt Σπχ: conticescunt *cett.*

23   Et quoniam mihi videris istam scientiam iuris tamquam
filiolam osculari tuam, non patiar te in tanto errore versari
ut istud nescio quid quod tanto opere didicisti praeclarum
aliquid esse arbitrere. Aliis ego te virtutibus, continentiae,
gravitatis, iustitiae, fidei, ceteris omnibus, consulatu et omni 5
honore semper dignissimum iudicavi; quod quidem ius
civile didicisti, non dicam operam perdidisti, sed illud dicam,
nullam esse in ista disciplina munitam ad consulatum viam.
Omnes enim artes, quae nobis populi Romani studia concilient, et admirabilem dignitatem et pergratam utilitatem 10
II debent habere. Summa dignitas est in eis qui militari
24 laude antecellunt; omnia enim quae sunt in imperio et in
statu civitatis ab his defendi et firmari putantur; summa
etiam utilitas, si quidem eorum consilio et periculo cum re
publica tum etiam nostris rebus perfrui possumus. Gravis 15
etiam illa est et plena dignitatis dicendi facultas quae saepe
valuit in consule deligendo, posse consilio atque oratione
et senatus et populi et eorum qui res iudicant mentis per-
movere. Quaeritur consul qui dicendo non numquam
comprimat tribunicios furores, qui concitatum populum 20
flectat, qui largitioni resistat. Non mirum, si ob hanc
facultatem homines saepe etiam non nobiles consulatum
consecuti sunt, praesertim cum haec eadem res plurimas
gratias, firmissimas amicitias, maxima studia pariat. Quo-
25 rum in isto vestro artificio, Sulpici, nihil est. Primum 25
dignitas in tam tenui scientia non potest esse; res enim
sunt parvae, prope in singulis litteris atque interpunctionibus
verborum occupatae. Deinde, etiam si quid apud maiores
nostros fuit in isto studio admirationis, id enuntiatis vestris
mysteriis totum est contemptum et abiectum. Posset agi 30

---

   3 didicisti] dilexisti *Campe*   8 ista *Halm* : illa *codd.*   9
concilient *Ernesti* : conciliant *codd.*   11 iis *ed. R* : his *mei*   21
largitioni ψ^5 : largitione *cett.*   29 in isto studio ψ^2 : in istros (iis
tres ψ^1) duo *cett.*   admirationis ψ^2 : admiserationis (miser- ψ^1) *cett.*
id enuntiatis] i (et χ) denuntiatis $\Sigma\chi$

lege necne pauci quondam sciebant; fastos enim volgo non
habebant. Erant in magna potentia qui consulebantur;
a quibus etiam dies tamquam a Chaldaeis petebatur. Inventus est scriba quidam, Cn. Flavius, qui cornicum oculos con-
5 fixerit et singulis diebus ediscendis fastos populo proposuerit
et ab ipsis *his* cautis iuris consultis eorum sapientiam com-
pilarit. Itaque irati illi, quod sunt veriti ne dierum ratione
pervolgata et cognita sine sua opera lege *agi* posset, verba
quaedam composuerunt ut omnibus in rebus ipsi inter-
10 essent. Cum hoc fieri bellissime posset : 'Fundus Sabinus
meus est.' 'Immo meus,' deinde iudicium, noluerunt.
'FVNDVS' inquit 'QVI EST IN AGRO QVI SABINVS VOCATVR.'
Satis verbose ; cedo quid postea ? 'EVM EGO EX IVRE QVIRI-
TIVM MEVM ESSE AIO.' Quid tum ? 'INDE IBI EGO TE EX
15 IVRE MANVM CONSERTVM VOCO.' Quid huic tam loquaciter
litigioso responderet ille unde petebatur non habebat.
Transit idem iuris consultus tibicinis Latini modo. 'VNDE
TV ME' inquit 'EX IVRE MANVM CONSERTVM VOCASTI,
INDE IBI EGO TE REVOCO.' Praetor interea ne pulchrum
20 se ac beatum putaret atque aliquid ipse sua sponte loque-
retur, ei quoque carmen compositum est cum ceteris rebus
absurdum tum vero in illo : 'SVIS VTRISQVE SVPERSTITIBVS
PRAESENTIBVS ISTAM VIAM DICO ; ITE VIAM.' Praesto aderat
sapiens ille qui inire viam doceret. 'REDITE VIAM.' Eo-
25 dem duce redibant. Haec iam tum apud illos barbatos

3 petebantur ψ : petebant ω   5 ediscendis *w* : discendis ω :
eliscendis (eli- π² *in ras.*) *cett.*   6 his *scripsi* : *om. codd.*   cautis
Beroaldus : causis *mei* : capsis *cod. Sambuci, Madvig*, catis *Manutius*
consultis eorum] consultorum *Madvig*   8 promulgata φ*w*   lege
agi *ed. Guar.* : lege *codd.*   posset *edd. VR* : possit *mei*   verba
quaedam *Niebuhr* : vero (vere χ¹) acaedam (attedam ψ²) *codd.*   13
quid] . . . quid Σ : *fort.* ecquid   iure Quiritium *Lambinus* (*cf.*
Gaium iv. 16) : iureque *codd.*   14 aios Σ*A*   ibi *om. A*π   15
manum *Gellius* xx. 10 : manu *codd.*   19 praetor π*ψ²* : praeter *cett.*
22 in illo suis] nullo usui ψ²   23 ite *Arusianus* (*s. v.* it illam
viam) : inite *codd.*   25 barbatos ψ² : barbaros *cett.*

ridicula, credo, videbantur, homines, cum recte atque in
loco constitissent, iuberi abire ut, unde abissent, eodem
statim redirent. Isdem ineptiis fucata sunt illa omnia :
' QVANDO TE IN IVRE CONSPICIO ' et haec : 'ANNE TV DICAS
QVA EX CAVSA VINDICAVERIS ? ' Quae dum erant occulta, 5
necessario ab eis qui ea tenebant petebantur ; postea vero
pervolgata atque in manibus iactata et excussa, inanissima
prudentiae reperta sunt, fraudis autem et stultitiae plenis-
27 sima. Nam, cum permulta praeclare legibus essent constituta, ea iure consultorum ingeniis pleraque corrupta 10
ac depravata sunt. Mulieres omnis propter infirmitatem
consili maiores in tutorum potestate esse voluerunt ; hi
invenerunt genera tutorum quae potestate mulierum continerentur. Sacra interire illi noluerunt ; horum ingenio senes
ad coemptiones faciendas interimendorum sacrorum causa 15
reperti sunt. In omni denique iure civili aequitatem reliquerunt, verba ipsa tenuerunt, ut, quia in alicuius libris
exempli causa id nomen invenerant, putarunt omnis mulieres
quae coemptionem facerent ' Gaias ' vocari. Iam illud mihi
quidem mirum videri solet, tot homines, tam ingeniosos, 20
post tot annos etiam nunc statuere non potuisse utrum
' diem tertium ' an ' perendinum,' ' iudicem ' an ' arbitrum,'
13
28 ' rem ' an ' litem ' dici oporteret. Itaque, ut dixi, dignitas
in ista scientia consularis numquam fuit, quae tota ex rebus
fictis commenticiisque constaret, gratiae vero multo etiam 25
minus. Quod enim omnibus patet et aeque promptum est
mihi et adversario meo, id esse gratum nullo pacto potest.
Itaque non modo benefici conlocandi spem sed etiam illud
quod aliquamdiu fuit ' LICET CONSVLERE ? ' iam perdidistis.

1 videbantur] rudebantur Σ : ridebantur *A*   3 fucata *ed. R* :
fugata *codd.*   4 conspicios Σ*A*   et haec *Naugerius* (2) : et haec
sed *codd.*   tu dicas *Halm* : tudiciis Σ*π* : tu dicus *A*φψ : tu dicis χψ :
dicas *Gaius*   5 qua ex *Gaius* : qui *codd.*   17 quia π¹ψ²ω : cuia
cett.   18 putarunt *ed. R* : putarent *codd.*   21 post *Pluygers* :
per *codd.*   26 minus *Angelius* : minores *codd.* : inanior est
Zumpt   28 collocandi *A*ψ²ω : collocandis *cett.*   29 aliquando χ¹

Sapiens existimari nemo potest in ea prudentia quae neque
extra Romam usquam neque Romae rebus prolatis quicquam
valet.   Peritus ideo haberi nemo potest quod in eo quod
sciunt omnes nullo modo possunt inter se discrepare.   Diffi-
5 cilis autem res ideo non putatur quod et perpaucis et
minime obscuris litteris continetur.   Itaque si mihi, homini
vehementer occupato, stomachum moveritis, triduo me
iuris consultum esse profitebor.   Etenim quae de scripto
aguntur, scripta sunt omnia, neque tamen quicquam tam
10 anguste scriptum est quo ego non possim 'QVA DE RE
AGITVR' addere ; quae consuluntur autem, minimo periculo
respondentur.   Si id quod oportet responderis, idem videare
respondisse quod Servius ; sin aliter, etiam controversum
ius nosse et tractare videare.   Quapropter non solum illa 29
15 gloria militaris vestris formulis atque actionibus anteponenda
est verum etiam dicendi consuetudo longe et multum isti
vestrae exercitationi ad honorem antecellit.   Itaque mihi
videntur plerique initio multo hoc maluisse, post, cum id
adsequi non potuissent, istuc potissimum sunt delapsi.
20 Vt aiunt in Graecis artificibus eos auloedos esse qui citha-
roedi fieri non potuerint, sic nos videmus, qui oratores
evadere non potuerint, eos ad iuris studium devenire.
Magnus dicendi labor, magna res, magna dignitas, summa
autem gratia.   Etenim a vobis salubritas quaedam, ab eis
25 qui dicunt salus ipsa petitur.   Deinde vestra responsa atque
decreta et evertuntur saepe dicendo et sine defensione
orationis firma esse non possunt.   In qua si satis profecis-
sem, parcius de eius laude dicerem ; nunc nihil de me dico,
sed de eis qui in dicendo magni sunt aut fuerunt.

4 omnes *Naugerius*: homines *codd.*   7 me esse iuris cons. *w*,
Halm   8 esse *del. Ernesti* (*cf. Tusc.* ii. 12)   9 tamen *om. w*
12 videare] iudicare *Aψ*[1]*ω*   13 controversum *χψ* : contraversum
cett.   17 antecellit *B, Lambinus* : antecellet *cett.*   21–22 potuerunt . . . potuerunt *χψ* (*variant codd. Quintil.* viii. 3. 79)   21 nos
Quintil.: nonnullos *codd.*   27 orationis *scripsi* : oratoris *codd.*
qua] qua re *Naugerius* : quo *Zumpt*

Duae sint artes *igitur* quae possint locare homines in amplissimo gradu dignitatis, una imperatoris, altera oratoris
boni. Ab hoc enim pacis ornamenta retinentur, ab illo
belli pericula repelluntur. Ceterae tamen virtutes ipsae
per se multum valent, iustitia, fides, pudor, temperantia ; 5
quibus te, Servi, excellere omnes intellegunt. Sed nunc de
studiis ad honorem appositis, non de insita cuiusque virtute
disputo. Omnia ista nobis studia de manibus excutiuntur,
simul atque aliqui motus novus bellicum canere coepit.
Etenim, ut ait ingeniosus poeta et auctor valde bonus, 10
'proeliis promulgatis pellitur e medio' non solum ista vestra
verbosa simulatio prudentiae sed etiam ipsa illa domina
rerum, 'sapientia ; vi geritur res, spernitur orator' non
solum odiosus in dicendo ac loquax verum etiam 'bonus ;
horridus miles amatur,' vestrum vero studium totum iacet. 15
'Non ex iure manum consertum, sed mage ferro' inquit
'rem repetunt.' Quod si ita est, cedat, opinor, Sulpici,
forum castris, otium militiae, stilus gladio, umbra soli ; sit
denique in civitate ea prima res propter quam ipsa est civitas
omnium princeps. 20

31   Verum haec Cato nimium nos nostris verbis magna
facere demonstrat et oblitos esse bellum illud omne Mithri-
daticum cum mulierculis esse gestum. Quod ego longe
secus existimo, iudices ; deque eo pauca disseram ; neque
enim causa in hoc continetur. Nam si omnia bella quae 25
cum Graecis gessimus contemnenda sunt, derideatur de

---

1 sint artes igitur *scripsi* : sint artes (*ante lac.* 4 *litt.* Σ) Σ*A* : sunt
artes *cett.*   possint Σ*A*π : possunt *cett.*   6 nunc] non nunc Σ :
non ψ²   7 ad honorem χ : ab honorem Σ : ab honore *cett.*   appositis
Lambinus : depositis (deposs. Σ) *codd.* : potissimis *Kayser*   9
novus ψ² : novos *cett.*   11 pellitur ψ², *Gellius* xx. 10 : bellitur Σ :
tollitur *cett.*   13 vi geritur res, spernitur *Gellius* : videtur (videre
ω) respernitur Σ*A*πψ¹ω : videtur et spernitur φ : videtur resperni χ :
videtur respui spernitur ψ²   16 manum Σπφ : manu *cett.*   mage
Ascens. (3) *ex Gellio* : *om. codd.*   17 Sulpici *om.* w, *del. Halm*
21 nos ψ² : vos *cett.*

rege Pyrrho triumphus M'. Curi, de Philippo T. Flaminini,
de Aetolis M. Fulvi, de rege Perse L. Pauli, de Pseudo-
philippo Q. Metelli, de Corinthiis L. Mummi. Sin haec
bella gravissima victoriaeque eorum bellorum gratissimae
5 fuerunt, cur Asiaticae nationes atque ille a te hostis con-
temnitur? Atqui ex veterum rerum monumentis vel maximum bellum populum Romanum cum Antiocho gessisse
video; cuius belli victor L. Scipio aequa parta cum P.
fratre gloria, quam laudem ille Africa oppressa cognomine
10 ipso prae se ferebat, eandem hic sibi ex Asiae nomine
adsumpsit. Quo quidem in bello virtus enituit egregia 32
M. Catonis, proavi tui; quo ille, cum esset, ut ego mihi
statuo, talis qualem te esse video, numquam cum Scipione
esset profectus, si cum mulierculis bellandum arbitraretur.
15 Neque vero cum P. Africano senatus egisset ut legatus
fratri proficisceretur, cum ipse paulo ante Hannibale ex
Italia expulso, ex Africa eiecto, Carthagine oppressa maximis periculis rem publicam liberasset, nisi illud grave bellum
et vehemens putaretur. Atqui si diligenter quid Mithri- 15
20 dates potuerit et quid effecerit et qui vir fuerit consideraris,
omnibus quibuscum populus Romanus bellum gessit hunc
regem nimirum antepones. Quem L. Sulla maximo et fortissimo exercitu, pugnax et acer et non rudis imperator, ut
aliud nihil dicam, cum bello invectum totam in Asiam cum
25 pace dimisit; quem L. Murena, pater huiusce, vehementissime vigilantissimeque vexatum repressum magna ex parte,

---

1 Flaminini *Manutius*: Flamini *codd.*   .3 sin *s*: si *mei*   4
gratissimae *Lag.* 13: gravissimae *mei*   7 cum rege Antiocho
Priscian. (*K.* iii. *p.* 74)   8 aequa parta *Kayser*: si qua parta
(partha Σ) *codd.* : aequiparata *Madvig*   12 ego mihi] *fort.* egomet
13 statuo *s*, *Angelius*: statuam *mei*   cum Scipione] cum Gla-
brione *Klotz* (*cf. Liv.* xxxvii. 57): *del. Ernesti*   21 omnibus quibuscum *scripsi*: omnibus quibus regibus cum Σ: omnibus quibuscum
regibus *A*χψ: omnibus regibus quibuscum πφω   22 regem *om.* w
23 pugnax et acer et *Niebuhr*: pugna exetaceret (exaceraret χψ²)
Σχψ²: pugna excitaret *cett.* (*om.* ω)   24 bello *Naugerius* (2):
bellum *mei*

non oppressum reliquit ; qui rex sibi aliquot annis sumptis
ad confirmandas rationes et copias belli tantum spe conatuque valuit ut se Oceanum cum Ponto, Sertori copias cum
33 suis coniuncturum putaret. Ad quod bellum duobus consulibus ita missis ut alter Mithridatem persequeretur, alter 5
Bithyniam tueretur, alterius res et terra et mari calamitosae
vehementer et opes regis et nomen auxerunt ; L. Luculli
vero res tantae exstiterunt ut neque maius bellum commemorari possit neque maiore consilio et virtute gestum.
Nam cum totius impetus belli ad Cyzicenorum moenia 10
constitisset eamque urbem sibi Mithridates Asiae ianuam
fore putasset qua effracta et revolsa tota pateret provincia,
perfecta a Lucullo haec sunt omnia ut urbs fidelissimorum
sociorum defenderetur et omnes copiae regis diuturnitate
obsessionis consumerentur. Quid ? illam pugnam navalem 15
ad Tenedum, cum contento cursu acerrimis ducibus hostium
classis Italiam spe atque animis inflata peteret, mediocri
certamine et parva dimicatione commissam arbitraris ?
Mitto proelia, praetereo oppugnationes oppidorum ; expulsus regno tandem aliquando tantum tamen consilio atque au- 20
ctoritate valuit ut se rege Armeniorum adiuncto novis opibus
16 copiisque renovarit. Ac si mihi nunc de rebus gestis esset
nostri exercitus imperatorisque dicendum, plurima et maxima proelia commemorare possem ; sed non id agimus.
34 Hoc dico : Si bellum hoc, si hic hostis, si ille rex conte- 25
mnendus fuisset, neque tanta cura senatus et populus Romanus suscipiendum putasset neque tot annos gessisset neque
tanta gloria L. *Lucullus*, neque vero eius belli conficiendum
exitum tanto studio populus Romanus ad Cn. Pompeium

---

1 qui *s, ed. R* : quid *mei*   2 spe *Klotz* : ipse *codd.*   5
Mithridatem *s, Ascens.* (1) : Mithrydate non Σ : Mithridatem non
cett.   11 constitisset *Angelius* : exstitisset *codd.*   13 ut et *Halm*
14 et *cod. Graevii* : ut *mei*   16 ad Tenedum *ed. R* : attenedum πχω :
attened. ΣAφ : attenedo ψ   22 renovaret *cod. Graevii*   27
gessisset *ed. R* : cessisset *codd.*   28 L. Lucullus *Angelius* : Luculli
ψ² : L. (*ante lac.* χ) *cett.*   conficiendum exitum *mei* : conficiendi
exitum *s* : conficiendi negotium *Boot*

detulisset. Cuius ex omnibus pugnis, quae sunt innumera-
biles, vel acerrima mihi videtur illa quae cum rege commissa
est et summa contentione pugnata. Qua ex pugna cum se
ille eripuisset et Bosphorum confugisset quo exercitus adire
5 non posset, etiam in extrema fortuna et fuga nomen tamen
retinuit regium. Itaque ipse Pompeius regno possesso ex
omnibus oris ac notis sedibus hoste pulso tamen tantum in
unius anima posuit ut, cum ipse omnia quae tenuerat, adie-
rat, sperarat, victoria possideret, tamen non ante quam illum
10 vita expulit bellum confectum iudicarit. Hunc tu hostem,
Cato, contemnis quocum per tot annos tot proeliis tot imperatores bella gesserunt, cuius expulsi et eiecti vita tanti aestimata est ut morte eius nuntiata denique bellum confectum
arbitrarentur? Hoc igitur in bello L. Murenam legatum
15 fortissimi animi, summi consili, maximi laboris cognitum
esse defendimus, et hanc eius operam non minus ad consulatum adipiscendum quam hanc nostram forensem industriam
dignitatis habuisse.   **17**
At enim in praeturae petitione prior renuntiatus est   35
20 Servius. Pergitisne vos tamquam ex syngrapha agere cum
populo ut, quem locum semel honoris cuipiam dederit,
eundem *in* reliquis honoribus debeat? Quod enim fretum,
quem Euripum tot motus, tantas, tam varias habere putatis
agitationes commutationesque fluctuum, quantas perturba-
25 tiones et quantos aestus habet ratio comitiorum? Dies
intermissus aut nox interposita saepe perturbat omnia, et

2 vel] valde Σ   6 ipse *w, Angelius* : ipso *cett.*   8 ipse
scripsi : ille *codd.* : illa *Zumpt* (omnia quae ille *Manutius*)   10
expulisset *Ernesti*   12 aestimata *Ascens.* (1) : existimata *codd.*
14 arbitrarentur *Zumpt* : arbitraretur *codd. :* arbitraremur *Manutius*
22 in reliquis *Ernesti* : reliquis *codd.* : reliquis in *ed. V*   23 quem
Quintil. viii. 6. 49 : quod *codd.*   putatis] creditis *Quintil.*   24
agitationes commutationesque fluctuum *Kayser* : agitationes commuta-
tiones fluctus *Quintil.* : agitationes quos fluctus ψ^2 : agitationesque
(*om.* que πφω) fluctuum *cett.*   26 aut] unus aut *Quintil.*   saepe
et *Quintil.*

totam opinionem parva non numquam commutat aura
rumoris. Saepe etiam sine ulla aperta causa fit aliud atque
existimaris, ut non numquam ita factum esse etiam populus
36 admiretur, quasi vero non ipse fecerit. Nihil est incertius
volgo, nihil obscurius voluntate hominum, nihil fallacius 5
ratione tota comitiorum. Quis L. Philippum summo
ingenio, opera, gratia, nobilitate a M. Herennio superari
posse arbitratus est? quis Q. Catulum humanitate, sapientia,
integritate antecellentem a Cn. Mallio? quis M. Scaurum,
hominem gravissimum, civem egregium, fortissimum sena- 10
torem, a Q. Maximo? Non modo horum nihil ita fore
putatum est sed, ne cum esset factum quidem, qua re ita
factum esset intellegi potuit. Nam, ut tempestates saepe
certo aliquo caeli signo commoventur, saepe improviso
nulla ex certa ratione obscura aliqua ex causa concitantur, 15
sic in hac comitiorum tempestate populari saepe intellegas
quo signo commota sit, saepe ita obscura causa est ut casu
18 excitata esse videatur. Sed tamen si est reddenda ratio,
37 duae res vehementer in praetura desideratae sunt quae
ambae in consulatu multum Murenae profuerunt, una ex- 20
spectatio muneris quae et rumore non nullo et studiis sermo-
nibusque competitorum creverat, *altera* quod ei quos in
provincia ac legatione omni et liberalitatis et virtutis suae
testis habuerat nondum decesserant. Horum utrumque ei
fortuna ad consulatus petitionem reservavit. Nam et L. 25
Luculli exercitus qui ad triumphum convenerat idem
comitiis L. Murenae praesto fuit, et munus amplissimum

---

1 commutat aura rumoris *Quintil.*: commutata aura rumores (comm.
vestrarum mores Σ) *codd.*   2 fit ψ : sit *cett.*   4 quasi . . .
fecerit *del.* ψ²   7 opera] opibus *Hotoman*   15 excitantur χψ¹
17 causa est *scripsi* (*fort.* vis est): est Σ: est *cett.*: est causa
Lambinus   casu] sine causa *Quintil.* viii. 3. 80   18 esse *om.*
Quintil.   20 consulatu multum *Orelli*: consulatum ut tum Σ: consulatu tum *cett.*   21 quae et] quae ex *Aφω*   22 altera ψ : *om.*
cett.   23 omni Σ: omnis *cett.*   24 decesserant] exercitum
Luculli significat *add. codd.* (ψ¹) : *del.* ψ²   27 comitiis *Hotoman*:
comes *codd.*

quod petitio praeturae desiderarat praetura restituit. Num 38
tibi haec parva videntur adiumenta et subsidia consulatus,
voluntas militum, quae*que* cum per se valet multitudine,
cum apud suos gratia, tum vero in consule declarando
5 multum etiam apud universum populum Romanum auctoritatis habet, suffragatio militaris? Imperatores enim comitiis
consularibus, non verborum interpretes deliguntur. Qua re
gravis est illa oratio : ' Me saucium recreavit, me praeda
donavit ; hoc duce castra cepimus, signa contulimus ; num-
10 quam iste plus militi laboris imposuit quam sibi sumpsit,
ipse cum fortis tum etiam felix.' Hoc quanti putas esse ad
famam hominum ac voluntatem ? Etenim, si tanta illis
comitiis religio est ut adhuc semper omen valuerit prae-
rogativum, quid mirum est in hoc felicitatis famam sermo-
15 nemque valuisse ?

Sed si haec leviora ducis quae sunt gravissima et hanc 19
urbanam suffragationem militari anteponis, noli ludorum
huius elegantiam et scaenae magnificentiam tam valde
contemnere ; quae huic admodum profuerunt. Nam
20 quid ego dicam populum ac volgus imperitorum ludis
magno opere delectari ? Minus est mirandum. Quamquam
huic causae id satis est ; sunt enim populi ac multitudinis
comitia. Qua re, si populo ludorum magnificentia voluptati
est, non est mirandum eam L. Murenae apud populum
25 profuisse. Sed si nosmet ipsi qui et ab delectatione com- 39
muni negotiis impedimur et in ipsa occupatione delectationes
alias multas habere possumus, ludis tamen oblectamur et
ducimur, quid tu admirere de multitudine indocta ? L. Otho, 40
vir fortis, meus necessarius, equestri ordini restituit non

---

1 desiderarat *Ernesti* : desiderabat *codd.*   3 quaeque *scripsi* :
quae *codd.* : et illa quae *Reid*   7 deliguntur χψ : diliguntur *cett.*
10 sumpsit ipse, cum *Gulielmius*   11 fortis est *Nohl*   13 praerogativae *Zumpt*   18 magnificentiam tam *Wrampelmeyer*: magnificentiam a Σ : magnificentiam *cett.*   20 imperitum *Ernesti*   25
oblectatione *A*   communi *Benecke* : omni *codd.*   28 admirere
*A*ψ : admirare *cett.*   Otho χψ : Otito *cett.*

solum dignitatem sed etiam voluptatem. Itaque lex haec
quae ad ludos pertinet est omnium gratissima, quod honestissimo ordini cum splendore fructus quoque iucunditatis est
restitutus. Qua re delectant homines, mihi crede, ludi,
etiam illos qui dissimulant, non solum eos qui fatentur; 5
quod ego in mea petitione sensi. Nam nos quoque habuimus scaenam competitricem. Quod si ego qui trinos ludos
aedilis feceram tamen Antoni ludis commovebar, tibi qui
casu nullos feceras nihil huius istam ipsam quam inrides
argenteam scaenam adversatam putas?   10

41   Sed haec sane sint paria omnia, sit par forensis opera
militari, militaris suffragatio urbanae, sit idem magnificen-
tissimos et nullos umquam fecisse ludos; quid? in ipsa
praetura nihilne existimas inter tuam et huius sortem
20 interfuisse? Huius sors ea fuit quam omnes tui necessarii 15
tibi optabamus, iuris dicundi; in qua gloriam conciliat
magnitudo negoti, gratiam aequitatis largitio; qua in sorte
sapiens praetor qualis hic fuit offensionem vitat aequabili-
tate decernendi, benivolentiam adiungit lenitate audiendi.
Egregia et ad consulatum apta provincia in qua laus aequi- 20
tatis, integritatis, facilitatis ad extremum ludorum voluptate
42 concluditur. Quid tua sors? Tristis, atrox, quaestio
peculatus ex altera parte lacrimarum et squaloris, ex altera
plena accusatorum atque indicum; cogendi iudices inviti,
retinendi contra voluntatem; scriba damnatus, ordo totus 25
alienus; Sullana gratificatio reprehensa, multi viri fortes
et prope pars civitatis offensa est; lites severe aestimatae;
cui placet obliviscitur, cui dolet meminit. Postremo tu in
provinciam ire noluisti. Non possum id in te reprehendere

12 militari *Halm* : *om. codd.*   urbanae Σ : urbana *cett.*   16
conciliat *ed. R* : conciliatam *codd.*   18 offensionem vitat aequab.
Naugerius : offensionem vitata equab. Σ : offensione vitata aequab.
cett.   24 accusatorum *Novák* (*coni. eandem ipse feci*) : catenarum
codd. : calumniarum *Richter* (*cf.* § 7 cattio, captio = accusatio *et* § 43)
26 alienatus *Halm*   27 est *del. Lambinus*   29 voluisti Σψ¹

quod in me ipso et praetore et consule probavi. Sed tamen
L. Murenae provincia multas bonas gratias cum optima
existimatione attulit. Habuit proficiscens dilectum in
Vmbria ; dedit ei facultatem res publica liberalitatis, qua
5 usus multas sibi tribus quae municipiis Vmbriae conficiuntur
adiunxit. Ipse autem in Gallia ut nostri homines desperatas
iam pecunias exigerent aequitate diligentiaque perfecit. Tu
interea Romae scilicet amicis praesto fuisti ; fateor ; sed
tamen illud cogita non nullorum amicorum studia minui
10 solere in eos a quibus provincias contemni intellegunt.

21
43
Et quoniam ostendi, iudices, parem dignitatem ad consulatus petitionem, disparem fortunam provincialium negoti-
orum in Murena atque in Sulpicio fuisse, dicam iam apertius
in quo meus necessarius fuerit inferior, Servius, et ea dicam
15 vobis audientibus amisso iam tempore quae ipsi soli re
integra saepe dixi. Petere consulatum nescire te, Servi,
persaepe tibi dixi ; et in eis rebus ipsis quas te magno et
forti animo et agere et dicere videbam tibi solitus sum
dicere magis te fortem accusatorem mihi videri quam
20 sapientem candidatum. Primum accusandi terrores et
minae quibus tu cotidie uti solebas sunt fortis viri, sed et
populi opinionem a spe adipiscendi avertunt et amicorum
studia debilitant. Nescio quo pacto semper hoc fit—neque
in uno aut altero animadversum est sed iam in pluribus—
25 simul atque candidatus accusationem meditari visus est,
ut honorem desperasse videatur. Quid ergo? acceptam 44
iniuriam persequi non placet? Immo vehementer placet ;
sed aliud tempus est petendi, aliud persequendi. Petitorem
ego, praesertim consulatus, magna spe, magno animo,
30 magnis copiis et in forum et in campum deduci volo. Non

1 et praetore et consule *Gruter*: et p̄s et consule χ : et praes. (*om.*
et praes. ω) consule (consulto ψ²) *cett.* 3 delectum ψ² 6
ipsa.*Ernesti* 8 Romae scilicet *del. Halm* (2) 10 intellegant
ψ¹ 19 accusatorem *Campe* : senatorem *codd.* (*cf.* §§ 7, 42) 22
a spe] aspem . . Σ : *fort.* a spe mag[istratum]

placet mihi inquisitio candidati, praenuntia repulsae, non
testium potius quam suffragatorum comparatio, non minae
magis quam blanditiae, non denuntiatio potius quam per-
salutatio, praesertim cum iam hoc novo more omnes fere
domos omnium concursent et ex voltu candidatorum con- 5
iecturam faciant quantum quisque animi et facultatis habere
45 videatur. 'Videsne tu illum tristem, demissum? iacet,
diffidit, abiecit hastas.' Serpit hic rumor. 'Scis tu illum
accusationem cogitare, inquirere in competitores, testis
quaerere? Alium fac iam, quoniam sibi hic ipse desperat.' 10
Eius modi *rumoribus* candidatorum amici intimi debilitantur,
studia deponunt ; aut certam rem abiciunt aut suam operam
22 et gratiam iudicio et accusationi reservant. Accedit eodem
ut etiam ipse candidatus totum animum atque omnem
curam operam diligentiamque suam in petitione non possit 15
ponere. Adiungitur enim accusationis cogitatio, non parva
res sed nimirum omnium maxima. Magnum est enim te
comparare ea quibus possis hominem e civitate, praesertim
non inopem neque infirmum, exturbare, qui et per se et per
suos et vero etiam per alienos defendatur. Omnes enim 20
ad pericula propulsanda concurrimus et qui non aperte
inimici sumus etiam alienissimis in capitis periculis amicissi-
46 morum officia et studia praestamus. Qua re ego expertus
et petendi et defendendi et accusandi molestiam sic intellexi
in petendo studium esse acerrimum, in defendendo officium, 25
in accusando laborem. Itaque sic statuo fieri nullo modo
posse ut idem accusationem et petitionem consulatus diligenter adornet atque instruat. Vnum sustinere pauci

1 praenuntia *ed. R* : pronuntia (provincia Σ *mg.*) *mei*   3 denuntiatio *Bake* : declamatio *codd.*   5 et ex] ut ex ψ¹   8 diffidet
Σπ   10 fac iam ω (*ut ipse conieceram*) : faci iam *cett.* : faciam
edd. VR   11 rumoribus *supplevi* : om. *codd.*   candidatorum⌉
de candidato rumore *Jeep*   12 studium ψ¹   certam ψ², *ed.*
R : testam (textam χ) *cett.* : statim *Müller* : totam *Lambinus* : desertam *coni. Halm*

possunt, utrumque nemo. Tu cum te de curriculo petitionis deflexisses animumque ad accusandum transtulisses,
existimasti te utrique negotio satis facere posse. Vehementer errasti. Quis enim dies fuit, postea quam in istam
5 accusandi denuntiationem ingressus es, quem tu non totum
in ista ratione consumpseris? Legem ambitus flagitasti, **23**
quae tibi non deerat; erat enim severissime scripta Calpurnia.
Gestus est mos et voluntati et dignitati tuae. Sed tota illa
lex accusationem tuam, si haberes nocentem reum, fortasse
10 armasset; petitioni vero refragata est. Poena gravior in 47
plebem tua voce efflagitata est; commoti animi tenuiorum.
Exsilium in nostrum ordinem; concessit senatus postulationi
tuae, sed non libenter duriorem fortunae communi condicionem te auctore constituit. Morbi excusationi poena
15 addita est; voluntas offensa multorum quibus aut contra
valetudinis commodum laborandum est aut incommodo
morbi etiam ceteri vitae fructus relinquendi. Quid ergo?
haec quis tulit? Is qui auctoritati senatus, voluntati tuae
paruit, denique is tulit cui minime proderant. Illa *quidem*
20 quae mea summa voluntate senatus frequens repudiavit
mediocriter adversata tibi esse existimas? Confusionem
suffragiorum flagitasti, †praerogationum legis Maniliae†,
aequationem gratiae, dignitatis, suffragiorum. Graviter
homines honesti atque in suis vicinitatibus et municipiis
25 gratiosi tulerunt a tali viro esse pugnatum ut omnes et
dignitatis et gratiae gradus tollerentur. Idem editicios
iudices esse voluisti, ut odia occulta civium quae tacitis

3 si existimasti *Wunder*   posse sed *Boot*   18 haec *om.*
w, *del. Halm*   19 cui Aψ^2: cum *cett.*   quidem quae *scripsi*:
quae *codd.* : autem quae *Nohl* (Quid? illa quae *v. l. apud Lambinum*)
22 praerogationum *codd.* (ψ^1): prorogationem ψ^2, *edd.* *VR*: perroga-
tionem *Mommsen* (*Locus videtur a Scholiasta nescio quo corruptus
Maniliae legis mentionem inferciente: in corruptela* praerogativae *nomen
subesse puto. Ad sententiam similis est locus Ps. Sall.* ii. 7 ut ex
confusis quinque classibus sorte centuriae vocarentur. Ita coaequatur
dignitate pecunia *etc.*)   24 vicinitatibus Σ: civitatibus *cett.* (*cf. Pet.
Cons.* 24)   27 occulta *om.* w, *del. Bake*

nunc discordiis continentur in fortunas optimi cuiusque
48 erumperent.　Haec omnia tibi accusandi viam muniebant,
adipiscendi obsaepiebant.

Atque ex omnibus illa plaga est iniecta petitioni tuae non
tacente me maxima, de qua ab homine ingeniosissimo et 5
copiosissimo, *Q*. Hortensio, multa gravissime dicta sunt.
Quo etiam mihi durior locus est dicendi datus ut, cum ante
me et ille dixisset et vir summa dignitate et diligentia et
facultate dicendi, M. Crassus, ego in extremo non partem
aliquam agerem causae sed de tota re dicerem quod mihi 10
videretur.　Itaque in isdem rebus fere versor et quoad
24 possum, iudices, occurro vestrae satietati.　Sed tamen,
Servi, quam te securim putas iniecisse petitioni tuae, cum
populum Romanum in eum metum adduxisti ut pertimesceret
ne consul Catilina fieret, dum tu accusationem comparares 15
49 deposita atque abiecta petitione ? Etenim te inquirere
videbant, tristem ipsum, maestos amicos ; observationes,
testificationes, seductiones testium, secessiones subscri-
ptorum animadvertebant, quibus rebus certe ipsi candidatorum *voltus* obscuriores videri solent ; Catilinam interea 20
alacrem atque laetum, stipatum choro iuventutis, vallatum
indicibus atque sicariis, inflatum cum spe militum *tum*
conlegae mei, quem ad modum dicebat ipse, promissis,
circumfluentem colonorum Arretinorum et Faesulanorum
exercitu ; quam turbam dissimillimo ex genere distinguebant 25
homines perculsi Sullani temporis calamitate.　Voltus erat
ipsius plenus furoris, oculi sceleris, sermo adrogantiae, sic ut
ei iam exploratus et domi conditus consulatus videretur.

---

1 cuiusque $\Sigma\chi\psi$: cuius π : civis $A\phi$　　　6 Q. *Klotz* : *om. codd.*
11 quoad ψ^2 : quod *cett.*　　　12 satietati *w*, *Hotoman* : sapietati Σ :
sapientiae *cett.*　　　18 secessiones *Campe* : secessionem *codd.*　　　19
certe ipsi] certe spes *Boot* : cretae ipsae *Madvig*　　　20 voltus *ed. V* :
om. codd. (*cf. infra l.* 26)　　　obscuriores $\pi\phi\psi^2\omega$: obscurior ei $\Sigma A\chi\psi^1$
solet $\chi\psi$　　　22 militum tum ψ^2 : militum *cett.*　　　26 perculsi
Lambinus, *pauci dett.* : percussi Σ : percussi *cett.*　　　ipsius erat χ,
ed. V

Murenam contemnebat, Sulpicium accusatorem suum nu-
merabat non competitorem ; ei vim denuntiabat, rei publicae
minabatur. Quibus rebus qui timor bonis omnibus iniectus **25**
sit quantaque desperatio rei publicae, si ille factus esset, 5⁰
5 nolite a me commoneri velle ; vosmet ipsi vobiscum recordamini. Meministis enim, cum illius nefarii gladiatoris voces
percrebruissent quas habuisse in contione domestica dicebatur, cum miserorum fidelem defensorem negasset inveniri
posse nisi eum qui ipse miser esset ; integrorum et fortuna-
10 torum promissis saucios et miseros credere non oportere ;
qua re qui consumpta replere, erepta reciperare vellent,
spectarent quid ipse deberet, quid possideret, quid auderet ;
minime timidum et valde calamitosum esse oportere eum
qui esset futurus dux et signifer calamitosorum. Tum igitur, 51
15 his rebus auditis, meministis fieri senatus consultum referente
me ne postero die comitia haberentur, ut de his rebus in
senatu agere possemus. Itaque postridie frequenti senatu
Catilinam excitavi atque eum de his rebus iussi, si quid
vellet, quae ad me adlatae essent dicere. Atque ille, ut
20 semper fuit apertissimus, non se purgavit sed indicavit
atque induit. Tum enim dixit duo corpora esse rei publicae,
unum debile infirmo capite, alterum firmum sine capite ;
huic, si ita de se meritum esset, caput se vivo non defuturum.
Congemuit senatus frequens neque tamen satis severe pro
25 rei indignitate decrevit ; nam partim ideo fortes in decer-
nendo non erant, quia nihil timebant, partim, quia *omnia*.
Erupit e senatu triumphans gaudio quem omnino vivum
illinc exire non oportuerat, praesertim cum idem ille in
eodem ordine paucis diebus ante Catoni, fortissimo viro,

---

7 percrebruissent Σ : percrebuissent *cett.*   21 esse duo corpora
A   23 si] cum ψ²   26 omnia *scripsi* : timebant *codd.* : timebant nimium *Müller*   27 *ante* erupit *add.* cue Σχ¹ (*al.* que *vel* cur Σ
mg.), cum *A*πφω, qui χ², cur ψ¹, tum ψ² : atque *Mommsen* (*in archetypo
videtur fuisse* que (=quaere) *aliquid amissum esse significans*)

iudicium minitanti ac denuntianti respondisset, si quod
esset in suas fortunas incendium excitatum, id se non aqua
26 sed ruina restincturum. His tum rebus commotus et quod
52 homines iam tum coniuratos cum gladiis in campum deduci
a Catilina sciebam, descendi in campum cum firmissimo 5
praesidio fortissimorum virorum et cum illa lata insignique
lorica, non quae me tegeret—etenim sciebam Catilinam non
latus aut ventrem sed caput et collum solere petere—verum
ut omnes boni animadverterent et, cum in metu et periculo
consulem viderent, id quod est factum, ad opem prae- 10
sidiumque concurrerent. Itaque cum te, Servi, remissiorem
in petendo putarent, Catilinam et spe et cupiditate inflammatum viderent, omnes qui illam ab re publica pestem
depellere cupiebant ad Murenam se statim contulerunt.
53 Magna est autem comitiis consularibus repentina voluntatum 15
inclinatio, praesertim cum incubuit ad virum bonum et
multis aliis adiumentis petitionis ornatum. Qui cum
honestissimo patre atque maioribus, modestissima adulescentia, clarissima legatione, praetura probata in iure, grata
in munere, ornata in provincia petisset diligenter, et ita 20
petisset ut neque minanti cederet neque cuiquam minaretur,
huic mirandum est magno adiumento Catilinae subitam
spem consulatus adipiscendi fuisse?
54   Nunc mihi tertius ille locus est relictus orationis, de
ambitus criminibus, perpurgatus ab eis qui ante me dixerunt, 25
a me, quoniam ita Murena voluit, retractandus; quo in loco
C. Postumo, familiari meo, ornatissimo viro, de divisorum
indiciis et de deprehensis pecuniis, adulescenti ingenioso et
bono, Ser. Sulpicio, de equitum centuriis, M. Catoni, homini
in omni virtute excellenti, de ipsius accusatione, de senatus 30

1 si ψ: etsi *cett.*   2 esset] esse Σ*A*φ   3 extincturum *A*
10 factum est *w, Halm*   24 locus est relictus est Σ: locus reliquus est *Halm*   25 eis] his φ, *codd. Halmii*   27 C. *Zumpt*:
P. *Halm* : om. *codd.*   28 et de] et Σ'*A*φ

consulto, de re publica respondebo. Sed pauca quae meum animum repente moverunt prius de L. Murenae fortuna conquerar. Nam cum saepe antea, iudices, et ex aliorum miseriis et ex meis curis laboribusque cotidianis fortunatos
5 eos homines iudicarem qui remoti a studiis ambitionis otium ac tranquillitatem vitae secuti sunt, tum vero in his L. Murenae tantis tamque improvisis periculis ita sum animo adfectus ut non queam satis neque communem omnium nostrum condicionem neque huius eventum fortu-
10 namque miserari. Qui primum, dum ex honoribus continuis familiae maiorumque suorum unum ascendere gradum dignitatis conatus est, venit in periculum ne et ea quae *ei* relicta, et haec quae ab ipso parta sunt amittat, deinde propter studium novae laudis etiam in veteris fortunae discrimen
15 adducitur. Quae cum sunt gravia, iudices, tum illud 56 acerbissimum est quod habet eos accusatores, non qui odio inimicitiarum ad accusandum, sed qui studio accusandi ad inimicitias descenderint. Nam ut omittam Servium Sulpicium quem intellego non iniuria L. Murenae sed
20 honoris contentione permotum, accusat paternus amicus, C. Postumus, vetus, ut ait ipse, vicinus ac necessarius, qui necessitudinis causas compluris protulit, simultatis nullam commemorare potuit. Accusat Ser. Sulpicius, sodalis filius, cuius ingenio paterni omnes necessarii munitiores
25 esse debebant. Accusat M. Cato qui cum a Murena nulla re umquam alienus fuit, tum ea condicione nobis erat in hac civitate natus ut eius opes, ut ingenium praesidio multis

---

3 et ex] ex $\Sigma^1 A\phi$ 11 unum] in hunc *Müller* : summum *Pluygers*   12 ei *Halm* : *om. codd.* : *fort.* ab eis   13 parta *Naugerius* (2) : parata *codd.*   15 sint ϕ, *Ernesti*   18 descenderint *Lambinus* : descenderent *codd.*   21 C. *Zumpt* : tum *codd.* (T. *et hic et* § 54 *coni. Nohl*)   24 filius *Zumpt* : fil. χ, *om.* Σ, filii *cett.*   25-26 cum . . . tum *Kayser* : quamquam . . . tamen *codd.*   26 nobis *ed. V, Ox. Canon.* 304 *m.* 2 : nobilis *cett.*, *del. Mommsen*   27 ut ingen.] et ingen. *ed. Guar.* : atque ingen. *ed. V*

etiam alienis, exitio vix cuiquam inimico esse deberet.

57 Respondebo igitur Postumo primum qui nescio quo pacto
mihi videtur praetorius candidatus in consularem quasi
desultorius in quadrigarum curriculum incurrere. Cuius
competitores si nihil deliquerunt, dignitati eorum concessit, 5
cum petere destitit; sin autem eorum aliquis largitus est,
expetendus amicus est qui alienam potius iniuriam quam
suam persequatur.

DE POSTVMI CRIMINIBVS, DE SERVI ADVLESCENTIS.

28
58
Venio nunc ad M. Catonem, quod est fundamentum ac 10
robur totius accusationis ; qui tamen ita gravis est accusator
et vehemens ut multo magis eius auctoritatem quam crimi-
nationem pertimescam. In quo ego accusatore, iudices,
primum illud deprecabor ne quid L. Murenae dignitas illius,
ne quid exspectatio tribunatus, ne quid totius vitae splendor 15
et gravitas noceat, denique ne ea soli huic obsint bona
M. Catonis quae ille adeptus est ut multis prodesse possit.
Bis consul fuerat P. Africanus et duos terrores huius imperi,
Carthaginem Numantiamque, deleverat cum accusavit L.
Cottam. Erat in *eo* summa eloquentia, summa fides, summa 20
integritas, auctoritas tanta quanta in imperio populi Romani
quod illius opera tenebatur. Saepe hoc maiores natu dicere
audivi, hanc accusatoris eximiam vim *et* dignitatem plurimum
L. Cottae profuisse. Noluerunt sapientissimi homines qui
tum rem illam iudicabant ita quemquam cadere in iudicio 25
59 ut nimiis adversarii viribus abiectus videretur. Quid?

---

1 alienis exitio ψ^1, *Lambinus* : alienis ex7770 Σ : alienissimis ψ :
alienissimo *cett.*   inimico ψ^2 : inimico ‖ Σ (*cf.* §§ 13, 26) : inimico
ψ^1: inimicus *cett.*   deberent $\Sigma\psi^1$ 7 est] ei est *Heine*   9
DE . . . ADVLESCENTIS *om.* $A\chi^1\psi$ (*in lac.* χ^1) : *in mg.* π *est ' hic non est*
textus '   10 fundamentum Σ : firmamentum *cett.*   ac] et
$A\chi$ 14 illud *om.* w, *del. Halm*   deprecor ϕ 17 prodesse
possit] prodesset $\chi\psi$: prodesse posset *ed. R*   20 in eo $\chi\psi$: in
cett. : *fort.* ei   23 vim et *pauci dett.* : vim *mei* : *om. ed. R*   plurimum $\chi\psi$: plurimam *cett.*   26 nimiis *edd.* VR : nimis *codd.*
(unius ψ^2)

Ser. Galbam—nam traditum memoriae *est*—nonne proavo
tuo, fortissimo atque florentissimo viro, M. Catoni, incumbenti
ad eius perniciem populus Romanus eripuit? Semper in
hac civitate nimis magnis accusatorum opibus et populus
5 universus et sapientes ac multum in posterum prospicientes
iudices restiterunt. Nolo accusator in iudicium potentiam
adferat, non vim maiorem aliquam, non auctoritatem
excellentem, non nimiam gratiam. Valeant haec omnia ad
salutem innocentium, ad opem impotentium, ad auxilium
10 calamitosorum, in periculo vero et in pernicie civium repu-
dientur. Nam si quis hoc forte dicet, Catonem descensurum 60
ad accusandum non fuisse, nisi prius de causa iudicasset,
iniquam legem, iudices, et miseram condicionem instituet
periculis hominum, si existimabit iudicium accusatoris in
15 reum pro aliquo praeiudicio valere oportere.

Ego tuum consilium, Cato, propter singulare animi mei **29**
de tua virtute iudicium vituperare *non possum*; non nulla
forsitan conformare et leviter emendare possim. 'Non
multa peccas,' inquit ille fortissimo viro senior magister,
20 'sed peccas; te regere possum.' At ego non te; verissime
dixerim peccare te nihil neque ulla in re te esse huius modi
ut corrigendus potius quam leviter inflectendus esse videare.
Finxit enim te ipsa natura ad honestatem, gravitatem,
temperantiam, magnitudinem animi, iustitiam, ad omnis
25 denique virtutes magnum hominem et excelsum. Accessit
istuc doctrina non moderata nec mitis sed, ut mihi videtur,
paulo asperior et durior quam aut veritas aut natura patitur.
Et quoniam non est nobis haec oratio habenda aut in 61
imperita multitudine aut in aliquo conventu agrestium,

---

1 memoriae χψ : iniuriae *cett.*   est ψ : *om. cett.*   17 non
possum ψ² : non audeo *Lag.* 24 : *om. cett.* : nolo *Boot*   18 forsitan
in re ψ²   20 sed] sed si ψ, *ed. R*   non te *del. Halm*   21 te
esse] esse *w, Halm*   25 accessit istuc *Ernesti* : accessitis tot Σ :
accessit his (iis πχ) tot *cett.* : accessit his dotibus *coni. Ernesti*   27
patiatur φψ

audacius paulo de studiis humanitatis quae et mihi et vobis
nota et iucunda sunt disputabo. In M. Catone, iudices,
haec bona quae videmus divina et egregia ipsius scitote
esse propria; quae non numquam requirimus, ea sunt
omnia non a natura verum a magistro. Fuit enim quidam 5
summo ingenio vir, Zeno, cuius inventorum aemuli Stoici
nominantur. Huius sententiae sunt et praecepta eius modi.
Sapientem gratia numquam moveri, numquam cuiusquam
delicto ignoscere; neminem misericordem esse nisi stultum
et levem; viri non esse neque exorari neque placari; 10
solos sapientes esse, si distortissimi sint, formosos, si
mendicissimi, divites, si servitutem serviant, reges; nos
autem qui sapientes non sumus fugitivos, exsules,
hostis, insanos denique esse dicunt; omnia peccata esse
paria; omne delictum scelus esse nefarium, nec minus 15
delinquere eum qui gallum gallinaceum, cum opus non
fuerit, quam eum qui patrem suffocaverit; sapientem nihil
opinari, nullius rei paenitere, nulla in re falli, sententiam
30 mutare numquam. Hoc homo ingeniosissimus, M. Cato,
62 auctoribus eruditissimis inductus adripuit, neque disputandi 20
causa, ut magna pars, sed ita vivendi. Petunt aliquid
publicani; cave *ne* quicquam habeat momenti gratia.
Supplices aliqui veniunt miseri et calamitosi; sceleratus
et nefarius fueris, si quicquam misericordia adductus feceris.
Fatetur aliquis se peccasse et sui delicti veniam petit; 25
'nefarium est facinus ignoscere.' At leve delictum est.
'Omnia peccata sunt paria.' Dixisti quippiam: 'fixum et
statutum est.' Non re ductus es sed opinione; 'sapiens
nihil opinatur.' Errasti aliqua in re; male dici putat. Hac
ex disciplina nobis illa sunt: 'Dixi in senatu me nomen 30

2 iucunda *ed. V, Lambinus*: iudicanda *codd. (etiam B)*   5
verum] sed ψ¹   7 huiusmodi *w, Halm*   13 simus *Wesenberg*
19 hoc] haec φ*w, ed. V*   20 inductus] iter (inter ψ) inductus χψ
22 cave ne *scripsi*: cave . . Σ: cave *cett.*   25 sui *Halm*: cui Σ:
eius (eiusdem φ) *cett.*   27 quippiam *Manutius*: quippe iam *codd.*

consularis candidati delaturum.' Iratus dixisti. 'Numquam'
inquit 'sapiens irascitur.' At temporis causa. 'Improbi'
inquit 'hominis *est* mendacio fallere ; mutare sententiam
turpe est, exorari scelus, misereri flagitium.' Nostri autem 63
5 illi—fatebor enim, Cato, me quoque in adulescentia diffisum
ingenio meo quaesisse adiumenta doctrinae—nostri, inquam,
illi a Platone et Aristotele, moderati homines et temperati,
aiunt apud sapientem valere aliquando gratiam ; viri boni
esse misereri ; distincta genera esse delictorum et disparis
10 poenas ; esse apud hominem constantem ignoscendi locum ;
ipsum sapientem saepe aliquid opinari quod nesciat, irasci
non numquam, exorari eundem et placari, quod dixerit
interdum, si ita rectius sit, mutare, de sententia decedere
aliquando ; omnis virtutes mediocritate quadam esse mode-
15 ratas.   Hos ad magistros si qua te fortuna, Cato, cum ista ³¹₆₄
natura detulisset, non tu quidem vir melior esses nec fortior
nec temperantior nec iustior—neque enim esse potes—sed
paulo ad lenitatem propensior.   Non accusares nullis
adductus inimicitiis, nulla lacessitus iniuria, pudentissimum
20 hominem summa dignitate atque honestate praeditum ;
putares, cum in eiusdem anni custodia te atque L. Murenam
fortuna posuisset, aliquo te cum hoc rei publicae vinculo
esse coniunctum ; quod atrociter in senatu dixisti, aut non
dixisses aut, si potuisses, mitiorem in partem interpretarere.
25 Ac te ipsum, quantum ego opinione auguror, nunc et animi 65
quodam impetu concitatum et vi naturae atque ingeni
elatum et recentibus praeceptorum studiis flagrantem iam
usus flectet, dies leniet, aetas mitigabit.   Etenim isti ipsi
mihi videntur vestri praeceptores et virtutis magistri finis

---

3 est ψ, *ed. R* : *om. cett.*   4 autem illi, fatebor enim *ed. V* : enim
illi fatebor (fatebor illi Σ) enim *codd.*   9 esse genera w, *Halm*
11 quod] quid ΣA   14 moderandas *ed. V*   17 temperatior ψ
21 in *om.* Σπ¹   custodia] custodiam Σ : custodem ψ²   24 aut si
potuisses *Hotoman* : aut seposuisses (se pos. Σ) aut *codd.* : aut si
posuisses *Halm* (2) : aut si dixisses *Campe*   28 mihi isti ipsi χ

officiorum paulo longius quam natura vellet protulisse ut,
cum ad ultimum animo contendissemus, ibi tamen ubi
oporteret consisteremus. ' Nihil ignoveris.' Immo aliquid,
non omnia. ' Nihil gratiae causa feceris.' Immo resistito
gratiae, cum officium et fides postulabit. ' Misericordia 5
commotus ne sis.' Etiam, in dissolvenda severitate ; sed
tamen est laus aliqua humanitatis. ' In sententia permaneto.'
66 Vero, nisi sententiam sententia alia vicerit melior. Huiusce
modi Scipio ille fuit quem non paenitebat facere idem quod
tu, habere eruditissimum hominem Panaetium domi ; cuius 10
oratione et praeceptis, quamquam erant eadem ista quae te
delectant, tamen asperior non est factus sed, ut accepi
a senibus, lenissimus. Quis vero C. Laelio comior *fuit*,
quis iucundior eodem ex studio isto, quis illo gravior,
sapientior ? Possum de L. Philo, de C. Gallo dicere haec 15
eadem, sed te domum iam deducam tuam. Quemquamne
existimas Catone, proavo tuo, commodiorem, communiorem,
moderatiorem fuisse ad omnem rationem humanitatis ? De
cuius praestanti virtute cum vere graviterque diceres,
domesticum te habere dixisti exemplum ad imitandum. 20
Est illud quidem exemplum tibi propositum domi, sed
tamen naturae similitudo illius ad te magis qui ab illo ortus
es quam ad unum quemque nostrum pervenire potuit, ad
imitandum vero tam mihi propositum exemplar illud est
quam tibi. Sed si illius comitatem et facilitatem tuae 25
gravitati severitatique asperseris, non ista quidem erunt
meliora, quae nunc sunt optima, sed certe condita iucundius.

32
67   Qua re, ut ad id quod institui revertar, tolle mihi e causa

3 non consisteremus *Lambinus*   4 nihil *Angelius* : nihil
omnino *Lag*. 9 : immo *mei*   causa feceris *Naugerius* : confeceris
mei : concesseris *Lag*. 9   6 sed tamen est *ante* etiam *transp.*
Hotoman   8 vero] enimvero *ed. Mediol.* : Permaneto vero *ed. V*
aliqua χψ   10 Panaetium *Lag*. 9 : et pane Σ : et pene (pae- *A*)
cett.   13 fuit *supplevi* : om. Σ *in lac., sine lac. cett.*   15 Philo
Manutius : Philippo *codd.*   Galo *Müller* (*e Fast. Capitol. a.* 511,588)
22 qui] quam *w* : quoniam *Halm*   23 es ψχω : est *cett.*

nomen Catonis, remove vim, praetermitte auctoritatem quae
in iudiciis aut nihil valere aut ad salutem debet valere, con-
gredere mecum criminibus ipsis. Quid accusas, Cato, quid
adfers ad iudicium, quid arguis? Ambitum accusas ; non
5 defendo. Me reprehendis, quod idem defendam quod
lege punierim. Punivi ambitum, non innocentiam ; ambitum vero ipsum vel tecum accusabo, si voles. Dixisti
senatus consultum me referente esse factum, si mercede
obviam candidatis issent, si conducti sectarentur, si gladia-
10 toribus volgo locus tributim et item prandia si volgo essent
data, contra legem Calpurniam factum videri. Ergo ita
senatus iudicat, contra legem facta haec videri, si facta sint ;
decernit quod nihil opus est, dum candidatis morem gerit.
Nam factum sit necne vehementer quaeritur ; sin factum
15 sit, quin contra legem sit dubitare nemo potest. Est igitur 68
ridiculum, quod est dubium, id relinquere incertum, quod
nemini dubium potest esse, id iudicare. Atque id de-
cernitur omnibus postulantibus candidatis, ut ex senatus
consulto neque cuius intersit, neque contra quem sit
20 intellegi possit. Qua re doce ab L. Murena illa esse
commissa ; tum egomet tibi contra legem commissa esse
concedam.

'Multi obviam prodierunt de provincia decedenti.' Con- **33**
sulatum petenti solet fieri ; eccui autem non proditur rever-
25 tenti? 'Quae fuit ista multitudo?' Primum, si tibi istam
rationem non possim reddere, quid habet admirationis tali

---

1 `vim *scripsi* (*cf.* §§ 58, 59) : in Σ : ac *s* : *om. cett.*   praetermitte

ambitum

del. Halm (2)   6 poenierim Σ   poenivi Σ   non ambitum vero Σ
8 mercede] conducti *add.* Σχψ : corrupti *add. cett.* : *del. Garatoni*   12
senatus χψ : senatum Σ : senatus si *cett. mei* : senatus nisi *Lag.* 9
13 candidato *A*   14 sin ω : in Σ : nam π : si *cett.*   17 indicare
Boot   20 doce ab *Halm* : doceat Σ : doce a *cett.*   24 petenti.
Solet *edd. ante Müller*   eccui *Ascens.* (1) : et cui *codd.*   26
possum φχ

viro advenienti, candidato consulari, obviam prodisse multos? quod nisi esset factum, magis mirandum videretur.
69 Quid? si etiam illud addam quod a consuetudine non abhorret, rogatos esse multos, num aut criminosum sit aut
mirandum, qua in civitate rogati infimorum hominum filios 5
prope de nocte ex ultima saepe urbe deductum venire sole-
amus, in ea non esse gravatos homines prodire hora tertia
in campum Martium, praesertim talis viri nomine rogatos?
Quid? si omnes societates venerunt quarum ex numero
multi sedent iudices; quid? si multi homines nostri ordinis 10
honestissimi; quid? si illa officiosissima quae neminem
patitur non honeste in urbem introire tota natio candidatorum, si denique ipse accusator noster Postumus obviam
cum bene magna caterva sua venit, quid habet ista multitudo admirationis? Omitto clientis, vicinos, tribulis, exerci- 15
tum totum Luculli qui ad triumphum per eos dies venerat;
hoc dico, frequentiam in isto officio gratuitam non modo
dignitati nullius umquam sed ne voluntati quidem defuisse.
70 At sectabantur multi. Doce mercede; concedam esse
34 crimen. Hoc quidem remoto quid reprendis? 'Quid 20
opus est' inquit 'sectatoribus?' A me tu id quaeris, quid
opus sit eo quo semper usi sumus? Homines tenues unum
habent in nostrum ordinem aut promerendi aut referendi
benefici locum, hanc in nostris petitionibus operam atque
adsectationem. Neque enim fieri potest neque postulan- 25
dum est a nobis aut ab equitibus Romanis ut suos necessarios candidatos adsectentur totos dies; a quibus si domus
nostra celebratur, si interdum ad forum deducimur, si uno
basilicae spatio honestamur, diligenter observari videmur

---

2 videretur χψω: videtur *cett.*   4 sit] est *Halm*   5 rogati
ψ²: roganti *cett.*   10 sedent] hic sedent *ed. V, Halm*   12
non] nisi *A*   16 totum χψ: motum *cett.*   18 nullius *Zumpt*:
ullius *codd.*   19 sectabuntur Σ*A*   contendam *A*   23
referendi *ed. V, Lambinus*: proferendi *codd.*   27 adsectentur
Klotz: aut (non ψ²) sectentur *codd.*

280

et coli ; tenuiorum amicorum et non occupatorum est ista
adsiduitas, quorum copia bonis viris et beneficis deesse non
solet. Noli igitur eripere hunc inferiori generi hominum 71
fructum offici, Cato ; sine eos qui omnia a nobis sperant
5 habere ipsos quoque aliquid quod nobis tribuere possint.
Si nihil erit praeter ipsorum suffragium, tenues, etsi suffra-
gantur, nil valent gratia. Ipsi denique, ut solent loqui, non
dicere pro nobis, non spondere, non vocare domum suam
possunt. Atque haec a nobis petunt omnia neque ulla
10 re alia quae a nobis consequuntur nisi opera sua compen-
sari putant posse. Itaque et legi Fabiae quae est de numero
sectatorum, et senatus consulto quod est L. Caesare consule
factum restiterunt. Nulla est enim poena quae possit
observantiam tenuiorum ab hoc vetere instituto officiorum
15 excludere. At spectacula sunt tributim data et ad pran- 72
dium volgo vocati. Etsi hoc factum a Murena omnino,
iudices, non est, ab eius amicis autem more et modo factum
est, tamen admonitus re ipsa recordor quantum hae con-
questiones in senatu habitae punctorum nobis, Servi, detra-
20 xerint. Quod enim tempus fuit aut nostra aut patrum
nostrorum memoria quo haec sive ambitio est sive libera-
litas non fuerit ut locus et in circo et in foro daretur
amicis et tribulibus? Haec homines tenuiores praemia
commodaque a suis tribulibus vetere instituto adseque-
25 bantur***

[*Deest non nihil.*]

Praefectum fabrum semel locum tribulibus suis dedisse, **35**
73

6 ipsorum] eorum *w, Halm*   tenues, etsi *scripsi* : tenuẹ est si ut
Σ : tenue est si (sed ω) ut *cett.* : *fort.* tenues, si cui (leve est, ut suf-
fragentur *Reid*)   9 possunt *Angelius* : possint (-it Σ) *codd.*
12 est a L. *Lag.* 9   21 nostrum Σπ   23 praemia commodaque
Halm : primum nondum qui *codd.* (*om.* Σ *in* 15 *litt. lac.*)   24 a
suis *Halm* : ea suis *codd.*   adsequebantur] adsequi . . . Σ : *sequitur
lac. in codd.* (1 *vers. in* Σ, 1 *vers. et* 14 *litt. in A, variant cett.*)   27
praefectum] fectum Σ

quid statuent in viros primarios qui in circo totas tabernas
tribulium causa compararunt? Haec omnia sectatorum,
spectaculorum, prandiorum item crimina a multitudine in
tuam nimiam diligentiam, Servi, coniecta sunt, in quibus
tamen Murena ab senatus auctoritate defenditur. Quid 5
enim? senatus num obviam prodire crimen putat? Non,
sed mercede. Convince. Num sectari multos? Non, sed
conductos. Doce. Num locum ad spectandum dare aut
ad prandium invitare? Minime, sed volgo, passim. Quid
est volgo? Vniversos. Non igitur, si L. Natta, summo 10
loco adulescens, qui et quo animo iam sit et qualis vir
futurus sit videmus, in equitum centuriis voluit esse et ad
hoc officium necessitudinis et ad reliquum tempus gratiosus,
id erit eius vitrico fraudi aut crimini, nec, si virgo Vestalis,
huius propinqua et necessaria, locum suum gladiatorium 15
concessit huic, non et illa pie fecit et hic a culpa est remo-
tus. Omnia haec sunt officia necessariorum, commoda
tenuiorum, munia candidatorum.

74   At enim agit mecum austere et Stoice Cato, negat verum
esse adlici benivolentiam cibo, negat iudicium hominum in 20
magistratibus mandandis corrumpi voluptatibus oportere.
Ergo, ad cenam petitionis causa si quis vocat, condemnetur?
'Quippe' inquit 'tu mihi summum imperium, tu summam auctoritatem, tu gubernacula rei publicae petas foven-
dis hominum sensibus et deleniendis animis et adhibendis 25
voluptatibus? Vtrum lenocinium' inquit 'a grege deli-
catae iuventutis, an orbis terrarum imperium a populo

---

3 crimina multitudine invita tua nimia diligentia, Servi, collecta
Madvig   5 ab (a φ) *codd., del. Ernesti*   7 convince] mercede
convince *Hotoman*   sectari *ed. Guar.* : sectare *codd.*   8 doce]
conductos doce *Hotoman*   aut ad χψ : aut *cett.*   9 passim *om.*
Lag. 9, *del. Beck* (*sed cf. Pet. Cons.* 44 in conviviis . . . et passim et
tributim)   11 iam *om. w, del. Halm*   14 vitricos Σ*A*   15
suum] sane *A*χ   gladiatoribus *Lambinus*   20 in *om. A*π
23 tu summam *Lambinus* : summam *codd.*   25 deleniendis Σπω :
deliniendis *A*φχψ

Romano petebas?' Horribilis oratio; sed eam usus, vita, mores, civitas ipsa respuit. Neque tamen Lacedaemonii, auctores istius vitae atque orationis, qui cotidianis epulis in robore accumbunt, neque vero Cretes quorum nemo gu-
5 stavit umquam cubans, melius quam Romani homines qui tempora voluptatis laborisque dispertiunt res publicas suas retinuerunt; quorum alteri uno adventu nostri exercitus deleti sunt, alteri nostri imperi praesidio disciplinam suam legesque conservant. Qua re noli, Cato, maiorum instituta **36**
10 quae res ipsa, quae diuturnitas imperi comprobat nimium ⁷⁵ severa oratione reprehendere. Fuit eodem ex studio vir eruditus apud patres nostros et honestus homo et nobilis, Q. Tubero. Is, cum epulum Q. Maximus P. Africani, patrui sui, nomine populo Romano daret, rogatus est a
15 Maximo ut triclinium sterneret, cum esset Tubero eiusdem Africani sororis filius. Atque ille, homo eruditissimus ac Stoicus, stravit pelliculis haedinis lectulos Punicanos et exposuit vasa Samia, quasi vero esset Diogenes Cynicus mortuus et non divini hominis Africani mors honestaretur;
20 quem cum supremo eius die Maximus laudaret, gratias egit dis immortalibus quod ille vir in hac re publica potissi-mum natus esset; necesse enim fuisse ibi esse terrarum imperium ubi ille esset. Huius in morte celebranda gravi-ter tulit populus Romanus hanc perversam sapientiam
25 Tuberonis, itaque homo integerrimus, civis optimus, cum 76 esset L. Pauli nepos, P. Africani, ut dixi, sororis filius, his haedinis pelliculis praetura deiectus est. Odit populus Romanus privatam luxuriam, publicam magnificentiam dili-git; non amat profusas epulas, sordis et inhumanitatem
30 multo minus; distinguit rationem officiorum ac temporum, vicissitudinem laboris ac voluptatis. Nam quod ais nulla re adlici hominum mentis oportere ad magistratum man-

dandum nisi dignitate, hoc tu ipse in quo summa est dignitas non servas. Cur enim quemquam ut studeat tibi, ut te
adiuvet rogas? Rogas tu me ut mihi praesis, ut committam ego me tibi. Quid tandem? istuc me rogari oportet
abs te, an te potius a me ut pro mea salute laborem pericu- 5
77 lumque suscipias? Quid quod habes nomenclatorem? in
eo quidem fallis et decipis. Nam, si nomine appellari abs
te civis tuos honestum est, turpe est eos notiores esse servo
tuo quam tibi. Sin iam noris, tamen*ne* per monitorem
appellandi sunt cum petis, quasi incertus sis? Quid quod, 10
cum admoneris, tamen, quasi tute noris, ita salutas? Quid,
postea quam es designatus, multo salutas neglegentius? Haec
omnia ad rationem civitatis si derigas, recta sunt; sin per-
pendere ad disciplinae praecepta velis, reperiantur pravissima.
Qua re nec plebi Romanae eripiendi fructus isti sunt ludorum, 15
gladiatorum, conviviorum, quae omnia maiores nostri com-
paraverunt, nec candidatis ista benignitas adimenda est
quae liberalitatem magis significat quam largitionem.

37
78   At enim te ad accusandum res publica adduxit. Credo,
Cato, te isto animo atque ea opinione venisse; sed tu im- 20
prudentia laberis. Ego quod facio, iudices, cum amicitiae
dignitatisque L. Murenae gratia facio, tum me pacis, oti,
concordiae, libertatis, salutis, vitae denique omnium nostrum
causa facere clamo atque testor. Audite, audite consulem,
iudices, nihil dicam adrogantius, tantum dicam totos dies 25
atque noctes de re publica cogitantem! Non usque eo
L. Catilina rem publicam despexit atque contempsit ut ea

---

4 istuc *ed. Mediol.*: istunc (ais an ψ^2) *mei*   9 iam *scripsi*: etiam
codd.: etiam si *Lambinus*   tamenne *scripsi*: tamen *codd.*   10
cum *scripsi*: curam (cur ante ψ^2, *Naugerius*) *codd.*   quasi *Zumpt*:
quam *codd.*   incertus sis *scripsi*: incertum sit *Lag.* 9 : inceravit
(narravit ψ^2) *mei*: insusurravit *Naugerius*   quid quod cum *Priscian* (*K.* ii. 592) : aquid quod Σ: a (ad ψ^2) quid cum $\chi\psi^2$: quid quom
$A\pi$: a quid quom ψ: quid quomodo ω 11 quid] quidem (quid
enim ψ^2) $\chi\psi$: quod *Lag.* 9   20 ea *om. $A\pi\phi$*   opinioni $\Sigma A\chi$
26 non Σ, *Lambinus*: *om. cett.*

copia quam secum eduxit se hanc civitatem oppressurum
arbitraretur. Latius patet illius sceleris contagio quam quisquam putat, ad pluris pertinet. Intus, intus, inquam, est
equus Troianus; a quo numquam me consule dormientes
5 opprimemini. Quaeris a me ecquid ego Catilinam metuam. 79
Nihil, et curavi ne quis metueret, sed copias illius quas hic
video dico esse metuendas; nec tam timendus est nunc
exercitus L. Catilinae quam isti qui illum exercitum dese-
ruisse dicuntur. Non enim deseruerunt sed ab illo in
10 speculis atque insidiis relicti in capite atque in cervicibus
nostris restiterunt. Hi et integrum consulem et bonum
imperatorem et natura et fortuna cum rei publicae salute
coniunctum deici de urbis praesidio et de custodia civitatis
vestris sententiis deturbari volunt. Quorum ego ferrum
15 et audaciam reieci in campo, debilitavi in foro, compressi
etiam domi meae saepe, iudices, his vos si alterum consulem tradideritis, plus multo erunt vestris sententiis quam
suis gladiis consecuti. Magni interest, iudices, id quod ego
multis repugnantibus egi atque perfeci, esse Kalendis
20 Ianuariis in re publica duo consules. Nolite arbitrari, 80
mediocribus consiliis aut usitatis viis *eos* uti. Non lex
improba, non perniciosa largitio, non auditum aliquando
aliquod malum rei publicae quaeritur. Inita sunt in hac
civitate consilia, iudices, urbis delendae, civium trucidan-
25 dorum, nominis Romani exstinguendi. Atque haec cives,
cives, inquam, si eos hoc nomine appellari fas est, de patria
sua et cogitant et cogitaverunt. Horum ego cotidie con-

a patet . . . Σ: *fort.* patet iam   3 pertinet . . . Σ: *fort.* pertinet.
Iam   5 a me ecquid *Bake*: a me (auiae Σ *mg.*) quid *codd.*   10
speculis] seculis Σ: speluncis Σ: speluncis $\chi^2\psi^2$ in insidiis *Halm*   20 duo
Σ: duos *cett.*   21 viis *ed. Guar.*: vitis ΣAχ: vitiis *cett.*   eos uti
scripsi: aut *codd.*: *lacunam statuit Ernesti*   22 largitio non *w*: largi-
tionum *mei*   25 cives, cives ψ^3, *ed. R*: quae siuę (*in mg.* quae-
sçiuę) Σ: quae cives *A$\pi\omega$*: quae si cives $\chi\psi^1$: cives ϕ, *Quintil.* ix.
2, 18

siliis occurro, audaciam debilito, sceleri resisto. Sed moneo,
iudices. In exitu iam est meus consulatus; nolite mihi
subtrahere vicarium meae diligentiae, nolite adimere eum cui
rem publicam cupio tradere incolumem ab his tantis periculis defendendam.   5

38
81   Atque ad haec mala, iudices, quid accedat aliud non
videtis? Te, te appello, Cato; nonne prospicis tempestatem anni tui? Iam enim *in* hesterna contione intonuit
vox perniciosa designati tribuni, conlegae tui; contra quem
multum tua mens, multum omnes boni providerunt qui te 10
ad tribunatus petitionem vocaverunt. Omnia quae per hoc
triennium agitata sunt, iam ab eo tempore quo a L. Catilina et Cn. Pisone initum consilium senatus interficiendi
scitis esse, in hos dies, in hos mensis, in hoc tempus erum-
82 punt. Qui locus est, iudices, quod tempus, qui dies, quae 15
nox cum ego non ex istorum insidiis ac mucronibus non
solum meo sed multo etiam magis divino consilio eripiar
atque evolem? Neque isti me meo nomine interfici sed
vigilantem consulem de rei publicae praesidio demoveri
volunt. Nęc minus vellent, Cato, te quoque aliqua ratione, 20
si possent, tollere; id quod, mihi crede, et agunt et moli-
untur. Vident quantum in te sit animi, quantum ingeni,
quantum auctoritatis, quantum rei publicae praesidi; sed,
cum consulari auctoritate et auxilio spoliatam vim tribuniciam viderint, tum se facilius inermem et debilitatum te 25
oppressuros arbitrantur. Nam ne sufficiatur consul non
timent. Vident in tuorum potestate conlegarum fore; sperant sibi *D.* Silanum, clarum virum, sine conlega, te sine
83 consule, rem publicam sine praesidio obici posse. His
tantis in rebus tantisque in periculis est tuum, M. Cato, qui 30

6 quid] quod *Kayser*   8 in *Halm* : *om. codd.*   18 interficere *Richter*   19 demoveri *Lambinus* : demovere (remov. χ)
mei : dimoveri *Lag.* 9   26 ñam ne Σ   28 D. *Hirschfelder* : *om.*
codd.   286

mihi non tibi, sed patriae natus esse *videris,* videre quid
agatur, retinere adiutorem, defensorem, socium in re publica, consulem non cupidum, consulem, quod maxime
tempus hoc postulat, fortuna constitutum ad amplexandum
5 otium, scientia ad bellum gerendum, animo et usu ad quod
velis negotium *sustinendum.*

Quamquam huiusce rei potestas omnis in vobis sita est, 39
iudices ; totam rem publicam vos in hac causa tenetis, vos
gubernatis. Si L. Catilina cum suo consilio nefariorum
10 hominum quos secum eduxit hac de re posset iudicare,
condemnaret L. Murenam, si interficere posset, occideret.
Petunt enim rationes illius ut orbetur auxilio res publica,
ut minuatur contra suum furorem imperatorum copia, ut
maior facultas tribunis plebis detur depulso adversario
15 seditionis ac discordiae concitandae. Idemne igitur
delecti ex amplissimis ordinibus honestissimi atque
sapientissimi viri iudicabunt quod ille importunissimus
gladiator, hostis rei publicae iudicaret ? Mihi credite, 84
iudices, in hac causa non solum de L. Murenae verum
20 etiam de vestra salute sententiam feretis. In discrimen
extremum venimus ; nihil est iam unde nos reficiamus aut
ubi lapsi resistamus. Non solum minuenda non sunt
auxilia quae habemus sed etiam nova, si fieri possit, com-
paranda. Hostis est enim non apud Anienem, quod bello
25 Punico gravissimum visum est, sed in urbe, in foro—di
immortales ! sine gemitu hoc dici non potest—non nemo
etiam in illo sacrario rei publicae, in ipsa, inquam, curia
non nemo hostis est. Di faxint ut meus conlega, vir fortissimus, hoc Catilinae nefarium latrocinium armatus opprimat !
30 ego togatus vobis bonisque omnibus adiutoribus hoc quod
conceptum res publica periculum parturit consilio discutiam

1 mihi] non mihi ψ^2 esse] esset Σ : es π   videris *Klotz* : *om.
codd.*   6 sustinendum *Völkel* : *om. codd.* (*cf. Zielinski p.* 204)
13 suum] summum *w, Halm*   18 iudicaret ψ^2, *ed. R* : iudicarit
cett.   31 periculum] peric. Σ (*cf. Rosc. Am.* 9)

85 et comprimam. Sed quid tandem fiet, si haec elapsa de
manibus nostris in eum annum qui consequitur redundarint?
Vnus erit consul, et is non in administrando bello sed in
sufficiendo conlega occupatus. Hunc iam qui impedituri
sint * * * illa pestis immanis importuna Catilinae prorumpet, 5
qua po * * * minatur; in agros suburbanos repente advolabit;
versabitur *in urbe* furor, in curia timor, in foro coniuratio,
in campo exercitus, in agris vastitas; omni autem in sede
ac loco ferrum flammamque metuemus. Quae iam diu
comparantur, eadem ista omnia, si ornata suis praesidiis 10
erit res publica, facile et magistratuum consiliis et privatorum
diligentia comprimentur.

40

86   Quae cum ita sint, iudices, primum rei publicae causa,
qua nulla res cuiquam potior debet esse, vos pro mea
summa et vobis cognita in re publica diligentia moneo, 15
pro auctoritate consulari hortor, pro magnitudine periculi
obtestor, ut otio, ut paci, ut saluti, ut vitae vestrae et
ceterorum civium consulatis; deinde ego idem et defensoris
et amici officio adductus oro atque obsecro, iudices, ut ne
hominis miseri et cum corporis morbo tum animi dolore 20
confecti, L. Murenae, recentem gratulationem nova lamen-
tatione obruatis. Modo maximo beneficio populi Romani
ornatus fortunatus videbatur, quod primus in familiam
veterem, primus in municipium antiquissimum consulatum
attulisset; nunc idem *in* squalore et sordibus, confectus 25

---

    5 sint] *sequitur lacuna in codd.* (2 *vers. et* 5 *litt. in* Σ, 2 *vers. in A,
variant cett.*)   pestis immanis (immanis et *A*) *Aπφψω*: *om.* Σχ
prorumpet *Aφω*: perrumpet Σπψ: perrumperet χ   6 qua po . . .
Σχ: qua p. r. *Aπψ¹*: qua populo Romano φ: qua poterit et iam ψ²
advolabit *edd. VR*: advolavit *mei*   7 in urbe *Halm*: . . . . . .
Σχ: L. Catilinae *A*: in castris (*om.* versabitur ψ¹) πφψω: in rostris
Lag. 24   12 comprimentur *Lag.* 24. *Lambinus*: confirmentur
(-matur φ) *mei*   17 ut vitae] vitae Σ: *om. A*   18 idem et
scripsi: fidem vel Σχ: fide in vos (fidem vestram ψ²) *cett.*: idem vos
Madvig   22 obruatis χ²ψ: observatis Σπχ¹: obstruatis *cett.*   25
in *supplevi*: *om. codd.*   sordibus *Aχψ²*: sordidus *cett.*

morbo, lacrimis ac maerore perditus vester est supplex,
iudices, vestram fidem obtestatur, *vestram* misericordiam
implorat, vestram potestatem ac vestras opes intuetur.
Nolite, per deos immortalis ! iudices, hac eum cum re qua 87
5 se honestiorem fore putavit etiam ceteris ante partis
honestatibus atque omni dignitate fortunaque privare.
Atque ita vos L. Murena, iudices, orat atque obsecrat, si iniuste neminem laesit, si nullius auris volun-
tatemve violavit, si nemini, ut levissime dicam, odio
10 nec domi nec militiae fuit, sit apud vos modestiae
locus, sit demissis hominibus perfugium, sit auxilium
pudori. Misericordiam spoliatio consulatus magnam habere debet, iudices ; una enim eripiuntur cum consulatu omnia ; invidiam vero his temporibus habere
15 consulatus ipse nullam potest ; obicitur enim contionibus
seditiosorum, insidiis coniuratorum, telis Catilinae, ad
omne denique periculum atque ad omnem iniuriam solus
opponitur. Qua re quid invidendum Murenae aut cuiquam 88
nostrum sit in hoc praeclaro consulatu non video, iudices ;
20 quae vero miseranda sunt, ea et mihi ante oculos versantur
et vos videre et perspicere potestis. Si, quod Iuppiter omen **41**
avertat ! hunc vestris sententiis adflixeritis, quo se miser
vertet ? domumne ? ut eam imaginem clarissimi viri,
parentis sui, quam paucis ante diebus laureatam in sua
25 gratulatione conspexit, eandem deformatam ignominia
lugentemque videat ? An ad matrem quae misera modo
consulem osculata filium suum nunc cruciatur et sollicita
est ne eundem paulo post spoliatum omni dignitate

1 morbo *Aπφω* : idem *ψ*² : *om.* Σχψ¹ (Σ *lac. hab. inter vv.* confectus
et perditus, *et in mg.* lacrimis ac memore perditus)   2 vestram
Halm : *om. codd.*   3 intuetur χψ : intuetur Σ : tuetur *cett.* (*etiam B*)
4 eum cum *Garatoni* : cum *B* : eum *cett.*   7 L. *Lag.* 24 : si (sic
χψ) *mei*   8 iniuste *om.* Σ *in lac.*   11 demisso animo
Bake   17 iniuriam *Halbertsma* : invidiam *codd.*   18 quid
w : qui *cett.*

89 conspiciat? Sed quid eius matrem aut domum appello
quem nova poena legis et domo et parente et omnium
suorum consuetudine conspectuque privat? Ibit igitur in
exsilium miser? Quo? ad Orientisne partis in quibus
annos multos legatus fuit, exercitus duxit, res maximas 5
gessit? At habet magnum dolorem, unde cum honore
decesseris, eodem cum ignominia reverti. An se in con-
trariam partem terrarum abdet, ut Gallia Transalpina, quem
nuper summo cum imperio libentissime viderit, eundem
lugentem, maerentem, exsulem videat? In ea porro 10
provincia quo animo C. Murenam fratrem suum aspiciet?
Qui huius dolor, qui illius maeror erit, quae utriusque
lamentatio, quanta autem perturbatio fortunae atque
sermonis, cum, quibus in locis paucis ante diebus factum
esse consulem Murenam nuntii litteraeque celebrassent et 15
unde hospites atque amici gratulatum Romam concurre-
90 rent, repente exstiterit ipse nuntius suae calamitatis!
Quae si acerba, si misera, si luctuosa sunt, si alienis-
sima *a* mansuetudine et misericordia vestra, iudices,
conservate populi Romani beneficium, reddite rei publicae 20
consulem, date hoc ipsius pudori, date patri mortuo,
date generi et familiae, date etiam Lanuvio, municipio
honestissimo, quod in hac tota *causa* frequens maestum-
que vidistis. Nolite a sacris patriis Iunonis Sospitae,
cui omnis consules facere necesse est, domesticum et 25
suum consulem potissimum avellere. Quem ego vobis,
si quid habet aut momenti commendatio aut auctoritatis
confirmatio mea, consul consulem, iudices, ita commendo

1 eius matrem *Zumpt* : ego matrem *codd.* : ego matrem eius
Halm   5 exercitus *Lag.* 9 : et exercitus *mei*   14 cum
Richter : quod *codd.*   15 celebrassent] celebrarint *Richter* : cele-
brarant *Boot*   16 concurrerent χ^2 : concurrerint *cett.* : concur-
rerant *Lag.* 9, *Boot*   17 exstiterit *scripsi* : exciderit ψ^2 : excidet
cett. : existet *Gulielmius*   19 a Bχ : *om. cett.*   22 Lanuvino
ψ, *ed. R*   23 causa $A\psi^2\omega$: *om. cett.* (*etiam B*)   26 potissimum *om. A*

ut cupidissimum oti, studiosissimum bonorum, acerrimum contra seditionem, fortissimum in bello, inimicissimum huic coniurationi quae nunc rem publicam labefactat futurum esse promittam et spondeam.

1 ut cupidissimum otii ψ^2, *ed. R* : cupidissimum osci Σ : cupidissimum hosti $\pi\psi^1\omega$: ut cupidissimi hostes ϕ : cupidissimum $B\chi$: cupidissime A

M. TVLLI CICERONIS

PRO M. CAELIO

ORATIO

SIGLA

A = Palimpsestus Ambrosianus (*continens* §§ 71–75 Caeserni . . .
      infelici)
T = Palimpsestus Taurinensis (*continens* §§ 38–42 quisque . . .
      curam rei, §§ 54–56 -dis illis . . . Caelio, §§ 66–69 -lus
      exitus . . . miramur si)
Σ = m. 2. in cod. Paris. 14749
B = Excerpta Bartolomaei de Montepolitiano
P = cod. Paris. 7794, saecl. ix
e = cod. Erfurtensis, saecl. xii/xiii
g = cod. Gemblacensis, nunc Bruxellensis 5345, saecl. xii
h = cod. Harleianus 4927, saecl. xii
b = cod. S. Marci 255, saecl. xv
ψ = cod. Laur. (Gadd.) xc sup. 69, saecl. xv
π = codd. *egh*
δ = codd. *bψ*

M. TVLLI CICERONIS
PRO M. CAELIO ORATIO

Sɪ quis, iudices, forte nunc adsit ignarus legum iudiciorum consuetudinisque nostrae, miretur profecto quae sit
tanta atrocitas huiusce causae, quod diebus festis ludisque
publicis, omnibus forensibus negotiis intermissis, unum hoc
5 iudicium exerceatur, nec dubitet quin tanti facinoris reus
arguatur ut eo neglecto civitas stare non possit. Idem cum
audiat esse legem quae de seditiosis consceleratisque civibus
qui armati senatum obsederint, magistratibus vim attulerint,
rem publicam oppugnarint cotidie quaeri iubeat : legem non
10 improbet, crimen quod versetur in iudicio requirat ; cum
audiat nullum facinus, nullam audaciam, nullam vim in
iudicium vocari, sed adulescentem inlustri ingenio, industria,
gratia accusari ab eius filio quem ipse in iudicium et vocet et
vocarit, oppugnari autem opibus meretriciis : Atratini ipsius
15 pietatem non reprehendat, libidinem muliebrem compri-
mendam putet, vos laboriosos existimet quibus otiosis ne in
communi quidem otio liceat esse. Etenim si attendere 2
diligenter atque existimare vere de omni hac causa volueritis, sic constituetis, iudices, nec descensurum quemquam
20 ad hanc accusationem fuisse cui utrum vellet liceret nec,
cum descendisset, quicquam habiturum spei fuisse, nisi
alicuius intolerabili libidine et nimis acerbo odio niteretur.

---

2 consuetudinisque Σ*B* : consuetudinis *cett.*   3 quod] quia Σ*B*
6 arguatur] accusatus Σ*B*   8 magistratibus Σ*B*π*δ* : *om. P*   12
adulescentem nobilem Σ*B*   14 Atratini ipsius *scripsi* : Atratini illius
*BP*π*δ* : illius *Muretus*   15 libidinem muliebrem Σ*B* : muliebrem
libidinem *cett.*   18 atque Σ : *om. P*π*δ* : et *Angelius*

Sed ego Atratino, humanissimo atque optimo adulescenti,
meo necessario, ignosco, qui habet excusationem vel pietatis vel necessitatis vel aetatis. Si voluit accusare, pietati
tribuo, si iussus est, necessitati, si speravit aliquid, pueritiae.
Ceteris non modo nihil ignoscendum sed etiam acriter est 5
resistendum.

2
3   Ac mihi quidem videtur, iudices, hic introitus defensionis
adulescentiae M. Caeli maxime convenire, ut ad ea quae
accusatores deformandi huius causa et detrahendae spoli-
andaeque dignitatis gratia dixerunt primum respondeam. 10
Obiectus est pater varie, quod aut parum splendidus ipse
aut parum pie tractatus a filio diceretur. De dignitate
M. Caelius notis ac maioribus natu etiam sine mea oratione
tacitus facile ipse respondet ; quibus autem propter senectutem, quod iam diu minus in foro nobiscumque versatur, 15
non aeque est cognitus, hi sic habeant, quaecumque in
equite Romano dignitas esse possit, quae certe potest esse
maxima, eam semper in M. Caelio habitam esse summam
hodieque haberi non solum a suis sed etiam ab omnibus
4 quibus potuerit aliqua de causa esse notus. Equitis autem 20
Romani esse filium criminis loco poni ab accusatoribus
neque his iudicantibus oportuit neque defendentibus nobis.
Nam quod de pietate dixistis, est ista quidem nostra existimatio sed iudicium certe parentis. Quid nos opinemur
audietis ex iuratis ; quid parentes sentiant lacrimae matris 25
incredibilisque maeror, squalor patris et haec praesens
5 maestitia quam cernitis luctusque declarat. Nam quod est
obiectum municipibus esse adulescentem non probatum

5 nihi¹ *om.* Σ   9 causa et *Bake* : causae Σ : causa *P*πδ   13
M. Σ, *Lambinus* : *om. P*πδ   etiam sine . . . tacitus *ed. R* : et sine
. . . tacitus Σ : et sine . . . et tacitus *P*πδ   14 respondit Σ*b²ψ*
18 summam hodieque Σ*P¹ψ²* : summamque hodie *P²*πδ   20 autem
Romani *Quintil.* xi. 1. 28 : Romani autem *P*πδ   21 criminessloco
P¹ : criminis in loco *coni. Halm* (*contra Quintil.*)   23 ista quidem
Σ, *Lambinus* : quidem ista *P*πδ   vestra *b, Halm*

suis, nemini umquam praesenti † Praestutiani † maiores
honores habuerunt, iudices, quam absenti M. Caelio ; quem
et absentem in amplissimum ordinem cooptarunt et ea non
petenti detulerunt quae multis petentibus denegarunt.
5 Idemque nunc lectissimos viros et nostri ordinis et equites
Romanos cum legatione ad hoc iudicium et cum gravissima
atque ornatissima laudatione miserunt. Videor mihi iecisse
fundamenta defensionis meae, quae firmissima sunt si ni-
tuntur iudicio suorum. Neque enim vobis satis commen-
10 data huius aetas esse posset, si non modo parenti, tali viro,
verum etiam municipio tam inlustri ac tam gravi displiceret.
Equidem, ut ad me revertar, ab his fontibus profluxi ad $\frac{3}{6}$
hominum famam, et meus hic forensis labor vitaeque ratio
demanavit ad existimationem hominum paulo latius com-
15 mendatione ac iudicio meorum.

Nam quod obiectum est de pudicitia quodque omnium
accusatorum non criminibus sed vocibus maledictisque
celebratum est, id numquam tam acerbe feret M. Caelius
ut eum paeniteat non deformem esse natum. Sunt enim
20 ista maledicta pervolgata in omnis quorum in adulescentia
forma et species fuit liberalis. Sed aliud est male dicere,
aliud accusare. Accusatio crimen desiderat, rem ut definiat,
hominem notet, argumento probet, teste ccnfirmet; male-
dictio autem nihil habet propositi praeter contumeliam ;
25 quae si petulantius iactatur, convicium, si facetius, urbanitas
nominatur. Quam quidem partem accusationis admiratus 7
sum et moleste tuli potissimum esse Atratino datam. Neque
enim decebat neque aetas illa postulabat neque, id quod

1 Praestutiani Σ : praetoriani (-tori- P^1 in ras.) Pπδ : Praetutiani
Gruter (cf. *Plin. N. H.* iii. 13–14) : Puteolani *Beroaldus* (cf. *Val. Max.*
ix. 3. 8) : Tusculani *Baiter* (cf. *C. I. L.* xiv. 2622)   2 iudices Σ :
om. Pπδ   quam] per Σ   7 iecisse ex legisse P : egisse *Halm*
14 demanavit ΣB : dimanavit Pπδ (ἅπαξ λεγ.)   20 in] per Σ
21 fuit forma et species Σ   23 hominem ΣB : hominem ut Pπδ :
nomine ut *Manutius*   25 iaciatur *Muretus*

animum advertere poteratis, pudor patiebatur optimi adulescentis in tali illum oratione versari.   Vellem aliquis ex
vobis robustioribus hunc male dicendi locum suscepisset ;
aliquanto liberius et fortius et magis more nostro refuta-
remus istam male dicendi licentiam.   Tecum, Atratine, 5
agam lenius, quod et pudor tuus moderatur orationi meae
et meum erga te parentemque tuum beneficium tueri debeo.

8 Illud tamen te esse admonitum volo, primum ut qualis es
talem te omnes esse existiment, ut quantum a rerum turpitudine abes tantum te a verborum libertate seiungas ; 10
deinde ut ea in alterum ne dicas quae, cum tibi falso
responsa sint, erubescas.   Quis est enim cui via ista non
pateat, quis est qui huic aetati atque isti dignitati non
possit quam velit petulanter, etiam si sine ulla suspicione, at
non sine argumento male dicere ?   Sed istarum partium 15
culpa est eorum qui te agere voluerunt ; laus pudoris tui,
quod ea te invitum dicere videbamus, ingeni, quod ornate
4 politeque dixisti.   Verum ad istam omnem orationem
9 brevis est defensio.   Nam quoad aetas M. Caeli dare potuit
isti suspicioni locum, fuit primum ipsius pudore, deinde 20
etiam patris diligentia disciplinaque munita.   Qui ut huic
togam virilem dedit—nihil dicam hoc loco de me ; tantum
sit quantum vos existimatis ; hoc dicam, hunc a patre continuo ad me esse deductum—nemo hunc M. Caelium in
illo aetatis flore vidit nisi aut cum patre aut mecum aut in 25
M. Crassi castissima domo cum artibus honestissimis
erudiretur.

1 animum advertere Σ (*cf. Clu.* § 1) : animadvertere *Pπδ*   2
aliquis Σ*πδ* : aliqui *P*   6 lenius agam Σ*B*   tuus *om.* Σ*B*   7
meum *om.* Σ*B*   debet Σ   8 ut Σ, *Lambinus* : *om. Pπδ*   9
te omnes esse (se) Σ : te *Pπδ* : te esse omnes *Klotz*   13 quis est
Σ : *om. Pπδ*   huic aetati atque isti (huic *Agroetius*) dignitati Σ,
Agroetius (*K*. vii. 118) : isti aetati *Pbh* : isti aetati atque etiam isti
dignitati *cett.*   15 non sine ullo Σ   18 omnem *om.* Σ   19
potuit isti Σ, *Naugerius* : potuisti *Pe* : potuit *cett.*   22 togam virilem Σ : virilem togam *Pπδ*   23 existimetis *Ernesti*

Nam quod Catilinae familiaritas obiecta Caelio est, longe 10
ab ista suspicione abhorrere debet.   Hoc enim adulescente
scitis consulatum mecum petisse Catilinam.   Ad quem si
accessit aut si a me discessit umquam—quamquam multi
5 boni adulescentes illi homini nequam atque improbo stu-
duerunt—tum existimetur Caelius Catilinae nimium familiaris fuisse.   At enim postea scimus et vidimus esse hunc
in illius etiam amicis.   Quis negat?   Sed ego illud tempus
aetatis quod ipsum sua sponte infirmum, aliorum autem
10 libidine infestum est, id hoc loco defendo.   Fuit adsiduus
mecum praetore me ; non noverat Catilinam ; Africam tum
praetor ille obtinebat.   Secutus est tum annus, causam de
pecuniis repetundis Catilina dixit.   Mecum erat hic ; illi
ne advocatus quidem venit umquam.   Deinceps fuit annus
15 quo ego consulatum petivi ; petebat Catilina mecum.   Num-
quam ad illum accessit, a me numquam recessit.   Tot igitur $\begin{smallmatrix}5\\11\end{smallmatrix}$
annos versatus in foro sine suspicione, sine infamia, studuit
Catilinae·iterum petenti.   Quem ergo ad finem putas custo-
diendam illam aetatem fuisse ?   Nobis quidem olim annus
20 erat unus ad cohibendum bracchium toga constitutus, et ut
exercitatione ludoque campestri tunicati uteremur, eademque
erat, si statim merere stipendia coeperamus, castrensis ratio ac
militaris.   Qua in aetate nisi qui se ipse sua gravitate et casti-
monia et cum disciplina domestica tum etiam naturali
25 quodam bono defenderet, quoquo modo a suis custoditus
esset, tamen infamiam veram effugere non poterat.   Sed qui
prima illa initia aetatis integra atque inviolata praestitisset, de
eius fama ac pudicitia, cum iam sese conroboravisset ac vir
inter viros esset, nemo loquebatur.   At studuit Catilinae, cum 12

4 si a] si Σ   6 tum Σ, *Angelius*: tamen Pπδ   8 etiam Σ :
om. Pπδ   neget Σ   9 autem ΣB: *om.* Pπδ   10 libidini Σ,
Ascens. 3 *in mg.*   12 tum annus Σ : annus Pπδ : annus cum
Garatoni   22 merere ΣB: mereri Pπδ   25 defenderet (-rit *h*)
πδ: defenderat P   27 illa prima Σ   28 ac] et Σ   iam sese Σ :
is iam se Pπδ : iam se *Vollgraf*   29 at *Francken* : ac Σ: *om.* Pπδ

299

iam aliquot annos esset in foro, Caelius. Et multi hoc
idem ex omni ordine atque ex omni aetate fecerunt. Habuit
enim ille, sicuti meminisse vos arbitror, permulta maximarum non expressa signa sed adumbrata virtutum. Vtebatur hominibus improbis multis ; et quidem optimis se 5
viris deditum esse simulabat. Erant apud illum inlecebrae
libidinum multae ; erant etiam industriae quidam stimuli
ac laboris. Flagrabant vitia libidinis apud illum ; vigebant
etiam studia rei militaris. Neque ego umquam fuisse tale
monstrum in terris ullum puto, tam ex contrariis diversisque 10
atque inter se pugnantibus naturae studiis cupiditatibusque
6 conflatum. Quis clarioribus viris quodam tempore iucun-
13 dior, quis turpioribus coniunctior? quis civis meliorum
partium aliquando, quis taetrior hostis huic civitati? quis
in voluptatibus inquinatior, quis in laboribus patientior? 15
quis in rapacitate avarior, quis in largitione effusior? Illa
vero, iudices, in illo homine admirabilia fuerunt, compre-
hendere multos amicitia, tueri obsequio, cum omnibus communicare quod habebat, servire temporibus suorum omnium
pecunia, gratia, labore corporis, scelere etiam, si opus esset, 20
et audacia, versare suam naturam et regere ad tempus atque
huc et illuc torquere ac flectere, cum tristibus severe, cum
remissis iucunde, cum senibus graviter, cum iuventute
comiter, cum facinerosis audaciter, cum libidinosis luxu-
14 riose vivere. Hac ille tam varia multiplicique natura cum 25
omnis omnibus ex terris homines improbos audacisque
conlegerat, tum etiam multos fortis viros et bonos specie
quadam virtutis adsimulatae tenebat. Neque umquam ex

    2 ordine omni Σ   6 simulaverat Σ   8 illum] eum Σ
11 atque *Lambinus* : *om. Pπδ* : et *unus det.*   12 quodam tempore]
quondam Σ (*contra Frontonem, ad Anton.* ii. 6)   13 turpioribus
viris Σ   17 admirabilia Σ : mirabilia *Pπδ*   20 corporibus Σ
esset et Σ*b*ᵇ*ψ*² : esset (*ante ras. P*) *cett.*   22 ac] et Σ   24
audaciter Σ*Beg* : audacter *Ph*   26 ex omnibus Σ   28 quadam
rei p. adsimulatam Σ   neque] ne Σ

illo delendi huius imperi tam consceleratus impetus exstitisset, nisi tot vitiorum tanta immanitas quibusdam facilitatis et patientiae radicibus niteretur. Qua re ista condicio,
iudices, respuatur, nec Catilinae familiaritatis crimen haereat.
5 Est enim commune cum multis et cum quibusdam bonis.
Me ipsum, me, inquam, quondam paene ille decepit, cum
et civis mihi bonus et optimi cuiusque cupidus et firmus
amicus ac fidelis videretur ; cuius ego facinora oculis prius
quam opinione, manibus ante quam suspicione deprendi.
10 Cuius in magnis catervis amicorum si fuit etiam Caelius,
magis est ut ipse moleste ferat errasse se, sicuti non numquam in eodem homine me quoque erroris mei paenitet,
quam ut istius amicitiae crimen reformidet.

Itaque a maledictis impudicitiae ad coniurationis invidiam **7**
15 oratio est vestra delapsa. Posuistis enim, atque id tamen   ₁₅
titubanter et strictim, coniurationis hunc propter amicitiam
Catilinae participem fuisse ; in quo non modo crimen non
haerebat sed vix diserti adulescentis cohaerebat oratio.
Qui enim tantus furor in Caelio, quod tantum aut in moribus
20 naturaque volnus aut in re atque fortuna ? ubi denique est
in ista suspicione Caeli nomen auditum ? Nimium multa
de re minime dubia loquor ; hoc tamen dico. Non modo
si socius coniurationis, sed nisi inimicissimus istius sceleris
fuisset, numquam coniurationis accusatione adulescentiam
25 suam potissimum commendare voluisset. Quod haud scio 16
an de ambitu et de criminibus istis sodalium ac sequestrium,
quoniam huc incidi, similiter respondendum putem. Numquam enim tam Caelius amens fuisset ut, si sese isto
infinito ambitu commaculasset, ambitus alterum accusaret,

2 facultatis *Madvig*   5 quibusdam Σ : quibusdam etiam *Pπδ*
(*cf. Zielinski p.* 77)   13 ipsius Σ   14 impudicitiae Σ, *Garatoni*
ex Quintil. iv. 2. 27 : pudicitiae *Pπδ*   15 oratio delapsa est Σ
16 propter amicitiam hunc Σ   22 tamen *Pπδ* : tantum *Lambinus*
26 sequestrum *B*   28 si sese *scripsi* : ses se Σ : si se *Pπδ*

neque eius facti in altero suspicionem quaereret cuius ipse
sibi perpetuam licentiam optaret, nec, si sibi semel periculum
ambitus subeundum putaret, ipse alterum iterum ambitus
crimine arcesseret. Quod quamquam nec sapienter et me
invito facit, tamen est eius modi cupiditas ut magis insectari 5
alterius innocentiam quam de se timide cogitare videatur.

17   Nam quod aes alienum obiectum est, sumptus reprehensi,
tabulae flagitatae, videte quam pauca respondeam. Tabulas
qui in patris potestate est nullas conficit. Versuram numquam omnino fecit ullam. Sumptus unius generis obiectus 10
est, habitationis ; triginta milibus dixistis habitare. Nunc
demum intellego P. Clodi insulam esse venalem, cuius
hic in aediculis habitat decem, ut opinor, milibus. Vos
autem dum illi placere voltis, ad tempus eius mendacium
vestrum accommodavistis.   15

18   Reprehendistis a patre quod semigrarit. Quod quidem
in hac aetate minime reprendendum est. Qui cum et ex
publica causa iam esset mihi quidem molestam, sibi tamen
gloriosam victoriam consecutus et per aetatem magistratus
petere posset, non modo permittente patre sed etiam 20
suadente ab eo semigravit et, cum domus patris a foro
longe abesset, quo facilius et nostras domus obire et ipse
a suis coli posset, conduxit in Palatio non magno domum.

8 Quo loco possum dicere id quod vir clarissimus, M. Crassus,
cum de adventu regis Ptolemaei quereretur, paulo ante 25
dixit :

Vtinam ne in nemore Pelio—

5 cupiditas *b'ψ²* : cupiditatis Σ : cupidus (-idinis *g*) *cett.* : *del. Lambinus*   9 est] sit Σ   confecit *ed. R*   11 dixistis] eum
add. Pπδ, ego delevi (clausulae gratia)   12 demum ‖ ‖ ‖ *P* : demum,
iudices *Halm*   14 eius] eris Σ : *num* eri?   15 vestrum]
sequuntur in Peg verba renuerit qui unguenta § 27 *usque ad* inanes
metus § 36   17 in hac Σ, *Lambinus* : iam in hac *Pπδ*   ex
publica causa Σ*b²ψ²*, *Francken* : et (*om.* et π) ex rei p. causa *Pπδ*
21–22 et cum . . . abesset] cum . . . abesset, et *Schwartz*   23 posset
Σ*P²bg²ψ* : possit *cett.*

Ac longius mihi quidem contexere hoc carmen liceret:

Nam numquam era errans

hanc molestiam nobis exhiberet

Medea animo aegro, amore saevo saucia.

5 Sic enim, iudices, reperietis quod, cum ad id loci venero,
ostendam, hanc Palatinam Medeam migrationemque hanc
adulescenti causam sive malorum omnium sive potius
sermonum fuisse.

Quam ob rem illa quae ex accusatorum oratione prae- 19
10 muniri iam et fingi intellegebam, fretus vestra prudentia,
iudices, non pertimesco. Aiebant enim fore testem senatorem qui se pontificiis comitiis pulsatum a Caelio diceret.
A quo quaeram, si prodierit, primum cur statim nihil egerit,
deinde, si id queri quam agere maluerit, cur productus
15 a vobis potius quam ipse per se, cur tanto post potius quam
continuo queri maluerit. Si mihi ad haec acute arguteque
responderit, tum quaeram denique ex quo iste fonte senator
emanet. Nam si ipse orietur et nascetur ex sese, fortasse,
ut soleo, commovebor; sin autem est rivolus arcessitus
20 et ductus ab ipso capite accusationis vestrae, laetabor, cum
tanta gratia tantisque opibus accusatio vestra nitatur, unum
senatorem esse solum qui vobis gratificari vellet inventum.

DE TESTE FVFIO.

Nec tamen illud genus alterum nocturnorum testium per- 20
25 horresco. Est enim dictum ab illis fore qui dicerent uxores
suas a cena redeuntis attrectatas esse a Caelio. Graves erunt
homines qui hoc iurati dicere audebunt, cum sit eis con-

---

1 mihi quidem Σ: quidem mihi *Pπδ*   6 migrationemque hanc
scripsi: migrationemque huic *Pπδ*: eamque migrationem huic *Kayser*
11 aiebant] ‖aiebant (-i- *m. 2 in ras.*) *P*: iaciebant Σ   17 quo iste
b²ψ: quote *P¹eg*: quoto *P²bh*: quo *g²*   19 arcessitus Σ: accersitus
cett.   22 esse solum Σ: solum esse *Pπδ*   23 DE TESTE FVFIO
Σ, *om. Pπδ* (*cf. Mur.* 57)   24 tamen] tantum *ψ¹*   perhorresco
Σ: pertimesco *Pπδ*   25 suas uxores Σ (*contra Severian., Rhet. M.
p.* 369)   27 audeant *bψ²*

fitendum numquam se ne congressu quidem et constituto
9 coepisse de tantis iniuriis experiri. Sed totum genus
oppugnationis huius, iudices, et iam prospicitis animis et,
cum inferetur, propulsare debebitis. Non enim ab isdem
accusatur M. Caelius a quibus oppugnatur ; palam in eum 5
21 tela iaciuntur, clam subministrantur. Neque ego id dico
ut invidiosum sit in eos quibus gloriosum etiam hoc esse
debet. Funguntur officio, defendunt suos, faciunt quod
viri fortissimi solent ; laesi dolent, irati efferuntur, pugnant
lacessiti. Sed vestrae sapientiae tamen est, iudices, non, si 10
causa iusta est viris fortibus oppugnandi M. Caelium, ideo
vobis quoque causam putare esse iustam alieno dolori
potius quam vestrae fidei consulendi. Iam quae sit multitudo in foro, quae genera, quae studia, quae varietas
hominum videtis. Ex hac copia quam multos esse arbitra- 15
mini qui hominibus potentibus, gratiosis, disertis, cum
aliquid eos velle arbitrentur, ultro se offerre soleant, operam
22 navare, testimonium polliceri ? Hoc ex genere si qui se in
hoc iudicium forte proiecerint, excluditote eorum cupiditatem,
iudices, sapientia vestra, ut eodem tempore et huius saluti 20
et religioni vestrae et contra periculosas hominum potentias
condicioni omnium civium providisse videamini. Equidem
vos abducam a testibus neque huius iudici veritatem quae
mutari nullo modo potest in voluntate testium conlocari
sinam quae facillime fingi, nullo negotio flecti ac detorqueri 25
potest. Argumentis agemus, signis luce omni clarioribus
crimina refellemus ; res cum re, causa cum causa, ratio cum
ratione pugnabit.·
10
23   Itaque illam partem causae facile patior graviter et ornate

2 coepisse Σ*egδ* : caedisse *Ph*   4 debebitis propulsare Σ   6
administrantur Σ   ego id Σ : id ego *Pπδ* : eo id *Schütz*   7 esse
hoc Σ   12 vobis quoque Σ, *Garatoni* : vobis quoque vos *Pπδ* :
vos quoque *ed. R*   13 consulendi. Iam *scripsi* : consulendum Σ :
consulendi (-i *add. m.* 2) . . . *P* : consulendi *πδ*   15 vidistis ∴
25 fingi *gψ*¹ : effingi *Pehbψ*²

a M. Crasso peroratam de seditionibus Neapolitanis, de
Alexandrinorum pulsatione Puteolana, de bonis Pallae.
Vellem dictum esset ab eodem etiam de Dione. De quo
ipso tamen quid est quod exspectetis ? quod is qui fecit
5 aut non timet aut etiam fatetur ; est enim rex ; qui autem
dictus est adiutor fuisse et conscius, P. Asicius, iudicio est
liberatus.   Quod igitur est eius modi crimen ut qui commisit
non neget, qui negavit absolutus sit, id hic pertimescat qui
non modo a facti verum etiam a conscientiae suspicione
10 afuit ?   Et, si Asicio causa plus profuit quam nocuit invidia,
huic oberit maledictum tuum qui istius facti non modo
suspicione sed ne infamia quidem est aspersus ?   At prae- 24
varicatione est Asicius liberatus.   Perfacile est isti loco
respondere, mihi praesertim a quo illa causa defensa est.
15 Sed Caelius optimam causam Asici esse arbitratur ; cuicuimodi autem sit, a sua putat esse seiunctam.   Neque solum
Caelius sed etiam adulescentes humanissimi et doctissimi,
rectissimis studiis atque optimis artibus praediti, Titus
Gaiusque Coponii qui ex omnibus maxime Dionis mortem
20 doluerunt, qui cum doctrinae studio atque humanitatis tum
etiam hospitio Dionis tenebantur.   Habitabat apud Titum,
ut audistis, Dio, erat ei cognitus Alexandriae.   Quid aut
hic aut summo splendore praeditus frater eius de M. Caelio
existimet ex ipsis, si producti erunt, audietis.   Ergo haec 25
25 removeantur, ut aliquando, in quibus causa nititur, ad ea
veniamus.

2 Paliae Σ   3 vellem vellem Σ   9 facti *Naugerius* : facto
*P*π*δ*   10 causa *P*π*δ* : in causa *Müller* : *fort.* ea   11 maledictum tuum Σ : tuum maledictum *P*π*δ*   13 est] sit Σ   15
cuicuimodi *Ant. Augustinus* : cuiusmodi *P*π*δ*   16 esse Σ, *edd.*
VR : eius esse *P*π*δ*   19-20 Coponii ... doluerunt Σ*b²ψ²* (*de Coponiis
cf. Balb.* § 53) : *om.* P *in lac., sine lac.* π*δ*   20-22 qui cum ... erat
om. P¹ *in lac.*   20 qui cum doctrinae studio Σ*b²ψ²* : omni cum (*om.*
cum eg) doctrina *P²*π*δ*   21 apud Titum Σ : is apud L. Lucceium *P²*π*δ*
22 Dio erat Σ : fuerat ei *P²*π*δ*   25 removeantur Σ, *ed. Mediol.* ·
removentur *P*π*δ*

II Animadverti enim, iudices, audiri a vobis meum familiarem,
L. Herennium, perattente. In quo etsi magna ex parte
ingenio eius et dicendi genere quodam tenebamini, tamen
non numquam verebar ne illa subtiliter ad criminandum
inducta oratio ad animos vestros sensim ac leniter accederet. 5
Dixit enim multa de luxurie, multa de libidine, multa de
vitiis iuventutis, multa de moribus et, qui in reliqua vita
mitis esset et in hac suavitate humanitatis qua prope iam
delectantur omnes versari periucunde soleret, fuit in hac
causa pertristis quidam patruus, censor, magister; obiurgavit 10
M. Caelium, sicut neminem umquam parens; multa de
incontinentia intemperantiaque disseruit. Quid quaeritis,
iudices? ignoscebam vobis attente audientibus, propterea
quod egomet tam triste illud, tam asperum genus orationis
26 horrebam. Ac prima pars fuit illa quae me minus movebat, 15
fuisse meo necessario Bestiae Caelium familiarem, cenasse
apud eum, ventitasse domum, studuisse praeturae. Non
me haec movent quae perspicue falsa sunt; etenim eos
una cenasse dixit qui aut absunt aut quibus necesse est
idem dicere. Neque vero illud me commovet quod sibi in 20
Lupercis sodalem esse Caelium dixit. Fera quaedam
sodalitas et plane pastoricia atque agrestis germanorum
Lupercorum, quorum coitio illa silvestris ante est instituta
quam humanitas atque leges, si quidem non modo nomina
deferunt inter se sodales sed etiam commemorant sodali- 25
tatem in accusando, ut ne quis id forte nesciat timere
27 videantur! Sed haec omitto; ad illa quae me magis
moverunt respondeo.

4 subtilis et ad B 5 ad animos . . . accederet] animos . . .
accenderet h 7 et qui Σg^2: ut qui *cett.*   10 quidam *om.* Σ 14
illud tam Σ: illud et tam $P\pi\delta$ 20 idem dicere $P^2\pi\delta$: idem d . . . . . P^1
21 esse sodalem Σ 22 pastoricia $BP^2\pi\delta$: pa . . . . . . P^1: pasto-
ralis *coni. Halm*   26 ne quis P^1: ne quis si Σ: ne si quis $P^2\pi\delta$
27 videantur *Abram*: videatur $P\pi\delta$ omitto Σ: omittam $P\pi\delta$ 28
respondebo $b^2\psi$

Deliciarum obiurgatio fuit longa, etiam lenior, plusque disputationis habuit quam atrocitatis, quo etiam audita est attentius. Nam P. Clodius, amicus meus, cum se gravissime vehementissimeque iactaret et omnia inflammatus ageret 5 tristissimis verbis, voce maxima, tametsi probabam eius eloquentiam, tamen non pertimescebam ; aliquot enim in causis eum videram frustra litigantem. Tibi autem, Balbe, respondeo primum precario, si licet, si fas est defendi a me eum qui nullum convivium renuerit, qui in hortis fuerit, qui 10 unguenta sumpserit, qui Baias viderit. Equidem multos et **12** vidi in hac civitate et audivi, non modo qui primoribus labris **28** gustassent genus hoc vitae et extremis, ut dicitur, digitis attigissent sed qui totam adulescentiam voluptatibus de- didissent, emersisse aliquando et se ad frugem bonam, ut 15 dicitur, recepisse gravisque homines atque inlustris fuisse. Datur enim concessu omnium huic aliqui ludus aetati, et ipsa natura profundit adulescentiae cupiditates. Quae si ita erumpunt ut nullius vitam labefactent, nullius domum evertant, faciles et tolerabiles haberi solent. Sed tu mihi 29 20 videbare ex communi infamia iuventutis aliquam invidiam Caelio velle conflare. Itaque omne illud silentium quod est orationi tributum tuae fuit ob eam causam quod uno reo proposito de multorum vitiis cogitabamus. Facile est accusare luxuriem. Dies iam me deficiat, si quae dici in 25 eam sententiam possunt coner expromere ; de corruptelis, de adulteriis, de protervitate, de sumptibus immensa oratio est. Vt tibi reum neminem sed vitia ista proponas, res tamen ipsa et copiose et graviter accusari potest. Sed

---

1 etiam *scripsi* : et ea *Pπδ* : et eo *Kayser*   alienior Σ (*fort.* et a causa alienior)   4 inflammatus] *fort.* inflatius   5 probem Σ 8 respondebo *Donatus ad Ter. Hecyram* iv. 1. 30   9 renuerit *hδ* : reminierit *P* : inierit Σ*eg*   qui . . . fuerit *Donatus* : *om. Pπδ*   13 dedidissent *Ascens.* (3) *mg.* : dedissent *Pπδ*   24 deficiat *P, Ernesti* : deficiet *πδ*   25 possint *Ernesti*   coner] -er *add.* P² *in ras.*   27 ista *scripsi* : ipsa Σ : *om. Pπδ*   28 et copiose Σ, *Naugerius* (2) : *om. Pπδ*

307

vestrae sapientiae, iudices, est non abduci ab reo nec, quos
aculeos habeat severitas gravitasque vestra, cum eos accusator
erexerit in rem, in vitia, in mores, in tempora, emittere in
hominem et in reum, cum is non suo crimine sed multorum
30 vitio sit in quoddam odium iniustum vocatus.   Itaque ego 5
severitati tuae ita ut oportet respondere non audeo.   Erat
enim meum deprecari vacationem adulescentiae veniamque
petere.   Non, inquam, audeo; perfugiis nihil utor aetatis,
concessa omnibus iura dimitto ; tantum peto ut, si qua est
invidia communis hoc tempore aeris alieni, petulantiae, 10
libidinum iuventutis, quam video esse magnam, tamen ne
huic aliena peccata, ne aetatis ac temporum vitia noceant.
Atque ego idem qui haec postulo quin criminibus quae in
hunc proprie conferuntur diligentissime respondeam non
recuso.   15

13   Sunt autem duo crimina, auri et veneni ; in quibus una
atque eadem persona versatur.   Aurum sumptum a Clodia,
venenum quaesitum quod Clodiae daretur, ut dicitur.   Omnia
sunt alia non crimina sed maledicta, iurgi petulantis magis
quam publicae quaestionis.   ' Adulter, impudicus, sequester ' 20
convicium est, non accusatio.   Nullum est enim fundamentum horum criminum, nullae sedes ; voces sunt con-
tumeliosae temere ab irato accusatore nullo auctore emissae.
31 Horum duorum criminum video auctorem, video fontem,
video certum nomen et caput.   Auro opus fuit ; sumpsit 25
a Clodia, sumpsit sine teste, habuit quamdiu voluit.   Maximum video signum cuiusdam egregiae familiaritatis.   Necare

---

1 iudices est] est *in ras. hab. P*: est, iudices, *Halm*   2 habet
Σ   5 ego Σ : *om. Pπδ*   6 ita ut oportet Σ : ut oportet ita
Pπδ   8 nihil Σ : non *Pπδ*   9 si quae *Halm*   11 tamen
Wrampelmeyer : tam Σ : *om. Pπδ*   18 ut Σ : *om. Pπδ* (*cf. Zielinski
p.* 207)   somnia Σ   19 alia] talia Σ : illa *Ernesti*   22
nullae Σ : nulla *Pπδ*   23 ab irato accusatore] arbitratu accusatoris
b²ψ   24 auctorem video fontem Σ : fontem video auctorem *Pπჳ*
27 necare *b¹g²ψ* : negare *Pπb²*

eandem voluit; quaesivit venenum, sollicitavit servos,
potionem paravit, locum constituit, clam attulit. Magnum
rursus odium video cum crudelissimo discidio exstitisse.
Res est omnis in hac causa nobis, iudices, cum Clodia,
5 muliere non solum nobili verum etiam nota ; de qua ego
nihil dicam nisi depellendi criminis causa.   Sed intellegis 32
pro tua praestanti prudentia, Cn. Domiti, cum hac sola rem
esse nobis. Quae si se aurum Caelio commodasse non
dicit, si venenum ab hoc sibi paratum esse non arguit,
10 petulanter facimus, si matrem familias secus quam matro-
narum sanctitas postulat nominamus.   Sin ista muliere
remota nec crimen ullum nec opes ad oppugnandum M.
Caelium illis relinquuntur, quid est aliud quod nos patroni
facere debeamus, nisi ut eos qui insectantur repellamus ?
15 Quod quidem facerem vehementius, nisi intercederent mihi
inimicitiae cum istius mulieris viro—fratrem volui dicere ;
semper hic erro.   Nunc agam modice nec longius progrediar
quam me mea fides et causa ipsa coget : nec enim muliebris
umquam inimicitias mihi gerendas putavi, praesertim cum
20 ea quam omnes semper amicam omnium potius quam
cuiusquam inimicam putaverunt.

Sed tamen ex ipsa quaeram prius utrum me secum **14**
severe et graviter et prisce agere malit, an remisse et leniter 33
et urbane. Si illo austero more ac modo, aliquis mihi ab
25 inferis excitandus est ex barbatis illis, non hac barbula qua
ista delectatur sed illa horrida quam in statuis antiquis
atque imaginibus videmus, qui obiurget mulierem et qui

1 servos, potionem *Bährens* : quos potuit *Pπδ*   2 clam attulit
scripsi : quam *ante* locum *hab.* Σ : *om. Pπδ*   5 nobili verum Σ,
Quintil. ix. 4. 97 : nobili sed (nobi . . . . . .*P¹*) *Pπδ*   12 M. Σ : *om.*
Pπδ   16 fratrem Σ*Bb²*, *Claud. Sac.* (*K.* vi. 468) : fratre *Pπδ*,
Rufinian. (*Rhet. M.* 40)   18 cogit Σ*b²*   nec Σ : neque *Pπδ*
19 mihi inimicitias Σ   cum ea *om. Quintil.* ix. 2. 99   20 semper
om. Quintil.   24 si *Ernesti* : sin *BPπδ* : si enim *Bährens*   25
hac barbula] ex barbula illa Σ*B*   26 sed illa Σ*B* : sed ex illa *cett.*
27 et qui Σ : et *Pπδ*

pro me loquatur ne mihi ista forte suscenseat. Exsistat
igitur ex hac ipsa familia aliquis ac potissimum Caecus ille;
minimum enim dolorem capiet qui istam non videbit. Qui
profecto, si exstiterit, sic aget ac sic loquetur: 'Mulier,
quid tibi cum Caelio, quid cum homine adulescentulo, quid 5
cum alieno? Cur aut tam familiaris fuisti ut aurum com-
modares, aut tam inimica ut venenum timeres? Non
patrem tuum videras, non patruum, non avum, non proavum,
34 non *abavum, non* atavum audieras consules fuisse; non
denique modo te Q. Metelli matrimonium tenuisse sciebas, 10
clarissimi ac fortissimi viri patriaeque amantissimi, qui simul
ac pedem limine extulerat, omnis prope civis virtute, gloria,
dignitate superabat? Cum ex amplissimo genere in familiam
clarissimam nupsisses, cur tibi Caelius tam coniunctus fuit?
cognatus, adfinis, viri tui familiaris? Nihil eorum. Quid 15
igitur fuit nisi quaedam temeritas ac libido? Nonne te, si
nostrae imagines viriles non commovebant, ne progenies
quidem mea, Q. illa Claudia, aemulam domesticae laudis
in gloria muliebri esse admonebat, non virgo illa Vestalis
Claudia quae patrem complexa triumphantem ab inimico 20
tribuno plebei de curru detrahi passa non est? Cur te
fraterna vitia potius quam bona paterna et avita et usque
a nobis cum in viris tum etiam in feminis repetita moverunt?
Ideone ego pacem Pyrrhi diremi ut tu amorum turpissi-
morum cotidie foedera ferires, ideo aquam adduxi ut ea tu 25
inceste uterere, ideo viam munivi ut eam tu alienis viris
comitata celebrares?'
15
35   Sed quid ego, iudices, ita gravem personam induxi ut

6 familiaris *Severian.* (*Rhet. M.* 360): famil. huius Σ*B*: famil. huic
Pπδ   accommodares Σ*B*   8 non proavum Σ*B*: proavum *cett.*
9 non abavum, non atavum *scripsi* (*cf. Nipperdey, Leges Ann. p.* 42):
non atavum non Σ*B*: atavum *cett.*   15 eorum] horum *b*[1], *Ernesti*
17 ne *et* quidem *om. B*   23 ‖ moverunt (mov- *m.* 2 *in ras.*) *P*:
fort. commoverunt   28 introduxi *Quintil.* ix. 2. 60   ut Σ: ut
et *Pπδ*: ut etiam *Wesenberg*

verear ne se idem Appius repente convertat et Caelium
incipiat accusare illa sua gravitate censoria? Sed videro
hoc posterius atque ita, iudices, ut vel severissimis discepta-
toribus M. Caeli vitam me probaturum esse confidam. Tu
5 vero, mulier—iam enim ipse tecum nulla persona introducta
loquor—si ea quae facis, quae dicis, quae insimulas, quae
moliris, quae arguis, probare cogitas, rationem tantae familiaritatis, tantae consuetudinis, tantae coniunctionis reddas
atque exponas necesse est. Accusatores quidem libidines,
10 amores, adulteria, Baias, actas, convivia, comissationes,
cantus, symphonias, navigia iactant, idemque significant
nihil se te invita dicere. Quae tu quoniam mente nescio
qua effrenata atque praecipiti in forum deferri iudiciumque
voluisti, aut diluas oportet ac falsa esse doceas aut nihil
15 neque crimini tuo neque testimonio credendum esse fateare.

Sin autem urbanius me agere mavis, sic agam tecum. 36
Removebo illum senem durum ac paene agrestem; ex his
igitur sumam aliquem ac potissimum minimum fratrem qui
est in isto genere urbanissimus; qui te amat plurimum, qui
20 propter nescio quam, credo, timiditatem et nocturnos
quosdam inanis metus tecum semper pusio cum maiore
sorore cubitabat. Eum putato tecum loqui: 'Quid tu-
multuaris, soror? quid insanis?

Quid clamorem exorsa verbis parvam rem magnam facis?

25 Vicinum adulescentulum aspexisti; candor huius te et pro-
ceritas voltus oculique pepulerunt; saepius videre voluisti;
fuisti non numquam in isdem hortis; vis nobilis mulier

3 ut vel Σ: vel (*om. g*) *Pπδ*   6 loquar Σ   6–7 facis . . . arguis
(quae *ante* moliris *om. b²*: quae insimulas *om. ψ²*) Σb²ψ²: *om. P¹*:
facis, quae dicis, quae in sororem tuam moliris, quae argumenta *P²πδ*
10 actas *P*: acta *πδ*   13 praeceps Σ   14 ac *Halm*: aut *Pπδ*
17 illum illum Σ   his igitur *P¹*: his igitur tuis *P²πδ*: istis tuis
Madvig   22 cubitabat *Quintil.* viii. 3. 22: cubitavit *Pπδ*   24
clamorem *Ribbeck*: clamore *Pπδ*   26 pepulerunt Σπδ: perpulerunt
P   27 vis *P¹*, *Madvig*: visa *P²πδ*

illum filium familias patre parco ac tenaci habere tuis copiis
devinctum. Non potes; calcitrat, respuit, repellit, non
putat tua dona esse tanti. Confer te alio. Habes hortos
ad Tiberim ac diligenter eo loco paratos quo omnis iuventus
natandi causa venit; hinc licet condiciones cotidie legas; 5
cur huic qui te spernit molesta es?'

16
    Redeo nunc ad te, Caeli, vicissim ac mihi auctoritatem
37
patriam severitatemque suscipio. Sed dubito quem patrem
potissimum sumam, Caecilianumne aliquem vehementem
atque durum :   10

> Nunc enim demum mi animus ardet, nunc meum cor
>   cumulatur ira

aut illum:

> O infelix, o sceleste!

Ferrei sunt isti patres :   15

> Egone quid dicam, quid velim? quae tu omnia
> Tuis foedis factis facis ut nequiquam velim,

vix ferendi. Diceret talis pater: ' Cur te in istam vicinitatem meretriciam contulisti? cur inlecebris cognitis non
refugisti?'   20

> Cur alienam ullam mulierem nosti? Dide ac dissice;
> Per me *tibi* licet. Si egebis, tibi dolebit, *non mihi.*
> Mihi sat est qui aetatis quod relicuom est oblectem
>   meae.

38 Huic tristi ac derecto seni responderet Caelius se nulla 25
cupiditate inductum de via decessisse. Quid signi? Nulli
sumptus, nulla iactura, nulla versura. At fuit fama. Quotus

    2 potest Σ: potes ‖ *P*   repellit Σ*B*: *om. cett.*   3 esse dona
Σ   4 paratos Σ*B*: parasti *P*: praeparasti πδ   11 demum mi
Ribbeck: demum mihi *P*πδ: mihi demum *B*   12 ira] cura *B*   16
quid velim *Spengel*: egone quid velim *P*πδ   21 alienam *om.* Σ
dissice Σ, *Puteanus*: disce *P*πδ   22 tibi *Francken*: *om. P*πδ   non
mihi *Francken*: *om. P*πδ   25 se nulla . . . in tam *om. P*[1] *in* 4
versuum lac.

quisque istam effugere potest, praesertim in tam maledica
civitate? Vicinum eius mulieris miraris male audisse cuius
frater germanus sermones iniquorum effugere non potuit?
Leni vero et clementi patre cuius modi ille est :

5   Fores ecfregit, restituentur ; discidit
    Vestem, resarcietur,

Caeli causa est expeditissima. Quid enim esset in quo se
non facile defenderet? Nihil iam in istam mulierem dico ;
sed, si esset aliqua dissimilis istius quae se omnibus per-
10 volgaret, quae haberet palam decretum semper aliquem,
cuius in hortos, domum, Baias iure suo libidines omnium
commearent, quae etiam aleret adulescentis et parsimoniam
patrum suis sumptibus sustineret ; si vidua libere, proterva
petulanter, dives effuse, libidinosa meretricio more viveret,
15 adulterum ego putarem si quis hanc paulo liberius salu-
tasset ?

Dicet aliquis : 'Haec igitur est tua disciplina? sic tu ¹⁷₃₉
instituis adulescentis? ob hanc causam tibi hunc puerum
parens commendavit et tradidit, ut in amore atque in volupta-
20 tibus adulescentiam suam conlocaret, et ut hanc tu vitam
atque haec studia defenderes?' Ego, si quis, iudices, hoc
robore animi atque hac indole virtutis ac continentiae fuit
ut respueret omnis voluptates omnemque vitae suae cursum
in labore corporis atque in animi contentione conficeret,

1 quisque $BP^2\pi\delta$: quisque est qui T effugere potest, praesertim
scripsi : praesertim effugere potest ΣB : effugere potest (*ante* 12 *litt.*
lac. P^2) *cett.* : effugere possit *Halm*   4 patre *Schwartz* : patri
$P\pi\delta$ 5 ecfregit *Müller* : etfregit P^1 : effregit $P^2\pi\delta$ 7 Caelii
Angelius : filii $P T \pi \delta$ 10 decretum] *fort.* devinctum (*cf.* § 36)
13 sustineret Σ (*cf. Liv.* xxxix. 9. 6) : sustentaret *cett.*   15 quis]
qui *Quintil.* viii. 4. 1   17 est igitur T (*contra Quintil.* ix. 2. 15)
discipulina Σ (*cf. Rep.* ii. 19)   18 parens tibi hunc puerum Σ
19 amoribus Σ 20 ut $T\Sigma$: om. $P\pi\delta$ 21 si quis Σg : si quid TB :
si qui *cett.* (*variant codd. Quintil.*)   22 ac $BP\pi\delta$, *Quintil.* : ad (*ex*
adq.) T : atque *Halm*   23 suae vitae ΣB 24 atque in]
atque ΣB

quem non quies, non remissio, non aequalium studia, non
ludi, non convivium delectaret, nihil in vita expetendum
putaret nisi quod esset cum laude et cum dignitate coniunctum, hunc mea sententia divinis quibusdam bonis
instructum atque ornatum puto. Ex hoc genere illos fuisse 5
arbitror Camillos, Fabricios, Curios, omnisque eos qui haec
40 ex minimis tanta fecerunt. Verum haec genera virtutum
non solum in moribus nostris sed vix iam in libris reperiuntur. Chartae quoque quae illam pristinam severitatem
continebant obsoleverunt; neque solum apud nos qui hanc 10
sectam rationemque vitae re magis quam verbis secuti
sumus sed etiam apud Graecos, doctissimos homines,
quibus, cum facere non possent, loqui tamen et scribere
honeste et magnifice licebat, alia quaedam mutatis Graeciae
41 temporibus praecepta exstiterunt. Itaque alii voluptatis 15
causa omnia sapientes facere dixerunt, neque ab hac
orationis turpitudine eruditi homines refugerunt; alii cum
voluptate dignitatem coniungendam putaverunt, ut res
maxime inter se repugnantis dicendi facultate coniungerent;
illud unum derectum iter ad laudem cum labore qui proba- 20
verunt, prope soli iam in scholis sunt relicti. Multa enim
nobis blandimenta natura ipsa genuit quibus sopita virtus
coniveret interdum; multas vias adulescentiae lubricas
ostendit quibus illa insistere aut ingredi sine casu aliquo ac
prolapsione vix posset; multarum rerum iucundissimarum 25
varietatem dedit qua non modo haec aetas sed etiam
42 iam conroborata caperetur. Quam ob rem si quem forte
inveneritis qui aspernetur oculis pulchritudinem rerum, non
odore ullo, non tactu, non sapore capiatur, excludat auribus

---

2 convivium *TB* : convivia *Pπδ*   delectaret *scripsi* : delectarent
codd.   qui nihil *Halm*   6 Fabricios *ante* fuisse *hab. T*   Furios
B   14 alia *TΣg²* : aliqua *Pπδ*   16 nec ab Σ   19 dicendi]
verborum Σ   23 interdum Σ, *Madvig* : et interdum *cett.*   24
ac *TB* : aut *Pπδ*

omnem suavitatem, huic homini ego fortasse et pauci deos
propitios, plerique autem iratos putabunt.   Ergo haec **18**
deserta via et inculta atque interclusa iam frondibus et
virgultis relinquatur.   Detur aliqui ludus aetati; sit adule-
5 scentia liberior; non omnia voluptatibus denegentur; non
semper superet vera illa et derecta ratio; vincat aliquando
cupiditas voluptasque rationem, dum modo illa in hoc
genere praescriptio moderatioque teneatur.   Parcat iuventus
pudicitiae suae, ne spoliet alienam, ne effundat patrimonium,
10 ne faenore trucidetur, ne incurrat in alterius domum atque
familiam, ne probrum castis, labem integris, infamiam bonis
inferat, ne quem vi terreat, ne intersit insidiis, scelere
careat.   Postremo cum paruerit voluptatibus, dederit aliquid
temporis ad ludum aetatis atque ad inanis hasce adulescentiae
15 cupiditates, revocet se aliquando ad curam rei domesticae,
rei forensis reique publicae, ut ea quae ratione antea non
perspexerat satietate abiecisse et experiendo contempsisse
videatur.

Ac multi quidem et nostra et patrum maiorumque me- **43**
20 moria, iudices, summi homines et clarissimi cives fuerunt
quorum, cum adulescentiae cupiditates defervissent, eximiae
virtutes firmata iam aetate exstiterunt.   Ex quibus neminem
mihi libet nominare; vosmet vobiscum recordamini.   Nolo
enim cuiusquam fortis atque inlustris viri ne minimum
25 quidem erratum cum maxima laude coniungere.   Quod si
facere vellem, multi a me summi atque ornatissimi viri
praedicarentur quorum partim nimia libertas in adulescentia,
partim profusa luxuries, magnitudo aeris alieni, sumptus,
libidines nominarentur, quae multis postea virtutibus obtecta

2 putaverunt *T*   3 et virg.] ac virg. Σ   4 aliqui ludus *T* : aliquid
Pπδ   5 voluptatibus] cupiditatibus Σ   6 superent Σ   et] ac Σ
derecta Σ*P* : directa *πδ*   via et ratio Σ   11 familiam Σ : famam *cett.*
17 et Σ : *om. Pπδ*   19 quidem Σ : *om. Pπδ*   21 deferv.]
deferuu- *P*¹ : deseru- Σ   23 libet Σ, *Madvig* : liquet *P* : necesse
est *πδ*   28 profluxa Σ   29 obiecta Σ

18 43   M. TVLLI CICERONIS

19
44 adulescentiae qui vellet excusatione defenderet. At vero
in M. Caelio—dicam enim iam confidentius de studiis eius
honestis, quoniam audeo quaedam fretus vestra sapientia
libere confiteri—nulla luxuries reperietur, nulli sumptus,
nullum aes alienum, nulla conviviorum ac lustrorum libido. 5
Quod quidem vitium ventris et gurgitis non modo non
minuit aetäs hominibus sed etiam auget.   Amores autem
et deliciae quae vocantur, quae firmiore animo praeditis
diutius molestae non solent esse—mature enim et celeriter
deflorescunt—numquam hunc occupatum impeditumve te- 10
45 nuerunt.   Audistis cum pro se diceret, audistis antea cum
accusaret—defendendi haec causa, non gloriandi loquor—
genus orationis, facultatem, copiam sententiarum atque verborum, quae vestra prudentia est, perspexistis. Atque in eo
non solum ingenium elucere eius videbatis, quod saepe, 15
etiam si industria non alitur, valet tamen ipsum suis viribus,
sed inerat, nisi me propter benivolentiam forte fallebat, ratio
et bonis artibus instituta et cura et vigiliis elaborata. Atqui
scitote, iudices, eas cupiditates quae obiciuntur Caelio
atque haec studia de quibus disputo non facile in eodem 20
homine esse posse. Fieri enim non potest ut animus libidini
deditus, amore, desiderio, cupiditate, saepe nimia copia,
inopia etiam non numquam impeditus hoc quicquid est
quod nos facimus in dicendo, quoquo modo facimus, non
46 modo agendo verum etiam cogitando possit sustinere. An 25
vos aliam causam esse ullam putatis cur in tantis praemiis
eloquentiae, tanta voluptate dicendi, tanta laude, tanta

---

2 iam] hoc Σ   3 quoniam Σ, *Muretus* : quondam *P*π δ   5
lustrorum] stuprorum Σ   6 gutturis *ed. R*   8 deliciae Σ : hae
deliciae *P*π δ   firmo ingenio Σ   10 impeditumve *scripsi* : ne
impeditum que Σ : impeditumque *P*π δ   12 loquor Σ, *Naugerius* :
eloquor *P*π δ   14 quae vestrae si prudentiae Σ : *fort.* quae vestra
est prudentia   18 atqui Σ, *Lambinus* : atque *P*π δ   20 dis-
puto] disputavi Σ : disputato *P*ᶦ   24 modo facimus non Σ, *suppl.*
Madvig : *om. P*π δ

316

gratia, tanto honore, tam sint pauci semperque fuerint qui
in hoc labore versentur? Obterendae sunt omnes voluptates,
relinquenda studia delectationis, ludus, iocus, convivium,
sermo paene est familiarium deserendus. Qua re in hoc
5 genere labor offendit homines a studioque deterret, non
quo aut ingenia deficiant aut doctrina puerilis. An hic, si 47
sese isti vitae dedidisset, consularem hominem admodum
adulescens in iudicium vocavisset? hic, si laborem fugeret,
si obstrictus voluptatibus teneretur, hac in acie cotidie
10 versaretur, appeteret inimicitias, in iudicium vocaret, subiret
periculum capitis, ipse inspectante populo Romano tot iam
mensis aut de salute aut de gloria dimicaret? Nihilne **20**
igitur illa vicinitas redolet, nihilne hominum fama, nihil
Baiae denique ipsae loquuntur? Illae vero non loquuntur
15 solum verum etiam personant, huc unius mulieris libidinem
esse prolapsam ut ea non modo solitudinem ac tenebras
atque haec flagitiorum integumenta non quaerat sed in
turpissimis rebus frequentissima celebritate et clarissima
luce laetetur.

20   Verum si quis est qui etiam meretriciis amoribus inter- 48
dictum iuventuti putet, est ille quidem valde severus—negare
non possum—sed abhorret non modo ab huius saeculi
licentia verum etiam a maiorum consuetudine atque con-
cessis. Quando enim hoc non factitatum est, quando repre-
25 hensum, quando non permissum, quando denique fuit ut
quod licet non liceret? Hic ego ipsam rem definiam,

4 est paene Σ   5 labor offendit homines Σ, *Madvig*: labore
fiendi homines *P*: labor confitendi homines *eg*: homines a labore
studioque discendi *bhψ²*   6 hic *om.* Σ (*contra Arusian. K.* vii.
465)   7 dedidisset *Arusian.* (*s.v.* dedo): dedisset *mei*   9
hac in Σ: in hac *Pπδ*   11 capitis, ipse *Ph*: capitis, ipso *ed. R*:
capitis ipse, *Halm*   tot iam Σ, *Lambinus*: tot t ‖ *P*: tot *πδ*
12 nihilne... nihilne Σ: nihil... nihil *Pπδ*   18 rebus] viris Σ
22 huius Σ*g²h*: eius *cett.*   23 concessu *Ernesti*   24 factitatum Σ,
Lambinus: factum *Pπδ*   26 ipsam rem definiam *Halm*: iam rem
definiam (iam rem *P²* *in ras.*) *Pπδ*: iam definiam rem Σ

mulierem nullam nominabo ; tantum in medio relinquam.
49 Si quae non nupta mulier domum suam patefecerit omnium
cupiditati palamque sese in meretricia vita conlocarit, virorum alienissimorum conviviis uti instituerit, si hoc in urbe,
si in hortis, si in Baiarum illa celebritate faciat, si denique 5
ita sese gerat non incessu solum sed ornatu atque comitatu,
non flagrantia oculorum, non libertate sermonum, sed etiam
complexu, osculatione, actis, navigatione, conviviis, ut non
solum meretrix sed etiam proterva meretrix procaxque
videatur : cum hac si qui adulescens forte fuerit, utrum hic 10
tibi, L. Herenni, adulter an amator, expugnare pudicitiam
50 an explere libidinem voluisse videatur ? Obliviscor iam
iniurias tuas, Clodia, depono memoriam doloris mei ; quae
abs te crudeliter in meos me absente facta sunt neglego ;
ne sint haec in te dicta quae dixi. Sed ex te ipsa requiro, 15
quoniam et crimen accusatores abs te et testem eius criminis
te ipsam dicunt se habere. Si quae mulier sit eius modi
qualem ego paulo ante descripsi, tui dissimilis, vita institutoque meretricio, cum hac aliquid adulescentem hominem
habuisse rationis num tibi perturpe aut perflagitiosum esse 20
videatur ? Ea si tu non es, sicut ego malo, quid est quod
obiciant Caelio ? Sin eam te volunt esse, quid est cur nos
crimen hoc, si tu contemnis, pertimescamus ? Qua re nobis
da viam rationemque defensionis. Aut enim pudor tuus
defendet nihil a M. Caelio petulantius esse factum, aut 25
impudentia et huic et ceteris magnam ad se defendendum
facultatem dabit.
21
51   Sed quoniam emersisse iam e vadis et scopulos praeter-

3 collocaverit Σ   4 in urbe Σg²h : urbe *cett.*   5 faciat
duo dett. : facit P¹ : faciet P²π : faceret b   6 gerat Σ : geret
(gereret b) Pπδ   7 sermonum Σ : sermonis Pπδ   8 actis
Ernesti : aquis Pπδ   9 sed etiam proterva meretrix Σb²ψ² : *om.*
Pπδ   13 tuas Σ, *Arusian.* (*s. v.* obliviscor), *Servius ad Aen.* ii. 148 :
om. Pπδ   24 aut enim Σ : nam aut Pπδ   25 esse factum Pπδ :
factum esse Σ   26 et ceteris magnam ad se Σ : *om.* Pπδ   28
e vadis Σ. *ed. R* : evades P¹ : evadens P²π : e vado b²ψ²

vecta videtur esse oratio mea, perfacilis mihi reliquus cursus ostenditur. Duo sunt enim crimina una in muliere summorum facinorum, auri quod sumptum a Clodia dicitur, et veneni quod eiusdem Clodiae necandae causa parasse Cae-
5 lium criminantur. Aurum sumpsit, ut dicitis, quod L. Luccei servis daret, per quos Alexandrinus Dio qui tum apud Lucceium habitabat necaretur. Magnum crimen vel in legatis insidiandis vel in servis ad hospitem domini necandum sollicitandis, plenum sceleris consilium, plenum
10 audaciae! Quo quidem in crimine primum illud requiro, 52 dixeritne Clodiae quam ob rem aurum sumeret, an non dixerit. Si non dixit, cur dedit? Si dixit, eodem se conscientiae scelere devinxit. Tune aurum ex armario tuo promere ausa es, tune Venerem illam tuam spoliare orna-
15 mentis, spoliatricem ceterorum, cum scires quantum ad facinus aurum hoc quaereretur, ad necem legati, ad L. Luccei, sanctissimi hominis atque integerrimi, labem sceleris sempiternam? Huic facinori tanto tua mens liberalis conscia, tua domus popularis ministra, tua denique hospitalis
20 illa Venus adiutrix esse non debuit. Vidit hoc Balbus; 53 celatam esse Clodiam dixit, atque ita Caelium ad illam attulisse, se ad ornatum ludorum aurum quaerere. Si tam familiaris erat Clodiae quam tu esse vis cum de libidine eius tam multa dicis, dixit profecto quo vellet aurum; si
25 tam familiaris non erat, non dedit. Ita si verum tibi Caelius dixit, o immoderata mulier, sciens tu aurum ad facinus dedisti; si non est ausus dicere, non dedisti.

Quid ego nunc argumentis huic crimini, quae sunt innu- **22**

---

1 esse Σ*B*: *om. P*π*δ*   5 L. *P²*π*δ* : *om.* Σ*P¹*   8 insidiandis Σ*B* : insidiantes (-is *gh*) *P*π*δ*   10 requiro Σ : requiram *P*π*δ*   11–12 quam ob ... si non *om. P¹ in* 1½ *vers. lac.*   11 ob Σ*δ* : ad *P²*π sumeret Σ : tum sumeret *δ* : tum iret *P²*π   15 ceterorum Σ*ψ¹, Gulielmius, Madvig*: ceterum *cett.*   16 L. Luccei *bg²* : L. Lucullum *P*π*ψ*   18 sempiternam *Pantagathus* : sempiterni *P*π*δ*   **23** erat] fuit Σ   27 ausus Σ*hψ* : rursus *ceit.*

319

merabilia, resistam ? Possum dicere mores M. Caeli longis-
sime a tanti sceleris atrocitate esse disiunctos ; minime esse
credendum homini tam ingenioso tamque prudenti non
venisse in mentem rem tanti sceleris ignotis alienisque
servis non esse credendam. Possum etiam alia et ceterorum 5
patronorum et mea consuetudine ab accusatore perquirere,
ubi sit congressus cum servis Luccei Caelius, qui ei fuerit
aditus ; si per se, qua temeritate ! si per alium, per quem ?
Possum omnis latebras suspicionum peragrare dicendo ;
non causa, non locus, non facultas, non conscius, non per- 10
ficiendi, non occultandi malefici spes, non ratio ulla, non
54 vestigium maximi facinoris reperietur. Sed haec quae sunt
oratoris propria, quae mihi non propter ingenium meum
sed propter hanc exercitationem usumque dicendi fructum
aliquem ferre potuissent, cum a me ipso elaborata proferri 15
viderentur, brevitatis causa relinquo omnia. Habeo enim,
iudices, quem vos socium vestrae religionis iurisque iurandi
facile esse patiamini, L. Lucceium, sanctissimum hominem
et gravissimum testem, qui tantum facinus in famam atque
in fortunas suas neque non audisset inlatum a M. Caelio 20
neque neglexisset neque tulisset. An ille vir illa humanitate
praeditus, illis studiis, illis artibus atque doctrina illius
ipsius periculum quem propter haec ipsa studia diligebat,
neglegere potuisset et, quod facinus in alienum hominem
intentum severe acciperet, id omisisset curare in hospitem ? 25
quod per ignotos actum si comperisset doleret, id a suis
servis temptatum esse neglegeret ? quod in agris locisve

5 credendam *bg*² : credendum (-u- *in ras. P*) *Pπψ*   alia Σ :
illa *Pπψ*   7 fuerit ei Σ   15 elaborata Σ, *Ant. Augustinus* :
laborata *Pπψ*   18 L. *om.* Σ   19 in famam atque in (in *om.* δ)
Σδ : infamat atque *Pπ*   20 non *om.* Σ   M. Σ*P²g* : *om. P¹eh*
22 illis artibus *T*Σ, *Lambinus* : artibus *Pπδ*   24 in *T*Σ*h* : per *g*² :
om. cett.   25 intentum *T* : inlatum *Pπδ*   hospitem *T* : hospite
Pπδ   26 si comperisset *T*Σ : cumpetisset *Pg¹e* : comperisset *g*²δ :
cuin comperisset *h*   27 servis *T*Σ : *om. Pπδ*   locisque *T*

publicis factum reprehenderet, id in urbe ac domi suae
coeptum esse leniter ferret? quod in alicuius agrestis periculo non praetermitteret, id homo eruditus in insidiis doctissimi hominis dissimulandum putaret? Sed cur diutius vos, 55
5 iudices, teneo? Ipsius iurati religionem auctoritatemque
percipite atque omnia diligenter testimoni verba cognoscite.
Recita. L. LVCCEI TESTIMONIVM. Quid exspectatis amplius?
an aliquam vocem putatis ipsam pro se causam et veritatem
posse mittere? Haec est innocentiae defensio, haec ipsius
10 causae oratio, haec una vox veritatis. In crimine ipso nulla
suspicio est, in re nihil est argumenti, in negotio quod actum
esse dicitur nullum vestigium sermonis, loci, temporis;
nemo testis, nemo conscius nominatur, totum crimen profertur ex inimica, ex infami, ex crudeli, ex facinerosa, ex
15 libidinosa domo. Domus autem illa quae temptata esse
scelere isto nefario dicitur plena est integritatis, dignitatis,
offici, religionis; ex qua domo recitatur vobis iure iurando
devincta auctoritas, ut res minime dubitanda in contentione
ponatur, utrum temeraria, procax, irata mulier finxisse
20 crimen, an gravis sapiens moderatusque vir religiose testimonium dixisse videatur.

Reliquum est igitur crimen de veneno; cuius ego nec **23**
principium invenire neque evolvere exitum possum. Quae 56
fuit enim causa quam ob rem isti mulieri venenum dare
25 vellet Caelius? Ne aurum redderet? Num petivit? Ne
crimen haereret? Num quis obiecit? num quis denique
fecisset mentionem, si hic nullius nomen detulisset? Quin

---

1 domi suae $T\Sigma$: suae domi $P\pi\delta$ 3 praetermitteret $T\Sigma b^1 e$:
prae‖mitteret Pg^1 (per- g^2): postmitteret $b^2 h\psi$ in $T\Sigma h\delta$: *om.*
$P_2 g$ 6 percipite atque *om.* T 7 L. Luccei test. T: test.
Luccei $P\pi\delta$ 8 aliam *Ernesti*   9 posse] possem. Pro (-ro
m. 2 in ras.) se P: posse pro se h 10 una] viva *Pluygers*   15
esse T: *om.* $P\pi\delta$ 16 dignitatis $T\Sigma$: *om.* $P\pi\delta$ 22 nec $T\Sigma$:
de (idem P^2) P: neque $\pi\delta$ 23 evolvere $T\Sigma\psi^2$: volvere *cett.*
24 dare vellet T: vellet dare $P\pi\delta$ 27 nullius T: nemini $P\pi\delta$

etiam L. Herennium dicere audistis verbo se molestum non
futurum fuisse Caelio, nisi iterum eadem de re suo familiari
absoluto nomen hic detulisset. Credibile est igitur tantum
facinus nullam ob causam esse commissum? et vos non
videtis fingi sceleris maximi crimen ut alterius sceleris susci- 5
57 piendi fuisse causa videatur? Cui denique commisit, quo
adiutore usus est, quo socio, quo conscio, cui tantum
facinus, cui se, cui salutem suam credidit? Servisne mulieris? Sic enim est obiectum. Et erat tam demens is cui
vos ingenium certe tribuitis, etiam si cetera inimica oratione 10
detrahitis, ut omnis suas fortunas alienis servis committeret?
At quibus servis?—refert enim magno opere id ipsum—eisne
quos intellegebat non communi condicione servitutis uti
sed licentius liberius familiariusque cum domina vivere?
Quis enim hoc non videt, iudices, aut quis ignorat, in eius 15
modi domo in qua mater familias meretricio more vivat, in
qua nihil geratur quod foras proferendum sit, in qua inusitatae libidines, luxuries, omnia denique inaudita vitia ac
flagitia versentur, hic servos non esse servos, quibus omnia
committantur, per quos gerantur, qui versentur isdem in 20
voluptatibus, quibus occulta credantur, ad quos aliquantum
etiam ex cotidianis sumptibus ac luxurie redundet? Id
58 igitur Caelius non videbat? Si enim tam familiaris erat
mulieris quam vos voltis, istos quoque servos familiaris
dominae esse sciebat. Sin ei tanta consuetudo quanta 25
a vobis inducitur non erat, quae cum servis eius potuit

---

1 L. Σ, *Lambinus*: *om. cett.*   2 futurum Caelio *T qui in hoc*
verbo desinit: fut. Caelio fuisse *Halm*   4 nullam ob Σ: ob nullam
Pπδ   6 causa Σ, *edd.* *VR*, *ante* sceleris *hab.* ψ: *om. cett.*   9
est obiectum Σ: obiectum est ψ, *ed. R*: obiectum *cett.*   is Σ: hic
Pπδ   10 tribuistis Σ   12 eisne *Lambinus*: eiusne Σ: hisne
Pπδ   13 uti sed Σ*b²ψ²*: ut (sed *b¹*) esset *cett.*   14 familiariusque Σ: familiarius *Pπδ*   vivere] dere Σ   17 inusitatae Σ: illu-
stria *Pπ*: lustra δ   20 in *om.* Σ   23 tam Σψ: iam *Pbh*: *om.*
eg   25 dominae esse Σ*g*: esse domina ‖ esse *P*: esse dominae
cett.   26 eius Σ: *om. Pπδ*

familiaritas esse tanta? Ipsius autem veneni quae ratio **24**
fingitur? ubi quaesitum est, quem ad modum paratum, quo
pacto, cui, quo in loco traditum? Habuisse aiunt domi
vimque eius esse expertum in servo quodam ad eam rem
5 ipsam parato; cuius perceleri interitu esse ab hoc compro-
batum venenum. Pro di immortales! cur interdum in 59
hominum sceleribus maximis aut conivetis aut praesentis
fraudis poenas in diem reservatis? Vidi enim, vidi et
illum hausi dolorem vel acerbissimum in vita, cum Q. Me-
10 tellus abstraheretur e sinu gremioque patriae, cumque ille
vir qui se natum huic imperio putavit tertio die post quam
in curia, quam in rostris, quam in re publica floruisset, inte-
gerrima aetate, optimo habitu, maximis viribus eriperetur
indignissime bonis omnibus atque universae civitati. Quo
5 quidem tempore ille moriens, cum iam ceteris ex partibus
oppressa mens esset, extremum sensum ad memoriam rei
publicae reservabat, cum me intuens flentem significabat
interruptis ac morientibus vocibus quanta inpenderet pro-
cella mihi, quanta tempestas civitati et cum parietem saepe
20 feriens eum qui cum Q. Catulo fuerat ei communis crebro
Catulum, saepe me, saepissime rem publicam nominabat, ut
non tam se mori quam spoliari suo praesidio cum patriam
tum etiam me doleret. Quem quidem virum si nulla vis 60
repentini sceleris sustulisset, quonam modo ille furenti
25 fratri suo consularis restitisset qui consul incipientem furere
atque tonantem sua se manu interfecturum audiente senatu
dixerit? Ex hac igitur domo progressa ista mulier de
veneni celeritate dicere audebit? Nonne ipsam domum
metuet ne quam vocem eiciat, non parietes conscios, non

4 ad eam rem Σ, *Madvig*: ad eadem rem P^1: ad rem *cett.*   10
e sinu *ed.* R: sinu Σ: e sinu e Pπδ   19 mihi ΣB, *Orelli*: ibi *Peg*:
urbi hδ   22 mori P: emori πδ   24 ille *om.* Σ   25 fratri
suo] patrueli *add.* Pπδ: *del. Orelli*   consul *Manutius*: consulem Pπδ
26 tonantem *scripsi* (*cf. Mur.* 81): conantem Pπδ   27 ista] illa Σ
29 eiciat *Muretus*: eieciat Σ: eliciat (-eat P^1) Pπδ (*cf. Tusc.* ii. 56)

noctem illam funestam ac luctuosam perhorrescet? Sed
revertor ad crimen; etenim haec facta illius clarissimi ac
fortissimi viri mentio et vocem meam fletu debilitavit et
mentem dolore impedivit.

25
61
      Sed tamen venenum unde fuerit, quem ad modum pa- 5
ratum sit non dicitur. Datum esse aiunt huic P. Licinio,
pudenti adulescenti et bono, Caeli familiari; constitutum
esse cum servis ut venirent ad balneas Senias; eodem
Licinium esse venturum atque eis veneni pyxidem traditurum. Hic primum illud requiro, quid attinuerit ferri in 10
eum locum constitutum, cur illi servi non ad Caelium
domum venerint. Si manebat tanta illa consuetudo Caeli,
tanta familiaritas cum Clodia, quid suspicionis esset si apud
Caelium mulieris servus visus esset? Sin autem iam
suberat simultas, exstincta erat consuetudo, discidium 15
exstiterat, hinc illae lacrimae nimirum et haec causa est
62 omnium horum scelerum atque criminum. 'Immo' inquit
'cum servi ad dominam rem totam et maleficium Caeli
detulissent, mulier ingeniosa praecepit his ut omnia Caelio
pollicerentur; sed ut venenum, cum a Licinio traderetur, 20
manifesto comprehendi posset, constitui locum iussit balneas Senias, ut eo mitteret amicos qui delitiscerent, deinde
repente, cum venisset Licinius venenumque traderet, prosi-
26 lirent hominemque comprenderent.' Quae quidem omnia,
iudices, perfacilem rationem habent reprendendi. Cur 25
enim potissimum balneas publicas constituerat? in quibus
non invenio quae latebra togatis hominibus esse posset.

   1 illam $\Sigma b\psi^2$: aliam *cett.*   2 revertor Σ : revertar $P\pi\delta$ etenim Σ, *Gruter* : sed (set *P*) enim $P\pi\delta$ 5 sit paratum Σ 6 huic
Σ, *Madvig* : hoc $P\pi\delta$ 7 constitutum *Naugerius* : constitutum
pactum Σ : constitutum factum $P\pi\delta$ 10 ferri b^1, *ed. Mediol.* : fieri
$P\pi b^2\psi$ 14 iam ΣB, *Oettling* : iam iam $P\pi\delta$ 18 rem totam Σ :
remittam P^1 : rem istam *cett.*   19 his ut Σ, *ed. R* : suis $P\pi\delta$ 20
sed ut Σh : sed *cett.*   21 locum *del. Ernesti*   22 deinde Σ :
dein $P\pi\delta$ 23 venenumque Σ, *Lambinus* : venenum $P\pi\delta$ 26
constituebat Σ 27 possit *edd. VR*

Nam si essent in vestibulo balnearum, non laterent ; sin se
in intimum conicere vellent, nec satis commode calceati
et vestiti id facere possent et fortasse non reciperentur, nisi
forte mulier potens quadrantaria illa permutatione fami-
5 liaris facta erat balneatori. Atque equidem vehementer 63
exspectabam quinam isti viri boni testes huius manifesto
deprehensi veneni dicerentur ; nulli enim sunt adhuc nomi-
nati. Sed non dubito quin sint pergraves, qui primum sint
talis feminae familiares, deinde eam provinciam susceperint
10 ut in balneas contruderentur, quod illa nisi a viris honestissimis ac plenissimis dignitatis, quam velit sit potens, numquam impetravisset. Sed quid ego de dignitate istorum
testium loquor ? virtutem eorum diligentiamque cognoscite.
' In balneis delituerunt.' Testis egregios ! ' Dein temere
15 prosiluerunt.' Homines temperantis ! Sic enim fingitis,
cum Licinius venisset, pyxidem teneret in manu, conaretur
tradere, nondum tradidisset, tum repente evolasse istos
praeclaros testis sine nomine ; Licinium autem, cum iam
manum ad tradendam pyxidem porrexisset, retraxisse atque
20 ex illo repentino hominum impetu se in fugam coniecisse.
O magnam vim veritatis, quae contra hominum ingenia,
calliditatem, sollertiam contraque fictas omnium insidias
facile se per se ipsa defendat ! Velut haec tota fabella $\frac{27}{64}$
veteris et plurimarum fabularum poetriae quam est sine
25 argumento, quam nullum invenire exitum potest ! Quid
enim ? isti tot viri—nam necesse est fuisse non paucos ut et
comprehendi Licinius facile posset et res multorum oculis

2 nec satis commode] quomodo ΣB 3 reciperentur $\Sigma \delta$: reci-
peretur $P\pi$ 4 permutatione] pensitatione *Pantagathus*   familiaris coeperat esse *Quintil.* ix. 4. 64   10 conducerentur Σ
14 delituerant Σ 15 temperantes P: gravitati deditos $\pi\delta$
fingitis Σ: fing . . . P^1: fingunt *cett.*   20 ex Σ: *om.* $P\pi\delta$ 21
magnam vim Σ: magna vis $P\pi\delta$ hominum *ed.* V: omnium $P\pi\delta$
23 ipsa $\Sigma P^1\psi^2$: ipsam *cett.*   velut] ut Σ : verum $b^1\psi^2$ fabel-
larum Σ 26 non paucos fuisse Σ

325

esset testatior—cur Licinium de manibus amiserunt? Qui
minus enim Licinius comprehendi potuit cum se retraxit
ne pyxidem traderet, quam si tradidisset? Erant enim illi
positi ut comprehenderent Licinium, ut manifesto Licinius
teneretur aut cum retineret venenum aut cum tradidisset. 5
Hoc fuit totum consilium mulieris, haec istorum provincia
qui rogati sunt ; quos quidem tu quam ob rem temere
prosiluisse dicas atque ante tempus non reperio. Fuerant
ad hoc rogati, fuerant ad hanc rem conlocati, ut venenum,
ut insidiae, facinus denique ipsum ut manifesto comprende- 10
65 retur. Potueruntne magis tempore prosilire quam cum
Licinius venisset, cum in manu teneret veneni pyxidem?
Quae cum iam erat tradita servis, *si* evasissent subito ex
balneis mulieris amici Liciniumque comprehendissent,
imploraret hominum fidem atque a se illam pyxidem tra- 15
ditam pernegaret. Quem quo modo illi reprehenderent?
vidisse se dicerent? Primum ad se vocarent maximi facinoris crimen ; deinde id se vidisse dicerent quod quo loco
conlocati fuerant non potuissent videre. Tempore igitur
ipso se ostenderunt, cum Licinius venisset, pyxidem expe- 20
diret, manum porrigeret, venenum traderet. Mimi ergo
iam exitus, non fabulae ; in quo cum clausula non invenitur,
fugit aliquis e manibus, dein scabilla concrepant, aulaeum
28 tollitur. Quaero enim cur Licinium titubantem, haesitantem,
66 cedentem, fugere conantem mulieraria manus ista de manibus 25
emiserit, cur non comprenderint, cur non ipsius confessione,
multorum oculis, facinoris denique voce tanti sceleris crimen

---

3 illic g^2, *Rau*   6 istorum] est horum Σ   9 ad hoc Σ, *Lambinus*: hoc *Ph* : enim *e* : autem *g*   11 magis ΣBP^1 : meliori (meliori magis ψ^2) $P^2\pi\delta$ 13 quae cum iam erat ... si evas. *Ernesti,
Müller*: quae si iam erat ... evas. $P\pi\delta$: quae si cum iam erat ... evas.
Bake   15 hominum *Angelius* : omnium $P\pi\delta$ 17 ad se
vocarent *scripsi* : at revocarent Σ : ad se revocarent $P\pi\delta$ 22 iam
Σ : est etiam $P\pi\delta$: est iam *Ascens.* (3)   23 dein Σ : deinde $P\pi\delta$
26 emiserit Σ$\pi\delta$: miserit P : amiserit *codd. Lambini*   cur non comprehenderint Σ$\pi\delta$: *om.* P

expresserint. An timebant ne tot unum, valentes imbecillum, alacres perterritum superare non possent ?

Nullum argumentum in re, nulla suspicio in causa, nullus
exitus criminis reperietur. Itaque haec causa ab argumentis,
5 a coniectura, ab eis signis quibus veritas inlustrari solet ad
testis tota traducta est. Quos quidem ego, iudices, testis
non modo sine ullo timore sed etiam cum aliqua spe delectationis exspecto. Praegestit animus iam videre, primum 67
lautos iuvenes mulieris beatae ac nobilis familiaris, deinde
10 fortis viros ab imperatrice in insidiis atque in praesidio
balnearum conlocatos. Ex quibus requiram quem ad modum
latuerint aut ubi, alveusne ille an equus Troianus fuerit
qui tot invictos viros muliebre bellum gerentis tulerit ac
texerit. Illud vero respondere cogam, cur tot viri ac tales
15 hunc et unum et tam imbecillum quem videtis non aut
stantem comprehenderint aut fugientem consecuti sint ; qui
se numquam profecto, si in istum locum processerint, expli-
cabunt. Quam volent in conviviis faceti, dicaces, non
numquam etiam ad vinum diserti sint, alia fori vis est, alia
20 triclini, alia subselliorum ratio, alia lectorum ; non idem
iudicum comissatorumque conspectus ; lux denique longe
alia est solis, alia lychnorum. Quam ob rem excutiemus
omnis istorum delicias, omnis ineptias, si prodierint. Sed
me audiant, navent aliam operam, aliam ineant gratiam, in
25 aliis se rebus ostentent, vigeant apud istam mulierem venu·
state, dominentur sumptibus, haereant, iaceant, deserviant ;
capiti vero innocentis fortunisque parcant.

At sunt servi illi de cognatorum sententia, nobilissimorum **29**
68

4 reperitur *Σg*   5 eis] illis *Σ*   6 testis, iudices *TΣ*
8 prim. (*sic*) iam videre *ΣB*   10 atque in] atque *Σ*   11 col-
locatos *T*: locatos *Pπδ*   quem ad modum *T*: quonam modo
Pπδ   15 quem *Σ*: quam *cett.*   18 quam volent *Pπδ*:
quam volunt *Σ*: quamvis *T*   22 solis alia *Bb²ψ*: solis ac *T*: solis
et *Pπb¹* (*cf. Fortunatian. Rhet. M. p.* 124 aliud fori lumen est, aliud
lychnorum)   25 ostendent (-ant *Σ*) *T¹Σ*

et clarissimorum hominum, manu missi. Tandem aliquid
invenimus quod ista mulier de suorum propinquorum, fortissimorum virorum, sententia atque auctoritate fecisse
dicatur. Sed scire cupio quid habeat argumenti ista manu-
missio; in qua aut crimen est Caelio quaesitum aut quaestio 5
sublata aut multarum rerum consciis servis cum causa
praemium persolutum. 'At propinquis' inquit 'placuit.' Cur
non placeret, cum rem tute ad eos non ab aliis tibi adlatam
69 sed a te ipsa compertam deferre diceres? Hic etiam
miramur, si illam commenticiam pyxidem obscenissima sit 10
fabula consecuta? Nihil est quod in eius modi mulierem
non cadere videatur. Audita et percelebrata sermonibus
res est. Percipitis animis, iudices, iam dudum quid velim
vel potius quid nolim dicere. Quod etiam si est factum,
certe a Caelio quidem non est factum—quid enim atti- 15
nebat?—est enim ab aliquo adulescente fortasse non tam
insulso quam inverecundo. Sin autem est fictum, non illud
quidem modestum sed tamen est non infacetum mendacium; quod profecto numquam hominum sermo atque
opinio comprobasset, nisi omnia quae cum turpitudine aliqua 20
dicerentur in istam quadrare apte viderentur.

70 Dicta est a me causa, iudices, et perorata. Iam intellegitis quantum iudicium sustineatis, quanta res sit commissa
vobis. De vi quaeritis. Quae lex ad imperium, ad maiestatem, ad statum patriae, ad salutem omnium pertinet, quam 25
legem Q. Catulus armata dissensione civium rei publicae
paene extremis temporibus tulit, quaeque lex sedata illa
flamma consulatus mei fumantis reliquias coniurationis
exstinxit, hac nunc lege Caeli adulescentia non ad rei

2 de] e Σ   6 sublata *TΣb²ψ²*, *Manutius*: sublevata *cett.*   7
inquit *T*: *om. Pπδ*   8 rem tute Σψ, *ed. R*: tu (tu ‖ *P*) rem te
cett.   10 sit] est *Halm*   12 audita] et pervulgata *add. bhψ²*
15 quidem Σψ¹: *om. cett.*   factum Σb²ψ¹: *om. cett.*   16 adulescente fortasse Σ, *Francken*: fortasse adulescente *Pπδ*   17 inverecundo Σ: non verecundo *Pπδ*   22 iudices, causa Σ   29 hac
nunc *Halm*: hac enim *Pπδ*: hacine *Müller*

publicae poenas sed ad mulieris libidines et delicias de-
poscitur. Atque hoc etiam loco M. Camurti et *C.* Caeserni
damnatio praedicatur. O stultitiam ! stultitiamne dicam an
impudentiam singularem? Audetisne, cum ab ea muliere
5 veniatis, facere istorum hominum mentionem? audetis excitare tanti flagiti memoriam, non exstinctam illam quidem
sed repressam vetustate? Quo enim illi crimine peccatoque
perierunt? Nempe quod eiusdem mulieris dolorem et iniuriam Vettiano nefario sunt stupro persecuti. Ergo ut audi-
10 retur Vetti nomen in causa, ut illa vetus aeraria fabula
referretur, idcirco Camurti et Caeserni est causa renovata?
qui quamquam lege de vi certe non tenebantur, eo maleficio
tamen erant implicati ut ex nullius legis laqueis eximendi
viderentur. M. vero Caelius cur in hoc iudicium vocatur? 72
15 cui neque proprium quaestionis crimen obicitur nec vero
aliquod eius modi quod sit a lege seiunctum, cum vestra
severitate coniunctum. Cuius prima aetas disciplinae dedita
fuit eisque artibus quibus instruimur ad hunc usum forensem,
ad capessendam rem publicam, ad honorem, gloriam, digni-
20 tatem. Eis autem fuit amicitiis maiorum natu quorum
imitari industriam continentiamque maxime vellet, eis studiis aequalium ut eundem quem optimi ac nobilissimi
petere cursum laudis videretur. Cum autem paulum iam ro- 73
boris accessisset aetati, in Africam profectus est Q. Pompeio
25 pro consule contubernalis, castissimo homini atque omnis

30
71

1 libidinosae Σ: libidines et (-es et *P²* *in ras.*) *Pπδ*   **2 M.** *om.*
Σ   Camurii *Garatoni*   C. *Orelli* : *om. Pπδ*   3 stultitiam
stultitiamne Σ, *Naugerius*: stultitiamne *Pπδ*   5 audetis Σ:
audetisne *Pπδ*   9 sunt stupro Σπδ : sunt stupro sunt *P*: stupro
sunt *Halm*   10 aeraria Σ, *Garatoni* : afraria *Pπδ*   11 referretur Σ: ˙reficeretur *Pπδ* : refricaretur *ed. R*   12 eo maleficio tamen *AΣδ* : et maleficio *Pπ*   13 eximendi *A* : emittendi
Pπ   15 crimen quaestionis *AΣ*   16 cum *AΣ* : et cum *P²π*
(cum . . . coniunctum *om. P¹*)   17 disciplinae dedita (deb. Σ) *AΣ* :
dedita disciplinis (ad disc. *P¹*) *Pπδ*   18 instruimur *AΣδ* : institui-
mur *Pπ*   20 quorum . . . vellet, iis (his) *Σbψ²* : quorum . . . velit
is *cett.* : quorum eum . . . velitis *Madvig*   21 studiis aequalium
AΣ: aequalium studiis *Pπδ*   25 homini *AΣB* : viro *cett.*

329

offici diligentissimo ; in qua provincia cum res erant et
possessiones paternae, tum etiam usus quidam provincialis
non sine causa a maioribus huic aetati tributus. Decessit
illinc Pompei iudicio probatissimus, ut ipsius testimonio
cognoscetis. Voluit vetere instituto et eorum adulescentium 5
exemplo qui post in civitate summi viri et clarissimi cives
exstiterunt industriam suam a populo Romano ex aliqua
31 inlustri accusatione cognosci. Vellem alio potius eum
74 cupiditas gloriae detulisset ; sed abiit huius tempus que-
relae. Accusavit C. Antonium, conlegam meum, cui misero 10
praeclari in rem publicam benefici memoria nihil profuit,
nocuit opinio malefici cogitati. Postea nemini umquam
concessit aequalium plus ut in foro, plus ut in negotiis
versaretur causisque amicorum, plus ut valeret inter suos
gratia. Quae nisi vigilantes homines, nisi sobrii, nisi in- 15
dustrii consequi non possunt, omnia labore et diligentia est
75 consecutus. In hoc flexu quasi aetatis—nihil enim occul-
tabo fretus humanitate ac sapientia vestra—fama adulescentis paululum haesit ad metas notitia nova eius mulieris
et infelici vicinitate et insolentia voluptatum, quae, cum 20
inclusae diutius et prima aetate compressae et constrictae
fuerunt, subito se non numquam profundunt atque eiciunt
universae. Qua ex vita vel dicam quo ex sermone—nequaquam enim tantum erat quantum homines loquebantur—
verum ex eo quicquid erat emersit totumque se eiecit atque 25
extulit, tantumque abest ab illius familiaritatis infamia ut
eiusdem nunc ab sese inimicitias odiumque propulset.
76 Atque ut iste interpositus sermo deliciarum desidiaeque
moreretur—fecit me invito me hercule et multum repugnante

---

1 erat $A\Sigma$ 3 decessit $A\Sigma$: discessit $P\pi\delta$ 5 et Σ : *om.*
cett.   6 viri et] viri et clarissimi viri et Σ 9 sedaret huius temporis
querellam Σ 10 C. *om.* ΣB 12 umquam A : *om.* $P\pi\delta$ 13 ut
. . . ut *om.* A 19 paululum ΣB : paulum *cett.*   nova eius *scripsi* :
novae Σ : nova $P\pi\delta$ 22 eiciuntur Σ 29 me invito meherc.
Σ : me (*om.* me *b*) meherc. invito $P\pi\delta$

me, sed tamen fecit—nomen amici mei de ambitu detulit ;
quem absolutum insequitur, revocat; nemini nostrum
obtemperat, est violentior quam vellem. Sed ego non
loquor de sapientia, quae non cadit in hanc aetatem ; de
5 impetu animi loquor, de cupiditate vincendi, de ardore
mentis ad gloriam ; quae studia in his iam aetatibus nostris
contractiora esse debent, in adulescentia vero tamquam in
herbis significant quae virtutis maturitas et quantae fruges
industriae sint futurae. Etenim semper magno ingenio
10 adulescentes refrenandi potius a gloria quam incitandi fuerunt; amputanda plura sunt illi aetati, si quidem efflorescit
ingeni laudibus, quam inserenda. Qua re, si cui nimium 77
effervisse videtur huius vel in suscipiendis vel in gerendis
inimicitiis vis, ferocitas, pertinacia, si quem etiam mini-
15 morum horum aliquid offendit, si purpurae genus, si amicorum catervae, si splendor, si nitor, iam ista deferverint,
iam aetas omnia, iam res, iam dies mitigarit.

Conservate igitur rei publicae, iudices, civem bonarum 32
artium, bonarum partium, bonorum virorum. Promitto hoc
20 vobis et rei publicae spondeo, si modo nos ipsi rei publicae
satis fecimus, numquam hunc a nostris rationibus seiunctum
fore. Quod cum fretus nostra familiaritate promitto, tum
quod durissimis se ipse legibus iam obligavit. Non enim 78
potest qui hominem consularem, cum ab eo rem publicam
25 violatam esse diceret, in iudicium vocarit ipse esse in re publica civis turbulentus ; non potest qui ambitu ne absolutum
quidem patiatur esse absolutum ipse impune umquam esse

1 me Σ: om. Pπδ   8 significant ΣBδ: significatPπ   10 ad
gloriam ΣB   11 efflorescit] etflorescit ΣP¹: florescit P²πδ   14
vis del. Madvig   pertinacia Σbψ²: om. Pπψ¹   15 aliquod Σ
16 deferv.] deferuu. P: deseru. Σ (cf. § 43)   17 iam res iam Σδ:
iam ista P² in ras.: iam usus iam Rau (cf. Mur. 65)   19 virorum]
morum Weiske: studiosum add. Müller (cf. Zielinski p. 208)   23 se
durissimis Σ   iam om. Σ   24 cum Σ: quod Pπδ   25 esse Σ,
Lambinus: om. Pπδ   ipse ẽẽ (e P¹) Pπ: ipse Σδ   26 civis
Pπ: civis si Σ: civis esse δ   27 patiatur Σ, Wesenberg: patitur
bψ²: datur (dat g²ψ¹) cett.   absolutum esse Σ

largitor. Habet a M. Caelio res publica, iudices, duas
accusationes vel obsides periculi vel pignora voluntatis.
Qua re oro obtestorque vos, iudices, ut qua in civitate paucis
his diebus Sex. Clodius absolutus est, quem vos per biennium
aut ministrum seditionis aut ducem vidistis, hominem sine 5
re, sine fide, sine spe, sine sede, sine fortunis, ore, lingua,
manu, vita omni inquinatum, qui aedis sacras, qui censum
populi Romani, qui memoriam publicam suis manibus
incendit, qui Catuli monumentum adflixit, meam domum
diruit, mei fratris incendit, qui in Palatio atque in urbis 10
oculis servitia ad caedem et ad inflammandam urbem inci-
tavit : in ea civitate ne patiamini illum absolutum muliebri
gratia, M. Caelium libidini muliebri condonatum, ne eadem
mulier cum suo coniuge et fratre et turpissimum latronem
eripuisse et honestissimum adulescentem oppressisse videa- 15
79 tur. Quod cum huius vobis adulescentiam proposueritis,
constituitote ante oculos etiam huius miseri senectutem qui
hoc unico filio nititur, in huius spe requiescit, huius unius
casum pertimescit ; quem vos supplicem vestrae misericordiae, servum potestatis, abiectum non tam ad pedes quam 20
ad mores sensusque vestros, vel recordatione parentum
vestrorum vel liberorum iucunditate sustentate, ut in alterius
dolore vel pietati vel indulgentiae vestrae serviatis. Nolite,
iudices, aut hunc iam natura ipsa occidentem velle maturius
exstingui volnere vestro quam suo fato, aut hunc nunc 25
primum florescentem firmata iam stirpe virtutis tamquam
80 turbine aliquo aut subita tempestate pervertere. Conservate
parenti filium, parentem filio, ne aut senectutem iam prope
desperatam contempsisse aut adulescentiam plenam spei

---

4 est Σ, *Baiter* : sit *Pπδ*   5–7 hominem . . . inquinatum *post*
incendit *hab. Pπδ, huc transposuit Garatoni*   11 ad inflammandam
Bake : ad flammandam Σ*B* : inflammandam *Pπ*   12 ea Σ*Bδ* : hac
Pπ   12–13 muliebri . . . muliebri] mulieris . . . mulieris Σ   14
et turp. *Bake* : si turp. Σ : turp. *Pπδ*   19 vos *om.* Σ   24 ipsa
natura Σ   25 quam Σδ : quamquam *Pπ*

maximae non modo non aluisse vos verum etiam perculisse atque adflixisse videamini. Quem si nobis, si suis, si rei publicae conservatis, addictum, deditum, obstrictum vobis ac liberis vestris habebitis omniumque huius nervorum ac
5 laborum vos potissimum, iudices, fructus uberes diuturnosque capietis.

1 aluisse vos (al . . . . P^1) $P^2\pi\delta$: adlevasse *Müller*   verum ΣB : sed *cett. (in lac. P^2)*   perfluxisse atque perpulsisse ΣB 4 vestris] servis B : *fort.* servum vestris (*cf. Mart. Cap., Rhet. M. p.* 471 Caeli in omni vita servitium obstrictum vobis ac liberis vestris habebitis)